A Igreja Católica e a Política no Brasil
(1916-1985)

Scott Mainwaring

A Igreja Católica e a Política no Brasil (1916-1985)

Tradução:
Heloisa Braz de Oliveira Prieto

editora brasiliense

Título original: The Catholic Church and Politics in Brazil, 1916 - 1985

Copyright © by 1986 by the Board of Trustees of the Leland Stanford Junior University. All rights reserved. Translated and published by arrangement with Stanford University Press.
Copyright © da tradução: Editora Brasiliense S. A. para publicação e comercialização em língua portuguesa.

Nenhuma parte desta publicação pode ser gravada, armazenada em sistemas eletrônicos, fotocopiada, reproduzida por meios mecânicos ou outros quaisquer sem autorização prévia da editora.

ISBN: 85-11-14068-9
Primeira edição, 1989
1ª reimpressão, 2004

Preparação: Maria de Lourdes Appas
Revisão: José Waldir Santos Moraes

Dados Internacionais de Catalogação na Publicação (CIP)
(Câmara Brasileira do Livro, SP, Brasil)

Mainwaring, Scott, 1954 –
  A Igreja Católica e a política no Brasil (1916-1985) / Scott Mainwaring ; tradução Heloisa Braz de Oliveira Prieto. – São Paulo : Brasiliense, 2004.

  Título original: The Catholic Church and Politics in Brazil, 1916 - 1985
  1ª reimpr. da 1ª. ed. de 1989.
  Bibliografia.
  ISBN 85-11-14068-9

  1. Brasil – História da Igreja 2. Brasil – Política e governo – século 20 3. Igreja Católica – Brasil – História – século 20 4. Igreja e Estado – Brasil – História – século 20 I. Título.

04-2859	CDD-282.81

Índices para catálogo sistemático:
1. Brasil : Igreja Católica e política   282.81

editora brasiliense s.a.
Rua Airi, 22 – Tatuapé – CEP 03310-010 – São Paulo – SP
Fone/Fax: (0xx11) 6198-1488
E-mail: brasilienseedit@uol.com.br
www.editorabrasiliense.com.br

livraria brasiliense s.a.
Rua Emília Marengo, 216 – Tatuapé – CEP 03336-000 – São Paulo – SP
Fone/Fax (0xx11) 6675-0188

Aos meus pais.

Nota à edição brasileira

Agradeço a Marília Garcia, Vania Dantas Pinto, José Waldir Santos Moraes e a todos os que colaboraram na edição deste trabalho.

Índice

Prefácio 9
Igreja e Política: considerações teóricas 15

PRIMEIRA PARTE
A Igreja de 1916 a 1964

A Igreja da neocristandade, 1916-1955 41
A Igreja reformista, 1955-1964 62
A esquerda católica, 1958-1964 82

SEGUNDA PARTE
A Igreja e o regime militar — 1964-1973

O surgimento da Igreja popular, 1964-1973 101
A Juventude Operária Católica, 1947-1970 139

TERCEIRA PARTE
A Igreja e a abertura — 1974-1985

O desenvolvimento da Igreja popular, 1974-1982 169
A Igreja e o movimento popular: Nova Iguaçu, 1974-1985 208
Igreja, classes populares e democracia 232
A política da Igreja popular 251
O declínio da Igreja popular, 1982-1985 265

Referências bibliográficas 283

Prefácio

Este livro examina a história de 1916 a 1985 de uma das instituições religiosas mais importantes do mundo, a Igreja Católica do Brasil. A partir da Conferência Geral do Conselho Episcopal Latino-Americano em Medellín, Colômbia, em 1968, a Igreja latino-americana vem exercendo influência sobre o desenvolvimento do catolicismo mundial. Desde o início da década de 70, os maiores impulsos para a mudança dentro do catolicismo — e as maiores preocupações para a cautelosa burocracia do Vaticano — vieram da América Latina e, na América, a Igreja brasileira se destaca por ser a maior e mais progressista. A Igreja Católica no Brasil reúne mais adeptos do que qualquer outra Igreja do mundo ocidental, e desde a metade da década de 70 provavelmente tem sido a Igreja Católica mais progressista do mundo. Com efeito, o instituto cristão-católico tem estado à frente de algumas das mudanças eclesiásticas mais significativas dos últimos tempos.

Essa relação tem sido alterada gradativamente. A presença da Igreja na política brasileira tem sido marcante. Vinculada ao Estado e às classes dominantes até 1964, entrou em sérios atritos com o Estado durante as duas décadas de governo militar. Durante o período de maior repressão (1968-1974), a Igreja, com freqüência, era a única instituição com suficiente autonomia política para criticar o regime autoritário e para defender os direitos humanos. Quando o Brasil se aproximava de uma democracia liberal, em meados da década de 80, ela continuava a desfrutar de importância política.

Ao se examinar a transformação da Igreja, deveríamos enfatizar o caráter aberto desse processo. A Igreja continua a ser uma instituição altamente complexa e heterogênea, e as forças conservadoras têm se reafirmado em anos recentes. A partir do papado de João XXIII (1958-1963), o catolicismo esforçou-se para se tornar mais relevante no mundo moderno. No entanto, continuou a manter muitos costumes, crenças e práticas tradicionais. Emergiram novas propostas, dentro da Igreja, mas as idéias antigas têm revelado uma marcante resistência que conduz a uma curiosa mistura do tradicional com o novo, do radical, do liberal, do conservador e do reacionário.

Este estudo focaliza o como e o porquê da transformação da Igreja e das conseqüências dessas mudanças. O capítulo 1 discute algumas considerações teóricas sobre o estudo da Igreja. O restante do livro está dividido em três partes. A primeira examina a Igreja da neocristandade, 1916-1955 (capítulo 2) e a Igreja durante o fim do período populista, 1955-1964 (capítulos 3 e 4). A segunda analisa a Igreja sob o regime militar autoritário, 1964-1973 (capítulos 5 e 6), e a terceira discute a Igreja durante a liberalização do regime autoritário, 1974-1985 (capítulos 7 a 11).

O livro começa com uma importante carta pastoral escrita por dom Sebastião Leme em 1916 e termina com o início da Nova República em março de 1985. O capítulo 2 fornece informações básicas essenciais para se compreender a transformação do período 1955-1985. O resto do livro periodiza as recentes transformações em três fases: 1955-1964, 1964-1973 e 1974-1985. Os capítulos 3, 5 e 7 fornecem uma visão geral do desenvolvimento da Igreja durante esses períodos, focalizando basicamente a atuação dos bispos. Os capítulos 4, 6 e 8 analisam alguns movimentos leigos e populares na Igreja. Os últimos três capítulos discutem questões fundamentais na Igreja contemporânea: as contribuições que as organizações católicas populares podem trazer ao processo de democratização, a visão política da Igreja popular e o declínio da Igreja popular após 1982.

A parte central do livro focaliza as origens, o desenvolvimento e os dilemas da Igreja "popular" ou "progressista" (ambos os termos são utilizados como sendo sinônimos). Por Igreja popular, refiro-me àqueles setores que têm uma visão política progressista da missão da Igreja. Essa visão política está expressa nas concepções teológicas e no trabalho pastoral junto às classes populares (camponeses, operários e população urbana de baixa renda). Em geral, os intelectuais envolvidos na proposta da Igreja popular estão comprometidos com uma transformação social radical. No Brasil, em contraste com vários outros países latino-americanos, a Igreja popular não consiste em agentes pastorais de base que estejam em conflito com a Igreja institucional. A divisão fundamental dentro da Igreja brasileira não provém de uma oposição entre a base e a hierarquia, mas envolve, antes, diferentes concepções da missão da Igreja, cruzando as fronteiras entre os grupos leigos, padres e freiras, e bispos. À exceção do período

1916-1955, o livro enfoca principalmente os movimentos em prol da reforma ou de uma transformação interna maior. Aqui se estudam menos os movimentos ou grupos conservadores, embora eu tente, ao longo do livro, avaliar as forças relativas e a visão das diferentes facções.

O livro analisa quatro modelos do que deveria ser a Igreja, sendo que cada um deles engloba a sua missão e a sua relação com a política de uma forma diferente. São esses os modelos da Igreja da neocristandade, modernizadora (e posteriormente neoconservadora), reformista e popular. Comparo a forma pela qual esses quatro modelos percebem a missão da Igreja e sua relação com a sociedade (Estado, setores dominantes e médios, e classes populares). Esses quatro modelos de Igreja são "tipos ideais" no sentido weberiano. Qualquer indivíduo ou movimento em particular poderia conter, pelo menos, elementos de dois desses modelos. Além disso, o surgimento de um novo padrão não impossibilita a continuidade de existência de modelos que tenham aparecido anteriormente. Na Igreja contemporânea, os neoconservadores encontram-se próximos aos modernizadores da década de 50 e os reformistas ainda continuam a ter muito peso. A tipologia não se exaure; outras categorias poderiam ser acrescentadas.

Todos esses modelos têm um impacto político. A questão não é *se* a Igreja está ou não envolvida na política, mas *como* ela está envolvida. Apesar dos argumentos conservadores que pedem por um retorno a uma Igreja tradicional indiferente à política, a Igreja da neocristandade e suas predecessoras no Brasil estavam mais abertamente envolvidas em política do que a Igreja ativista contemporânea. Muitas figuras históricas importantes do século XIX eram padres e, durante os anos de domínio da Igreja da neocristandade, clérigos destacados cultivaram amizades com políticos com o fito de extrair favores do Estado. Aqueles religiosos formaram uma liga eleitoral para dizer aos católicos como deveriam votar e assim vieram a participar do movimento integralista de direita. Católicos conservadores costumam criticar os ativistas alegando que suas ações são políticas e não religiosas. Entretanto, na realidade, todas as práticas, símbolos, discursos religiosos ou desafiam ou reforçam os valores dominantes e, em última instância, a forma de dominação.* Afirmar que a Igreja tenha necessariamente um impacto político não resolve, entretanto, interessa saber qual deveria ser esse impacto ou quão pro-

---

(*) Os estudos de Gramsci sobre a forma pela qual a religião reforçou o sistema de dominação no século XIX e no início do século XX na Itália favorecem sugestões; ver *Prison Notebooks*, pp. 325-343, 396-399. Nessa mesma linha também são interessantes os estudos sobre o conteúdo político das práticas religiosas populares; ver Brandão, *Deuses do Povo*, e R. C. Fernandes.

fundos deveriam ser os vínculos entre a política e a religião. A relação adequada entre a política e a religião é a grande questão dentro da Igreja brasileira e latino-americana contemporâneas.

Nos últimos quinze anos, a Igreja Católica da América Latina transformou-se em objeto de estudo para muitos cientistas sociais e historiadores. Minha análise baseia-se no trabalho feito por eles, mas também difere quanto a certas questões teóricas, como fica claro no capítulo 1. Pretendo analisar mais detalhadamente as relações entre a Igreja e a sociedade civil (como oposto das relações entre a Igreja e o Estado) do que a maioria dos trabalhos anteriores. Mais especificamente, analiso em profundidade a relação entre a Igreja e as classes populares. Também dedico uma atenção maior aos movimentos leigos (capítulos 4 e 6) e aos movimentos de base (capítulos 8 e 9). É impossível compreender o papel da Igreja na América Latina de hoje sem levar em consideração as organizações de base, especialmente as comunidades eclesiais. Finalmente, enquanto a maior parte das análises feitas anteriormente focalizaram as estratégias institucionais para responder às mudanças sociais, dedico maior atenção às conseqüências involuntárias dos movimentos sociais e dos conflitos no decorrer das transformações na Igreja.

Uma das dificuldades neste estudo foi obter acesso às informações. Basear-se exclusivamente em documentos é inadequado, tanto devido à defasagem existente entre a proposta teórica e a prática, quanto devido ao fato dos documentos fornecerem pouca indicação sobre a forma como as idéias religiosas motivam as pessoas a participar da política. Portanto, é importante estudar as práticas da Igreja, embora nem sempre seja fácil fazê-lo. Anos de repressão contra as organizações de base e militantes da Igreja, aliada a uma tendência generalizada nesta de rejeitar "os que são de fora", geram problemas de acesso à informação. Tive o privilégio de ter convivido com um grupo de pessoas "de dentro" que me abriram muitas portas. Nesse aspecto, foi muito significativa a oportunidade que tive de trabalhar no Instituto Brasileiro de Desenvolvimento Econômico e Social (IBRADES), um centro jesuítico no Rio de Janeiro. Passei muito tempo conversando com membros da Igreja popular, e uma parte indispensável das idéias dos capítulos 7 a 11 surgiu a partir dessas conversas.

Também tive contato com líderes políticos e da Igreja que mantinham uma atitude crítica em relação aos católicos de esquerda. Embora eu tenha me concentrado nos participantes e líderes da Igreja progressista, minha visão da Igreja do Brasil reflete o contato com uma grande variedade de pessoas. Fiz a maior parte de minha pesquisa no Rio de Janeiro, uma arquidiocese relativamente conservadora, mas também entrevistei agentes pastorais nas arquidioceses e dioceses de Nova Iguaçu, Duque de Caxias, Volta Redonda, São

Paulo, Santo André, Goiás Velho, Brasília, Goiânia, João Pessoa, Recife, Pesqueira, Petrópolis e Belo Horizonte. O livro foi publicado nos Estados Unidos em 1986. Para a versão brasileira, decidi não modificar o texto, embora hoje encare alguns problemas de outra forma. As mudanças no meu pensamento, portanto, ficarão registradas nos meus escritos posteriores.

Igreja e Política: considerações teóricas

Com o passar do tempo emergem novas experiências espirituais, e antigas instituições religiosas modificam-se, tornando necessário repensar as idéias anteriores a respeito da relação entre as Igrejas e a política. É esse o caso, mesmo em se tratando de uma instituição secularmente resistente como a Igreja Católica Romana. O propósito neste capítulo é delinear a perspectiva teórica geral do livro, dedicando especial atenção à forma pela qual as mudanças das últimas três décadas desafiam parte da ciência social convencional que teoriza sobre as relações entre a Igreja e a política. Para esse capítulo adota-se como ponto de partida certos aspectos das três linhas principais de interpretação da relação entre a Igreja e a política: a análise institucional que prevalece na maior parte dos trabalhos norte-americanos sobre o assunto; uma abordagem neomarxista que tem sido formulada principalmente por autores latino-americanos, e a linha de análise clássica estabelecida por Max Weber, Ernst Troeltsch, H. Richard Niebuhr e outros.

A Igreja enquanto instituição

Um postulado básico bem estabelecido pela análise institucional contemporânea e pelos estudos sociológicos clássicos diz que qualquer exame da Igreja e da política deve levar em consideração o caráter institucional da primeira. A fé é um fenômeno supra-racional se proclama pairar sobre todos os outros valores. A Igreja tem início nessa fé, mas, como toda instituição, ao desenvolver interesses, então tenta defendê-los. O objetivo principal de qualquer Igreja é propagar sua mensagem religiosa. Todavia, dependendo da percepção que tenha dessa mensagem, pode vir a se preocupar com a defesa de interesses tais como sua unidade, posição: em relação às outras religiões, influência na sociedade e no Estado, o número de seus adeptos e sua situação financeira. Quase toda instituição se preocupa com a própria preservação; muitas tratam de se expandir. Essas preocupações facilmente levam à adoção de métodos que são inconsistentes quanto aos objetivos iniciais.[1]

A despeito de seu caráter transcendental, a Igreja está sujeita a esse mesmo processo. Dada a crença de que ela oferece o único caminho da salvação, a Igreja facilmente começa a se preocupar com questões tais como a sua posição em relação a outras religiões, ou o número de padres disponíveis para a disseminação de sua mensagem. Esses interesses instrumentais podem adquirir uma dinâmica própria e ajudar a determinar as ações da Igreja. Ao competir com outras religiões, a Igreja pode empenhar-se em práticas inconsistentes quanto a seu próprio credo. Nesse sentido, a proteção de seus interesses pode entrar em conflito com a mensagem religiosa inicial. "A Cristandade", argumentava H. Richard Niebuhr, "freqüentemente alcança aparente sucesso ao ignorar os preceitos de seu fundador. A Igreja, enquanto organização interessada na autopreservação e no ganho de poder, por vezes considera os conselhos da Cruz um tanto inconvenientes, como o fazem grupos econômicos e nacionais. Ao lidar com grandes males sociais, tais como a guerra, a escravidão e a desigualdade social, a Igreja descobre ambigüidades convenientes no Evangelho e isto lhe permite violar o espírito da Bíblia e aliar-se ao prestígio e ao poder."[2]

A defesa de interesses organizacionais não é necessariamente contrária à adoção de uma fé sincera, nem significa que a pura crença só ocorra fora da Igreja institucional. Em algumas concepções de religião, a defesa tradicional de interesses convencionais é essencial para a promoção da fé. Dentro dessa ótica, já que a salvação só pode advir através da instituição, a Igreja necessita desses recursos para desempenhar sua missão com eficácia.

A tendência de proteger interesses organizacionais tem sido e continuará sendo, dessa forma, um elemento chave no envolvimento da Igreja Católica na política. Hoje, isso se torna especialmente verdadeiro em relação à necessidade de a Igreja manter um grau de unidade e coerência. O compromisso tradicional da Igreja com a salvação universal (em oposição à salvação de poucos eleitos) é fundamental em sua tentativa de incluir em si todas as classes sociais e indivíduos de credos políticos extremamente diversos. Esse esforço em atrair todos impõe um caráter de cautela ao Vaticano e às conferências nacionais dos bispos, cautela esta não necessariamente no sentido de ser politicamente conservadora, mas, sim, no de evitar polarizações e mudanças radicais.[3] A Igreja sempre marginalizou os movimentos que ameacem a sua capacidade de atrair pessoas de diferentes classes e de grande variedade de crenças religiosas e políticas.[4] Na Igreja latino-americana contemporânea, os movimentos radicais que a hierarquia percebe como sendo um magistério paralelo têm sido constantemente solapados.[5]

Vários líderes dentro do movimento católico radical têm ignorado as implicações do esforço da Igreja em proteger sua identidade e outros interesses. Historicamente, a Igreja tem cooptado ou solapado movimentos sectários dentro do catolicismo, prática esta que certamente há de continuar. Dessa observação originam-se dois pontos: primeiro, os católicos progressistas que desejem contribuir para a mudança da instituição como um todo serão obrigados a fazer concessões no sentido de evitarem tornar o movimento sectário; segundo, o ritmo de inovação e mudanças que a Igreja popular estimulou durante a década passada será certamente difícil de ser mantido. Como parte de uma instituição mais ampla, comprometida em incorporar um apelo universal, a Igreja popular terá que aceitar certas limitações. De fato, como argumento no último capítulo, Roma e a Conferência dos Bispos Latino-Americanos (CELAM) começaram a aumentar a pressão sobre a Igreja brasileira por volta de 1982.

Interesses e modelos de Igreja

Embora concorde com os analistas institucionais e com os sociólogos clássicos da religião sobre a importância de tratar o caráter institucional da Igreja, considero os interesses institucionais de outra maneira. A idéia básica da análise institucional é que podemos compreender as mudanças nas instituições como uma tentativa de defender seus interesses e de expandir sua influência. A organização muda principalmente porque seus interesses a obrigam a mudanças que estejam de acordo com as transformações da sociedade como um todo. Esse tipo de análise enfatiza o estudo da instituição propriamente dita, embora não exclua as condições sociais que a afetam.

O estudo pioneiro no emprego da análise institucional da Igreja latino-americana foi o de Ivan Vallier, *O Catolicismo, o Controle Social e a Modernização na América Latina*. Como Thomas Bruneau, autor de dois importantes livros sobre a Igreja brasileira, Vallier sugere o estudo da Igreja principalmente quanto a sua tendência de maximizar sua influência na sociedade. Ele percebe a transformação da Igreja latino-americana como um meio da instituição maximizar sua influência numa sociedade em mutação. Apesar de significativas diferenças de abordagem, há um grande número de autores brasileiros que também sugerem que as mudanças da Igreja sejam resultantes de suas tentativas de defender seus interesses, de aumentar o número de praticantes e de preservar a instituição.[6]

A análise organizacional que enfatiza o caráter único da Igreja enquanto instituição e o conflito entre os diferentes objetivos institucionais pode oferecer pistas importantes. Infelizmente, os estudos sobre a Igreja latino-americana tendem a uma reificação da noção de interesses institucionais e deixam de perceber que diferentes modelos de Igreja resultam em diversas concepções de seus interesses. Se os interesses institucionais fossem concebidos de forma consistente e ampla como projetos da Igreja em promover uma determinada visão de fé, a análise institucional estaria correta ao afirmar que a Igreja funciona de acordo com as diferentes interpretações de seus interesses.[7] Porém, a a análise institucional oscila entre essa concepção mais ampla e outra mais estreita, geralmente reduzindo as motivações da Igreja a uma mera defesa de sua influência. Por exemplo, embora reconhecendo que o objetivo primeiro da Igreja seja transcendental, Bruneau mede a sua influência em termos de "atendimento à missa, capacidade de estimular vocações, número de escolas, dinheiro arrecadado e percentagem da população formalmente declarada como membro da religião".[8] A transformação da Igreja constituiria, então, uma tentativa de maximizar esses objetivos.

A explicação de Bruneau começa a apresentar falhas quando confrontada com os grupos dentro da Igreja que, conscientemente, procuram viver com menos dinheiro, se preocupando menos com o atendimento à missa, ou com o rompimento dos laços com as elites. A maior parte das análises institucionais subestima os conflitos entre as diferentes concepções dos objetivos institucionais, ou seja, os diferentes modelos de Igreja. A defesa dos projetos da Igreja inclui objetivos tão potencialmente contraditórios como o de encorajar um alto grau de atendimento, combater o comunismo, lutar em prol da justiça social e promover um relacionamento de proximidade com a elite.

A Igreja possui uma hierarquia de objetivos que abrange desde o seu objetivo máximo (salvar as pessoas e ensinar sua mensagem religiosa) até as preocupações instrumentais. Objetivos tais como o de expansão institucional, posição financeira sólida, influência sobre o Estado ou a elite são objetivos instrumentais que a Igreja não tem que necessariamente adotar. A maior parte das abordagens organizacionais tende a confundir esses objetivos instrumentais como o objetivo último da Igreja, ignorando a possibilidade de que alguns modelos de Igreja possam optar por não defender propósitos dessa natureza.

As ações da Igreja refletem preferências valorativas e conflitos políticos dentro da instituição. Qualquer modelo específico da Igreja protege alguns interesses — mas sempre em detrimento de outros. Os objetivos da Igreja, de acordo com uma visão de fé, podem ser menosprezados ou rejeitados dentro de uma outra perspectiva. Por exemplo, uma relação de proximidade com as elites governamentais era parte do modelo de Igreja da neocristandade, porém, a Igreja popular contemporânea encara isso como um empecilho à sua missão de luta em prol da justiça social. Não existem interesses objetivos que uma Igreja seja obrigada a adotar.[9] Dentro da Igreja há muitas visões conflitantes com os legítimos interesses da instituição e como alcançá-los. Dependendo do modelo que se tenha da Igreja, a adoção de um determinado propósito pode ser visto como absolutamente essencial ou como errôneo.

No caso dos interesses da instituição, a noção do exercício de influência não é politicamente neutra. A influência da Igreja pode ser tanto uma questão de *qual* grupo ela escolhe (conscientemente ou não) para favorecer, como também de *quanta* influência ela exerce. É possível tentar maximizar certos tipos de poder ou maximizá-lo entre alguns grupos e classes sociais. Porém, a crescente influência entre algumas classes e grupos pode levar — e no caso do Brasil o fez — a uma menor influência entre outras classes e grupos. De forma semelhante, um tipo de influência (por exemplo, a capacidade de organizar as classes populares) pode colidir com outros tipos de poder (influência entre a elite governante, acesso aos meios de comunicação, recursos financeiros).

Embora a esfera de influência da Igreja tenha mudado claramente, é difícil dizer se ela exerce mais influência do que antes, ou se uma estratégia diferente teria se mostrado mais bem-sucedida em maximizar esse raio de ação. As opções feitas pela Igreja durante as últimas décadas fortaleceram sua aliança com as classes populares, mas também a levaram a um distanciamento perante as classes dominantes e o Estado. Nas regiões em que a estrutura de classes é mais complexa e onde as alianças políticas não seguem linhas nítidas de classe, a Igreja popular incorporou com sucesso grandes segmentos dos setores médios da população. No Amazonas, no Nordeste e nas regiões rurais de maior número de conflitos, entretanto, isso provou ser impossível. As classes dominantes e o Estado não conseguiam aceitar a nova mensagem da Igreja que foi por eles percebida como excessivamente "política" no melhor dos casos, quando não subversiva. Nada demonstra esse fato com tanta clareza como os muitos casos de prisão, tortura, destruição de propriedade da Igreja e outros exemplos da repressão privada e estatal procedida contra líderes eclesiásticos.

Muitos foram os católicos tradicionais que encontraram dificuldades em compreender ou aceitar o estilo e a mensagem da nova Igreja. Alguns abandonaram a Igreja, discordando profundamente das suas mudanças. Relatórios da diocese de Goiás Velho, Estado de Goiás, registraram alguns desses conflitos: "De início, as pessoas que apresentavam maiores dificuldades em compreender eram aquelas que estavam ligadas à Igreja tradicional. Não aceitavam a renovação e não toleravam nossas palavras. (...) Os dominadores tradicionais demonstravam ressentimentos, como se fossem vítimas de uma expropriação. Eles ameaçavam romper com a Igreja ou simplesmente a abandonavam".[10]

Surgiram graves tensões entre os grupos tradicionais e os progressistas, particularmente entre o início dos anos 60 e o início da década de 70 e novamente após 1982. Assim, embora as mudanças da Igreja defendessem alguns interesses institucionais, elas implicavam outros problemas: conflito com o Estado e com as classes dominantes ou com os fiéis tradicionais, conflitos internos e até repressão contra os membros da Igreja.

Além disso, a realização de objetivos institucionais dentro de uma sociedade complexa não é fácil, particularmente quando os interesses são difusos e freqüentemente contraditórios. Mesmo nas mais racionalizadas instituições, pode ser difícil discernir os objetivos finais e os meios de realizá-los.[11] Esse problema acentua-se mais numa instituição como a Igreja, onde os objetivos e os meios são menos claros. Mesmo que houvesse, por exemplo, um consenso de que a Igreja devesse desenvolver práticas pastorais para salvar a classe trabalhadora, tal posicionamento não indicaria nem os meios nem os objetivos da atuação.

Preocupações com a classe operária poderiam levar a práticas políticas conservadoras, como as que vigem entre os pentecostais, que tiveram uma rápida expansão entre as classes populares. O pentecostalismo trata de alguns dos mesmos problemas humanos que o trabalho da Igreja Católica com os pobres: cria um sentido comunitário em torno da fé, oferece às pessoas à margem da sociedade algo em que possam acreditar suprindo uma concepção ordeira do universo numa sociedade que atravessa rápidas mudanças. O crescimento dos grupos pentecostais sugere que uma experiência religiosa mais intensa, seja qual for seu conteúdo político, poderia ter ajudado a reavivar a presença da Igreja Católica entre a classe operária. Neste sentido, segundo a experiência pentecostal, além de representar uma boa chance de obter sucesso, esse tipo de mudança não teria alienado as classes dominantes.[12] De maneira recíproca, nada garantia que as mudanças promovidas pela Igreja iriam efetivamente aprofundar sua presença entre as classes populares. Com efeito, durante as fases iniciais de transformação da Igreja, a campanha progressista contra alguns símbolos e práticas religiosas tradicionais acentuou as divergências entre a instituição e as classes populares.

Diferentes setores de dentro da Igreja têm modelos implícitos para influenciar a sociedade, porém as ações da instituição nem sempre dependem de uma avaliação de qual estratégia se mostraria mais eficaz. O setor hegemônico de uma instituição como a Igreja Católica não pode ignorar nem os próprios interesses, nem a necessidade de influir no contexto social; porém não é válido supor a reclusão da Igreja aos seus interesses internos. A mudança dentro da instituição resulta do conflito entre grupos com diferentes concepções de fé,* e não de uma tentativa por parte da instituição de promover alguns interesses que todos os setores conflitantes percebem como prioritários.* Na Igreja brasileira, o debate crucial não é sobre qual seria a sua missão. Entre os setores politicamente significativos, as questões chaves são duas: (1) o significado da "opção preferencial pelos pobres", que recebeu o apoio dos bispos latino-americanos em Puebla (1979), e (2) quais deveriam ser os limites do envolvimento político da Igreja.

No decorrer deste livro, o uso das noções de identidade institucional da Igreja alterna diferentes modelos de Igreja, ou a concepção que a Igreja tem da própria missão.[13] A noção de modelos de Igreja sugere que o ponto de partida para a compreensão de sua política deva ser a concepção de sua missão. A forma com que a Igreja intervém na política depende fundamentalmente da maneira pela qual se percebe sua missão religiosa. Essa abordagem enfatiza os objetivos da instituição, tal como são compreendidos pelos seus líderes, e conseqüentemente enfatiza a doutrina e a teologia.[14]

A Igreja e a mudança institucional

Uma das questões fundamentais neste livro diz respeito à capacidade da Igreja promover mudanças internas e desenvolver novos vínculos com a sociedade como um todo, inclusive com o sistema político. Essa questão foi o objeto de interesse de alguns dos maiores teóricos sociais deste século; porém as recentes mudanças na Igreja Católica levantam a possibilidade de que possam ter exagerado a inflexibilidade e o caráter conservador das instituições religiosas.

As organizações religiosas apresentam problemas complexos para os cientistas sociais, pois emergem de inspirações supra-racionais, mas geralmente desenvolvem preocupações com práticas e papéis institucionalizados, autopreservação e expansão. Para lograr uma certa estabilidade, os movimentos religiosos geralmente desen-

(*) Esses conflitos geralmente não são diretamente antagônicos, como freqüentemente ocorre dentro da sociedade mais ampla. Nem é totalmente consciente a busca da hegemonia dentro da Igreja. Mas a natureza menos antagônica e menos consciente dessas tentativas de se estabelecer a hegemonia não significa que o processo não aconteça. Ele ocorre, em grande escala, através das tentativas dos diferentes setores eclesiásticos de estabelecer sua percepção da missão da Igreja como sendo a mais apropriada.

volvem diversos mecanismos institucionais que não se encontravam presentes durante as fases iniciais de sua história. A transformação de uma liderança carismática num processo de desenvolvimento institucional foi uma das preocupações de Max Weber. Weber argumenta que para a autoridade carismática não se restringir a "um fenômeno puramente transitório", e para que assuma um caráter permanente, formando uma comunidade estável de discípulos, um grupo de seguidores, uma organização partidária, ou mesmo qualquer espécie de instituição política ou sagrada, é fundamental que o caráter da autoridade carismática sofra radicais mudanças. De fato, em sua forma mais pura a autoridade carismática só existe em sua gênese. Não pode permanecer estável, mas se torna ou tradicionalizada ou racionalizada, ou uma combinação de ambas.[15]

Para Weber, embora um líder carismático ou profeta seja responsável pelo estabelecimento de uma religião, o carisma se torna institucionalizado dentro de uma Igreja estabelecida. Na medida em que a instituição se expande, o espaço para a profecia e a liderança carismática diminui e uma casta de funcionários — os sacerdotes — emerge com a função de ministrar os sacramentos e de ensinar o novo dogma. Contrastando com o profeta que cria uma nova instituição, o sacerdote atua dentro de um conjunto de normas e práticas religiosas estabelecidas. Pouquíssimos sacerdotes se tornam profetas: a grande maioria dos profetas surge fora das estruturas da Igreja institucional.[16] Ao mesmo tempo, a instituição desenvolve práticas que reassegurem a fidelidade dos praticantes que inicialmente participavam em resposta ao apelo pessoal do profeta. Rituais religiosos tornam rotineiras certas práticas de forma que continuam sendo significativas para os membros.

Na medida em que se institucionalizam, as organizações religiosas tendem a apresentar maiores preocupações com a autopreservação e expansão, além de se tornarem menos flexíveis. Isso é particularmente verdadeiro no caso de Igrejas (em oposição às seitas) que tentam ser abrangentes e oferecem a salvação universal. Seitas são associações voluntárias e são restritas aos indivíduos qualificados religiosamente, enquanto que Igrejas são menos seletivas e, portanto, menos rígidas em suas exigências, mas também menos aptas a incorporar o tipo de mensagens radicais características de líderes carismáticos.[17]

Dentro do cristianismo, o catolicismo romano tem sido tradicionalmente a mais institucionalizada e menos flexível das Igrejas. O catolicismo tradicionalmente enfatiza a unidade e a autoridade, a crença na salvação universal ao invés de salvação para os eleitos e a necessidade de uma vasta estrutura organizacional para administrar um grande círculo de participantes. Ernst Troeltsch escreveu que "o catolicismo romano (...) tem, em grau cada vez maior, sacrificado a espiritualidade, individualidade e a plasticidade da religião em prol da determinação fixa em tornar a religião objetiva".[18]

No processo da transformação de seita em Igrejas, as organizações religiosas geralmente desenvolvem alianças com o Estado e com as elites como forma de assegurar a sua posição institucional.[19] Simultaneamente, a base social da religião freqüentemente muda, seja através da ascensão das classes sociais que originalmente criaram os movimentos religiosos, ou através da substituição de setores de baixa renda por segmentos mais abastados.[20] Essa mudança acentua a tendência das organizações religiosas serem politicamente conservadoras. Nesse aspecto, é significativa a forte correlação entre o conservadorismo político e o profundo envolvimento religioso em diversos países.[21]

É dentro desse contexto histórico de relativa rigidez e de conservadorismo político que as recentes mudanças da Igreja romana devem ser compreendidas. Por um lado, o catolicismo romano tem sofrido mudanças significativas e coube à Igreja brasileira um papel de liderança nesse processo. Em raros períodos, desde a fusão entre a Igreja e o Estado (sob Constantino), a Igreja vivenciou mudanças de tamanha magnitude. Depois de mais de um século de combate à modernização, desde a Segunda Guerra Mundial e especialmente depois de João XXIII, a Igreja tem se aberto ao mundo moderno. As imagens tradicionais da Igreja (a Igreja como instituição e a Igreja como sociedade perfeita) têm sido, em anos recentes, desafiadas por uma rápida sucessão de novas imagens: Igreja como povo de Deus, como serva e como símbolo de salvação do mundo.[22]

Desde o século XVI até épocas recentes, a Igreja, salvo raras exceções, identificava a vontade divina com formas institucionais de autoridade e nesse sentido a obediência era uma virtude fundamental. Em contraste, a teologia do Vaticano II salientava uma noção muito diferente da Igreja como povo de Deus, atribuía um papel de maior importância ao laicato, redefinindo a autoridade do papa *sobre a Igreja* e a do bispo *sobre a diocese*.[23] Desde João XXIII tem havido tentativas, especialmente na América Latina, de se mesclar a fé católica à mudança política radical. A mais importante encíclica de Paulo VI sobre o desenvolvimento, *Populorum Progressio*, sustentava que as nações ricas eram relativamente responsáveis pelos problemas do Terceiro Mundo, fazia uma crítica contundente ao colonialismo e à tendência do capitalismo em promover o lucro a um valor supremo, subordinando o direito à propriedade à necessidade de justiça social.[24]

Por outro lado, o caráter institucional da Igreja e seu desejo de universalização impõe restrições à futura direção da Igreja como um todo, inclusive da Igreja brasileira. Ela mantém esse compromisso de universalização de todas as nações e de todos os credos políticos, evitando assim mudanças radicais em práticas eclesiásticas ou em política. A recusa de Paulo VI em alterar a posição da Igreja em relação às questões do celibato clerical e do controle da natalidade, a vigilância do Vaticano sobre os movimentos leigos, as represálias contra Hans Küng por suas posições teológicas dissidentes, os atos contra os teólogos da libertação e as medidas contra a Igreja holandesa (que era a mais progressista do mundo desde a época do Vaticano II até pelo menos 1972) chamam a atenção para os limites e restrições que os líderes da Igreja continuam a impor.[25]

Apesar dessas tensões, a transformação da Igreja coloca em questão os argumentos tradicionais sobre os objetivos, inflexibilidade e conservadorismo político das instituições religiosas. Quando o fim fundamental de uma instituição for supra-racional, ela se disporá a sacrificar alguns interesses, caso esteja convencida de que foi chamada para fazê-lo. Uma Igreja poderá renunciar a benefícios financeiros, prestígio, expansão institucional e a outros interesses se sentir que sua missão religiosa a obriga a agir dessa maneira.[26] Esquecer esse ponto seria equivalente à eliminação do elemento religioso num estudo sobre a Igreja.

Um segundo ponto concerne à suposta inflexibilidade institucional das Igrejas. Aqui, novamente seria proveitoso recorrer aos escritos de Weber quando diz que as mudanças no seio das instituições são fruto de processos interativos entre propostas racionais e não-racionais e das relações entre forças carismáticas e interesses institucionais. Embora Weber veja a racionalização como a característica mais marcante do mundo contemporâneo, argumenta que todas as instituições continuam tangidas por elementos carismáticos, não-racionais.[27] Essa não-racionalidade é particularmente acentuada em instituições religiosas. Até o protestantismo ascético que contribuiu para a racionalização do mundo ocidental contém traços de não-racionalidade. Além disso, no mundo contemporâneo, na medida em que a sociedade se torna cada vez mais racionalizada, a religião vem a ser uma esfera especial do não-racional.[28]

Embora Weber enfatize principalmente o caráter conservador da religião, seus escritos sugerem que as Igrejas nunca estão completamente fechadas a influências carismáticas. Até as mais universais e institucionalizadas podem conter alguns elementos carismáticos e as práticas mais rotineiras se chocam. A história do catolicismo reflete essa tensão, com alguns períodos de notável efervescência e outros de conservadorismo.

A transformação da Igreja, especialmente em países como o Brasil, El Salvador e Nicarágua, também coloca em questão a crença de que a religião institucionalizada seja uma força conservadora que sirva de paliativo ao sofrimento das massas e de suporte para a dominação das elites. Marx, Nietzsche e Durkheim argumentaram que a religião tem um impacto fundamentalmente conservador. Weber, Troeltsch e Niebuhr qualificaram esse argumento, mas concluíram também que, mesmo que as seitas desafiem com freqüência a ordem política e os valores dominantes, as Igrejas são conservadoras. De modo geral, essa observação foi verdadeira no passado.[29] Mas o fato do catolicismo ter inspirado milhões de pessoas a trabalhar para mudanças radicais na América Latina, seja num projeto a curto prazo (como na Nicarágua e em El Salvador), ou num projeto a longo prazo (como no Brasil), salienta-se que o conservadorismo político não é tão intrínseco às Igrejas. Embora seja cedo para uma indicação definitiva, algumas mudanças podem estar ocorrendo no antigo vínculo entre a tradição conservadora política e a Igreja Católica, que se originou como um movimento libertador, de classe média baixa.[30]

A Igreja e o processo sócio-histórico

Argumento-chave deste livro é o que demonstra que, como em qualquer outra instituição, uma Igreja é influenciada pelas mudanças na sociedade em geral. Mais especificamente, argumento que ideologias políticas da sociedade brasileira tenham influenciado a concepção de fé da Igreja. Por sua vez, conflitos sociais, e a forma pela qual o Estado tentou resolvê-los ou suprimi-los, determinaram em grande escala essas ideologias e concepções da política. A luta política pode fazer com que as identidades sociais e as ideologias sejam repensadas, criando novas identidades e ideologias. De modo geral, as práticas sociais e as identidades institucionais não se modificam porque surgem novas idéias, mas, sim, porque o conflito social leva a uma nova maneira de se compreender a realidade.[31]

Se uma organização ou movimento religioso acredita que sua missão exige um envolvimento político, os conflitos políticos afetam a sua concepção de fé. Então, a análise de mudança institucional requer um enfoque mais amplo do processo político.

Foi isso o que aconteceu com a Igreja Católica no Brasil. Na medida em que a Igreja se tornava mais preocupada com sua missão social, a mudança e o conflito político afetavam-na de novas maneiras. Diferentes forças sociais desenvolveram novas visões de política e os debates resultantes se refletiram na discussão interna da Igreja e no ideário de sua própria missão.[32] As concepções de fé e da própria missão da Igreja não se modificaram somente como resultado de debates acerca de quais deveriam ser ou de como deveriam proteger interesses institucionais. Pelo contrário, sua identidade modificou-se principalmente porque o processo político mais amplo gerou novas concepções da sociedade e do papel da Igreja dentro dela.

O impacto da mudança política sobre as instituições depende de como elas se definem e do grau de politização da sociedade. A Igreja Católica no Brasil era relativamente impermeável a mudanças causadas por conflitos de classes durante boa parte deste século. Porém, na medida em que a Igreja se abria cada vez mais ao social, e na medida em que a sociedade se tornava mais polarizada, envolvendo as instituições dentro dos conflitos de sua época, a Igreja passava a ser mais afetada pelas mudanças políticas.

Embora as mudanças políticas e sociais tenham ajudado a reformar a concepção da Igreja de sua própria missão, devemos evitar reduzir a análise de uma Igreja ou de um movimento da Igreja a um problema de classes. Nesse sentido, eu novamente me diferencio da maioria dos analistas latino-americanos neomarxistas que tendem a subestimar a autonomia da religião e da Igreja frente às classes. A religião pode ser uma força poderosa na determinação da orientação política, freqüentemente até mais importante do que a classe.[33] Além disso, a mudança política não modifica inevitavelmente a maneira pela qual as instituições ou movimentos vêem a si próprios. Todas as instituições têm uma maneira específica de reagir às mudanças sociais e podem isolar-se dos conflitos da sociedade como um todo, especialmente quando participam perifericamente do processo político. Se uma Igreja ou movimento religioso permanecer fora do debate político e definir sua missão como estando acima da política,* é possível que esse processo não venha a afetar diretamente a maneira pela qual ela percebe a própria missão. Por exemplo, nos Estados Unidos, os "Amish" conservaram vários costumes do século XVIII, a despeito de dramáticas transformações na sociedade e na política a seu redor; assim, sua compreensão da fé tem se mantido relativamente impermeável à mudança e ao conflito social.

As análises da Igreja ou de um movimento da Igreja não deveriam considerar suas transformações como resultados diretos e inevitáveis de mudanças históricas mais amplas, nem negligenciar o impacto das mesmas. Precisamos compreender a auto-identificação da instituição como se expressa através de seu discurso e de suas práticas, assim como as mudanças sociais que possam alterar essa identidade.

Boa parte deste livro aborda a questão de como a Igreja é afetada por processos de mudança mais amplos. Entretanto, também é importante levar em consideração as formas pelas quais a Igreja influi no processo político. A Igreja não é somente objeto de mudança.

(*) Igreja nenhuma jamais se situa acma da política. As práticas e o discurso religioso necessariamente reforçam ou minam os valores predominantes e, em última instância, o sistema de dominação. Levine (*Religion and politics*, pp. 18-55) argumenta que todas as religiões têm um conteúdo político. Entretanto, uma Igreja pode acreditar que se situa acima da política e permanecer indiferente à discussão política. Nesse caso, ela geralmente é menos afetada pelo processo político.

Como uma instituição importante, ela também exerce influência sobre a transformação política. Ela afeta a formação da consciência das várias classes sociais, mobiliza algumas forças políticas ou as critica. Meu trabalho compartilha com alguns aspectos dos escritores marxistas sobre a sociologia da religião (Althusser, Gramsci, Portelli, Maduro): uma preocupação com: 1) a forma pela qual a Igreja reage às mudanças de estrutura de classes, conflitos e ideologias, e 2) a forma como as práticas e o discurso religioso afetam a consciência das classes sociais. Sob outros aspectos, no entanto, este livro difere da maior parte das perspectivas marxistas. Porque a principal preocupação deles refere-se às classes sociais e conflitos de classe, a maioria dos marxistas dá pouca ênfase à importância das instituições ou as considera como representantes dos interesses de classe.* Em contraste, sublinho a importância das instituições enquanto agentes políticos importantes e a sua relativa autonomia em relação ao conflito de classes. Destaco mais a especificidade com que as instituições religiosas reagem aos conflitos políticos e às mudanças sociais. Além disso, a Igreja e outras instituições ajudam a definir o perfil da sociedade brasileira e não podem ser reduzidas a uma análise de classes. As maneiras pelas quais uma instituição reage num dado momento reforça ou desafia determinadas condutas de dominação, como foi corretamente salientado pelos marxistas, e ao fazê-lo ampara os interesses de algumas classes em detrimento dos de outras. Porém, considerar instituições complexas como a Igreja ou as forças armadas como sendo expressões de uma determinada classe, simplifica a realidade ao extremo. A visão reducionista falha ao deixar de perceber quão fluidas podem ser as instituições com o passar do tempo. Elas podem defender (de maneira consciente ou não) os interesses de uma deter-

---

(*) Por exemplo, Althusser (*Lenin and Philosophy*, pp. 127-186) encara a religião como "um aparato ideológico do Estado", que, por sua vez, ele vê como sendo um meio de "assegurar a reprodução da ordem política". Essa visão obscurece a distinção entre o Estado e a sociedade civil; no mundo posterior à Idade Média, a Igreja não tem sido parte do aparato estatal. Nessa confusão, Althusser reduz a religião a um instrumento de dominação, pressupõe que a religião tenha sempre a função de agente estabilizador e nega que ela possa contestar a ordem social. A afirmação de Marx de que a religião é o "ópio do povo" também encoraja essa compreensão ao sugerir que as organizações religiosas sirvam aos interesses das classes dominantes. Naturalmente, nem todos os marxistas reduzem a Igreja a um elemento de dominação de classes. Maduro (*Religião*, pp. 113-123) enfatiza a autonomia da Igreja e sua especificidade institucional. Ao lado de cientistas sociais brasileiros tais como Luiz Alberto Gomes de Souza, Luiz Gonzaga de Souza Lima e Carlos Rodrigues Brandão, Maduro abriu novos horizontes para a sociologia marxista de religião. Gramsci inspirou essa linha de análise, embora seus próprios trabalhos escritos sobre religião sejam incipientes; ver, por exemplo, *Prison Notebooks*, pp. 408-409.

minada classe durante um período, mas posteriormente podem desenvolver uma ideologia institucional que desafia as posições assumidas por essa mesma classe.[34] As necessidades e os valores de uma agremiação, e não os interesses das classes sociais, determinam orientações, identidades e ideologias.

Movimentos de base e religiosidade popular

A maioria dos estudos sobre a Igreja tem analisado principalmente a hierarquia, em geral com boas razões. A Igreja tem sido muito hierárquica e, em geral, as organizações de base e os movimentos leigos têm pouca autonomia e pouco impacto no interior da instituição.[35] Entretanto, ao estudar a Igreja, deveríamos nos lembrar de que essa abrange mais do que a hierarquia. A Igreja também inclui institutos eclesiais, agentes pastorais (padres, freiras e leigos), movimentos leigos organizados, e adeptos que não tomam parte nos movimentos leigos. Embora estejam sob o controle formal da hierarquia, esses outros níveis adquirem certa autonomia, influenciam a Igreja e exercem um efeito independente na política.

Um de meus argumentos principais é que, desde o início da década de 60, movimentos de base e movimentos leigos têm desempenhado papéis importantes na transformação da Igreja brasileira. Bem antes de surgir a teologia da libertação, movimentos leigos brasileiros e agentes pastorais progressistas já haviam feito uma reflexão sobre os principais temas que seriam sistematizados pela nova teologia e apresentado uma concepção de fé vinculada a posições políticas progressistas. Vários entre os mais famosos teólogos da libertação latinoamericanos, inclusive Leonardo Boff e Gustavo Gutiérrez, reconheceram que esses movimentos de base e os movimentos leigos tenham afetado suas reflexões teológicas.[36] Posteriormente, após a repressão ter destruído os movimentos leigos progressistas no início da década de 60 no Brasil, agentes pastorais continuaram inovando dentro das comunidades. As primeiras comunidades de base, as primeiras discussões sobre pedagogia entre as classes populares, o trabalho pioneiro com os índios e a maior parte das outras transformações de importância na Igreja brasileira tiveram início nas bases. Além disso, foram ações e posições desenvolvidas por grupos leigos e pelos agentes pastorais na base que, de modo geral, após o golpe de 1964, motivaram a repressão contra a Igreja. Essa repressão foi um fator chave na transformação da instituição.

Os movimentos de base por si só não foram responsáveis pela transformação da Igreja. Pelo contrário, sem o suporte da hierarquia, esses movimentos não poderiam ter transformado a Igreja. O processo de mudança era dialético. Movimentos leigos só poderiam emergir havendo receptividade institucional, e foi só a partir do momento em que a hierarquia passou a apoiar ativamente a transformação que a Igreja passou a defender energicamente a causa dos direitos humanos. Dada a estrutura hierárquica da Igreja Católica, movimentos que não recebem o apoio dos bispos permanecem relativamente isolados e são incapazes de modificar as tendências dominantes. Embora a turbulência causada pelas mudanças encontrasse certa resistência e até recebesse represálias dentro da Igreja, as inovações nas bases foram importantes para a promoção das mudanças. Considerar a transformação da Igreja brasileira como um processo iniciado exclusivamente de cima, em resposta às tentativas da Igreja de defender seus interesses corporativos, negligencia a forma como esses movimentos introduziram novos conceitos de fé, novas teologias e práticas pastorais; como "converteram" freiras, padres e bispos a uma nova compreensão da Igreja e envolveram-na num ciclo repressivo que ajudou a transformar a instituição como um todo.[37]

Negligenciar as organizações católicas de base também pode dificultar a compreensão de uma das fontes mais importantes de influência política na Igreja. O catolicismo caminhou na direção de uma instituição mais orientada para o leigo, particularmente em vários países latino-americanos, onde os grupos chamados de comunidades cristãs, ou de comunidades eclesiais de base, proliferaram e se tornaram politicamente ativos. Não podemos compreender o papel político da Igreja em sociedades como as de El Salvador, Nicarágua e Brasil sem analisar a forma como as comunidades de base apoiaram a luta dos camponeses e trabalhadores para transformar as suas sociedades. Contrastando com a maioria dos movimentos de Ação Católica na Europa, as comunidades de base latino-americanas freqüentemente dispõem de certa autonomia em relação à hierarquia. Essa autonomia tem se mostrado especialmente acentuada em El Salvador e na Nicarágua, onde existem sérias tensões entre, por um lado, milhares de católicos organizados comprometidos com a mudança revolucionária juntamente com os padres e as freiras que lhes dão apoio e, por outro, bispos conservadores ou moderados preocupados com um excessivo envolvimento da Igreja na política e em manter a obediência dentro das estruturas eclesiásticas.

A situação do Brasil é muito diferente da que existe na Nicarágua ou em El Salvador. O envolvimento político da Igreja progressista no Brasil tem se mostrado mais cauteloso e existe menos conflito entre as comunidades de base e a hierarquia. Entretanto, no Brasil, também, as comunidades de base e outras organizações, como a Comissão Pastoral da Terra e a Comissão Pastoral Operária, têm reforçado as lutas populares e influenciado significativamente o quadro político.

Não se considerando a exclusividade da análise da hierarquia eclesiástica, convém colocar a importância do catolicismo popular.

Por catolicismo popular entende-se um conjunto de crenças religiosas tradicionais e de práticas desenvolvidas fora da Igreja institucional. Essa vivência da fé tem ampla penetração na América Latina. No Brasil, a distância entre a Igreja institucional e as práticas religiosas populares sempre foi grande. Junto às classes populares a Igreja institucional sempre teve presença relativamente fraca, porém, mesmo assim, as crenças religiosas ainda inlfuenciam a visão de mundo da maioria do povo. É importante compreender a natureza dessas crenças religiosas. Durante as décadas passadas, as crenças e costumes religiosos populares deram origem a movimentos messiânicos que desafiaram o sistema político. Hoje, continuam exercendo influência sobre a forma pela qual a maior parte dos brasileiros (especialmente os camponeses) percebem a política.[38]

A maioria dos estudos feitos sobre a Igreja e a política privilegiaram a relação entre a Igreja e o Estado, mas é também importante analisar seus vínculos com as várias classes sociais. A forma pela qual a ideologia e os símbolos religiosos legitimam ou desafiam os aspectos dos valores dominantes tem um impacto significativo na vida política. A Igreja brasileira sempre foi uma instituição importante. Seus símbolos e seu discurso ajudam a moldar a identidade de diferentes classes e instituições sociais e ajudam a definir práticas políticas e sociais.

Durante grande parte da história do Brasil, as condutas e crenças religiosas populares levaram a atitudes *basicamente* fatalistas em relação à pobreza.* A maior parte das práticas religiosas também estimulou a aceitação do posicionamento individual na estrutura de classes, legitimando, assim, as relações de poder e dominação. O papel de moldar a visão de mundo das classes populares provavelmente foi mais importante na legitimação da ordem social do que foram as alianças da Igreja com o Estado.

Em anos mais recentes, facções da Igreja desenvolveram uma visão de fé que visa alterar a ordem social. As comunidades de base, em particular, têm encorajado uma percepção de fé que enfatiza a opção preferencial pelos pobres por parte da instituição, estimulando a conscientização política. Esse impulso eclesial a uma nova conscientização política e social adquire mais peso à luz de sua legitimidade institucional e da visão religiosa de mundo das classes populares.[39] As classes populares compreendem não só a política e a própria posição social como também a família, o sucesso ou o fracasso de uma colheita, saúde e doença, com referência a símbolos e práticas religio-

---

(*) Coloco um grifo devido à complexidade dessa questão. Estudos recentes têm salientado que as práticas religiosas populares rejeitam alguns dos valores religiosos dominantes e, portanto, contêm alguma semente da resistência.

sas.[40] A Igreja institucional não controla completamente a formação de crenças religiosas populares, porém uma forte religiosidade popular poderá aumentar o prestígio e a importância política da Igreja. Por isso, não podemos compreender as implicações da transformação da Igreja sem examinar a religiosidade popular.

A Igreja internacional e a mudança eclesiástica no Brasil

Considero a mudança da Igreja no Brasil em função de dois tipos de fatores: mudanças na sociedade e na política brasileiras, e transformações na Igreja internacional. Já dissemos o suficiente para introdução do primeiro tema; cabe agora desenvolver o papel da influência da Igreja internacional.

Dizer que a Igreja é uma instituição internacional é afirmar o óbvio, porém com muita freqüência a importância dessa assertiva é subestimada. Particularmente desde a reafirmação da autoridade do Vaticano sobre as Igrejas nacionais no século XIX, Roma tem determinado os parâmetros do permissível dentro da Igreja. O Vaticano pode promover, desencorajar ou proibir diferentes teologias e práticas pastorais.

O papel do papa enquanto líder da Igreja é muito mais do que formal; a despeito das mudanças nas relações hierárquicas, a autoridade papal permanece suprema. Geralmente, os meios mais importantes através dos quais o Vaticano exerce influência no desenvolvimento de Igrejas nacionais são as nomeações episcopais. Os bispos são os líderes formais de suas dioceses locais e são as autoridades mais importantes de suas Igrejas nacionais. O Vaticano e seus representantes nos diversos países, conhecidos como núncios apostólicos, determinam em grande parte o processo de nomeação dos bispos.

Através de um processo seletivo de encorajamento ou de desencorajamento às mudanças, Roma exerceu grande influência sobre o desenvolvimento da Igreja brasileira durante o período 1916-1985. No Brasil, o modelo de Igreja da neocristandade foi diretamente encorajado por Roma, assim como as cautelosas reformas de 1950. As inovações entre o final da década de 50 e o término da década de 70 teriam sido impensáveis fora do contexto dos papados mais progressistas na história recente da Igreja. Finalmente, o declínio da Igreja popular após 1982 foi, em boa medida, uma conseqüência das pressões do Vaticano.

Embora o Vaticano seja a influência internacional mais importante, não é a única. Desde o encontro de Medellín em 1968, o CELAM tem exercido considerável influência sobre a Igreja latino-americana, primeiramente encorajando algumas inovações e, após 1972, tentando limitá-las. A Igreja brasileira, por sua vez, influenciou outras Igrejas nacionais na América Latina ao servir de parâmetro para as mudanças eclesiásticas progressistas. Finalmente, as teologias de uma parte do mundo podem influenciar o pensamento e as práticas da Igreja em outras regiões. Nos anos 50, por exemplo, os reformistas da Igreja brasileira liam extensivamente os principais teólogos europeus.

Ao enfatizar o caráter internacional da instituição, não menosprezo as diferenças entre as Igrejas em diferentes países. Na realidade, um dos objetivos-chave deste livro é justamente chamar a atenção para o caráter especial da Igreja do Brasil. Essas diferenças nacionais coexistem dentro de uma única instituição em grande parte porque Roma sempre permitiu que houvesse certa autonomia das Igrejas nacionais. Essa independência tem variado consideravelmente com o tempo. Até a segunda metade do século XIX, a Igreja brasileira não mantinha vínculos fortes com o Vaticano, por isso desenvolveu-se de uma forma mais autônoma. Posteriormente, os papas João XXIII e Paulo VI encorajaram uma maior independência nacional, um fator de importância considerável para a compreensão da evolução da Igreja brasileira durante os anos 60 e 70. De modo inverso, sob João Paulo II, o Vaticano percebeu tal autonomia como sendo uma ameaça, justamente por causa da forma como evoluiu a Igreja no Brasil e em alguns países latino-americanos.

Além disso, o impacto de Roma sobre as diferentes Igrejas nacionais não é uniforme. De 1952 a 1964, o núncio apostólico no Brasil era um reformista que encorajava a inovação da Igreja. Em outras partes da América Latina, a Igreja não passou por mudanças equivalentes durante aqueles anos.

Enfatizar simultaneamente o significado das mudanças nas transformações da Igreja e a capacidade de Roma de afetar o desenvolvimento da Igreja nas regiões mais remotas do Brasil pode parecer contraditório. De fato, essa aparente contradição reflete a enorme complexidade e multidimensionalidade dessa instituição. Os líderes eclesiásticos em diferentes níveis reagem a variados problemas e organizam a Igreja de formas correspondentemente diversas. A burocracia do Vaticano e o papa estão necessariamente muito preocupados com o caráter multinacional da Igreja, com sua necessidade de ser interlocutora de nações e classes sociais e conseqüentemente com sua necessidade de evitar os extremos políticos. De modo inverso, o trabalho com os índios explorados no interior da selva amazônica deixa pouca margem para uma reflexão sobre as necessidades espirituais de empresários ricos e facilmente estimula a idéia de que a Igreja deva passar por mudanças radicais. Voltando a um tema fundamental, essa notável diversidade de situações institucionais motiva noções muito diferentes daquilo que deveria ser a Igreja.

Interesses da Igreja e a Igreja popular

A análise das relações entre o catolicismo e a política deve reconhecer que a Igreja é uma instituição. A questão é como entendê-la. É preciso lembrar-se de que podem surgir sérios conflitos entre objetivos variados, sendo que esses objetivos têm um componente subjetivo e político e ainda que os objetivos finais da Igreja são difusos. Convém lembrar que a instituição pode conter um elemento carismático.

A crise na Igreja brasileira teve início após a Segunda Guerra Mundial e foi resultado de uma rápida transformação da sociedade sem que houvesse uma mudança correspondente por parte da Igreja. As manifestações da crise incluíam uma resistência à secularização, o alarmante crescimento do protestantismo e do espiritismo, menor comparecimento à missa, uma crise de vocações, o crescimento da esquerda, e uma perda de influência entre as classes dominantes e entre a classe operária urbana. Os líderes mais proeminentes da Igreja sentiram que essas mudanças ameaçavam a instituição.[41] A crise estimulou mudanças eclesiásticas ao fazer com que a hierarquia tomasse consciência de que era preciso repensar a missão da Igreja. Mas, embora a crise institucional explique por que a Igreja começou a se abrir, não explica a direção ou a magnitude dessa mudança. A Igreja poderia ter reagido à crise de diversas maneiras. De fato, grupos diferentes dentro da Igreja apresentaram reações variadas, cada qual representando uma concepção diferente da Igreja, seu papel na sociedade e seus interesses. As respostas efetivas dos líderes eclesiásticos não foram necessariamente aquelas que melhor defendessem os interesses da Igreja; ao lado dos ganhos houve muitas perdas.

É verdade que a Igreja modificou-se em parte para proteger interesses tradicionais no momento em que a sua influência entrava em declínio. Mas de igual importância é o fato dela ter mudado porque a luta política levou pessoas e alguns movimentos a ter uma visão de fé profundamente preocupada com os pobres e com a justiça social. Esses grupos tinham uma nova visão da missão da Igreja e estavam prestes a abandonar muitos dos interesses tradicionais em nome dessa nova concepção.

A Igreja popular tem questionado alguns dos interesses da instituição e renunciado a diversos tipos de influência. Preocupa-se menos com a expansão do protestantismo e tem mais interesses no ecumenismo. Não se preocupa em desfrutar de influência entre as classes dominantes, pelo contrário, procura ser "Igreja pobre, dos pobres".[42] Preocupa-se mais em ser um símbolo do mundo do que com o número de pessoas que assistem à missa. O teólogo peruano Gustavo Gutiérrez diz que a Igreja popular tem se preocupado mais com os aspectos qualitativos do que quantitativos da salvação.[43] E ela se preocupa mais em lutar contra o autoritarismo do que em lutar contra o comunismo, embora existam marcantes diferenças políticas entre a Igreja popular e a maior parte da Esquerda Marxista. [44]

Na Igreja popular predomina a visão de que a missão fundamental da Igreja é a de servir ao mundo, não a de servir a si própria. Leonardo Boff escreve: "A Igreja é compreendida como sinal densificador da salvação presente nas dimensões de todo o mundo. O acento é colocado numa direção eminentemente prática e libertadora. Sendo sinal densificador da salvação, pergunta-se: que faz a Igreja para ajudar os homens a se libertarem do pecado? A Igreja não pode viver narcisisticamente a verdade de ser a cidade sobre o monte, nem o estandarte elevado entre as nações e a luz acesa na casa". [45]

Do ponto de vista weberiano, as mudanças das últimas décadas continham fortes elementos carismáticos. Certos líderes romperam com a ordem estabelecida, buscaram a legitimidade na base da revelação pessoal e inauguraram um novo modelo de Igreja. Entretanto, dentro do esquema weberiano, a transformação dos últimos vinte anos também foi legitimada por muitos elementos tradicionais. Mesmo enquanto passava por profundas mudanças, a Igreja brasileira considerava muitos dos valores tradicionais das classes populares, inclusive aspectos da religiosidade popular. Apoiou-se nos seus tradicionais prestígio e imagem para difundir uma nova visão de fé. Sem compreender essa mistura do antigo com o novo, da legitimidade tradicional com a legitimidade carismática, não se pode entender a transformação da Igreja.

A Igreja popular assumiu algumas características de seita, com maior ênfase na qualidade do compromisso religioso do que na quantidade numérica dos membros participantes. Entretanto, é impossível compreender a força ou a importância da Igreja popular seguindo a analogia de seita porque a Igreja popular faz parte de uma instituição mais ampla e está comprometida em manter-se dentro dela. A Igreja popular está longe de menosprezar as questões institucionais. O fator específico que fez da Igreja brasileira uma das mais importantes do mundo é a capacidade dos setores progressistas de trabalharem dentro da instituição como um todo. Em outras Igrejas, os conflitos entre as bases e a instituição dissiparam ou enfraqueceram o impulso transformador. A Igreja brasileira, no entanto, alcançou um equilíbrio entre a mudança e a continuidade, entre a comunidade e a instituição, entre a base e a hierarquia. Sem a profunda preocupação que os grupos progressistas demonstravam ter para com a institucionalidade, especialmente ao trabalharem dentro da Instituição como um todo, provavelmente teriam sido vítimas da mesma marginalização que as organizações de padres radicais em outras partes da América Latina.

Devido ao caráter institucional da Igreja, sua identidade enquanto organização de cunho especificamente religioso e sua preocupação com a unidade eclesiástica continuaram a afetar a Igreja brasileira.[46] Embora a necessidade de manter a coesão e a unidade possa não afetar diretamente o trabalho pastoral nas bases, na cúpula certamente implicará compromissos que limitam a Igreja popular. O peso conservador da instituição se fará sentir na medida em que Roma e o CELAM pressionem a Igreja brasileira para que ela tome posições mais cautelosas. Grande parte da Igreja popular subestimou a importância dessa força conservadora. A partir de 1982, a nomeação de bispos conservadores, a pressão contra teólogos, bispos e práticas progressistas, e o favorecimento dos moderados e conservadores, junto com a pressão para que a Igreja cortasse e modificasse seu envolvimento político porque a sociedade civil produzira seus próprios canais políticos, começou a impedir os católicos progressistas de expandir seu nicho dentro da Igreja. Entretanto, a Igreja brasileira já havia se estabelecido como agente dos mais importantes e inovadores da Igreja internacional e da política brasileira das últimas décadas.

NOTAS

(1) Um estudo clássico sobre este assunto é Michels, *Political parties*. Michels estudou as relações de poder dentro dos partidos socialistas europeus e observou que, a despeito de seus compromissos com métodos igualitários e democráticos, eles empregavam meios autoritários para adquirir os recursos necessários para chegar ao poder. Esse ponto também foi bem estabelecido por sociólogos em trabalhos sobre as instituições e as burocracias; ver, por exemplo, Blau.

(2) Niebuhr, *Denominationalism*, p. 3.

(3) Ver Levine e Wilde acerca das atitudes do episcopado colombiano sobre o uso de violência revolucionária.

(4) Sobre esse ponto, ver Smith, "Religion and Social Change". Ele amplia essa análise em seu *Church and Politics in Chile*, especialmente pp. 3-64.

(5) O caso mais importante foi o movimento Cristãos pelo Socialismo, no Chile, onde a hierarquia acabou banindo a participação clerical. Ver Smith, *Church and Politics in Chile*, pp. 230-280; McGovern, "Chile under Allende and Christians for Socialism", *in* McGovern, pp. 210-242; e Rojas e Vandershueren. Para a interpretação de um padre que foi líder dos Cristãos pelo Socialismo, ver Arroyo. Uma útil coleção de documentos, inclusive o documento episcopal que proibiu a participação clerical no Cristãos pelo Socialismo, pode ser encontrada em Eagleson.

(6) Ver, por exemplo, Romano; Velho; Márcio Moreira Alves, *Igreja*, especialmente pp. 41-56, 247-250; Bresser Pereira, pp. 13-80; e Paiva, "Igreja Moderna".

(7) Alguns intelectuais latino-americanos influenciados pelo marxismo criticaram a análise institucional da Igreja. Contribuições significativas incluem Gomez de Souza, "Igreja e Sociedade", e *JUC*; Souza Lima, *Evolução*, e Palácios. Para uma abordagem semelhante para a compreensão da mudança na Igreja na América Latina, ver Richards. Para uma tentativa influente de unir elementos do marxismo e de análise institucional, ver Maduro.

(8) Bruneau, *Political Transformation*, p. 4. Em outra parte, Bruneau observa que "obviamente o comparecimento à missa não é o melhor indicador da influência da Igreja" (p. 62, n. 21), mas ele tem uma tendência de identificar influência com uma concepção institucional da missão da Igreja. Bruneau focaliza basicamente a influência, mas seu livro (pp. 229-236) contém um boa discussão acerca da profecia (no sen-

tido da função da Igreja de anunciar a vontade divina) dentro da Igreja, indicando uma consciência de que as motivações de alguns setores podem escapar à lógica da influência institucional. Ver, também, *A Igreja no Brasil*, de Bruneau. Em resposta às críticas, Bruneau escreveu um artigo recente onde desenvolve a noção dos interesses institucionais que é compatível com minha própria abordagem; ver "Issues".

(9) O argumento aqui segue a insistência de Weber de que interesses podem ser conceituados como um fenômeno subjetivo; ver *Theory*, pp. 87-115.

(10) "Mensagens da Igreja de Goiás" (mimeo, ca. 1976), p. 12; e "Relatório da Diocese de Goiás", em Mesters *et alii*, p. 70.

(11) Philip Selznick enfatiza esse ponto em "Foundations" e *Leadership*. Alvin Gouldner ("Organizational Analysis") e Peter Blau (*Bureaucracy*) enfatizam os elementos racionais na maior parte das organizações, mas ainda subestimam o fato de que as organizações contêm tensões internas em relação aos objetivos e meios.

(12) Entre a vasta literatura que versa sobre a expansão do Pentecostalismo, ver F. Rolim, *Religião*; e Willems.

(13) Para uma discussão abrangente do conceito de modelos de Igreja, ver Dulles. Ele se inspirou no clássico de Niebuhr, *Christ and Culture*. Sem utilizar o termo "modelos de Igreja", Niebuhr desenvolve cinco visões típicas da relação entre a fé e a sociedade humana. Leornado Boff também discute modelos de Igreja em *Igreja*, pp. 15-41. Gustavo Gutiérrez discute diferentes concepções da salvação e da missão da Igreja em *Teologia*, pp. 49-72, 125-156, 209-233. Ver também Levine, *Religion and Politics*, pp. 41-53.

(14) Para uma visão similar, ver Levine, *Religion and Politics*, pp. 3-17, 290-312; Romano, pp. 11-44; e Geertz, pp. 87-141.

(15) Weber, *Theory*, p. 364. Este ponto crucial é amplamente desenvolvido na introdução de Eisenstadt a Weber, *Marx Weber on Charisma*.

(16) Ver Weber, *Sociology*, pp. 46-59.

(17) A discussão segue a distinção clássica entre Igreja e seita desenvolvida por Weber, "The Protestant Sects and the Spirit of Capitalism", *in From Marx Weber*, pp. 302-322; e especialmente Troeltsch, pp. 330-343, 993-1001. Essa distinção sofreu muitos refinamentos desde Troeltsch. Yinger (pp. 142-155) desenvolve a distinção numa tipologia sêxtupla. Um importante estudo histórico e teórico da transformação de seita em Igreja, focalizando a Carolina do Norte, é L. Pope, pp. 117-140. Outra discussão útil acerca da transformação das seitas em Igrejas é Moberg, pp. 73-126. Uma interessante adaptação ao contexto latino-americano é Comblin, *Futuro*.

(18) Troeltsch, p. 1007.

(19) *Ibidem*, pp. 69-164, 331-343, 993-1001; Maduro, pp. 123-141.

(20) L. Pope, pp. 117-140; Niebuhr, *Denominationalism*, pp. 26-76.

(21) Ver, por exemplo, Linz; Glock e Stark, pp. 185-229; e McHale.

(22) Sobre esse ponto, ver Lorscheider e Dulles.

(23) Ver Sanks.

(24) A encíclica está reproduzida em Gremillion, pp. 387-416.

(25) Essas limitações foram enfatizadas por Smith, em *Church and Politics in Chile*, pp. 3-64; O'Dea; Hebblethwaite, em *Runaway Church*; Vaillancourt; e Sanks. Sobre as medidas contra a Igreja holandesa, ver Coleman, pp. 179-296; e Goddijn, pp. 99-139.

(26) Como argumenta Warwick em "Effectiveness", enquanto uma empresa pode se considerar bem-sucedida se der um bom lucro, uma Igreja pode até ver a aquisição de riquezas como um sinal negativo. O estudo de Goddijn sobre a Igreja holandesa, pp. 16-49, também enfatiza o caráter singular da Igreja enquanto organização social e o conflito potencial entre a excessiva institucionalização e o desenvolvimento de um sentido de comunidade.

(27) Weber, *From Max Weber*, p. 262.

(28) Weber argumenta em sua comparação entre o confucionismo e o protestantismo que este último contém alguns elementos mágicos; ver *Religion of China*, pp.

226-249. Ele desenvolve o argumento de que a religião se tornou um campo marcado pela não-racionalidade em *Sociology*, pp. 20-31; e em *From Max Weber*, pp. 267-301.

(29) Entretanto, é necessário qualificar-se a observação, já que a história também está repleta de movimentos religiosos, freqüentemente de natureza messiânica, que buscaram alterar a ordem social, às vezes de formas radicais. Ver Lanternari.

(30) Sobre a história do início do cristianismo como um movimento radical, de classe média baixa, ver Troeltsch, pp. 39-69; e Engels, "On the Early History of Christianity", em Feuer, *Marx and Engels*, pp. 168-193. Não é por acaso que os primórdios da Igreja têm recebido uma atenção considerável por parte da Igreja popular contemporânea. Entre outros trabalhos, ver Lesbaupin, *Bem-Aventurança*.

(31) Os ensaios de Fernando Henrique Cardoso, em *Idéias e seu lugar*, fornecem uma boa introdução sobre a forma pela qual o conflito social faz surgir novas idéias, focalizando a mudança de idéias nas ciências sociais.

(32) Sobre esse ponto, ver *A Evolução Política*, de Souza Lima.

(33) Diversos estudos afirmam esse ponto a respeito das sociedades ocidentais industrializadas. Ver, por exemplo, Lenski, Hazelrigg e Linz.

(34) Para uma visão semelhante, a respeito dos militares, ver Stepan, *Military in Politics*.

(35) Acerca das dificuldades que enfrentaram os movimentos católicos leigos para conquistar maior autonomia na Europa, ver Vaillancourt e Poggi.

(36) Ver os comentários de L. Boff em *Salem*, p. 39; e Gutiérrez, *Força Histórica*, pp. 114, 129, 279, 293, 311.

(37) Ao enfatizar a mudança vinda das bases, eu divirjo das premissas de Weber. A despeito de suas ricas observações sobre a mudança nas instituições, Weber subestima o impacto que as bases podem ter nas mudanças institucionais. Ele vê a mudança institucional como um resultado da ação das elites; eu me preocupo igualmente com o papel dos movimentos leigos e dos agentes pastorais de base ao moldar a Igreja popular. É preciso examinar o papel que os leigos e os movimentos populares desempenharam na transformação da Igreja em outras situações nacionais. Em seu estudo sobre a Igreja holandesa, Coleman (especialmente pp. 88-119) elabora um argumento semelhante ao que é apresentado aqui para o caso brasileiro.

(38) Entre os estudos recentes acerca das crenças religiosas populares, os trabalhos de Brandão constituem um bom ponto de partida; ver *Deuses do Povo e Sacerdotes de Viola*. Hoornaert traça a história dos primórdios das crenças religiosas populares em seu trabalho seminal *Formação*. Uma recente história da Igreja no Brasil, em dois volumes, chama atenção para a importância de se focalizar as crenças populares bem como as práticas institucionais; ver Hauck *et alii*. Azzi traça a história de alguns costumes religiosos populares em *Catolicismo Popular*. Discuto a forma pela qual a Igreja institucional tem encarado os costumes religiosos populares nos capítulos 2 e 7.

(39) Clodovis Boff argumenta que é precisamente ao influenciar a formação da consciência das diferentes classes que a Igreja tem o maior impacto político; ver *Comunidade Eclesial*, pp. 85-112.

(40) Esse ponto foi enfatizado por figuras tão diversas quanto o teólogo brasileiro Clodovis Boff, o antropólogo norte-americano Shepard Forman e o teólogo peruano Gustavo Gutiérrez. Ver "Influência Política", de C. Boff, especialmente pp. 106-110; Forman, pp. 203-243; e "Força Histórica", de Gutiérrez, pp. 136-139.

(41) Bruneau descreve primorosamente os aspectos mais importantes da crise em *Political Transformation*. Ele ressalta como a necessidade de defender certos interesses levou à abertura da Igreja. Nesse sentido, eu coloco mais ênfase nos elementos institucionais do que Souza Lima em *Evolução*. Souza Lima subestima a importância da expansão do protestantismo, o desenvolvimento da teologia européia, a ameaça da esquerda e as mudanças introduzidas pelo Vaticano II.

(42) O tema de uma Igreja pobre teve uma aceitação tão ampla que foi incorporado às conclusões dos encontros do CELAM em Medellín e Puebla. De Medellín, ver

Conselho Episcopal Latino-Americano (CELAM), § 14. De Puebla, ver CELAM, *Evangelização*, §§ 1148-1159.

(43) Gutiérrez, *Teologia*, pp. 125-129.

(44) Uma das poucas críticas leninistas publicadas sobre a Igreja é Abramovay. Romano fornece uma importante crítica marxista da Igreja no Brasil. As críticas à esquerda leninista feitas pela Igreja são explicitadas em Betto, "Educação", e Gómez de Souza, "Movimento Popular, Igreja e Política", em seu *Classes populares*. É impossível fazer quaisquer declarações que sejam válidas universalmente sobre as relações entre a esquerda marxista e a Igreja popular, dada a grande variedade de posições dentro dos dois grupos.

(45) L. Boff, *Teologia do Cativeiro*, p. 213.

(46) Esse ponto foi abordado em dois importantes artigos de Della Cava, "Política" e "Catholicism and Society". A maioria dos intelectuais católicos progressistas subestimou o impacto do compromisso da Igreja de atrair todas as classes.

PRIMEIRA PARTE
A IGREJA DE 1916 A 1964

A Igreja da neocristandade, 1916-1955

Em 1916, o recém-nomeado arcebispo de Recife e de Olinda, Dom Sebastião Leme, publicou uma famosa carta pastoral que marcou o início de um novo período na história da Igreja (Dom Sebastião foi arcebispo do Rio de Janeiro e eminente líder da Igreja brasileira de 1921 até sua morte em 1942). Nela, ele chamava atenção para a fragilidade da Igreja institucional, as deficiências das práticas religiosas populares, a falta de padres, o estado precário da educação religiosa, a ausência de intelectuais católicos, a limitada influência política da Igreja e sua depauperada situação financeira. Dom Sebastião argumentava que o Brasil era uma nação católica e que a Igreja deveria tirar proveito desse fato e marcar uma presença muito mais forte na sociedade. A Igreja precisava cristianizar as principais instituições sociais, desenvolver um quadro de intelectuais católicos e alinhar as práticas religiosas populares aos procedimentos ortodoxos.[1]

Para colocar o argumento de D. Sebastião Leme em perspectiva, se faz necessária uma rápida descrição dos problemas tradicionais da Igreja brasileira. Durante a maior parte de sua história, a Igreja Católica teve menos força no Brasil do que na América espanhola; a Igreja brasileira nunca dispôs dos recursos financeiros ou do zelo de que usufruíam suas equivalentes. Sua fragilidade alcançou seu ponto mais baixo no século XIX. Muitos padres constituíam família e passavam pouco tempo em atividades eclesiásticas; os seminários estavam deficientes em termos de número e de qualidade; o chefe titular da Igreja era o imperador brasileiro, no caso, Dom Pedro II (1840-1889), que era um católico pouco fervoroso: os vínculos que mantinha com o Vaticano eram frágeis, e o número de padres e freiras havia diminuído depois de 1855, quando o Estado proibiu novas admissões às ordens religiosas.[2]

Esse declínio institucional continuou durante boa parte da segunda metade do século XIX, mas já na década de 1850 líderes eclesiásticos tentaram imprimir um novo rumo à Igreja. Durante a segunda metade do século XIX, Roma se esforçou para adquirir maior controle sobre as Igrejas nacionais. No Brasil, fez pressão para que houvesse um catolicismo mais oficial e "aceitável". Sentindo-se ameaçado, o Vaticano passou a promover uma presença católica mais marcante dentro da sociedade. Os líderes do movimento reformista no Brasil eram politicamente conservadores, adeptos dos ensinamentos do papa Pio IX (1846-1878). Estavam intimamente ligados a Roma, eram intolerantes em relação à maçonaria e aos grupos religiosos rivais e insistiam na obediência à hierarquia, no celibato e no uso de trajes clericais. Essa nova orientação gerou conflitos dentro da Igreja e, entre 1872 e 1875, também levou a um dos mais sérios desentendimentos entre a Igreja e o Estado na história do Brasil.[3] Estimulada por Roma para que desenvolvesse práticas pastorais mais aceitáveis, parte da Igreja brasileira começou a afirmar sua autonomia frente ao Estado. D. Pedro II, influenciado pelo anticlericalismo dos círculos liberais do século XIX, recusou-se a se sujeitar aos bispos ativistas. Os conflitos resultantes acabaram provocando a prisão de dois bispos em 1874 e a quebra dos laços oficiais entre a Igreja e o Estado em 1890, ruptura que foi incorporada à Constituição de 1891. Depois de 1891, entretanto, a Igreja começou a restaurar de uma forma não oficial os vínculos com o Estado que oficialmente haviam sido rompidos. A despeito dessas tensões, o catolicismo romanizado obteve uma vitória decisiva, especialmente depois da separação legal.[4]

Embora o Vaticano oficialmente considerasse a separação legal entre a Igreja e o Estado como sendo uma heresia da modernidade, no Brasil esse desmembramento legal libertou a Igreja de uma relação de subserviência ao Estado. O fato de sentir-se ameaçada levou a Igreja a realizar reformas internas que ajudaram a melhorar sua imagem. Auxiliada por um novo fluxo de clero estrangeiro, a Igreja começou a reverter a decadência institucional das décadas anteriores. As ordens religiosas, que haviam sido enfraquecidas pelo decreto de 1855, começaram a recrutar e a importar novos membros. Foram criadas novas dioceses e o controle episcopal sobre as atividades clericais cresceu.

De um modo geral, entre 1890 e 1916 a Igreja se preocupou sobretudo com a consolidação de reformas internas, mas alguns líderes começaram a promover uma presença mais marcante na sociedade, antecipando o modelo da neocristandade. O surgimento do modelo da neocristandade pode ser datado de 1916, mas os vinte e cinco anos precedentes se caracterizaram por adaptações institucionais aos desafios de existir numa república secular. Ao ceder ao invés de lutar contra a separação legal entre a Igreja e o Estado, os líderes da Igreja evitaram o anticlericalismo rancoroso. No México e na Espanha, o anticlericalismo gerou duradouras hostilidades que tornaram mais difícil a adaptação institucional. Em contraste, a Igreja brasileira possui uma história de um século de desenvolvimento institucional, de adaptação aos desafios e às mudanças sociais.[5]

Embora a visão de D. Sebastião Leme tivesse precedentes, não seria antes da década de 20 que esse novo modelo de Igreja, o modelo da neocristandade, viria a florescer. Ele atingiu seu apogeu de 1930 a 1945, quando Getúlio Vargas era presidente. A Igreja permaneceu politicamente conservadora, se opondo à secularização e às outras religiões, e pregava a hierarquia e a ordem. Insistindo num catolicismo mais vigoroso e que se imiscuísse nas principais instituições e nos governos, as atitudes práticas das pastorais da neocristandade se diferenciavam das anteriores. Assim conseguia o que percebia como sendo os interesses indispensáveis da Igreja: a influência católica sobre o sistema educacional, a moralidade católica, o anticomunismo e o antiprotestantismo. Através do modelo da neocristandade, a Igreja revitalizou sua presença dentro da sociedade. Em poucas palavras, o modelo da neocristandade era uma forma de se lidar com a fragilidade da instituição sem modificar de maneira significativa a natureza conservadora da mesma. Por volta dos anos 30, a instituição havia revertido sua decadência.

O Vaticano encorajou os esforços da Igreja brasileira para fortalecer a presença da Igreja na sociedade, especialmente durante o papado de Pio XI (1922-1939), cuja visão da Igreja e da política aproximava-se à de Dom Sebastião Leme. Sob Pio XI, os movimentos da Ação Católica tornaram-se peças-chave dentro da Igreja. Pio XI julgava os partidos políticos como sendo demasiadamente divisionistas, mas, mesmo assim, buscava alianças com o Estado para defender os interesses católicos. Ele apoiou diretamente e encorajou Dom Sebastião Leme em seus esforços para promover uma restauração católica.[6]

A Igreja começou a formular uma doutrina social mais progressista durante o papado de Leão XIII (1878-1903), especialmente através da *Rerum Novarum* em 1891. Essa encíclica marcava a aceitação tardia do mundo moderno pela Igreja depois de seu combate aberto contra a modernização durante grande parte do século XIX. Mas, embora clamasse por uma ordem social mais justa e por um equilíbrio entre o trabalho e o capital, sua doutrina social continuava a conter elementos conservadores. O papa Pio X (1903-1914) repudiava os esforços no sentido de se fazer uma adaptação ao mundo moderno, e Benedito XV (1914-1922) e Pio XI (1922-1939) eram fundamentalmente conservadores. Numa importante encíclica emitida em 1937, Pio XI condenava o comunismo como sendo intrinsecamente errôneo,[7] e por toda a Europa a Igreja alinhou-se às forças conservadoras nos anos 20 e 30. Somente depois dos fascistas terem tentado suprimir a Igreja foi que a instituição começou a fazer críticas contra Mussolini e Hitler. Na Espanha, os bispos insistiam para que os católicos apoiassem as forças de Franco.* Os levantes revolucionários durante o reinado de Pio XI, especialmente os violentos movimentos anticlericais na União Soviética, no México e em outros países latino-americanos, reforçaram a natureza conservadora do pontífice.[8]

A Igreja, a fé e a sociedade secular

A concepção da Igreja quanto a sua missão integral determina diretamente o seu envolvimento na vida política. Quando, por exemplo, líderes religiosos argumentam que a Igreja deveria lutar contra o comunismo ou que deveria se colocar acima da política ou que desenvolva uma opção preferencial pelos pobres, estes pressupostos derivam do sistema religioso. Isto significa que é preciso compreender os objetivos da instituição e a concepção de fé que a motiva. A maioria dos estudos sobre a Igreja do período de 1916-55, contudo, não tem ressaltado estes aspectos.

A partir da romanização do Catolicismo brasileiro e até os anos 50, a Igreja encarou a fé como um processo interno para manter um contato íntimo com Jesus Cristo dentro de um sentido devocional. Até mesmo as manifestações externas da fé eram estritamente religiosas: atendimento à missa, a prece, a observância dos sacramentos, a contribuição monetária para a Igreja e a observância de uma ética católica moral na vida familiar e nas relações pessoais. A Igreja percebia o mundo moderno como sendo essencialmente maligno porque corroía essa fé devota e encorajava o culto da personalidade, do prestígio, do dinheiro e do poder. Como escreveu um padre, "deste mundo está

(*) Pio XI tentou usar o Estado fascista para afirmar as metas da Igreja, e Mussolini por sua vez também se esforçou para conquistar o apoio do Vaticano. A maioria das vezes as relações foram cordiais. A Concordata de 1929, pela qual Mussolini reconheceu o Vaticano como estado soberano, foi o auge desta cordialidade; no entanto as tendências totalitárias do fascismo promoveram atritos pertinentes à autonomia eclesiástica. Conflitos semelhantes também ocorreram entre Hitler e o Vaticano. Veja Rhodes, Holmes, pp. 33-170; e Delzell. Na Espanha, depois de 1936, a Igreja endossou sem restrições o franquismo, tanto como reação ao virulento anticlericalismo da República (1931-39), quanto também porque Franco nunca tentou controlar a Igreja, como fizeram Mussolini e Hitler. Em 1937 os bispos editaram uma Pastoral exortando todos os católicos a apoiarem Franco, e neste sentido as relações com o regime permaneceram aquecidas até o começo dos anos 60. A respeito da fase de 1931-36, leia-se Sanchez. Sobre 1936-39, consulte-se Montero Moreno. Para uma visão geral de 1936-75, veja Cooper.

ausente a caridade, o devotamento, a cooperação generosa com o bem do próximo. E o mundo, curvado sobre si mesmo, os olhos presos na terra, no estômago, no dinheiro, no conforto, na estima das posições de relevo, no culto de todos os sentidos".⁹ A sociedade moderna também corroeu um grande número de valores relacionados com a religião, tais como a família tradicional e o respeito pela autoridade.

Dentro dessa percepção havia um antagonismo fundamental entre a fé e a participação na sociedade secular. A maioria dos católicos encarava a salvação como o resultado de um elevar-se acima do mundo ao invés de ter nele uma atuação. A missão sacerdotal era "ser todo de Deus e das almas num mundo socialmente divorciado de Deus e inimigo das almas, viver em contato contínuo com o mundo sem ser do mundo, sem se deixar contagiar por suas máximas sedutoras".¹⁰ Havia uma "incompatibilidade entre o mundo e o serviço de Deus".¹¹ O padre tinha de se posicionar acima do mundo, rejeitar as tendências seculares que estavam minando a moralidade e a fé católica. O bom católico manifestaria sua relação com Deus através da ação, mas a salvação só viria através da fé. Os atos que acompanhavam a fé não tinham nenhum significado sem ela e não eram tão importantes quanto a devoção pessoal.¹²

Não havia senso comum de que a fé exigisse um compromisso político ou de que a ação política pudesse ser um componente maior da fé. A maioria dos sacerdotes não conciliava a fé com as tentativas de se criar um mundo mais justo. Até aqueles que sentiam que a Igreja deveria buscar uma missão social, geralmente limitavam a natureza dessa missão à caridade e a medidas paliativas. A Igreja não encarava a transformação da sociedade como sendo parte de sua missão; pelo contrário, a maioria do clero se opunha vigorosamente às grandes mudanças sociais como sendo prejudiciais à ordem cristã tradicional.

Ao enfatizar a separação entre a Igreja e o mundo, a concepção de fé da neocristandade diferenciava-se daquela do século XIX, na qual os padres estavam ativamente envolvidos na política, vestiam trajes seculares e até mantinham concubinas. O esforço de desenvolver um catolicismo mais vigoroso e de penetrar nas principais instituições sociais também era relativamente novo.¹³ A nova missão da Igreja era cristianizar a sociedade conquistando maiores espaços dentro das principais instituições e imbuindo todas as organizações sociais e práticas pessoais de um espírito católico. Como escreveu um líder leigo, "voltar a Cristo quer dizer voltar à vida pública, social, funcional, doméstica. (Não podemos) reduzir a religião à missa, à confissão, à comunhão, a fitas, medalhas, procissões".¹⁴ Se a Igreja não cumprisse sua missão, essas instituições iriam marchar rumo à perdição. A forma de influenciar a sociedade da Igreja da neocristandade era triunfalista. A Igreja queria "conquistar" o mundo. A missão da Ação Católica era de "restituir a Nosso Senhor Jesus Cristo o mundo moderno".[15] "Ganhar católicos" e competir com outras religiões eram desafios que assumiam importância considerável.

O processo de recristianização da sociedade teve início nos últimos anos do século XIX, mas foi só nos anos 20 que o novo modelo de Igreja iria florescer. Na década de 1910, em Minas Gerais, o estado mais católico do Brasil, os esforços para tornar a presença da Igreja mais marcante na sociedade obtiveram seu primeiro êxito. Após 1906, quando o governo aboliu a educação religiosa das escolas públicas, os líderes católicos em Minas Gerais mobilizaram o laicato para que ele exercesse pressão a fim de que a medida fosse revogada. Não obtiveram êxito até 1928, mas nesse ínterim organizaram um forte movimento de Ação Católica, elaboraram petições com centenas de milhares de assinaturas para a defesa de interesses católicos; viraram a maré contra o pensamento racionalista e positivista das gerações de elite anteriores; estimularam o desenvolvimento institucional e regeneraram a imagem, o prestígio e a influência da Igreja. Sob todos esses aspectos, a Igreja mineira antecipou mudanças que iriam ocorrer em nível nacional, principalmente sob a liderança de Dom Sebastião Leme e os líderes leigos do Centro Dom Vital.[16]

Durante o período da neocristandade a Igreja conseguiu o laicato da classe média. Uma das mais influentes gerações de líderes leigos católicos na história da América Latina emergiu nos anos 20 em torno do Centro Dom Vital, um instituto católico pequeno, mas de grande influência no desenvolvimento da Igreja e na política. O centro foi criado em 1922 por Jackson de Figueiredo, íntimo colaborador do cardeal Leme. Jackson, conhecido por seu nacionalismo antidemocrático, foi figura de destaque da restauração católica desde a época de sua conversão, em 1918, até sua morte em 1928.

De 1928 até o início da década de 40, Alceu Amoroso Lima tornou-se a figura de destaque do centro. Também íntimo colaborador do cardeal Leme, Alceu Amoroso Lima, como D. Helder Câmara, estava intimamente associado à Direita Católica durante a década de 30, mas se tornaria um dos líderes da reforma progressista da Igreja nas décadas que se seguiram. Durante os anos 30, Amoroso Lima era o líder leigo da Ação Católica e ajudou a formar a Liga Eleitoral Católica. Mais tarde, inspirado pelos teólogos franceses Jacques Maritain e Emmanuel Mounier, deixou para trás seu passado autoritário e tornou-se um dos principais expoentes da doutrina social da Igreja.

Além de Jackson e de Amoroso Lima, muitos outros intelectuais daquela época participaram do Centro Dom Vital, inclusive Hamilton Nogueira, Gustavo Corção, Plínio Correia de Oliveira, Sobral Pinto,

Perilo Gomes, Allindo Vieira e Jônatas Serrano. Alguns deles desempenharam papéis de importância na Igreja e na política brasileira durante várias décadas. Alguns seguiram Amoroso Lima e Helder Câmara numa direção mais progressista que teve início na década de 40; outros, mais notadamente Gustavo Corção e Plínio Correia de Oliveira, tornaram-se líderes católicos reacionários.[17]

Embora os intelectuais associados ao Centro Dom Vital fossem os leigos de maior destaque na restauração católica, a Igreja da neocristandade mobilizou centenas de milhares de pessoas e organizou movimentos leigos, particularmente entre a classe média urbana. A União Popular (Minas, 1909), a Liga Brasileira das Senhoras Católicas (1910), a Aliança Feminina (1919), a Congregação Mariana (1924), os Círculos Operários (1930), a Juventude Universitária Católica (1930) e a Ação Católica Brasileira (1935) foram importantes movimentos criados durante esse período. Estritamente controlados pela hierarquia, esses movimentos afirmaram uma presença católica mais forte nas instituições e no Estado.[18]

O contraste entre o modelo da neocristandade e o modelo anterior também se tornava aparente nas relações entre a Igreja e o Estado. Desde a separação legal entre Igreja e Estado em 1891 até a metade da década de 1910, a Igreja concentrou-se no desenvolvimento institucional inteiro e dedicou-se menos ao esforço de influenciar as elites governantes. Em contraste, de 1916 até 1945, líderes católicos se envolveram profundamente na política, tentando utilizar uma aliança com o Estado para influenciar a sociedade. A Igreja desejava que o Estado reinstituísse de uma maneira informal a relação de favorecimento que a separação formal entre Igreja e Estado terminava do ponto de vista legal. O Estado, percebendo que tinha muito a ganhar com a Igreja, segurou essa oportunidade de negociar alguns privilégios em troca de sanção religiosa.

Os líderes eclesiásticos trabalhavam diretamente com a administração e davam apoio a Epitácio Pessoa (1918-1922) e a Artur Bernardes (1922-1926),[19] mas as relações com Getúlio Vargas eram de uma proximidade excepcional. A hierarquia nunca endossou Vargas de uma maneira oficial, mas a maioria dos bispos, padres e leigos militantes apoiava o governo.[20] Um documento elaborado em 1942 por cinco arcebispos proeminentes, "Disciplina e Obediência ao Chefe do Governo",[21] resumia de maneira sucinta a atitude da Igreja. A Igreja apoiava Getúlio Vargas não só por causa dos privilégios que recebera, mas também devido à afinidade política. A ênfase que a Igreja atribuía à ordem, ao nacionalismo, ao patriotismo e ao anticomunismo coincidia com a orientação de Vargas. Clérigos destacados acreditavam que a legislação de Getúlio realizava a doutrina social da Igreja e que o Estado Novo efetivamente conseguia superar os males do liberalismo e do comunismo.

As ações do cardeal Leme exemplificavam a estratégia política da neocristandade e de uma maneira inequívoca refutavam as afirmações daqueles que argumentavam que a Igreja tradicional estava acima da política. Amigo pessoal de Vargas, D. Sebastião Leme procurou influenciar nas decisões de causas públicas. Ele obteve a ajuda financeira estatal para amparar as escolas católicas, conseguiu vetar o divórcio e reintegrar a educação religiosa durante o período escolar, além de outras medidas.[22]

As atividades do cardeal Leme e sua capacidade de estabelecer relações de intimidade com os altos círculos lograram vários êxitos políticos. Seguindo Dom Sebastião Leme e o papa Pio XI (1922-1939),[23] a maioria dos líderes católicos no Brasil acreditava que fosse dever da Igreja catolicizar as outras instituições para salvaguardar o caráter cristão da vida social. Um documento episcopal publicado perto do fim da Segunda Guerra Mundial expressava o sentimento de que a Igreja devia tentar influenciar as outras instituições sociais. "Sem a colaboração da Igreja, qualquer esforço inspirado em falsos princípios será frustrado se não imprudente. Ao reformar as instituições e regenerar os costumes, a intervenção da Igreja é uma condição necessária para o sucesso."[24]

Frei Agnelo Rossi, que posteriormente se tornaria arcebispo de São Paulo, escreveu em 1942: "Defendamos sempre a Igreja Católica e estaremos defendendo o Brasil".[25] Essa identificação da Igreja com o país era comum através das décadas de 20, 30 e 40. Na visão da Igreja, o Estado deveria seguir sua doutrina social e proteger seus interesses, o sistema educacional, e os meios de comunicação deveriam refletir os princípios e a doutrina católicos. Qualquer instituição que promovesse a secularização ou deixasse de seguir as determinações da Igreja era por ela atacada. O rádio, a imprensa, o cinema — todos considerados como vozes do mundo moderno — recebiam condenações ocasionais.[26]

Uma das expressões mais destacadas da neocristandade era a Liga Eleitoral Católica (LEC), criada por Leme em 1932 para orientar aos católicos como votar. A LEC não estava ligada a nenhum partido político em particular, mas era avidamente anticomunista. Geralmente estimulava os católicos a votar de maneira conservadora e a promover candidatos que adotavam posições favoráveis às principais questões católicas da época. Até 1937, quando o regime autoritário eliminou os partidos e as eleições, a LEC alcançou muitos de seus objetivos. A maioria dos candidatos por ela favorecidos para a Assembléia Constituinte de 1933 foi eleita. A Constituição de 1934 incorporou as principais exigências da LEC, incluindo o apoio financeiro do Estado à Igreja, a proibição do divórcio e o reconhecimento do casamento religioso, a educação religiosa durante o período escolar e subsídios do Estado para as escolas católicas.[27]

Ainda que o Vaticano houvesse elaborado uma doutrina que compatibilizasse as preocupações da Igreja com o mundo moderno, o catolicismo continuava sendo uma força conservadora. A partir do início da década de 30, a Igreja dedicou muita atenção ao combate ao comunismo, reproduzindo as atitudes de Roma, embora a ameaça comunista não fosse muito pronunciada no Brasil. Clérigos brasileiros retratavam os comunistas como degenerados com desvios morais, "uma praga moderna", "bárbaros modernos, armados de foice e martelo".[28] Pouco após a Encíclica de 1937 sobre o comunismo elaborada por Pio XI, os bispos brasileiros emitiram uma carta pastoral advertindo contra o marxismo que iria destruir a moral cristã e acarretar penúria material.[29] Documentos posteriores condenavam a luta de classes "porque divide os homens, sob o signo do ódio, da violência e da morte".[30] Na prática, essas atitudes se traduziam numa oposição eclesiástica às greves e a outras expressões do descontentamento popular.

A maior parte dos católicos manteve-se silenciosa sobre os aspectos autoritários do regime de Vargas, e muitos aderiram ao movimento integralista entre 1932 e 1937.[31] A Igreja formou movimentos clericais relativamente conservadores para competir com os sindicatos mais progressistas, criando os Círculos Operários e a Juventude Operária Católica na década de 30. A hierarquia encorajava os operários católicos a participar de sindicatos na condição de "portadores de sua formação social cristã",[32] o que significa oposição aos comunistas.

Os bispos percebiam os problemas sociais de uma forma moralista e ignoravam as causas estruturais. Característica desse idealismo moralista foi uma declaração de 1937: "... na verdadeira reforma das consciências repousa o segredo das grandes reformas sociais".[33] Até as manifestações da doutrina social da Igreja eram tímidas e despolitizavam os problemas sociais. Por exemplo, um documento episcopal de 1946 afirmava que a caridade da Igreja "constitui, contudo, quando bem organizada, um elemento de desafogo de milhares de criaturas que, de outra forma, não encontraria outra maneira de reajustamento nem outros meios imediatos para atender às necessidades mais urgentes de sua vida".[34] Essa resposta revelava uma análise pouco realista do alcance potencial da caridade, uma dependência do Estado e das classes dominantes (para recursos financeiros que implementassem programas de caridade) e paternalismo em relação às classes populares. Discursando sobre a mortalidade infantil, nesse documento, os bispos ignoravam questões como a distribuição desigual de renda e de serviços básicos e apoiavam a medicina preventiva. Ignoravam que um extenso sistema de medicina preventiva iria exigir grandes mudanças políticas. Na ausência de reformas que lidassem com as causas da pobreza, qualquer solução que tratasse somente dos sintomas estava condenada a ter um alcance limitado.

A Igreja e as classes populares

Qualquer relação social reforça ou mina os padrões de dominação existentes. Uma ênfase na obediência à hierarquia e em práticas pastorais paternalistas pode reforçar o padrão de dominação tanto quanto o faz o apoio episcopal ao governo. Esse último atinge mais diretamente o Estado, mas ambas as práticas são *políticas* no sentido mais amplo.[35] Conseqüentemente, na análise do impacto político da Igreja, as atitudes e as práticas pastorais são tão importantes quanto o é a relação da Igreja com o Estado.

Durante o papado de Leão XIII, especialmente com a encíclica *Rerum Novarum*, a Igreja começou a desenvolver uma doutrina social que dava ênfase aos direitos dos trabalhadores. No Brasil, entretanto, essa doutrina social não alterou de forma significativa as práticas pastorais entre as classes populares até muito mais tarde. Durante o século XIX, a Igreja trabalhou principalmente junto às elites, fornecendo uma escassa educação religiosa aos camponeses e operários. Nem mesmo a romanização, que tentava instituir uma maior uniformidade nas práticas religiosas e que levou a tentativas de controle da religiosidade popular, conseguiu fortalecer a presença da Igreja entre as massas.

Foi somente nas décadas de 20 e 30, quando o espiritismo e o protestantismo começaram a crescer, que a Igreja veio a ter maiores preocupações com as práticas religiosas populares que ela encarava como manifestações de "ignorância religiosa". Práticas religiosas populares que a Igreja desprezara previamente ou até mesmo aprovara tacitamente, começaram a ser desaprovadas. A visão predominante era de que a Igreja necessitava lutar contra esta "religião" primitiva e implantar uma fé mais madura. Um crescente número de padres expressou seu assombro de que "o povo vive na ignorância e à superfície ou à margem do Evangelho".[36] Havia o sentimento generalizado de que a "ignorância religiosa continua a ser o maior óbice à dilatação do reinado de Jesus Cristo".[37]

Uma das mais importantes mudanças realizadas pela Igreja durante as décadas de 40 e 50 foi a reforma do catecismo e da educação religiosa. Líderes religiosos achavam preciso "levantar o deprimido nível dos costumes, purificar o culto da vergonhosa mescla com exterioridades vazias e práticas supersticiosas, firmar a piedade em bases sólidas".[38] A educação religiosa deveria ser contínua, ao invés de orientada somente às crianças que estavam se preparando para a primeira comunhão.

Na teoria, a solução para o problema da educação religiosa parecia ser simples. Mas, na prática, a solução se deparava com algumas barreiras, sendo a mais importante, do ponto de vista da Igreja, a falta de padres. Já que grande parte dos relativamente poucos sacerdotes do país estava engajada no ensino ou em funções de administivas, muitas funções pastorais eram conduzidas de maneira inadequada. Vários clérigos consideravam a falta de padres como o problema mais sério da Igreja.[39] Dentro de uma instituição menos clerical, a falta de padres não teria tanta importância, mas nem as freiras nem o laicato exerciam uma liderança autônoma. Um padre captou de maneira sucinta a centralidade do padre dentro da sociedade: "A salvação do Brasil depende do clero".[40] Embora clérigos isolados começassem a enfatizar o papel do laicato, os sacerdotes detinham toda a autoridade formal e determinavam em grande escala a orientação dos movimentos leigos. Mesmo durante a missa, a comunidade leiga participava pouco.

O clero, preocupado com a ignorância religiosa popular, mantinha a crença tradicional de que o povo, e não a instituição, teria que mudar. A instituição poderia ajudar as massas a superar suas deficiências religiosas, mas, para ser amadurecida, a fé do povo deveria ser clericalizada. Havia pouco respeito pela religiosidade popular, que era vista como inferior.

Os princípios pedagógicos que se escondiam por detrás dessa atitude são interessantes pois são opostos às atitudes da Igreja Popular na década de 70. A crença subjacente era que as pessoas simples nada tinham a ensinar; a missão do padre era a de elevar a fé do povo a nível de sua própria fé. O processo de aprendizado era tão hierárquico quanto as estruturas da Igreja: o padre concedia o seu saber ao rebanho. O paternalismo estava explícito na linguagem religiosa do período. Os padres assumiam o papel de pastores que iriam guiar o rebanho, "reconduzir os homens ao caminho do bem, norteá-los para o céu e salvá-los".[41]

O padre modelar seria um homem virtuoso, superior no seu comportamento, com a conduta moral irreparável, educação e espírito religioso aperfeiçoado. O padre cumpria uma missão divina num mundo que perdera a graça divina. O padre seria, como foi dito, "Ministro do Altíssimo, escolhido pelo Senhor para santificar as almas. (...) Sal da terra, será fatalmente pisado pelos homens, como vaticinara Jesus, se não se encher da graça divina".[42]

Uma leitura dos escritos de Weber sobre as castas religiosas indica que os padres geralmente vêem a si mesmos como sendo um grupo especial dentro da Igreja. De fato, no decorrer das décadas de 60 e 70, os padres engajados na Igreja popular continuavam a ver qualidades especiais no trabalho que executavam. Em anos posteriores, no entanto, o padre tornou-se uma figura especial devido à sua proximidade com o povo e não devido à sua superioridade.

Os padres mantinham distância das massas através de uma ênfase no respeito e na obediência do leigo em relação ao clero. Escreveu um padre: "Ensinamos aos fiéis, como é o nosso dever, a sublimidade e grandeza do sacerdócio católico. Procuramos incutir, à luz da revelação, o respeito devido ao caráter sacerdotal. (...) Devemos ensinar a disciplina e a obediência, essa obediência de seres racionais e sobrenaturalizados".[43]

Provavelmente mais do que as declarações da hierarquia, essas atitudes paternalistas reforçaram uma visão de mundo que apoiava as formas tradicionais de dominação política. As práticas religiosas reforçavam o autoritarismo em outras instituições sociais. Além do mais, a Igreja ajudava a sustentar a percepção de que as pessoas comuns eram incapazes. Lamentos sobre "a mediocridade das almas a nós confiadas" ou "ingenuidade natural" e "ignorância religiosa" expressavam atitudes em relação aos setores populares que mal poderiam passar despercebidas.[44]

A ironia é que a campanha para melhorar a educação religiosa popular, que fora concebida como um meio de se criar maior contato entre a Igreja e o povo, pode ter surtido o efeito contrário. A desaprovação da religião popular impedia que o clero realizasse seu objetivo de "conquistar mais almas". As massas, mais distantes do que nunca da Igreja institucional, continuaram a buscar expressões religiosas fora do âmbito da Igreja.

O declínio do modelo da neocristandade

Durante duas ou três décadas, o modelo da neocristandade defendeu com eficácia os interesses mais significativos da Igreja. Apesar de sua presença ser relativamente frágil entre vastos segmentos da população, a Igreja foi capaz de atingir muitos objetivos importantes. Dispunha de um virtual monopólio religioso, havia desenvolvido uma forte presença católica entre as elites governantes e as classes dominantes, na educação sua voz era a mais importante; algumas de suas preocupações morais de maior destaque, tal como o *status* da família, eram respeitadas; a sociedade era estável e ordeira, e a legislação de Vargas satisfazia muitos aspectos da doutrina social da Igreja.

A Igreja brasileira sempre foi um tanto heterogênea e, através de sua história, muitos líderes acreditaram que a Igreja devesse renunciar aos privilégios e alinhar-se aos pobres. Escrevendo em 1899, padre Júlio Maria, figura proeminente e de ponta, argumentava: "Como no resto do mundo, só existem duas forças no Brasil: a Igreja e as massas (...) O clero não pode, nem deveria, trancar-se em santuários e contemplar o povo à distância. (...) Sua missão deveria ser a de mostrar aos fracos, aos pobres, aos proletários, que são eles o povo preferido pelo Mestre Divino".[45]

Nas décadas seguintes, outros líderes e movimentos desafiaram alguns aspectos do modelo da neocristandade. Entretanto, foi necessária uma crise no modelo da neocristandade para fazer com que a instituição modificasse suas práticas e suas crenças. A Igreja só se preocupou com a missão pastoral quando sua influência junto ao Estado se viu ameaçada, sua atuação no sistema educacional se esvaziou, a competição com outras seitas e religiões foi se ampliando e quando alguns valores católicos tradicionais ruíram.

Por volta de 1945, a Igreja brasileira havia realizado muitos objetivos, mas ao preço de evitar mudanças mais profundas na sua eclesiologia e na sua orientação política. Numa sociedade que se modernizava com rapidez, os esforços da Igreja para combater a secularização eram atávicos. A Igreja da neocristandade modernizou as estruturas institucionais, aprofundou sua influência e trocou sua aliança primordial com os proprietários rurais por uma aliança com a burguesia urbana e com a classe média, mas sem modificar realmente o seu conteúdo.

O sucesso do modelo da neocristandade dependia de sua capacidade de combater a secularização, de usar o Estado para exercer influência sobre a sociedade e de manter um monopólio religioso. No período pós-guerra, ele não se mostrou capaz de satisfazer essas condições. A sociedade brasileira modificava-se rapidamente e nenhuma ação da Igreja poderia evitar que isso ocorresse. Qualquer instituição que resistisse a tendências irreversíveis condenava-se a um declínio, como começou a perceber um grande número de líderes católicos. Por volta de 1945, o antimodernismo se tornara insustentável para uma instituição que tinha a pretensão de ser universal e que se preocupava especialmente em influenciar o Estado e as elites. Ao opor-se à secularização, a Igreja abandonava-se à sorte ao lado de grupos de importância decrescente.

A expansão do protestantismo e do espiritismo tornou aparente o que era verdade há algum tempo: a Igreja não estava efetivamente atingindo as massas.[46] Embora uma percentagem esmagadora da população se declarasse católica, somente uma pequena minoria tinha participação ativa na Igreja. Os protestantes, embora constituíssem uma singular minoria da população, aumentavam em número rapidamente. O censo de 1940 registrava pouco mais de um milhão de protestantes, um número que aumentou em 150% em 1964. O crescimento foi especialmente rápido nas áreas urbanas e entre as classes populares, promovendo uma erosão nas frágeis bases do catolicismo, entre as massas.[47] O espiritismo e seitas afro-brasileiras penetravam especialmente nas cidades, e muitos católicos declarados praticavam essas religiões.[48]

O declínio do monopólio religioso alarmava a hierarquia. Execrar protestantes e espíritas tornou-se lugar-comum. Um teólogo conhecido acusou os protestantes de "proselitismo ativo, untuoso, lisonjeador" e argumentava que o apelo do protestantismo era resultante da "curiosidade supersticiosa, o sentimentalismo doentio de nossa gente, a necessidade de buscar meios de cura mais baratos, e mais garantidos, também".[49] Para alguns clérigos, o protestantismo fazia parte de um plano norte-americano para dominar a América Latina e destruir o catolicismo,[50] e o espiritismo era uma expressão da ignorância religiosa popular. A batalha contra o espiritismo era especialmente acirrada porque muitos católicos uniam as duas religiões.

Característica das medidas tomadas para o combate ao protestantismo foi a criação do Secretariado Nacional para a Defesa da Fé e da Moralidade em 1953. Seus objetivos eram vigiar "a marcha das falsas religiões, condenar movimentos e falsas idéias" e "a expansão da imoralidade e da amoralidade na vida pública e particular". O movimento dava início a uma campanha contra o espiritismo porque, de acordo com os bispos, "o espiritismo nega não apenas uma ou outra verdade de nossa Santa Religião, mas todas elas".[51]

Os líderes da Igreja da neocristandade professavam uma preocupação com a religiosidade popular, mas pouco faziam para modificar as práticas pastorais entre os setores populares. Estavam muito ocupados em lidar com as elites para se preocupar em estreitar os vínculos com as massas. Como resultado, o problema da "ignorância religiosa popular" não era menos grave nos anos 50 do que fora em 1916. Escrevendo em 1955, quase quatro décadas após Dom Sebastião Leme ter anunciado sua esperança na revitalização do catolicismo e na elevação das práticas religiosas populares, o sociólogo Thales de Azevedo afirmou que a influência da Igreja na sociedade ainda era fraca, que a instituição ainda estava subdesenvolvida e que as práticas religiosas populares não haviam se modificado.[52] Líderes religiosos compartilhavam dessa percepção. O editor da principal revista teológica do país lamentava a prevalência de "grandíssima confusão e de ignorância religiosas".[53]

Quando uma instituição se abre à mudança, às vezes a mudança difere significativamente da que foi originariamente imaginada. A campanha contra os protestantes, espíritas e maçons, em si uma reação de autodefesa, começou a tornar a Igreja mais consciente de sua necessidade de reformular as práticas pastorais. Maior número de padres passou a se preocupar com as necessidades e os valores populares. Embora os esforços para deter o virtual monopólio religioso estivessem condenados ao fracasso dentro de uma sociedade cada vez mais heterogênea, a reformulação concomitante de práticas pastorais acabou por forjar uma nova relação entre a instituição e os pobres.

A Igreja da neocristandade também dependia de uma aliança com o Estado que era cada vez mais incerta. Através de seu acordo com Vargas, a Igreja havia conservado o domínio do sistema educacional e seu *status* de instituição religiosa privilegiada dentro da sociedade. Os governos democráticos do período de 1945-1964 tentaram conquistar o apoio da Igreja e em troca concederam alguns favores, mas a negociação não era tão favorável nem tão estável como o fora sob o governo de Vargas. Seguindo sua estratégia tradicional de se acomodar ao Estado sempre que fosse possível,* a Igreja teve que mudar para manter um bom relacionamento com os governos democráticos. Teve que diminuir a ênfase na autoridade, na ordem e na disciplina de modo a manter-se em dia com as mudanças na política nacional. A sociedade se mostrava mais participante e mais democrática e tornava-se mais difícil para uma instituição que esperava representar todas as classes sociais permanecer tão hierarquizada e autoritária quanto fora antes.

O fortalecimento dos movimentos populares também fez com que alguns líderes reavaliassem a missão da Igreja. Apesar de uma longa história de formas menos organizadas de protesto popular, foi somente após 1945 que os movimentos populares estabeleceram uma presença permanente e organizada dentro da política nacional. O crescimento dos movimentos populares ressaltava os esforços das classes populares no sentido de modificar sua posição na sociedade. Essas classes estavam, no dizer de T. H. Marshall, lutando pela cidadania.[54] Essa luta por vezes as levava a rejeitar o paternalismo e o autoritarismo em outras esferas sociais, inclusive na religião.

Para os tradicionalistas, os movimentos populares constituíam uma ameaça. Na medida em que adquiriam um enfoque progressista e anticatólico e questionavam o caráter hierárquico da sociedade, desafiavam a visão de mundo dos católicos tradicionais. O movimento camponês dos anos 50, por exemplo, apoiava a reforma agrária que os católicos tradicionais viam como uma forma de solapar o direito cristão à propriedade privada.[55]

De acordo com a abordagem institucional, a Igreja mudou em grande parte devido a ameaças externas, mas não foi somente através de ameaças à Igreja tradicional que os movimentos populares encorajaram a mudança eclesiástica. Eles também ajudaram a gerar uma nova consciência dos problemas fundamentais da sociedade brasileira, modificando assim a forma com que muitos líderes e instituições percebiam a sociedade. Politizaram os problemas sociais que existiam há gerações, tornando o clero progressista mais consciente

---

(*) Isso não significa que as relações entre a Igreja e o Estado tenham sido sempre harmoniosas. Em certas ocasiões, líderes religiosos fizeram oposição às tentativas do Estado de restringir a Igreja. O caso mais famoso ocorreu durante a crise entre o Estado e a Igreja de 1872-1875.

das injustiças sociais e da necessidade da Igreja de dedicar-se a elas. Como declarou um importante documento da Conferência Nacional dos Bispos de 1962, "ninguém desconhece o clamor das massas que, martirizadas pelo espectro da fome, vão chegando às raias do desespero".[56]

Não é por coincidência que as práticas pastorais mais progressistas da Igreja, durante os anos 50, tenham envolvido camponeses e estudantes, pois ambos os grupos eram altamente politizados. Nem é sem motivo que a Igreja do Nordeste, marcado por uma pobreza gritante, tenha sido a primeira a tratar com seriedade os problemas sociais. Os camponeses viviam em condições funestas há décadas, e a Igreja permanecia em silêncio, mas quando os camponeses se organizaram, isso mudou. Não foi a existência da pobreza, mas, sim, a politização dessa pobreza que fez com que alguns setores da Igreja repensassem o seu conservadorismo político.

A expansão do Partido Comunista após a Segunda Guerra Mundial também estimulou a Igreja a repensar a sua missão. Os comunistas eram o quarto partido no país em 1946 e eram especialmente fortes no Rio de Janeiro. Dado o anticomunismo da Igreja, o sucesso do PC instigava muita preocupação. A expansão do comunismo era vista como um sinal de decadência da cultura católica e dos valores tradicionais. Ela também indicava a necessidade da Igreja se implantar mais firmemente na sociedade.

Entre 1930 e 1964, a ameaça comunista era uma das maiores preocupações dentro da Igreja. Em 1937, os bispos emitiram um documento sobre o comunismo e durante as décadas seguintes muitos documentos episcopais sobre questões sociais e políticas abordaram o assunto. Porém, seria errôneo sugerir que a ênfase na doutrina social da Igreja era simplesmente uma resposta à crescente ameaça da esquerda. A Igreja poderia ter respondido à esquerda de diversas maneiras, e assim o fez. Os tradicionalistas que se sentiam mais ameaçados pela esquerda eram os que apoiavam com menos entusiasmo a doutrina social da Igreja. Sua solução era reprimir a esquerda e evitar as mudanças sociais. De modo inverso, o clero mais favorável em relação a doutrina social da Igreja era menos hostil aos comunistas. Para eles, era preciso uma resposta à esquerda não porque fossem implacáveis anticomunistas, mas, sim, porque concordavam com a percepção da esquerda de que havia necessidade de uma maior mudança social.

Por volta de 1955 havia três facções principais dentro da Igreja. Cada qual com uma visão diferente no tocante às mudanças sociais. Aqueles que continuavam a endossar a estratégia da neocristandade passaram a ser os tradicionalistas, embora esse modelo não pudesse ser classificado como tradicional antes dos anos 50. Esse grupo acreditava que a Igreja deveria seguir no combate à secularização e no fortalecimento da presença da instituição na sociedade. Por exemplo, a Igreja deveria organizar campanhas contrárias aos meios secularizados de comunicação, à educação pública e aos partidos políticos progressistas. Deveria operar como um grupo de interesse, usando o Estado para garantir tantos privilégios quanto fosse possível, como forma de tornar católica a sociedade.

Os modernizadores conservadores acreditavam que a Igreja precisava mudar para cumprir sua missão no mundo moderno com maior eficácia. Também se preocupavam com a secularização, com a expansão do protestantismo, com a ameaça comunista, mas respondiam com maior abertura ao mundo. Embora rejeitassem a mudança radical e tivessem uma concepção limitada da forma de realizar a justiça, eles estavam mais preocupados com a justiça social do que os líderes da neocristandade. Ainda eram hierárquicos nas práticas da Igreja, mas se preocupavam mais em desenvolver organizações leigas e meios eficazes de atingir o povo.

Finalmente, havia um núcleo de reformistas.[57] Essa facção compartilhava da preocupação dos modernizadores conservadores com o trabalho pastoral mais intenso e uma educação religiosa mais eficaz, mas suas posições sociais eram mais progressistas. Ao passo que os conservadores modernizadores enfatizavam a necessidade de lutar contra o comunismo, os renovadores se preocupavam mais com a mudança social como um fim em si. Durante a década de 50, esse grupo iniciou alguns experimentos que inspiraram outras inovações posteriores.

NOTAS

(1) Leme, *Carta Pastoral a Olinda*.
(2) Sobre a Igreja brasileira no século XIX, ver Hauck *et alii*; Souza Montenegro, pp. 43-134; Bruneau, *Political transformation*, pp. 11-37; e Boehrer. Sobre o declínio das ordens religiosas, ver Muller, pp. 59-153. Especificamente sobre a Igreja de São Paulo, ver Silveira Camargo, vols. 6-7. Uma introdução à Igreja européia durante esse mesmo período é feita por Droulers.
(3) Sobre essa questão, .ver Villaça; Bruneau, *Political transformation*, pp. 25-30; Souza Montenegro, pp. 79-134; Harring; Hugo Fragoso, "A Igreja na Formação do Estado Liberal, 1840-1875", em Hauck *et alii*, pp. 186-192; Pereira; e Thornton.
(4) Uma discussão da situação geral da Igreja, o movimento de reforma e os conflitos gerados por esse movimento é Della Cava, *Miracle at Joazeiro*, pp. 20-26, 32-51, 68-80. Uma discussão da romanização é Ribeiro de Oliveira, *Religião e Dominação de Classe*. Acerca da romanização, ver também Bastide. Uma declaração acerca das fragilidades e falhas e uma receita para a mudança feita por um conhecido clérigo progressista do período é Maria, *Igreja*, publicada originalmente em 1900 sob o título de *Memória sobre a Religião, Ordens Religiosas, Instituições Pias e Beneficentes no Brasil*, e republicada em 1950 sob o título de *O Catolicismo no Brasil* (Rio de Janeiro). Uma visão geral dos movimentos de reforma é dada por Hauck *et alii*, pp. 83-85, 103-104, 112-119, 182-186, 192-200. Sobre as reformas no Estado de São Paulo, ver Silveira Camargo, vol. 7; e Azzi, "Dom Antônio Joaquim de Mello".

(5) Sobre a revitalização das ordens religiosas, ver Muller, pp. 59-153. Sobre a aceitação da separação legal entre a Igreja e o Estado, ver Azzi, "D. Antônio de Macedo Costa". Mecham, em seu clássico *Church and State*, enfatiza que questões religiosas provocaram menos conflito político no Brasil do que na maior parte das outras nações latino-americanas.

(6) Sobre Pio XI e a fase inicial da Ação Católica, ver Poggi, pp. 14-29. Sobre a evolução da Ação Católica na Europa Ocidental, ver Fogarty, pp. 186-293. Uma discussão das tentativas católicas de modernização durante esse período está em O'Dea, pp. 38-89. Sobre as tentativas de mobilizar o laicato, ver Vaillancourt, pp. 19-59. Rhodes fornece uma discussão do papado de Pio XI, especialmente das relações do Vaticano com os países fascistas. Sobre a orientação do Vaticano acerca dos eventos internacionais mais importantes e sua estratégia global, ver também Holmes, pp. 1-118; e Murphy, pp. 24-57.

(7) Para a encíclica *Divini Redemptoris*, ver Fremantle, pp. 255-262.

(8) Sobre a perseguição da Igreja na União Soviética, ver Galter. Para o conflito durante os primeiros anos (1910-1929) da revolução mexicana, ver Quirk, e Oliveira Sedano. Sobre o período de 1931-1936, na Espanha, ver Sánchez. Para uma visão geral das relações entre a Igreja e o Estado na América Latina, ver Mecham.

(9) Silvano de Souza, "A Santidade Sacerdotal", *REB*, XI set. (1951): 534. Entre outros artigos abordando a visão de que a secularização estava provocando uma erosão nas bases da fé e da moralidade católicas, ver Odorico Durieux, "Os Perigos do Cinema", *REB*, I (1941): 236-240, e "Pastoral Coletiva do Episcopado Paulista sobre Alguns Erros contra a Fé e a Moral", *REB*, I (1941): 889-901.

(10) Frederico Didonet, "Cruzes e Consolações do Sacerdote", *REB*, 4 (jun. 1944): 261. Ver também Antônio d'Almeida Moraes Júnior, "Torturas do Padre do Século XX", *REB*, I (1941): 709-711.

(11) Othon Motta, "Santificação do Clero", *REB*, 10 (1950): 302.

(12) Gutiérrez, *Teologia*, pp. 55-74, discute essa concepção da salvação em profundidade.

(13) Diversos trabalhos lidaram com os esforços no sentido de construir uma presença católica mais dinâmica na vida política e social. O mais abrangente é Todaro, "Pastors, Priests". Uma síntese do período de 1916-1964 é Della Cava, "Catholicism and Society". Ver também Bruneau, *Political transformation*, pp. 38-51. Diversos artigos de Azzi tratam desse mesmo assunto; ver "O Início da Restauração Católica em Minas Gerais, 1920-1930"; "Fortalecimento" e "Igreja Católica".

(14) Soares d'Azevedo, *Vozes* (jan. 1940): 47, citado em Azzi, "Igreja Católica", p. 62.

(15) "Carta Pastoral do Arcebispo de Belo Horizonte", *REB*, 3 (1943): 518.

(16) Consulte Wirth, pp. 90-93, 109, 114, 124-126, 144, 198-199, sobre a revitalização da Igreja em Minas. Ver também Azzi, "O Início da Restauração Católica em Minas Gerais, 1920-1930".

(17) Sobre Jackson de Figueiredo e o Centro Dom Vital, ver Todaro, "Pastors, Priests", pp. 183-272. Uma das mais surpreendentes lacunas na história recente do catolicismo brasileiro é a ausência de uma boa biografia de Amoroso Lima. Para seu pensamento inicial, ver o trabalho apologético de autoria de O'Neill. Um memorando inédito de Sanders, "Evolution of a Catholic Intellectual", traça brevemente sua evolução até a metade da década de 1960. Sobre as conexões entre o centro e a direita católica radical dos anos 60, ver Antoine, *Integrismo Brasileiro*, pp. 15-26, 42-46. Para breves biografias intelectuais de alguns dos líderes católicos do período, ver Villaça, *Pensamento Católico*, pp. 78-180; e Oliveira Torres, pp. 182-210.

(18) Sobre Amélia Rodrigues, líder da Liga das Senhoras Católicas Brasileiras e a Aliança Feminina, ver Borges. Sobre os Círculos Operários, ver Wiarda, "Brazilian Catholic Labor Movement". Sobre a história do início da Juventude Universitária Católica, ver Gómez de Souza, *JUC*. Sobre a Ação Católica Brasileira, ver Todaro, "Pastors, Priests", pp. 429-454.

(19) Sobre esse ponto, ver Azzi, "O Início da Restauração Católica no Brasil, 1920-1930", parte 2, pp. 83-89.

(20) Esse apoio foi documentado por Azzi, "Igreja Católica", e por Todaro, "Pastors, Priests", pp. 454-486.

(21) *Circular Coletiva do Episcopado Brasileiro ao Clero e aos Fiéis* (Rio de Janeiro, 1942), p. 4, assinado por D. Sebastião Leme, D. João Becker (Porto Alegre) e os arcebispos da Bahia, Cuiabá, Olinda e Recife.

(22) Sobre as ações e crenças de Leme, ver a biografia de Raja Gabaglia; Todaro, "Pastors, Priests", pp. 425-490; e Amoroso Lima, *Cardeal Leme*.

(23) Em sua primeira encíclica importante, *Ubi Arcano Dei*, Pio XI declarava que a Igreja era mestra e líder de todas as outras instituições. Segmentos da encíclica estão publicados em Fremantle, pp. 222-224. *Quas Primas* (1925) afirmou que somente a Igreja poderia proporcionar os princípios para uma resolução justa dos problemas sociais. As atitudes um tanto triunfalistas de Pio XI são esclarecidas por Murphy, pp. 39-57.

(24) "Manifesto do Episcopado Brasileiro", *REB*, 5 (jan. 1945): 422. Num enfoque semelhante, ver Amoroso Lima, "Limites do Nacionalismo"; e Becker, *Decadência da Civilização*.

(25) Angelo Rossi, "Religião e História do Brasil", *Vozes* (nov. 1942): 773-774, citado em Azzi, "Igreja Católica", p. 57.

(26) Ver a carta de 1949 dos bispos do Estado de São Paulo ao presidente Dutra, criticando a "campanha do cinema imoral e corruptor, a radiodifusão corruptora e a imprensa ou literatura dissolvente e demolidora", em *REB*, 9 (1949): 533. Ver também a *Pastoral Coletiva dos Cardeais, Arcebispos, Bispos e Prelados Residenciais do Brasil* (Petrópolis, 1951).

(27) Sobre a LEC, ver Todaro, "Pastors, Priests", pp. 273-345; e Todaro Williams, "Politicization of the Brazilian Catholic Church".

(28) Soares d'Azevedo, *Vozes* (jan. 1940): 47; e padre Mário Couto, *Vozes* (jan. 1938): p. 20, citado em Azzi, "Igreja Católica", p. 67. Para um ponto de vista parecido, ver também Becker, *Comunismo Russo*.

(29) *Carta Pastoral e Mandamento do Episcopado Brasileiro sobre o Comunismo Ateu* (Rio de Janeiro, 1937).

(30) "Manifesto do Episcopado Brasileiro sobre a Ação Social", *REB*, 6 (jun. 1946): 482.

(31) Sobre os vínculos entre católicos e integralistas, ver Todaro, "Pastors, Priests", pp. 346-424; e Figueiredo Lustosa. Uma leitura indispensável sobre o movimento integralista é Trindade. Trindade não aborda a relação entre os católicos e os integralistas extensivamente, mas ele de fato observa uma afinidade ideológica. Para a visão de Amoroso Lima sobre o integralismo, ver o seu *Indicações Políticas*, pp. 187-220.

(32) "Manifesto do Episcopado Brasileiro sobre a Ação Social", *REB*, 6 (jun. 1946): 482.

(33) *Carta Pastoral e Mandamento do Episcopado Brasileiro sobre o Comunismo Ateu* (Rio de Janeiro, 1937).

(34) "Manifesto do Episcopado Brasileiro sobre a Ação Social", *REB*, 6 (1946): 479.

(35) Para uma discussão da noção da política e de suas relações com o Estado, ver Reis.

(36) Frederico Didonet, "Pastoral de Evangelização", *REB*, 23 (mar. 1963): 5.

(37) Conclusões do I Congresso Nacional de Ação Católica Brasileira, *REB*, 6 (1946): 942. Outros trabalhos que expressam preocupação com a ignorância religiosa popular são Álvaro Negromonte, "Sobre a Pregação", *REB*, 5 (1945): 639-642; Frederico Didonet, "Nós e o Povo Cristão", *REB*, 8 (1948): 822-830; Gorgulino Garcia, "A Catequese dos Adultos", *REB*, 15 (1955): 93-95, e Feliz Morlion, "Realismo no Apostolado de Penetração no Brasil", *REB*, 12 (1952): 1-8.

(38) Álvaro Negromonte, "Melhoremos os Catecismos Paroquiais", *REB*, 1 (mar.-jun. 1941): 125. Trabalhos sobre o catecismo ou a educação religiosa incluem Rossi, "Uma Experiência", p. 732; Álvaro Negromonte, "Um Texto Novo de Catecismo", *REB*, 2 (1942): 77-82; Rossi, "Primeiros Manuais"; Geraldo van Rooijen, "A Posição da Igreja nos Bairros Operários de São Paulo", *REB*, 17 (1957): 149-160; e Luís Mousinho, "Formar Catequistas", *REB*, II (1951): 232-240.

(39) Ver as conclusões da Primeira Assembléia Geral do CELAM, realizada no Rio de Janeiro em 1955, *REB*, 15 (1955): 1036; e a Quarta Assembléia da Conferência Nacional dos Bispos Brasileiros (CNBB), *REB*, 18 (1958): 641. Ver também Gil Bonfim, "A Falta de Seleção dos Candidatos ao Seminário", *REB*, 18 (1958): 743-749; Laacroix, "O Problema Sacerdotal no Brasil", *REB*, 3 (1943): 232-233; José Locks, "Índice de Perseverança nos Seminários", *REB*, 17 (1957): 351-360; Guilherme Barauna, "O Problema da Falta de Sacerdotes na América Latina", *REB*, 13 (1953): 667-669; e A. Ferraz, "Recrutamento Sacerdotal", *REB*, 5 (1945): 426-434. A profunda preocupação do Vaticano com a falta de padres na América Latina é visível num artigo do teólogo do Vaticano, Mons. Mario Ginetti, "O Problema das Vocações Sacerdotais na América Latina", *REB*, 12 (1952): 374-381.

(40) Álvaro Negromonte, "A Salvação do Brasil Depende do Clero", *REB*, 19 (1959): 1-7.

(41) Adalberto de Paula Nunes, "Por um Clero Numeroso e Santo", *REB*, 6 (dez. 1946): 902.

(42) Othon Motta, "Santificação do clero", *REB*, 10 (1950): 297-303. Ver também "Sacerdos Alter Christus", *REB*, I (1941): 8; Silvano de Souza, "A Santidade Sacerdotal", *REB*, II (1951): 529-534; e Adalberto de Paula Nunes, "Por um Clero Numeroso e Santo", *REB*, 6 (1946), especialmente pp. 901-902.

(43) Frederico Didonet, "Nós e o Povo Cristão", *REB*, 8 (dez. 1948): 822, 826.

(44) *Ibidem*, p. 829; "Pastoral Coletiva do Episcopado Paulista", *REB*, 1 (mar.-jun. 1941): 299-300, 304.

(45) Maria, pp. 119, 120-121.

(46) Este é um dos principais argumetnos em Hauck *et alii*.

(47) Entre os diversos trabalhos acerca da expansão do protestantismo, ver o clássico de Willems *Followers*, Cesar *et alii* e Read.

(48) Sobre esse assunto, ver Ribeiro de Oliveira, "Coexistência das Religiões".

(49) Boaventura Kloppenburg, "Padres, Igrejas e Laicato", *REB*, 16 (dez. 1956): 962. Durante os anos 50, a *REB* publicou um vasto número de artigos sobre os maçons, protestantes e espíritas.

(50) Esse argumento foi colocado em evidência por D. Angelo Rossi, entre outros. Rossi escreveu uma pletora de artigos sobre o assunto, inclusive "Por que Missões Protestantes na América Latina?", *REB*, 6 (1946): 610-622; e "A Ação Bíblica Protestante no Brasil", *REB*, 7 (1947): 45-56. D. Leme compartilhava dessa visão, encarando a expansão do protestantismo como um complô de milionários norte-americanos; ver *Ação Católica*, p. 100.

(51) *REB*, 13 (1953): 762-763.

(52) Azevedo.

(53) Kloppenburg, *Espiritismo no Brasil*, p. 5.

(54) Ver Marshall. Para um maior desenvolvimento deste conceito dentro do contexto brasileiro, ver W. G. dos Santos, *Cidadania e Justiça*.

(55) Para o argumento tradicionalista contra a reforma agrária, ver Castro Mayer *et alii*.

(56) "Mensagem da Comissão Central da Conferência Nacional dos Bispos do Brasil", *RCRB*, 88 (1962): 618.

(57) Para exemplos do pensamento religioso mais progressista durante o período de 1940-1955, ver Luís do Amaral Mousinho, "Propriedade Privada e Justiça Social", *REB*, 6 (1946): 814-828; Fernando Gomes, "A Ordem Social nos documentos Pontifícios", *REB*, 7 (1947): 31-45; Kovecses Geza, "Formação do Clero Adaptada à

Época", *REB*, 14 (1954): 274-284; Carlos Leôncio da Silva, "Linhas Fundamentais para uma Teologia da Educação", *REB*, 10 (1950): 352-369; Carlos Carmelo de Vasconcelos Mota, "Carta Pastoral de Saudação", *REB*, 4 (1944): 971-986; e Romeu Dale, "A Posição do Leigo no Corpo Místico de Cristo", *REB*, 13 (1953): 14-25.

A Igreja reformista, 1955-1964

Na década de 1955-1965 houve mudanças significativas na Igreja Católica Romana, tanto em nível internacional como no Brasil. O cauteloso e conservador Pio XII faleceu em 1958, e seu substituto João XXIII promoveu reformas importantes. As encíclicas de João XXIII, tais como *Mater et Magistra* (1961) e *Pacem in Terris* (1963) modificaram o pensamento católico oficial. Ambas desenvolveram uma nova concepção da Igreja, mais em sintonia com o mundo secular moderno, comprometida em melhorar o destino dos seres humanos na Terra e em promover a justiça social.[1] O Concílio Vaticano II começou em 1962 sob a orientação de João XXIII, reunindo os bispos do mundo inteiro em Roma para discutir uma visão mais aberta da Igreja, e teve um efeito retumbante. Quando João XXIII faleceu, em 1963, Paulo VI assumiu o papado e, apesar de algumas oscilações, deu continuidade ao processo de renovação da Igreja até sua morte em 1978.

Tanto para os críticos como para partidários, o Concílio Vaticano II (1962-1965) marcava um dos mais importantes eventos na história do catolicismo romano. A despeito das contradições, tensões e limites que cercavam as mudanças, o Concílio enfatizou a missão social da Igreja, declarou a importância do laicato dentro da Igreja, motivou por exemplo maiores responsabilidades, co-responsabilidade entre o papa e os bispos, ou entre padres e leigos dentro da Igreja, desenvolveu a noção de Igreja como o povo de Deus, valorizou o diálogo ecumênico, modificou a liturgia de modo a torná-la mais acessível e introduziu uma série de outras modificações.[2] Os documentos conciliares enfatizavam o caráter hierárquico da Igreja e insistiam que sua missão estava acima da política, mas a nova doutrina revia de modo significativo os padrões de autoridade da Igreja e a relação entre a fé e o mundo.

Antes do Vaticano II e do papado de João XXIII, muitos teólogos, bispos e movimentos haviam trabalhado pela mudança na Igreja.[3] Nesse sentido, as encíclicas apostólicas progressistas e o Vaticano II incorporaram e legitimaram tendências que já existiam ao invés de criar algo de novo. Mas, dentro de uma instituição hierárquica como a Igreja Romana, a legitimação de cima é muito importante. Embora o Vaticano possa chegar a nunca criar novos programas ou novas teologias radicais, suas posições influenciam o processo que acaba por determinar quais concepções da missão da Igreja se tornarão hegemônicas, ajudando, portanto, a determinar as práticas pastorais no mundo inteiro. A despeito da crescente autonomia das Igrejas nacionais nas duas décadas passadas, Roma continua exercendo uma profunda autoridade sobre as Igrejas nacionais, sobre os movimentos leigos e sobre a teologia através tanto da persuasão quanto da coerção. Nesse sentido, o Concílio Vaticano II reproduziu uma dialética que reaparece nas várias instâncias da Igreja Católica. A mudança iniciou-se a partir da base, mas tomou impulso somente quando foi legitimada pela cúpula.

O Vaticano II era um evento europeu, dominado por bispos e teólogos europeus e dirigido principalmente à Igreja européia. Curiosamente, no entanto, as reformas do Concílio conduziram a mudanças que foram mais significativas em alguns países da América Latina do que na própria Europa. Maior participação dos leigos, justiça social, maior sentido de comunidade, maior co-responsabilidade dentro da Igreja e relações de maior proximidade entre o clero e o povo exigiam na América Latina mudança maior do que na Europa. Com a notável exceção da Colômbia, a fragilidade das estruturas da Igreja era patente. Igualmente evidentes eram as escandalosas injustiças sociais. As terríveis condições de vida dos pobres, a crescente riqueza das elites, a discriminação social contra os pobres e a repressão dos movimentos populares tornou mais difícil o apoio eclesiástico ao sistema vigente.

Dom José Maria Pires, arcebispo de João Pessoa e um dos expoentes da Igreja popular, comentou o impacto do Vaticano II sobre a Igreja brasileira: "O Vaticano II foi motor de toda essa mudança; foi quem sistematizou. Sempre houve, na Igreja, teólogos, pastores e leigos que assumiram uma posição dialética, em favor dos oprimidos, mas foi só a partir do Vaticano II que essa posição tornou-se oficial e as atitudes foram sendo sistematizadas. (...) O que fez com que eu me colocasse ao lado do povo, foi o Vaticano II".[4]

Mudanças na sociedade nacional e na política também ajudaram a estimular a reforma da Igreja. O caráter cada vez mais democrático e participante da sociedade e da política encorajou a Igreja a se tornar mais democrática também, tanto nas relações internas quanto na orientação política. Durante os últimos anos desse período, movimentos populares conquistaram uma força sem precedentes no Brasil. Esses movimentos afetaram muitos líderes da Igreja, tanto por chamarem a atenção para a importância de se dar apoio às reformas, quanto por criarem, no caso dos conservadores, uma conscientização do rápido crescimento da esquerda. Inovações na educação popular, inclusive o Movimento de Educação de Base (MEB), o trabalho de Paulo Freire e os Centros de Cultura Popular, estimularam reflexões sobre o papel das massas na sociedade.[5] Esses movimentos ajudaram a criar um ambiente de questionamento que indiretamente encorajava a inovação no trabalho pastoral entre as classes populares.

Após 1961, entretanto, o país vivenciou intensa polarização que levou a conflitos. A reação contra os movimentos progressistas começou a crescer entre os militares, a Igreja e as classes média e dominante. Esses movimentos conservadores, que se tornaram mais fortes nos anos que antecederam ao golpe, preocupavam-se com a estagnação econômica, com a desordem social e com o crescimento da esquerda. A incipiente crise política ficou aparente em 1961, quando o presidente Jânio Quadros renunciou e surgiram sérias tensões relativas à hipótese da presidência ser assumida por João Goulart.[6]

A revolução cubana também causou um profundo impacto na Igreja em toda a América Latina. Os eventos em Cuba criaram a consciência de que a revolução era uma possibilidade na América Latina; de fato, durante a maior parte dos anos 60, tanto a esquerda quanto a direita superestimaram o potencial revolucionário do continente. Cuba inspirava algumas pessoas a intensificar seus esforços para promover uma mudança radical; outras, a adotar defesas intransigentes da ordem vigente e outras, ainda, a promover o reformismo como o meio de abortar a revolução. Dentro da Igreja brasileira estavam presentes as três reações. Entre os católicos praticantes a primeira era a mais fraca e o impulso reformista era o mais forte. O conflito exacerbado entre a Igreja e o regime de Castro reforçou as tendências defensivas dentro de alguns setores.[7]

A análise do período 1955-1964 enfoca principalmente as forças favoráveis à mudança dentro da Igreja, mas é igualmente importante avaliar a resistência à mudança. Por volta de 1964 a Igreja brasileira havia se modificado de maneira significativa, mas a Igreja sofria graves conflitos internos. Num extremo estava a esquerda católica comprometida com uma transformação social radical. No outro, estavam os tradicionalistas, de cujas fileiras surgiu a direita católica. Muitos conservaram-se fiéis à concepção de fé católica tradicional. Desse setor surgiu uma direita católica que ajudou a provocar a queda do presidente Goulart em 1964 e a gerar pressões contra a esquerda católica e os bispos progressistas. O golpe militar de 1964 significava que a direita havia prevalecido temporariamente sobre a esquerda, tanto na Igreja como na luta política mais ampla. O governo militar apoiava o anticomunismo da direita católica e a direita deteve sua posição de proeminência dentro da Igreja por vários anos à frente.[8]

A maioria da Igreja institucional não favorecia nem a esquerda nem os tradicionalistas. Estava dividida entre os reformistas e os modernizadores conservadores. Os modernizadores conservadores eram a facção dominante na Igreja durante o início e a metade da década de 50 e, até o final da década de 60, dividiram a hegemonia com os reformistas. Como os reformistas, eles acreditavam que a Igreja devia mudar, mas promoviam um catolicismo mais forte através da educação religiosa mais intensa. Estavam mais preocupados com a justiça social do que os tradicionalistas, mas eram menos inclinados a ver os problemas sociais como resultantes da estrutura social do que os tradicionalistas. Preocupados em tornar a Igreja mais eficaz e relevante para seus adeptos, lançaram programas como o Movimento Familiar Cristão e minicursos cristãos (Cursilhos de Cristandade). Como os reformistas, os modernizadores conservadores acreditavam que a Igreja necessitava promover uma maior participação leiga, mas estavam mais preocupados em manter a obediência hierárquica do que os reformistas que adotavam a noção de Igreja como o povo de Deus.

Os dois grupos consideravam importante a missão social da Igreja, mas entendiam essa missão de maneiras diferentes. Os modernizadores conservadores rejeitavam um envolvimento político aberto, argumentando que a Igreja deveria se manter acima da política. Focalizavam principalmente o desenvolvimento individual (através da educação, por exemplo) ao invés das mudanças das estruturas sociais.

A despeito de mudanças substanciais, ao final dessa década a Igreja permanecia relativamente conservadora. Os bispos eram, em sua maioria, modernizadores conservadores, mas os reformistas ocupavam muitas das posições centrais na Conferência Nacional dos Bispos (CNBB) que lhes atribuía um poder que ia além de meros números. Os principais documentos da CNBB representavam um compromisso entre os dois grupos. Os conservadores, embora não resistissem à renovação da Igreja de uma maneira ativa, não demonstravam muito entusiasmo para efetuar as mudanças que estavam implícitas na nova visão da missão da Igreja. Em 1964, correspondendo aos temores da burguesia e da classe média, os modernizadores conservadores responderam a uma ameaça que perceberam vir juntamente com as mudanças religiosas e políticas e derrotaram os progressistas nas eleições da CNBB.

Os reformistas

No capítulo 2 se argumentava que o desejo da Igreja de continuar a ser uma instituição universal dentro de uma sociedade cada vez mais secular, participante e democrática encorajava o surgimento de novas concepções acerca da missão da Igreja. O modelo de Igreja reformista era uma das respostas. Algumas de suas expressões surgiram durante o início dos anos 50. Do final da década de 50 até aproximadamente 1970, os reformistas dividiram a liderança com os modernizadores: sua hegemonia foi, então, exclusiva até por volta de 1976. De 1976 a 1982, dividiram a hegemonia com a Igreja popular; após 1982, com o fortalecimento internacional dos conservadores, os reformistas uma vez mais voltaram a ser o setor dominante.

Os reformistas aceitaram a secularização como inevitável e acreditavam que ela traria algumas conseqüências positivas. Eram menos antiprotestantes e mais anticomunistas do que seus predecessores e mais preocupados com a justiça social e com a comunidade. Os reformistas acreditavam que a mudança política era necessária para criar uma sociedade mais justa, mas rejeitavam as transformações radicais. Eram mais democráticos nas práticas eclesiásticas, dando mais autonomia aos grupos leigos. Estimulavam várias reformas eclesiásticas, inclusive na liturgia e no catecismo, e davam mais atenção ao trabalho com as massas do que seus predecessores.[9]

As reformas mais significativas reproduziram aquelas que ocorriam em nível internacional: uma crescente ênfase no laicato e na co-responsabilidade, uma eclesiologia que rejeitava a separação entre a fé e os assuntos terrenos, e uma maior ênfase na missão social da Igreja. Essas mudanças foram encorajadas pelo Vaticano, mas também resultaram de movimentos dentro da Igreja brasileira e de mudanças políticas e sociais que ocorriam aqui.*

Entre 1955 e 1964, a CNBB era a força mais importante para os impulsos reformistas da Igreja brasileira. a CNBB foi criada em 1952 através da iniciativa de Dom Helder Câmara, na época bispo auxiliar do Rio de Janeiro, com o forte apoio dos reformistas do Vaticano.**

(*) O significado de qualquer concepção (seja teológica, política ou literária, etc.), pode variar de acordo com o contexto cultural. Uma idéia que tenha um significado num país ocidental desenvolvido pode adquirir um significado diverso num país do Terceiro Mundo. Por essa razão, não é surpreendente que o catolicismo romano tenha sempre tido algumas diferenças transculturais, mesmo durante os períodos em que a autoridade central tentava impor uma uniformidade. Por outro lado, a própria necessidade de adaptação da Igreja quase sempre levou o Vaticano a aceitar algumas diferenças locais e nacionais.

(**) Um concílio nacional de bispos foi organizado no final da década de 90 do século passado e os bispos de vez em quando emitiam cartas pastorais coletivas. Entretanto, não havia uma estrutura organizada estável até 1952.

Foi uma das primeiras conferências episcopais nacionais do mundo e a primeira da América Latina. Desde o seu princípio, a CNBB tem sido muito importante na Igreja brasileira. Legitimou algumas práticas, desencorajou e até proibiu outras, facilitou a comunicação dentro da Igreja e estimulou ou impediu várias tendências eclesiásticas.[10]

Durante esses anos, os reformistas deram início a um grande número de programas, principalmente de cunho local ou de base, que promoviam a mudança eclesiástica. O Movimento Litúrgico, o Movimento Bíblico Católico, o programa de catecismo popular em Barra do Piraí e as inovações em Nízia Floresta no Rio Grande do Norte, onde a falta de padres levou a uma maior autoridade das freiras, aumentaram a participação leiga e reduziram o controle clerical. Esses movimentos eram politicamente conservadores, mas abriram caminho para a concepção da Igreja mais como povo de Deus do que como hierarquia e clero. Outros movimentos, como o Movimento Familiar Cristão, tentaram desenvolver uma cristandade mais profunda e tornar o laicato mais ativo dentro da Igreja.[11]

Mais significativas eram as inovações na implementação da doutrina social da Igreja. Entre as de maior importância estavam o Movimento de Natal para a educação de adultos na Arquidiocese de Natal; a Fundação Leão XIII e a Cruzada São Sebastião, ambas com atuação nas favelas do Rio de Janeiro; e o Movimento por Um Mundo Melhor (MMM). Essas iniciativas significavam aceitar ao invés de lutar contra a secularização, criticar ao invés de tolerar as desigualdades da sociedade e trabalhar com os pobres assim como com as elites. Inspiradas em parte pelo anticomunismo, essas inovações rompiam com as práticas tradicionais. Ao invés de ensinar a aceitação da pobreza, promoviam soluções que apontavam na direção de se superar ou de aliviar a miséria.[12]

Uma nova eclesiologia: fé e a história da humanidade

Um dos postulados fundamentais dos reformistas era o de que a Igreja é parte do mundo e nele deve ter uma participação. Não mais percebiam o mundo como um mal que corrompe a Igreja ou como força que deva ser subjugada. A separação teológica radical entre o reino do céu e a terra desaparecera. Concomitantemente, a idéia de que a Igreja devesse cristianizar um mundo fundamentalmente mau começou a ser questionada. Um padre criticou a "pastoral do monopólio clerical, herança de um passado longínquo, em que a cultura e toda a fisionomia da sociedade tinham um caráter sacral de integração em torno de valores espirituais. (...) A Igreja não poderá nem deverá dominar as estruturas e instituições temporais".[13]

Os reformistas acreditavam que a Igreja não poderia e nem deveria ficar totalmente acima do mundo, mas, sim, deveria atuar como um símbolo que ajuda a transformar o mundo. Para eles, a mensagem de Cristo incluía a criação de uma ordem social justa. Isso exigia um esforço de se construir um mundo que dignificaria Deus, embora os seres humanos não pudessem completar a tarefa de construir um céu na terra. Um influente teólogo resumiu de maneira sucinta essa nova concepção da relação entre a fé e a ação no mundo: "Cabe ao homem, aos cristãos também da geração presente, corrigir os erros e construir um mundo conforme a vontade divina. Isso não se pode fazer pela simples e pura 'fuga do mundo', mas é necessário para tanto inserir-se nas suas instituições e trabalhá-las eficazmente".[14]

A Igreja tradicionalmente encarava a secularização como um mal a ser combatido, mas os reformistas acreditavam que a secularização era inevitável e que trazia conseqüências positivas. Um padre, ao resumir a nova atitude em relação à secularização, argumentou que "o progresso que transforma as coisas de modo cada vez mais radical e profundo não é rebelião contra Deus, (...) mas é o cumprimento da vontade divina".[15]

As novas atitudes questionavam as visões triunfalistas que haviam caracterizado os anos 40. No modelo da neocristandade a Igreja era uma sociedade perfeita; para os reformistas ela não estava livre de falhas. Característico do espírito reformista, Aloísio Lorscheider, mais tarde secretário geral da CNBB, em 1963 escreveu: "A Igreja nota que ainda está longe de ser o fermento a levedar a massa do gênero humano, está longe de ser, como continuadora de Cristo, a luz das gentes".[16] Ao invés de perceber a Igreja como uma instituição acima do mundo, os reformistas acreditavam que a Igreja deveria tornar-se uma serva do mundo.[17] Alguns padres argumentavam que ela deveria despojar-se de seu poderio e riqueza.[18] Outros criticavam a sua aliança com a burguesia, com o Estado, sentindo que isso impedia uma ligação mais estreita com o povo.[19] O clero progressista e o laicato insistiam para que a Igreja fizesse mais pelas massas.[20]

Um crescente número de padres criticava as estruturas e práticas sociais, inclusive o elitismo, a concentração de poder e de recursos econômicos nas mãos de uma pequena minoria, a pobreza de milhões de brasileiros, as limitadas oportunidades de educação e de mobilidade social do pobre, o sistema fundiário e as condições das favelas urbanas. Muitos padres proeminentes tornaram-se críticos do capitalismo liberal e, por volta de 1961-1964, alguns sacerdotes e bispos se interessariam pelo socialismo.[21]

Levando-se em consideração a grande heterogeneidade entre os bispos, não é de surpreender que a CNBB não fosse tão progressista quanto os padres reformistas. Mas, embora os reformistas constituíssem uma minoria dentro da CNBB, conseguiram articular uma visão da missão da Igreja que foi muito além das atitudes episcopais de 1940. Essa nova visão era particularmente aparente no Plano de Emergência da CNBB de 1962, que foi o primeiro plano pastoral em nível nacional da Igreja brasileira, e o Plano Pastoral de Conjunto (PPC), aprovado pela VII Assembléia Geral da CNBB, que se reuniu em Roma em 1965 durante a última sessão do Vaticano II. Em ambos os planos, os bispos rompiam explicitamente com a concepção de missão da Igreja da neocristandade, reivindicando muitas inovações, inclusive melhor planejamento e coordenação pastoris, um papel mais ativo para o laicato, a renovação paroquial, um sentido de comunidade mais forte, práticas episcopais menos autoritárias. A despeito de uma inclinação nitidamente anticomunista, pediam importantes reformas sócio-econômicas.

O PPC, que foi além do Plano de Emergência em vários pontos, argumentava que, embora estando acima do mundo, a Igreja ainda deveria participar deste mundo e educar a sociedade humana, e que, embora a Igreja não fosse uma instituição política, deveria promover a comunhão entre os povos. Redigido numa época em que a CNBB se afastava do envolvimento político, o PPC ainda salientava que a salvação e os assuntos terrenos não eram antagônicos. "A Igreja não se identifica com a comunidade dos homens e sua história, mas nela vive e está presente. Esta sua presença no temporal e sua relação com a história dos homens faz parte do seu próprio mistério (...) A Ação pastoral deve, pois, à luz do Concílio, repensar e renovar (...) as relações da Igreja com a família humana, e sua presença concreta na história dos homens".[22] A despeito de muitos limites, os dois planos pastorais encorajavam a mudança dentro da Igreja e continham o esboço de uma consciência reformista que deu forma às inovações pastorais do início e do meio da década de 60. A nova concepção da relação entre fé e justiça social trouxe conseqüências profundas a uma sociedade que, após 1964, sofreu repressão, um desenvolvimento altamente desigual, elitismo social e autoritarismo.

O papel do laicato e a renovação paroquial

As reformas teológicas que culminaram com o Vaticano II repensaram o papel tradicional do laicato dentro da Igreja Católica. Durante séculos, a Igreja não valorizava o leigo. A nível do discurso, Pio XI e Pio XII reivindicavam maior espaço para o laicato, mas não estavam dispostos a conceder aos grupos leigos a autonomia e a responsabilidade necessárias para realizar isso. Os movimentos leigos que ameaçassem tornar-se mais autônomos eram geralmente dispersados pela hierarquia e pelo Vaticano.[23] Não é de se surpreender que a intenção de que os movimentos leigos se tornassem mais dinâmicos não tenha sido totalmente realizada, não obstante o surgimento e o crescimento de movimentos tais como os Círculos Operários e a Ação Católica. Seguindo os passos dos teólogos reformistas franceses,[24] as encíclicas de João XXIII e de Paulo VI modificaram essa concepção tradicional da Igreja. O Concílio acentuava que a Igreja era o povo de Deus, enfatizando a co-responsabilidade mais do que a hierarquia. No mundo inteiro, isso modificou os padrões de autoridade dentro da Igreja.[25] No Brasil, o papel do leigo começou a se alterar durante a década de 50 e no início dos anos 60. Alguns movimentos leigos, especialmente a Juventude Universitária Católica (JUC), criticavam as falhas da instituição em suas tentativas de dinamizar o trabalho com o laicato.[26] O frei José Marins expressava a opinião de muitos padres que favoreciam a renovação paroquial quando escreveu que "sem dúvida o ponto mais negativo foi o conceito unilateral que tivemos de Igreja, restringindo-a aos padres, bispos e papa. Os fiéis, desde muito tempo, não desempenhavam as funções que de direito lhes cabiam".[27] Esses padres percebiam que o laicato necessitava de mais autonomia e responsabilidade, para que pudesse ter uma participação mais significativa na vida da Igreja, e faziam críticas contundentes ao clericalismo e a paternalismo do passado da Igreja.

Em algumas áreas rurais viveu-se uma nova experiência em termos de responsabilidade do leigo: uma missa dominical sem padre. Inicialmente concebida por alguns padres progressistas como resposta à sua incapacidade de celebrar a missa todos os domingos nos vastos territórios em que serviam, essas novas experiências eram os primeiros exemplos do que mais tarde viria a ser conhecido como as comunidades eclesiais de base.*

Os grupos leigos e padres reformistas estavam à frente do processo de renovação eclesiástica, mas os "modernizadores conservadores" também apoiavam a abertura da Igreja. A grande maioria do

---

(*) As primeiras referências a tais experiências foram dois artigos de 1963 de autoria de padres que participaram do nascimento das CEBs. *Estruturas do Culto Dominical*, Leers e *Culto Dominical*, A. Rolim, Almir Ribeiro Guimarães argumentaram que as CEBs surgiram no final dos anos 50, com a experiência do catecismo popular de Dom Agnelo Rossi, dos Círculos Operários populares em Volta Redonda e das escolas radiofônicas em Natal; ver Guimarães; *Comunidades Eclesiais de base*, de Marins. Discordo desse argumento por duas razões. Primeiramente, essas experiências diferenciavam-se de uma maneira acentuada das comunidades de base. Caracterizavam-se por um controle clerical maior e não se atinham muito às implicações sociais do Evangelho. Segundo, não se tem notícia de nenhuma CEB surgida antes de 1963. O estudo nacional feito pela CNBB sobre 101 comunidades de base, *Comunidades*, não registrou nenhuma CEB que houvesse começado antes de 1964 e nenhum dos relatórios dos encontros nacionais das CEBs menciona atividades anteriores a 1964.

laicato pouco conhecia do ensino oficial católico e a Igreja precisava evangelizar com maior eficácia para competir com outros grupos religiosos. Para os modernizadores, o desejo de estimular uma maior participação leiga era uma forma de aumentar a influência da Igreja nos assuntos temporais e de desenvolver um lacaito que ajudasse a evangelizar as massas; nesse sentido, os objetivos eram tradicionais, mesmo que conduzissem a novas práticas. Os modernizadores também esperavam que uma comunidade leiga bem informada ajudasse a resolver os problemas criados pela falta de padres.[28]

Para o clero conservador, o fortalecimento dos leigos era um meio de aprofundar ao invés de reverter a dominação tradicional da Igreja na sociedade.[29] Para eles, os grupos leigos eram uma extensão da hierarquia e um meio de exercer uma influência mais profunda sobre os assuntos temporais e de desenvolver um quadro de líderes leigos para defender o catolicismo de seus competidores religiosos. Se os conservadores tivessem sido consistentemente bem-sucedidos em seu projeto, o fortalecimento dos movimentos leigos teria reforçado ao invés de modificar a relação tradicional entre a Igreja e a política. Movimentos como a Congregação Mariana, os Círculos Operários e os Cursilhos de Cristandade reforçaram o envolvimento tradicional político da Igreja.[30]

A preocupação com uma participação mais ativa dos leigos também se expressou no Plano de Emergência e no PPC. O Plano de Emergência reconhecia que "só por exceção estamos dando ao leigo o lugar que lhe cabe, o que importa em reduzir a colaboração dos leigos a proporções muito limitadas e inexpressivas".[31] O PPC introduziu a noção da Igreja como Povo de Deus e valorizou "um despertar, um esforço para reconhecer não apenas o papel específico de cada um, mas também sua complementariedade e integração como membro do povo de Deus".[32]

Apesar desses avanços, a visão de Igreja dos bispos ainda era hierárquica, comparada àquela da Igreja popular. Embora procurassem um maior envolvimento por parte do leigo, não delegavam muita responsabilidade ou autonomia a grupos leigos. No Plano de Emergência, os leigos eram "preciosos auxiliares que colaboram conosco" que "devem colaborar eficazmente em todas as atividades propriamente paroquiais". Os bispos afirmavam que "a iniciativa e responsabilidade dos leigos ficam circunscritas à orientação dada pela Igreja, representada pelo pároco".[33] Igualmente significativa, a hierarquia naquela época suprimia um dos mais importantes movimentos leigos: a JUC (ver capítulo 4).

Relacionada à nova ênfase atribuída ao laicato estava a renovação paroquial que se tornou um dos temas mais discutidos dentro da Igreja brasileira durante o início dos anos 60. Ela era apregoada tanto pelos modernizadores quanto pelos reformistas. Os modernizadores viam a renovação paroquial como um meio de aprofundar a influência da Igreja e de desenvolver uma fé mais madura. Já que o limitado número de padres não era capaz de atender ao grande número de pessoas nas áreas urbanas ou nas vastas regiões rurais, a paróquia tradicional se tornava um obstáculo ao contato clerical adequado com o povo.[34] O relacionamento dos padres com seus paroquianos era superficial, não sendo suficiente para garantir uma instrução religiosa adequada. Estruturas eclesiásticas mais eficazes permitiriam um melhor ensino dos fundamentos da fé e da prática católicas e compensariam a falta de padres.

O clero progressista percebia a renovação paroquial como um meio de desenvolver um sentido comunitário e uma maior responsabilidade do leigo para realizar a missão social da Igreja. Achavam as paróquias muito dispersas e muito grandes para lograr um verdadeiro sentido de comunidade.[35] Também percebiam a renovação paroquial como uma forma de dar ao laicato uma voz mais forte na vida religiosa. Ao invés de controlar diretamente as atividades, o padre deveria ajudar os grupos leigos a assumir o controle de tarefas como o catecismo, o trabalho social e as atividades comunitárias. O fortalecimento da comunidade religiosa local também era uma forma de encorajar a missão da Igreja enquanto testemunha. Essas comunidades locais funcionariam como grupos de solidariedade, criando um sentimento fraternal entre os seus membros.

A questão agrária

Entre 1950 e 1964, os problemas agrários passaram a ocupar o primeiro plano na política brasileira, em grande parte porque o fortalecimento dos movimentos camponeses gerou conflitos e politizou as más condições dos setores mais carentes da população brasileira. A preocupação da Igreja com a questão rural é relativamente antiga: os primeiros impulsos reformistas da Igreja se deram no campo. Entre as reformas sociais da Igreja no campo, especialmente no Nordeste, incluíam-se o programa de Natal, as experiências das freiras de Nízia Floresta, as primeiras comunidades eclesiais de base e o MEB. É interessante analisar a percepção que os reformistas tinham da questão agrária, pois é muito eloqüente em relação aos alcances e limites da sua ideologia política.

Embora a maior parte da Igreja ainda fosse conservadora no início dos anos 50, alguns líderes começaram a apoiar reformas sociais no campo. Um discurso de Dom Inocêncio Engelke, bispo de Campanha, Minas Gerais, em setembro de 1950, foi a primeira declaração importante de um bispo brasileiro pedindo a reforma agrária. Engelke criticava a ordem vigente no Brasil rural, focalizando as péssimas condições de vida dos camponeses. "A situação do trabalhador rural é, em regra, infra-humana entre nós. Merecem o nome de casa os casebres em que moram? É alimento a comida de que dispõem? Poderá se chamar de roupas os trapos com que se vestem? Pode-se chamar de vida a situação em que vegetam, sem saúde, sem anseios, sem visão, sem ideais? É urgente, pois, estabelecer um programa mínimo de ação social de que venham a beneficiar-se esses trabalhadores. Faz-se mister uma reforma de estrutura e de base".[36]

Engelke não estava sozinho em suas denúncias. Em 1951, três bispos nordestinos emitiram uma declaração sobre o problema da terra. Naquele mesmo ano, os bispos e arcebispos do Brasil reunidos publicaram uma declaração apoiando uma reforma agrária limitada. Em agosto de 1952, vários bispos do Nordeste fizeram um apelo mais forte pela reforma agrária. Esse documento, "A Igreja e o Vale do São Francisco", criticava os grandes proprietários rurais e denunciava a situação dos trabalhadores do campo.

"As grandes propriedades rurais não realizam sua missão social quando conduzem a monopólios rígidos que favorecem uma pequena minoria, a uma utilização insuficiente da terra, ao empobrecimento através da exploração da força de trabalho ou a pressões demográficas que aumentam rapidamente o custo da propriedade. Nesses casos, as autoridades públicas deveriam tomar as medidas necessárias que devem incluir a redistribuição parcial ou total da terra mediante uma indenização razoável. O vaqueiro, o rendeiro do arroz e o parceiro da cana-de-açúcar — para citar três exemplos típicos —, dadas as condições vis de entrega ao patrão da parte que lhe cabe, vivem, não raro, em regime de verdadeira escravidão".[37] Em 1954, em seu primeiro documento sobre a reforma agrária, a CNBB declarou que "as exigências da justiça social, como do próprio desenvolvimento do país, estão a chamar por 'uma reforma de base e de métodos' no atual sistema de vida rural".[38]

Apesar do clamor pela mudança, até o final da década de 50 as declarações episcopais mais progressistas expressavam a crença de que o desenvolvimento econômico iria resolver os problemas do campesinato. O problema era a modernização e não a posse de terra. A cooperação entre camponeses e proprietários resolveria os problemas dos camponeses.[39] Não se questionava de que forma os proprietários rurais iriam com a maior boa vontade implementar práticas trabalhistas mais justas; exigia-se a "solidariedade econômica, técnica, profissional, intelectual, moral e religiosa" entre as classes sociais.[40]

Os primeiros documentos reformistas rejeitavam sempre uma redistribuição radical das terras como sendo desnecessária e indesejável. Embora o discurso eclesiástico enfatizasse que a propriedade privada devia servir a uma função social, consagrava essencialmente o direito à propriedade.[41] As primeiras declarações sobre a reforma agrária geralmente diziam que somente a terra ociosa deveria ser redistribuída e que, mesmo assim, o Estado deveria reembolsar o proprietário. O documento de 1954 da CNBB declarava: "O que realmente importa é o aproveitamento parcial ou integral da propriedade (...) A divisão ou subdivisão das propriedades privadas não deve ser considerada como ponto básico para uma reforma agrária. As propriedades devem ser respeitadas, em princípio, e evitado o seu desmembramento, salvo os casos de interesse do bem comum".[42] A reforma agrária estava, então, praticamente limitada à promoção de um desenvolvimento rural mais rápido. Os reformistas acreditavam que os camponeses deveriam ter acesso à terra, mas achavam que os assentamentos deveriam ser efetuados em terras não reclamadas.

Os primeiros documentos reformistas caracterizavam-se por um certo elitismo e supunham que os camponeses eram incapazes de desenvolver uma visão crítica da realidade. Uma declaração, por exemplo, critica a "superficialidade do senso popular" e a "confusão mental e muitas vezes invencível entre os da cidade".[43]

Ao final dos anos 50 e especialmente entre 1961 e 1964, o envolvimento da Igreja na reforma agrária intensificou-se. Esse envolvimento refletiu, por um lado, a preocupação da Igreja internacional em elaborar uma doutrina social moderna e, por outro, a efervescência do debate sobre a questão agrária no Brasil. As reflexões dos bispos acerca da reforma agrária tornavam-se mais incisivas, insistindo mais na importância de se realizar uma reforma no campo. Enquanto que, anteriormente, os bispos achavam que a modernização do capitalismo brasileiro era a solução, no início dos anos 60 começaram a pregar reformas mais significativas para promover a justiça social.

Por volta do final da década de 50, os bispos começaram a questionar se o desenvolvimento econômico em si resolveria os problemas dos camponeses. A perspectiva reformista mudou, passando de um apoio à modernização sem a redistribuição de terras a um encorajamento da modernização com a redistribuição. A virada decisiva nesse assunto ocorreu no início da década de 60, mas um documento de 1956, dos bispos nordestinos, que eram os mais progressistas do país, a antecipava. Mesmo dentro de uma perspectiva nacionalista-desenvolvimentista, sustentava que, sem a redistribuição de terras, o crescimento econômico não resolveria as péssimas condições do indigente rural.[44]

Em 1963, a Comissão Central da CNBB emitiu uma declaração mais contundente. O documento era pessimista em relação à capacidade de crescimento econômico e da modernização do campo para resolver as péssimas condições de vida dos pobres da área rural. Reconhecia que milhões de pessoas não compartilhavam dos "benefícios de nosso desenvolvimento" e viviam em condições que "afrontam a dignidade humana". "O simples acesso à terra não é solução cabal para o problema. Mas o julgamos inadiável para a realização do direito natural do homem à propriedade. (...) Para a realização deste imperativo, a desapropriação por interesse social não só não contraria em nada a Doutrina Social da Igreja, mas é uma das formas viáveis de realizar, na atual conjuntura brasileira, a função social da propriedade rural".[45]

Os bispos começaram a perceber que algumas formas de modernização teriam produzido efeitos nocivos para os camponeses e pequenos proprietários. A partir do documento de 1956, os líderes da Igreja enfatizaram as carências dos pequenos proprietários e dos camponeses e diziam que o Estado não havia atendido às suas necessidades.[46] Por volta de 1961, até mesmo um documento relativamente conservador dos bispos do Vale do Rio Doce enfatizava a necessidade de se dedicar uma atenção especial aos mesmos.[47] Alguns documentos começaram a questionar o incentivo às exportações em detrimento do cultivo de alimentos consumidos pelo povo, geralmente cultivados por pequenos proprietários.[48] Outros documentos revelavam uma conscientização dos problemas gerados pela modernização capital-intensiva, voltada para a exportação. O documento dos bispos nordestinos de 1956 indicava uma preocupação com a expulsão da mão-de-obra do campo, provocada pelo desenvolvimento capital-intensivo.[49] Esse foi o primeiro sinal da conscientização de um problema amplamente discutido pela Igreja durante os anos 70.

As manifestações a favor da reforma agrária eram coerentes com o pensamento dos bispos em relação a outras questões sociais. No final da década de 50, a CNBB apoiava os governos reformistas exceto em relação a questões educacionais.[50] Os bispos desejavam um sistema capitalista reformado que oferecesse maiores oportunidades e melhores condições materiais para as massas. Dizia um documento de 1958, assinado por todos os bispos: "Angustia-nos a evidência de que as estruturas econômicas do nosso mundo dos negócios e das indústrias ainda continuam a ser, tantas vezes, fontes de injustiças, sofrimentos e opressões. (...) (Nós nos) insurgirmos contra as injustiças sociais, por demais evidentes nas chocantes condições de vida que impedem uma mais rápida ascensão da classe operária e das camadas populares".[51] Em 1962, os bispos criticaram "o egoísmo e o lucro erigidos pelo liberalismo em suprema norma".[52]

Embora as declarações do início da década de 60 fossem mais progressistas que aquelas da década anterior, elas continham algumas das mesmas limitações. Os prelados continuavam acreditando que, com o tempo, o desenvolvimento econômico resolveria os problemas mais importantes dos camponeses. A modernização dos grandes latifúndios iria melhorar os padrões de vida dos camponeses daquelas fazendas. Um documento de 1961, da Comissão Central da CNBB, é particularmente esclarecedor. Afirmava que "é vital ajudar a integração da agricultura brasileira no ritmo do desenvolvimento nacional". O documento era conclusivo e recomendava medidas desenvolvimentistas clássicas: desenvolvimento de infra-estrutura, incentivos fiscais, melhorias técnicas e modernização agrícola.[53]

Os reformistas continuavam apostando na harmonia entre as classes sociais. Pensavam que a cooperação entre os proprietários rurais e os camponeses iria melhorar as condições de vida. Por essa razão, os reformistas entraram em choque com as Ligas Camponesas estabelecidas por Francisco Julião e com os *sindicatos* fundados pelo Partido Comunista, pois ambos consideravam a pressão popular como a melhor forma de promover a mudança social no campo. Foi somente nos anos 60, após as Ligas Camponesas e o Partido Comunista terem organizado o campesinato durante muitos anos, que a Igreja envolveu-se ativamente na organização popular; mesmo assim, os sindicatos criados pela Igreja eram mais conservadores.[54]

Em retrospectiva, os documentos episcopais daquele período parecem ser um tanto ingênuos em sua crença de que os proprietários rurais se disporiam a apoiar as reformas defendidas pela Igreja. O discurso de Dom Inocêncio Engelke em 1950 deixava clara a sua crença de que os fazendeiros tinham a responsabilidade de efetuar as mudanças necessárias e de que as fariam de boa vontade.[55] "A Igreja e o Vale do São Francisco" (1952) insinuava que a Igreja deveria trabalhar principalmente com os proprietários e não com os camponeses e supunha que os proprietários empreenderiam significativas reformas com boa vontade, sem haver uma pressão popular. Uma fé semelhante nos fazendeiros se manifesta na "Declaração dos Bispos do Nordeste" (1956) que imaginava que os fazendeiros de cana-de-açúcar viriam a doar lotes de terra aos trabalhadores para melhorar suas condições de vida. Num documento particularmente ingênuo, de 1954, a CNBB sugeria que os fazendeiros implementassem uma reforma agrária local numa contribuição espontânea para tornar viável a posse de terra para o maior número possível de trabalhadores rurais.[56] Essa crença na harmonia de classes e na benevolência das elites brasileiras também caracterizava os documentos episcopais anteriores a 1964 acerca de outras questões.[57]

Até 1964, a visão dos bispos progressistas era compatível com a dos governos populistas. Em evidente contraste com o período pós-1964, as relações entre a Igreja e o Estado eram geralmente cordiais, até os últimos meses antes do golpe. Os bispos viam o Estado como um agente para a mudança social e a CNBB apoiou o governo nos últimos anos populistas (1956-1963). Vários projetos sociais da Igreja eram empreendidos em colaboração com o Estado. O Estado financiou, por exemplo, o Movimento de Educação de Base. A SUDENE, criada no final da década de 50, era um produto da cooperação entre a Igreja e o Estado. A CNBB apoiava um nacionalismo semelhante ao dos governos Kubitschek, Quadros e Goulart.[58] Na maioria das questões de conflito Estado/Igreja, o problema surgia entre o governo e os setores conservadores ou integralistas da Igreja. A "ameaça" comunista estava muito presente nas mentes dos bispos durante os últimos anos antes do golpe. Os bispos eram extremamente críticos em relação ao comunismo. Em 1961, a Comissão Central da CNBB alertou que "os comunistas (...) não se interessam realmente pelas soluções. Ao contrário, para eles, quanto pior, melhor".[59]

Enquanto corpo coletivo, os bispos acreditavam que a forma mais eficaz de tratar com a ameaça comunista era promover as reformas que satisfizessem as aspirações das massas, tornando-as menos suscetíveis às idéias comunistas. Por exemplo, o discurso de Engelke em 1950 exortava os proprietários de terras a "antecipar a revolução". Somente se as mudanças sociais fossem efetuadas, "o homem do campo poderá defender-se contra as perigosas seduções daqueles que enxergam nele um caldo de cultura fecundo para o bacilo das agitações e das revoluções violentas".[60] Dez anos depois, os bispos do Estado de São Paulo afirmaram que "a escolha é entre uma reforma equilibrada e razoável e a revolução rural que o comunismo ateará, explorando a situação precária e, por vezes, explosiva no meio rural".[61]

A ameaça comunista mudou nitidamente as perspectivas da hierarquia brasileira em relação à questão agrária. Porém, seria um erro exagerar a sua importância. A existência de uma ameaça comunista não levava inevitavelmente a posições eclesiásticas mais progressistas. Os bispos poderiam ter visto o fortalecimento da ordem estabelecida ao invés da reforma social como sendo o antídoto ao comunismo. De fato, muitos grupos leigos católicos e vários bispos assim perceberam a situação e se tornaram visceralmente anticomunistas.

NOTAS

(1) Para as duas encíclicas e diversos outros documentos do período de 1961-1975, ver Gremillion, pp. 143-242.

(2) Para uma coleção completa dos documentos conciliares, ver Flannery. Sobre a missão da Igreja no mundo moderno e sua missão social, ver especialmente *Gaudium et Spes*, pp. 903-1001. Sobre o leigo e a modificação das relações de autoridade, ver *Lumen Gentium*, pp. 350-426; §§ 21-22 de *Ad Gentes Divinitas*, pp. 838-840; E *Apostolicam Actuositatem*, pp. 766-798. Sobre o ecumenismo, ver *Unitatis Redintegratio*, pp. 452-470; e sobre a liturgia, *Sacrosanctum Concilium*, pp. 11-40. Entre os melhores trabalhos sobre o Vaticano II, seu impacto sobre a Igreja e suas contradições, estão os de Habblethwaiter; e O'Dea. Característico daqueles que acharam que a Igreja fora longe demais é Hitchcock.

(3) Esses movimentos e seus fracassos finais em transformar a Igreja foram analisados em profundidade. Entre outras fontes, ver O'Dea, pp. 38-89, e Vaillancourt, pp. 19-59.

(4) Entrevistado em Salem, p. 38. Em entrevistas que conduzi, D. Paulo Evaristo Arns, D. Adriano Hypólito, D. Waldir Calheiros, D. José Maria Pires, D. Tomás Balduíno e D. Mauro Morelli ressaltaram a importância do Vaticano II ou da PPC ao promover a mudança dentro da Igreja. O impacto do concílio no pensamento teológico no Brasil se reflete num grande número de artigos na *REB* e *RCRB*.

(5) Há uma rica literatura sobre esses movimentos. Ver Brandão, "Educação Fundamental"; Paiva, *Educação Popular*, e Aída Bezerra. De Paulo Freire, ver especialmente *Educação e Pedagogia*. Um trabalho criterioso que coloca o trabalho e os escritos de Freire dentro de uma perspectiva histórica é de Paiva, *Paulo Freire*.

(6) Boas introduções sobre o final do período populista incluem Skidmore; Flynn, pp. 190-309; e Maranhão, *Governo Kubitschek*.

(7) Sobre a Igreja e o Estado em Cuba, ver Crahan, "Salvation"; e Dewart.

(8) Sobre a direita católica da década de 60, ver Antoine, *Integrismo Brasileiro*; e Márcio Moreira Alves, *Igreja e a Política*, pp. 221-239.

(9) Outras discussões relevantes sobre a ideologia e a evolução da Igreja durante esses anos são Della Cava, "Catholicism and Society"; Bruneau, *Political Transformation*, pp. 68-126; e Ferreira de Camargo, *Igreja e Desenvolvimento*.

(10) Sobre a criação, história e importância da CNBB, ver Bruneau, *Political Transformation*, pp. 107-126; e M. Martins. Para uma extensa história das estruturas formais de autoridade da CNBB, ver Queiroga.

(11) Esses movimentos são discutidos em Couto Teixeria. No meu ver, Couto Teixeira exagera os vínculos entre esses movimentos relativamente conservadores e as comunidades de base, mas sua tese ainda constitui uma contribuição significativa. Para maiores detalhes sobre o movimento litúrgico, ver Botte. Sobre a ideologia por detrás da experiência de Barra do Piraí, ver Rossi, "Experiência" e "Primeiros Manuais". O Movimento Familiar Cristão é um movimento importante sobre o qual pouco se tem escrito. Algumas informações se acham em Lucas Moreira Neves, "O Movimento Familiar Cristão a Serviço da Igreja", *REB*, 20 (1960): 888-899.

(12) O melhor trabalho sobre o Movimento de Natal é Ferreira de Camargo, *Igreja e Desenvolvimento*. Veja também Ferrari. Sobre a Fundação de Leão XIII e a Cruzada de São Sebastião, ver Valla *et alii* , pp. 65-110; e Parisse. Embora o MMM fosse um dos mais importantes precursores das comunidades de base, pouco se escreveu a seu respeito. Couto Teixeira, pp. 62-67, fornece alguma informação. Ver também Frederico Didonet, "Movimento por um Mundo Melhor no Brasil", *REB*, 21 (1961): 400-403; Frederico Didonet, "A Linha do Mundo Melhor no Brasil", *REB*, 22 (1962): 672-675; e Caramuru de Barros, *Brasil*, pp. 22-23. Para expressões típicas da ideologia e preocupações do movimento, ver Frederico Didonet, "Pastoral de Evangelização", *REB*, 23 (1963): 3-12; Marins, *Problema Religioso*; Marins, *Curso do Mundo Melhor*, e Marins, *Renovação da Paróquia*.

(13) Frederico Didonet, "Pastoral de Evangelização", *REB*, 23 (1963): 10. Didonet era um líder do MMM.

(14) Constantino Koser, "Perfeição Cristã no Mundo e Fuga do Mundo", *REB*, 23 (1963): 890. Numa linha próxima, ver Romeu Dale, "A Igreja Católica às Vésperas do Concílio", *REB*, 21 (1961): 593-600; A. Rolim, "Culto Dominical"; e Vaz, "Consciência Histórica".

(15) Constantino Koser, "Perfeição Cristão no Mundo e Fuga do Mundo", *REB*, 23 (1963): 890. Ver também Boaventura Kloppenburg, "As Portas do XXI Concílio Ecumênico", *REB*, 21 (1961): 561-592. Sobre esse tema, os trabalhos de Harvey Cox e Friedrich Gogarten tiveram influência em todo o mundo católico. De Cox, ver especialmente *Secular City*. O livro mais importante sobre a secularização de Gogarten, *Despair and hope for our Time*, foi publicado na Alemanha em 1953, mas, em língua inglesa, só em 1970. Pela época do Vaticano II, surgiu uma prolífica literatura sobre o assunto; por exemplo, ver *Concilium 19, Spirituality in the Secular City* (Nova York, 1966).

(16) Lorscheider, p. 871. Ver também Constantino Koser, "Após a Primeira Sessão do concílio", *REB*, 22 (1962): 825-829.

(17) Sobre o mesmo tema, ver Guilherme Barauna, "O Concílio: Representação da Igreja em Diálogo com o Evangelho", *REB*, 23 (1963): 917-942 e Romeu Dale, "Os Leigos e o Concílio", *REB* (1963): 903-916.

(18) Eduardo Hoornaert, "A Igreja e a Pobreza", *REB*, 23 (1963): 577-582; Constantino Koser, "Os Grandes Temas da Constituição Dogmática Lumen Gentium", *REB*, 24 (1964) especialmente p. 961.

(19) Tiago Cloin, "Problemas de Atualização da Pastoral", *RCRB*, 50 (1959): 466.

(20) Ver Padim, *Educar*; Gómez de Souza, *Cristianismo Hoje*; Caramuru de Barros, *Perspectivas Pastorais*.

(21) Um dos mais expressivos porta-vozes dos reformistas progressistas foi Alceu Amoroso Lima, que publicou prolificamente. Representativos de seu trabalho durante esse período são dois livros de ensaios escritos entre 1958 e 1964, *Revolução, Reação ou Reforma* e *Pelo Humanismo Ameaçado*. O influente Padre Fernando Bastos de Ávila argumentava por uma terceira posição, de crítica em relação a ambos, socialismo e capitalismo; ver *Neocapitalismo, Socialismo, Solidarismo*. Um importante periódico dos católicos mais progressistas era *Brasil Urgente*. Também representativo dessa facção era Gómez de Souza, *Cristianismo Hoje*; Josaphat, *Evangelho e Revolução Social*; Andrade, Tarso e *Atitude Cristã*.

(22) CNBB, *Plano de Pastoral de Conjunto*, p. 30. Ver também pp. 41 e 81 e a "Mensagem dos Bispos do Brasil sobre Concílio", *RCRB*, 116 (1965); 65-70. Para uma discussão detalhada acerca dos dois planos, ver Queiroga, pp. 351-406; e Couto Teixeira, pp. 140-158.

(23) Sobre esse ponto, ver Vaillancourt e Poggi.

(24) Importante teólogo que escreveu sobre o assunto foi Yves Congar, que desempenhou um papel importante no Vaticano II; ver o seu *Lay People in the Church* e *Laity, Church and World*.

(25) Sobre a mudança nos padrões de autoridade, ver Sanks. Sobre o surgimento de novos conceitos de Igreja que enfatizem a co-responsabilidade, ver Dulles.

(26) Ver, por exemplo, os comentários do líder da JUC, Gómez de Souza, *Cristão e o Mundo*, p. 25.

(27) Marins, *Comunidade Eclesial de Base*, p. 30. Para outros trabalhos que conclamam a uma maior participação do leigo, ver Constantino Koser, "A Situação do Laicato Católico nos Albores do Vaticano II", *REB*, 22 (1962): 886-904; Romeo Dale, "Os Leigos e o Concílio", *REB*, 23 (1963): 903-916; José Locks, "O Diácono Não-Sacerdote", *REB*, 23 (1963): 612-622; e Caramuru de Barros, *Perspectivas Pastorais*.

(28) Agnelo Rossi, "As Atribuições dos Leigos na Atual Ação Católica Brasileira e a Formação que Supõe", *REB*, 13 (1953): 68.

(29) Vaillancourt, pp. 1-59, enfatiza esse ponto.

(30) Com exceção do estudo de Howard Wiarda sobre os Círculos Operários, esses movimentos não receberam muita atenção; ver "Catholic Labor Movement". Para uma breve discussão dos cursilhos cristãos, ver Márcio Moreira Alves, *Igreja e a Política*, pp. 114-121.

(31) CNBB, *Plano de Emergência*, p. 10.

(32) *Plano Pastoral de Conjunto*, p. 41.

(33) *Plano de Emergência*, pp. 7, 17-18.

(34) Entre outros trabalhos que demandavam por um papel mais importante para o leigo na Igreja como resposta à falta de padres, ver Irany Vidal Bastos, "Paróquias sem Padre: Solução de uma Necessidade Urgente", em Gregory, pp. 135-152; Schooyans, capítulos 6, 8; Tito Buss, "Perseverança e Desistência nos Seminários", *REB*, 22 (1962): 50-64; e Mário Gurgel, "Causas Agravantes da Crise Sacerdotal no Brasil", *REB*, 25 (1965): 263-268.

(35) Entre os reformistas que ligaram a renovação paroquial à comunidade, ver Marins, *Comunidade Eclesial de Base*; Josaphat, *Estruturas a Serviço do Espírito*; Shooyans, capítulos 6, 8; Caramuru de Barros, *Comunidade Eclesial de Base*, capítulos 2, 3; Comblin, "Comunidades Eclesiais"; Marins, *Renovação da Paróquia*; Leão Douven, "Como Organizar uma Paróquia", *RCRB*, 44 (1959): 90-95; Godofredo Deelen, "O Contato entre o Clero e os Fiéis Deve Tornar-se Mais Funcional", *RCRB*, 119 (1965): 291-296; e a série de artigos de autoria de Leão Douven, "A Comunidade Paroquial", *RCRB*, 87-95 (1962-1963).

(36) CNBB, *Pastoral da Terra*, pp. 44, 50.

(37) "A Igreja e o Vale do São Francisco", in *Pastoral da Terra*, pp. 72, 74.

(38) *Pastoral da Terra*, p. 78.

(39) Ver o discurso de D. Inocêncio Engelke, in *Pastoral da Terra*, p. 48.

(40) "Pastoral sobre o Problema Agrário", carta pastoral de três bispos do Rio Grande do Norte, *Pastoral da Terra*, p. 59.

(41) As conclusões da Segunda Assembléia Geral da CNBB (1954) afirmavam: "A propriedade individual deve ser consagrada como princípio básico da reforma agrária". *Pastoral da Terra*, p. 84.

(42) *Ibidem*, p. 85.

(43) "Pastoral sobre o Problema Rural", de autoria de três bispos do Rio Grande do Norte, 1951, *Pastoral da Terra*, pp. 56-57.

(44) *Pastoral da Terra*, p. 102; ver também p. 92.

(45) *Ibidem*, p. 128.

(46) *Ibidem*, pp. 96-98.

(47) "Encontro dos Bispos do Vale do Rio Doce", 1961, in *Pastoral da Terra*, pp. 113-121.

(48) "Declaração dos Bispos do Nordeste", 1956, *Pastoral da Terra*, p. 93.

(49) *Pastoral da Terra*, p. 101.

(50) Sobre questões educacionais, a CNBB manteve posições conservadoras, tradicionais, defendendo a posição da Igreja como educadora principal da sociedade e criticando os esforços para melhorar o ensino público. Para a posição dos bispos, ver "Declaração dos Cardeais, Arcebispos e Bispos do Brasil", *REB*, 18 (1958): 815-818. A edição brasileira do trabalho de Bruneau *Political Transformation, O Catolicismo Brasileiro em Época de Transição* (São Paulo, 1974), inclui um capítulo sobre esse assunto.

(51) "Declaração dos Cardeais, Arcebispos e Bispos do Brasil", *REB*, 18 (1958): 819. Nessa mesma linha, outros documentos importantes são "Mensagem da Comissão Central da CNBB, *RCRB*, 88 (1962): 618-620; e "Declaração dos Cardeais, Arcebispos e Bispos do Brasil", *REB*, 22 (1962): 485-490.

(52) "Declaração dos Cardeais, Arcebispos e Bispos do Brasil", *REB*, 22 (1962): 488.

(53) *Pastoral da Terra*, p. 122. Ver também "Conclusões do Seminário de Estudos sobre a Educação Brasileira e o Desenvolvimento Brasileiro", *RCRB*, 71 (1961): 305-310.

(54) Sobre o papel da Igreja nos sindicatos e ligas camponeses, ver Bruneau, *Political Transformation*, pp. 83-94; Hewitt e de Kadt, pp. 109-121.

(55) *Pastoral da Terra*, pp. 46-48, 53.

(56) *Ibidem*, p. 83.

(57) Ver, por exemplo, "Declaração dos Cardeais, Arcebispos e Bispos do Brasil", *REB*, 22 (1962): 488; "Mensagem da Comissão Central da CNBB", *RCRB*, 88 (1962): 620.

(58) Para as posições nacionalistas dos bispos, ver a "Declaração dos Cardeais, Arcebispos e Bispos do Brasil", *REB*, 18 (1958): 821.

(59) *Pastoral da Terra*, p. 127.

(60) *Ibidem*, p. 50; ver também pp. 45-46.

(61) *Ibidem*, p. 111. Ver também a declaração datada de 1961 da Comissão Central da CNBB in *Pastoral da Terra*, p. 127; e Vicente Scherer, "Nossos Problemas

Agrários e Rurais", *REB*, 22 (1962): 234-236. Além das declarações sobre os problemas agrários, outros documentos episcopais eram ferozmente anticomunistas. Quase todos os principais documentos episcopais sobre problemas sociais continham algumas referências negativas aos comunistas. Declarações particularmente fortes a esse respeito são "Manifesto do Episcopado Fluminense sobre a Situação Nacional", *RCRB*, 36 (1958): 341-343; "Declarações de Arcebispos, Bispos e Sacerdotes do Nordeste", *RCRB*, 89 (1962): 681-683; e "Declarações do Episcopado do Rio Grande do Sul", *REB*, 19 (1959):.991-992. Até um dos documentos mais progressistas referiu-se à ameaça do "comunismo ateu, que destrói os valores humanos mais autênticos", "Declaração dos Cardeais, Arcebispos e Bispos do Brasil", *REB*, 22 (1962): 488. A *REB*, na época um órgão do pensamento da Igreja reformista, publicou muitos artigos anticomunistas no início da década de 60.

A esquerda católica, 1958-1964

No capítulo 1 foi argumentado que, apesar do caráter hierárquico da Igreja Católica e de sua histórica tendência em abafar os movimentos leigos que ameaçam os interesses da instituição, conforme esses são percebidos por seus líderes, ela tem, de tempos em tempos, admitido que se desenvolvam algumas manifestações progressistas. Mesmo que esses movimentos acabem sendo marginalizados ou cooptados, podem afetar a instituição. Instituições, mesmo as altamente burocráticas como a Igreja Romana, não mudam sempre devido a iniciativas da cúpula. Também podem alterar porque suas bases inovam e estimulam algumas transformações.

Movimentos leigos e de base têm impulsionado a renovação na Igreja brasileira desde 1958. Um exemplo importante é a Esquerda Católica do período 1958-1964. Embora fosse pequena em termos numéricos e terminasse por ser marginalizada pela hierarquia e, então, reprimida pelo regime militar, introduziu novos conceitos de fé e mostrou o dinamismo potencial do laicato dentro da Igreja.

Uma vez que a história da Esquerda Católica já foi abordada por vários estudos, não há necessidade de se detalhá-la neste capítulo. Entretanto, é essencial analisar o impacto da Esquerda Católica na mudança da Igreja brasileira.

Movimentos leigos, sociedade e Igreja

É impossível compreender o desenvolvimento dos movimentos leigos somente em relação à Igreja institucional. A orientação política dos militantes leigos não é determinada unicamente por seus laços com a Igreja. Os católicos também fazem parte da estrutura social e, como tal, participam da política enquanto estudantes universitários, camponeses, trabalhadores, médicos. Interagem com a sociedade e são influenciados pelas tendências da sociedade como um todo e, em particular, pelos movimentos sociais dentro de sua própria classe.

Mesmo quando a hierarquia é responsável pela criação de movimentos leigos, ela nem sempre os controla de maneira rígida. Nas últimas décadas, enquanto a Igreja promovia maior responsabilidade e participação do laicato, havia um conflito entre o controle hierárquico, que reduz a possibilidade de participação efetiva do leigo, e a autonomia do laicato, que aumenta a possibilidade de conflito com a hierarquia. Os líderes leigos não agiam de uma determinada maneira porque os bispos os haviam encarregado de fazê-lo. Entravam em conflito com a hierarquia com freqüência precisamente porque dispunham de autonomia suficiente para atuar por uma via independente.

Entretanto, essa autonomia tinha limites. Embora movimentos leigos reajam a mudanças na sociedade em geral, eles sempre são parte da Igreja institucional. E embora os movimentos leigos possam adquirir alguma autonomia em relação à hierarquia, os limites dessa autonomia dependem principalmente da hierarquia. No Brasil, durante o fim da década de 50 e no início dos anos 60, a participação mais profunda dos católicos nos movimentos operários, camponeses e estudantes dependia da aquiescência da hierarquia. Num momento histórico diferente, a hierarquia poderia ter proscrito a participação católica nesses movimentos, impedindo, assim, que o laicato pudesse participar, enquanto católicos, na política progressista.

A Juventude Universitária Católica

A Ação Católica, um dos mais importantes movimentos leigos na Igreja contemporânea, foi criada na Itália no final do século XIX como um instrumento para se exercer influência sobre a sociedade após a Igreja ter perdido poder político devido à unificação da Itália em 1870.[1] A Ação Católica Brasileira (ACB) foi criada em 1920 sob os auspícios de Dom Sebastião Leme, que era estimulado nesse sentido pelo papa Pio XI. Durante suas primeiras décadas, a Ação Católica no Brasil assemelhava-se aos movimentos europeus em termos de dependência da hierarquia. As conclusões do I Congresso Nacional da ACB em 1946 ressaltavam "a mais filial submissão a todos os membros da hierarquia".[2] A hierarquia insistia na "disciplina da obediência pronta e filial aos vossos superiores hierárquicos".[3]

A Juventude Universitária Católica (JUC) foi criada em 1930 como parte da ACB.[4] Começou como um movimento conservador, clerical, visando cristianizar a futura elite. Mas, após a reorganização da ACB entre 1946 e 1950, o movimento tornou-se mais autônomo. A JUC passou a ter maior envolvimento no movimento universitário e na esquerda e foi, em contrapartida, gradualmente mais afetada por esses movimentos. No final dos anos 50, a JUC deu início a uma rápida radicalização que a levou a um contundente conflito com a hierarquia. O momento decisivo dessa virada foi a conferência nacional da JUC em 1959, quando o movimento assumiu uma responsabilidade explícita pela ação política como parte de seu compromisso evangélico.[5]

Em 1960, o Comitê Regional do Centro-Oeste, encabeçado pelos estudantes de ciências sociais da UFMG, publicou um documento importante — *Algumas Diretrizes de um Ideal Histórico Cristão para o Povo Brasileiro*. Criticava o capitalismo, que era retratado como a causa do subdesenvolvimento. O capitalismo era "uma estrutura monstruosa, sustentada por toda a sorte de abusos, de explorações de crimes contra a dignidade da pessoa humana. (...) O capitalismo, realizado historicamente, só pode merecer a tranqüila condenação da consciência cristã".

Em 1960, a JUC estava ativamente envolvida com a esquerda brasileira. Os católicos progressistas se inseriam no mesmo contexto histórico que o restante da esquerda e, apesar de suas críticas aos grupos leninistas, mantinham-se em constante contato com as organizações de esquerda e por elas eram influenciadas. Os católicos exerceram influência sobre o movimento estudantil e sobre vários movimentos pela educação e cultura populares. Também foram importantes na organização dos camponeses algumas associações de bairro. Nesses anos, em menores proporções, a esquerda católica competia com os dois partidos comunistas — o Partido Comunista Brasileiro (PCB) e o Partido Comunista do Brasil (PC do B) — constituindo-se numa força hegemônica da esquerda organizada.[6]

Na medida em que a JUC tentava vivenciar sua nova visão de fé, envolvia-se no movimento estudantil e numa política mais ampla e, a partir de 1960, passou a atuar na União Nacional dos Estudantes (UNE). Naquele cargo, a JUC deu apoio à bem-sucedida candidatura de Oliveira Guanais, um candidato de esquerda, para a presidência da UNE. Em 1961, Aldo Arantes, militante da JUC, foi eleito presidente, dando início a um período de hegemonia católica da UNE que se estendeu até depois do golpe.

O documento da JUC em 1960, "Um Ideal Histórico Católico para o Brasil", despertou críticas contundentes por parte da direita católica, inclusive de alguns bispos. A partir de 1961, o distanciamento ideológico entre os bispos e a JUC alargara-se. Os líderes da

JUC desempenharam um papel de destaque no congresso da UNE sobre a reforma universitária, provocando entre os líderes da Igreja uma reação à excessiva politização do movimento. Meses depois, estudantes da PUC do Rio publicaram um manifesto. Embora o documento não tenha sido formalmente assinado pela JUC, ele reafirmava uma visão de fé que era semelhante à da JUC e foi redigido por militantes da JUC.[7] Sua reafirmação de uma visão progressista da fé provocou uma onda de protestos dos conservadores, seguida de uma resposta amplamente divulgada do destacado filósofo jesuíta Padre Henrique Vaz em defesa do movimento.[8]

Outros sérios conflitos eclodiram em 1961, quando Dom Eugênio Sales, administrador apostólico da diocese de Natal e um importante porta-voz dos sacerdotes preocupados com os desafios à autoridade episcopal, assumiu a liderança da crescente oposição à JUC. Enquanto a direita católica atacava a JUC, os bispos moderados tornavam-se mais preocupados com a radicalização do movimento. O resultado foi um documento episcopal emitido no final de 1961, proibindo o movimento de fazer pronunciamentos radicais e de assumir compromissos políticos "indesejáveis". Respondendo às declarações da JUC sobre o socialismo, o documento afirmava que "cristãos não podem considerar o socialismo como uma solução para os problemas políticos e sócio-econômicos, muito menos como *a* solução. Ao discutir a revolução brasileira, a JUC não pode considerar como válida e aceitável uma doutrina que defende a violência". Outras sanções foram impostas, inclusive a decisão de expulsar Aldo Arantes da JUC devido a seu papel na UNE.[9]

Esse era só o começo das sanções contra a JUC. Entre 1961, quando se iniciaram as represálias contra a JUC, e 1966, quando o movimento finalmente se dissolveu devido ao seu descontentamento com a hierarquia, a JUC entrou em declínio paulatino. Deixando de conformar-se em ser um movimento leigo subordinado, a JUC julgava não haver razão que a obrigasse a seguir as determinações de bispos que nada tivessem contribuído para o movimento. Depois de 1961, os espaços mais importantes para a participação católica progressista na política passaram a ser a Ação Popular, o Movimento de Educação de Base e o movimento Paulo Freire (assim como outras manifestações não discutidas neste capítulo).

Ação Popular

Depois de sua criação em 1961, a Ação católica Popular (AP) representou um dos principais canais católicos para a atividade política de esquerda.[10] A Ação Popular expressava a tentativa dos católicos para criar uma sociedade justa quando já se tornara mais difícil que tal tentativa ocorresse dentro das estruturas da Igreja. Na medida em que surgiam as desavenças depois de 1961, muitos líderes da JUC quiseram criar um movimento novo inspirado no cristianismo, mas fora da Igreja, porque se sentiam constrangidos por ela. Acreditava-se serem mais eficazes politicamente se atuassem como um movimento autônomo. A AP rapidamente tornou-se uma das três maiores organizações de esquerda na política brasileira, juntamente com o PCB e o PC do B. Mesmo sendo uma pequena organização de aproximadamente 3 000 membros,[11] era bastante influente. Membros da AP eram líderes na educação popular, no trabalho sindical e na organização dos camponeses.

O conflito entre a hierarquia e os católicos radicais arrastou-se até para dentro da AP. Os bispos tentaram restringir a participação de membros da JUC na AP.[12] Porém, nem a atitude dos bispos em relação à AP nem a falta de um vínculo formal com a Igreja institucional deveriam obscurecer seu vínculo e origem católicos.[13] Apesar da AP não ser um movimento da Igreja, o impulso para sua criação veio de participantes da JUC. O padre Henrique Vaz influenciou profundamente os fundamentos filosóficos de sua ideologia e, até o golpe, a AP permaneceu fortemente marcada por suas origens humanistas cristãs.

Livre das restrições que os bispos impunham à JUC, a Ação Popular adotou posições políticas à esquerda da JUC. Enquanto a JUC estava relativamente otimista em relação à capacidade do governo Goulart de promover grandes mudanças sociais, a AP criticava o seu "nacionalismo desenvolvimentista" populista. A Ação Popular via a revolução como o único meio de resolver os problemas da sociedade.

Enquanto a JUC nunca assumiu um compromisso socialista, a "Declaração de Princípios" da AP afirmava a necessidade de superar o capitalismo e de estabelecer um regime socialista. O socialismo seria "a reivindicação para o homem, sujeito do processo de socialização, de um estatuto de norma e fim da realidade sócio-econômica" e poria fim à servidão criada pela economia de mercado.[14] Apesar de sua vaga compreensão de como fazer uma revolução, a AP achava que a revolução necessitava de uma vanguarda que liderasse o processo de formulação de idéias e de esclarecimento das massas. A AP via-se a si própria nesse papel; ela iria ajudar a formar um movimento de massas e assumiria a responsabilidade pela educação das mesmas, fazendo da sua uma luta revolucionária. Embora predominantemente católica na orientação, a AP diferenciava-se dos movimentos católicos anteriores devido a suas afinidades com o pensamento marxista.[15]

A AP enfatizava reiteradamente a importância da liberdade do pluralismo. O objetivo final da AP, "garantir a liberdade do desenvolvimento das pessoas, a possibilidade de sua expressão e da expressão de sua vontade",[16] exigia uma ordem política democrática. A AP criticava a União Soviética pela "hipertrofia do poder político, a consagração mística do aparelho do Partido (e) o fetichismo ideológico".[17] O humanismo da AP, sua ênfase na liberdade e na participação e suas críticas duras ao socialismo burocrático são precursores de atitudes que posteriormente se manifestam na Igreja popular dos anos 70. Essas visões políticas iniciais modificaram-se rapidamente após 1964, quando a maioria dos líderes da AP aderiu a várias posições marxistas. A história da AP após o golpe foi trágica, como também o foi a história da maior parte da esquerda brasileira. O movimento tornou-se clandestino logo depois do golpe devido à repressão. Por fim, passou por uma rápida radicalização que levou-o ao marxismo e à participação na luta armada. Como outras facções da esquerda, a AP sofreu uma série de lutas e de divisões internas. Reduzido a um pequeno partido maoísta, em 1973 a AP decidiu dissolver-se e unir-se ao PC do B. Ao longo desse trajeto, abandonou suas origens cristãs e, nesse processo, deixou de ter influência dentro da Igreja. O movimento progressista dentro da Igreja passou por novos canais, embora se valesse do legado deixado pelos jovens católicos radicais.[18]

A despeito das diferenças entre a Ação Popular e os católicos progressistas da década de 70, e a despeito do afastamento da AP de seu passado católico, esse movimento marcou a história da Igreja. Num momento em que os bispos começaram a fechar outros canais para a participação católica de esquerda, a Ação Popular criava uma nova possibilidade que independia da hierarquia. É digno de nota que, dentro de uma instituição que ainda era mais ou menos conservadora e hierárquica, tenha surgido um movimento com posições tão progressistas quanto as da Ação Popular. É igualmente notável a presciência da Ação Popular em relação a um grande número de assuntos que vão desde os compromissos com a transformação social radical até uma perspectiva crítica do leninismo e do socialismo burocrático. Sob esses aspectos, a Ação Popular antecipou a ideologia dos intelectuais da Igreja popular das décadas de 70 e 80. Não havia uma relação causal direta entre a AP e a Igreja popular, mas a AP realmente estabeleceu uma tradição de humanismo radical dentro do catolicismo brasileiro que continuou depois de o próprio movimento ter abandonado suas origens católicas.

O Movimento de Educação de Base

Durante o início da década de 60, os católicos também participaram e criaram várias experiências novas de educação popular. Quer fossem criados pelo Estado, pelas universidades ou pela Igreja, os movimentos para a educação popular tentaram respeitar a cultura e os valores populares e superar a tendência paternalista da maior parte dos trabalhos anteriores com essas classes.

Os programas de educação popular mais significativos em termos de impacto sobre a Igreja foram o Método Paulo Freire e o Movimento de Educação de Base (MEB). Freire e o MEB foram tão influentes na transformação da Igreja brasileira quanto a JUC e a AP, embora por razões diferentes. Freire e o MEB estavam menos preocupados com formulações teóricas sobre a fé e mais atentos ao trabalho popular. Ambos, Paulo Freire e MEB, estavam comprometidos com a transformação da sociedade, mas nenhum deles lidou extensivamente com considerações teológicas, como fizera a JUC, ou com o socialismo humanista, como fizera a AP. Sua contribuição para a mudança na Igreja repousava mais no desenvolvimento de um novo tipo de trabalho junto às classes populares.

O MEB foi criado em 1961 através de um acordo entre o presidente Jânio Quadros e o bispo progressista de Aracaju, Dom José Távora, um companheiro de Dom Hélder.[19] O Estado forneceria o financiamento e a Igreja executaria um programa de educação básica, principalmente através de escolas radiofônicas nas regiões menos desenvolvidas do país.

Muitos participantes do MEB vieram das fileiras da ACB. Buscavam formas concretas de expressar o seu compromisso religioso e político.[20] Já em meados de 1962, o MEB declarou-se a favor da transformação social radical. A educação deveria ser um meio de realizar essa transformação ao invés de ser um fim em si. O MEB enfatizava a *conscientização*, uma abordagem que encorajasse o povo a enxergar os seus problemas como parte de um sistema social mais amplo.

A diretriz da abordagem do MEB sobre a educação popular era que o povo deve ser o agente de sua própria história. O povo, e não uma força externa (seja ela uma vanguarda de esquerda ou políticos tradicionais), deve tomar as decisões mais importantes relacionadas com sua própria vida. Como afirmava um documento: "É necessário, para ser mais efetiva essa participação, que a própria estrutura do Movimento seja mais permeável à presença do povo".[21] Essa filosofia atribuía uma responsabilidade maior aos setores populares do que a Igreja jamais o fizera e questionava a visão tradicional de que as massas são incapazes de modificar sua situação e não têm interesse em fazê-lo. O MEB ainda enfatizava a necessidade da participação popular nas decisões do movimento e criticava as práticas paternalistas.

O MEB antecipava as práticas pedagógicas da Igreja popular ao ressaltar a necessidade de se trabalhar a partir de problemas concretos. Isso significava começar pelas necessidades imediatas da maneira como o povo as percebia, ao invés de começar por considerações mais abstratas ou tentar divulgar uma consciência revolucionária.

Também implicava um respeito pela cultura e valores populares e pelo indivíduo, independente do nível de educação ou situação financeira. "É fundamental um respeito total às pessoas e às decisões que tomam as comunidades, e formas próprias de realizar seus trabalhos".[22]

O MEB, como Paulo Freire, propunha, como ideal na educação, uma troca entre professor e aluno, antecipando a filosofia desenvolvida posteriormente pela Igreja. O bom pedagogo deveria começar a partir da compreensão popular do mundo que o professor deveria aprender com o povo. "É essencial para a educação, no sentido em que a entendemos, que ela se realize através do diálogo."[23] Finalmente, o MEB foi responsável em parte pela introdução da crença de que um objetivo fundamental da fé católica é a realização completa de todos os seres humanos. O movimento visava estimular o auto-respeito entre o povo. A noção da autodescoberta, tão proeminente na Igreja contemporânea popular, tornou-se um traço fundamental da pedagogia do MEB.

Antes do golpe, o MEB já se destacava entre as várias experiências em educação e cultura populares. Desempenhou um papel fundamental na luta camponesa do Nordeste, onde mais se relacionava com os comunistas do que com as organizações camponesas centristas da Igreja. Após o golpe, o MEB sofreu repressão por parte do Estado, que suprimiu as atividades mais políticas do movimento.

O MEB também foi gradualmente mais marginalizado pelos bispos que mediavam entre o movimento e o Estado. Nas fileiras dos bispos se manifestou um conflito entre os esforços para encorajar a participação leiga e o desejo de manter a disciplina hierárquica. Essa situação fortaleceu a posição dos bispos preocupados com o controle eclesiástico sobre o MEB. O episcopado reduziu a autonomia do MEB e tentou imprimir ao movimento uma orientação mais religiosa. Graças à proteção da Igreja, o MEB foi a única experiência de educação popular a sobreviver ao golpe. Entretanto, a sobrevivência tinha um preço: o MEB foi obrigado a moderar suas atividades. Devido à repressão do Estado, os cortes nas verbas e ambivalência da hierarquia, o MEB deixou de ser um dos impulsos chaves na transformação da Igreja. Mas o MEB pôde continuar as experiências progressistas na educação popular numa época em que isso era extremamente difícil.

As inovações pedagógicas do MEB marcaram o desenvolvimento da Igreja brasileira. O MEB foi a primeira grande tentativa católica de desenvolver práticas pastorais transformadoras junto às classes populares. Suas práticas inverteram a tradicional exclusão do povo da tomada de decisão dentro da Igreja e foram precursoras das assembléias diocesanas que os bispos progressistas iniciaram durante o final da década de 60 e em 70. A ênfase em aprender do povo questionava a concepção mais elitista, mais convencional de classes populares.

Educação popular: Paulo Freire

Nascido em Recife em 1921, Paulo Freire foi o mais importante dos intelectuais que estimularam novos métodos de educação popular entre 1958 e 1964. Freire começou a esboçar o seu pensamento sobre a educação popular na metade e no final dos anos 50, quando lecionava na Universidade, no Recife. Durante o início dos anos 60, quando o MEB e outras experiências de educação popular surgiram, Paulo Freire introduziu novos programas de alfabetização de adultos como diretor do Serviço de Extensão Cultural da Universidade de Pernambuco. Hoje, suas idéias e técnicas para a alfabetização tornaram-se mundialmente famosas.[24]

A "pedagogia do oprimido" de Paulo Freire salientava o respeito pelas classes populares e por suas capacidades. Criticando os elitistas que negavam que as massas tivessem capacidade crítica, ele escreveu: "Basta ser homem para ser capaz de captar os dados da realidade".[25] Como parte de seu esforço para respeitar a dignidade de todas as pessoas, Freire insistiu para que o professor estabelecesse um diálogo ao invés de simplesmente divulgar o conhecimento. O propósito principal do educador é "dialogar com o analfabeto, sobre situações concretas, oferecendo-lhe simplesmente os instrumentos com que ele se alfabetiza. Por isso, a alfabetização não pode ser feita de cima para baixo, como uma doação ou uma imposição, mas de dentro para fora, pelo próprio analfabeto, apenas com a colaboração do educador".[26] Paulo Freire argumentava que, para se estabelecer um diálogo, o professor precisa compreender e sentir empatia pela visão de mundo do povo. O ponto de partida do processo educacional era sua situação de vida concreta. Os esforços para alfabetizar deveriam utilizar palavras do cotidiano do povo, não uma linguagem inacessível, intelectual.

Relacionada à ênfase à dignidade de todos os seres humanos, estava a noção de que o povo deveria controlar o seu próprio destino. Freire acreditava que a educação deveria ter como objetivo ajudar as pessoas a refletir "sobre seu próprio poder de refletir".[27] Para Paulo Freire, esses objetivos não poderiam ser plenamente realizados dentro dos limites da sociedade existente. Pronunciava-se a favor de uma "nova sociedade, que, sendo sujeito de si mesma, tivesse no homem e no povo sujeitos de sua história".[28]

Freire encorajava o povo a participar o máximo possível do processo de aprendizagem. O aprendizado deveria ser um processo ativo, não uma simples absorção de conceitos. Portanto, o povo deveria participar das grandes decisões relacionadas com o processo pedagógico que deveria ser democrático. Já que o objetivo seria capacitar os indivíduos a estabelecer um maior controle sobre suas vidas, o método deveria ser coerente com esse objetivo, ao permitir que os alunos desempenhassem um papel central no processo. Embora Freire não acreditasse que a educação popular pudesse resolver os problemas estruturais da sociedade, ele a valorizava porque criava um "espaço" democrático dentro de uma sociedade não democrática e porque podia mobilizar os setores populares a trabalharem pela transformação social. Ele via a educação como tendo um fim político porque poderia ajudar a construir uma nova sociedade que viesse a facilitar a realização do ser humano. Embora estivesse convencido de que a transformação política era importante, Freire rejeitava a visão de que uma mudança revolucionária necessariamente resolveria todos os problemas sociais básicos. Nesse sentido, Freire rejeitava o leninismo. Sua ênfase na liberdade, na capacidade de todas as pessoas e no respeito às classes populares entrava em conflito com a ênfase leninista na necessidade de um partido de vanguarda que tomasse as decisões chaves.

Em todos esses sentidos, o pensamento de Freire foi precursor da Igreja popular de 70 e 80. A Igreja popular também enfatizava o respeito pelo indivíduo, encarava o ensino como um diálogo e utilizava situações concretas para a base do ensino popular. Estava igualmente comprometida com a participação popular no processo de aprendizado e com a transformação social não-leninista.

Hoje, Paulo Freire é um dos teóricos mais respeitados em toda a Igreja latino-americana. Um americano, que durante muitos anos trabalhou na Igreja da América Central, escreveu: "É impossível exagerar a importância de Freire para a esquerda cristã",[29] e o peruano Gustavo Gutiérrez elogiou o trabalho de Freire como sendo "um dos esforços mais criadores e fecundos realizados na América Latina".[30] No Brasil inteiro, seu trabalho influenciou agentes pastorais, teólogos e cientistas sociais.

Embora Freire tenha sido marcado pelo seu catolicismo e ainda se considere um católico, nunca trabalhou extensivamente com a Igreja no Brasil até retornar do exílio no final da década de 70. O método de Paulo Freire tornou-se muito influente nos meios religiosos não porque visasse diretamente a mudança da Igreja, mas porque desenvolvia novas formas de trabalho junto às classes populares e isto ressoava junto às que estavam se desenvolvendo dentro do catolicismo progressista. Freire é um importante exemplo de como indivíduos e movimentos fora da Igreja podem afetá-la.

A esquerda católica e a transformação da Igreja

Como todas as instituições hierárquicas, a Igreja Católica permite que haja algum espaço para o pluralismo e diferenças na base, contanto que essas diferenças não ameacem sua identidade fundamental. A autonomia nas bases pode permitir que alguns grupos desenvolvam concepções de fé que diferem nitidamente da visão institucional predominante. Em certos momentos, apesar dos movimentos terem sido minados ou cooptados, algumas das mudanças que eles desejaram realizar incorporaram-se à instituição. Nesses casos, a base terá ajudado a transformar uma instituição hierárquica e aparentemente impermeável.

Isso não significa que os movimentos leigos e de base sempre tenham atuado como forças progressistas. Muitos movimentos leigos conservadores e reacionários impediram a mudança na Igreja, da mesma forma que os movimentos progressistas as promoveram. Em certos momentos, os movimentos reacionários ameaçavam a identidade da Igreja ao diminuir a capacidade da instituição de dialogar com todas as classes sociais.*

Os movimentos da esquerda católica no Brasil constituíram um exemplo eminente da mudança vinda de baixo. Iniciaram-se como grupos patrocinados, efetivamente controlados pela hierarquia. Porém, diversos movimentos de Ação Católica desenvolveram uma crescente autonomia frente à hierarquia e tiveram sérios conflitos com as autoridades da Igreja. Marginalizada pelo regime militar e pelos conservadores eclesiásticos, a esquerda católica não obstante desempenhou um papel significativo na transformação da Igreja.

Como ocorreu que movimentos leigos que se iniciaram como organizações patrocinadas viessem a desenvolver visões tão radicalmente diferentes das dos bispos? A Igreja brasileira permitia aos movimentos leigos uma autonomia considerável. A hierarquia nunca encorajou a radicalização da JUC, mas alguns padres e bispos impor-

---

(*) Um exemplo relevante seria o movimento reacionário Tradição, Família e Propriedade (TFP) que se originou no Brasil e foi influente nas pressões que desembocaram no golpe de 1964. A TFP também foi importante no processo que levou ao Ato Institucional n.º 5, em dezembro de 1968. O movimento espalhou-se por outros países e, em alguns casos, como no Chile e na Argentina, também fortaleceu a extrema direita. No Brasil, a TFP nunca foi um movimento oficial da Igreja, mas contava com o apoio ativo dos líderes dos bispos reacionários: Dom Antônio de Castro Mayer e Dom Geraldo de Proença Sigaud. A hierarquia tolerou as tentativas do movimento de se identificar como um grupo da Igreja até o início da década de 70, quando suas posições reacionárias se tornaram incompatíveis com a visão que a maioria dos bispos tinha da missão da Igreja. O trabalho mais abrangente sobre a direita católica é *Integrismo Brasileiro*, de Antoine.

tantes alinharam-se aos jovens católicos radicais e os moderados da hierarquia toleraram o movimento até o final de 1961. Vários líderes dinâmicos da CNBB, inclusive Dom Helder Câmara, Dom Luís Fernandes, Dom Cândido Padim e Dom José Távora, defendiam sempre a JUC e o MEB. A JUC contava com o total apoio dos assistentes clericais que encorajaram o crescente envolvimento na política. O apoio de alguns bispos importantes e dos assistentes clericais foi essencial para evitar que a hierarquia exercesse represálias contra a JUC mais cedo e mais violentamente.

Além disso, contrastando com os movimentos da Ação Católica em alguns países europeus, que eram movimentos intraclassistas organizados de acordo com o sexo e a idade, após 1947 a ACB se reorganizou segundo o modelo francês, seguindo, principalmente, as profissões, isto é, de acordo com a classe social. Portanto, a Ação Católica brasileira se voltava com maior facilidade para questões de classe.[31] Os compromissos dos movimentos para com a Igreja e com o mundo, ou mais especificamente, para com sua classe ou grupo ocupacional, conflituavam-se entre si. A fidelidade eclesiástica tinha mais peso durante os estágios iniciais, mas na medida em que a Igreja se abria, e na medida em que os conflitos sociais polarizavam e politizavam toda a sociedade, a JUC e o MEB (e mais tarde a Juventude Estudantil Católica, a Juventude Operária e movimentos de trabalhadores rurais) envolveram-se profundamente na política.

A experiência da esquerda católica também revela os limites da nova autonomia permitida aos grupos leigos. No final das contas, a hierarquia obrigou a JUC e o MEB a escolher entre uma orientação mais cautelosa e o abandono da Igreja. Porém, a essa altura, a esquerda católica já havia influenciado profundamente toda uma geração de jovens.

Outra contribuição decisiva da Esquerda Católica foi modificar o conceito tradicional de laicato. Nenhuma experiência contribuiu tanto para indicar a competência dos leigos como a ACB. Nesse sentido, a esquerda católica do início dos anos 60 preparou o terreno para as experiências leigas com os setores populares na década de 70.[32]

A esquerda católica também introduziu uma nova compreensão da relação entre fé e a política. A nova visão de fé da JUC vinculava a religião à transformação social radical; a AP representou a primeira síntese conjunta do cristianismo humanista e do socialismo; e o MEB e Paulo Freire colocaram em prática essa visão com suas pedagogias populares. Essa nova idéia de fé expressava uma renovação do pensamento católico no mundo inteiro, culminando com o Concílio Vaticano II. Teólogos progressistas europeus (tais como Maritain, Lebret, Congar, Mounier) eram influentes no início desse processo, mas a esquerda católica fez muito mais do que introduzir o pensamento social europeu na Igreja brasileira. Ela aplicou idéias européias a condições brasileiras e desenvolveu uma nova concepção da missão da Igreja.

A esquerda católica iniciou o desenvolvimento de uma das primeiras teologias latino-americanas.[33] Foi uma das reflexões de vanguarda sobre a especificidade da fé católica no Terceiro Mundo. Seu papel de precursora da teologia da libertação foi uma inovação importante e poucas vezes comentada. Os jovens católicos de esquerda não reduziram a fé à ação política, nem colocaram Marx à frente de Cristo, mas, de fato, acreditaram que a fé exige um compromisso de criar um mundo mais justo. A esquerda católica insistia que, como filhos de Deus, todos são dignos de respeito e do direito à vida digna. Ela achava que os cristãos têm obrigação de tentar transformar as estruturas sociais que impedem a realização dos desígnios temporais de Deus. Achavam importante participar na construção de uma sociedade mais justa, mais humana, sociedade que, eles estavam convencidos, exigia uma mudança social radical.

A geração de jovens católicos radicais também afetou a percepção de muitos padres, agentes de pastoral e bispos sobre a fé. Não é sem razão que muitos bispos progressistas dos anos 60 trabalhavam com a ACB. Entre eles se incluem Dom Helder Câmara, Dom José Maria Pires, Dom José Távora, Dom Antônio Fragoso, Dom Waldir Calheiros, Dom Marcelo Cavalheira, Dom Fernando Gomes, Dom Cândido Padim e Dom David Picão. Muitos deles reconheceram que sua visão da Igreja fora profundamente afetada pelo trabalho com a ACB.[34] Muitos líderes leigos e padres que ajudavam a dar forma à Igreja popular também eram oriundos da esquerda católica.

O fato da esquerda católica desse período ter ajudado a modificar a Igreja brasileira evidentemente não significa que ela esteja acima de críticas. Na época, moderados e conservadores da Igreja viviam exasperados pela recusa dos jovens em aceitar a disciplina hierárquica. Em retrospectiva, muitos ex-participantes acham que os movimentos eram excessivamente românticos e que havia uma distância entre o seu discurso (democrático) e as práticas (menos democráticas).

De qualquer forma, o surgimento de uma importante esquerda católica no início dos anos 60 constitui um dos fatores singulares no desenvolvimento da Igreja brasileira e ajuda a explicar por que ela se tornou mais progressista do que as outras Igrejas latino-americanas. Os movimentos pioneiros deixaram um legado importante, mesmo após o seu desaparecimento. Porém, deveríamos comentar dois limites na importância da esquerda católica no que se refere à transformação da Igreja. Primeiro, os bispos progressistas e os agentes pastorais de base também estavam empenhados na renovação da Igreja. Seria enganoso omitir essas outras iniciativas e afirmar que a mudança tenha vindo exclusivamente de baixo, especialmente porque, salvo exceções isoladas, as comunidades de base e outras inovações do período pós-1964 foram criações do clero, não dos movimentos leigos de esquerda.

Segundo, existem diferenças significativas entre a esquerda católica do início dos anos 60 e a Igreja popular. Contrastando com a Igreja popular, a esquerda católica era um movimento de elite que se respaldava em relativamente poucas pessoas. Os movimentos pela educação popular desenvolveram novas ligações com o povo, mas sua liderança estava nas mãos de pessoas de classe média alta. A esquerda católica estava comprometida com o povo, mas não enfatizava a liderança popular tanto quanto o fizeram os movimentos posteriores. Enquanto a Ação Católica estava voltada para a formação de um número limitado de pessoas, a Igreja popular da década de 70 envolvia milhões de pessoas, em geral pobres e com menor grau de educação formal. À diferença da esquerda católica do início dos anos 60, a Igreja popular dos anos 70 e 80 fazia uma crítica profunda ao vanguardismo. E a esquerda católica do início dos anos 60 era mais otimista em relação à eminência da revolução do que a Igreja popular.

Essas diferenças se tornavam nítidas em relação à religiosidade popular. A fé praticada pelos movimentos da juventude na ACB era europeizada e secularizada, diferindo profundamente e antagonizando-se freqüentemente com a religiosidade popular. A fé nas comunidades de base não é, de maneira alguma, europeizada ou secularizada. Apesar de vincular a fé à política, a religiosidade das comunidades de base envolve muitos elementos tradicionais. Maria, Jesus, a Bíblia e os santos estão no centro das comunidades de base. Não era esse o caso da esquerda católica. A Igreja popular contemporânea tem feito grandes esforços para respeitar a religiosidade popular, enquanto a ACB geralmente manteve uma atitude crítica em relação a ela.

Finalmente, o relacionamento da esquerda católica com a hierarquia diferenciava-se nitidamente do relacionamento entre as comunidades de base e o episcopado. A esquerda católica estava em conflito com a hierarquia; houve poucos casos de conflito entre as CEBs e a hierarquia. O choque da esquerda católica com os bispos era provavelmente inevitável em face das notáveis diferenças políticas e religiosas, mas também limitava o peso da esquerda católica porque toda a autoridade formal da Igreja é detida pelos bispos. Como o único dos movimentos a sobreviver dentro da Igreja, o MEB foi impelido a fazer concessões maiores ao episcopado. O caráter combativo desses movimentos permitiu-lhes que se desenvolvessem com muita autonomia, porém, quando romperam com a hierarquia, sua influência dentro da Igreja também diminuiu. Isso ilustra um de meus argumentos principais: somente quando a hierarquia aceita e legitima a mudança é que ela efetivamente pode se institucionalizar, e somente quando a base é capaz de dialogar com a hierarquia é que ela pode conseguir exercer pressão para a mudança institucional.*

Ironicamente, essa necessidade de trabalhar com a hierarquia para promover a renovação institucional aponta uma última contribuição da esquerda católica no Brasil. A esquerda católica constituiu um importante exemplo de um movimento que foi posto à margem da instituição devido à sua incapacidade de trabalhar com a hierarquia. Esse desfecho infeliz pode ter ajudado o clero progressista a evitar um erro semelhante anos mais tarde quando, ao contrário do que aconteceu em vários outros países latino-americanos, eles trabalharam com a hierarquia ao invés de afastar-se dela. Foi esse diálogo entre a base e a hierarquia que transformou a instituição como um todo.

NOTAS

(1) Ver Poggi.

(2) *REB*, 6 (1946): 940.

(3) D. João Batista Portocarrero Costa, "A Ação Católica na Esperança do Episcopado", *REB*, 6 (set. 1946): 562. Ver também Carlos Carmelo de Vasconcelos Mota (arcebispo de São Paulo), "Carta Pastoral de Saudação", *REB*, 4 (1944): 979. Sobre as atitudes do clero em relação à Ação Católica, ver Mateus Hoepers, "Necessidade da Ação Católica", *REB*, 13 (1953): 143-145; José Fernandes Veloso, "variedades de Formas e Métodos da Ação Católica", *REB*, 13 (1953): 49-61; Féliz Morlion, "Realismo no Apostolado de Penetração no Brasil", *REB*, 12 (1952): 1-9; D. Rafael Hooij, "A Obrigatoriedade da Ação Católica", *REB*, 13 (1953): 282-293; Domingos Gugliemelli, "Responsabilidade do Clero perante a Ação Católica", *REB*, 7 (1947): 76-88; "Carta Pastoral do Arcebispo de Belo Horizonte", *REB*, 3 (1943): 502-526; e Agnelo Rossi, "As Atribuições dos Leigos na Atual Ação Católica Brasileira e a Formação que Supõem", *REB*, 13 (1953): 62-71. Para uma visão mais progressista da relação entre a hierarquia e o laicato na Ação Católica, ver Luiz Vitor Sartori, "O Papel do Assistente Eclesiástico da Ação Católica", *REB*, I (1941): 321-325.

(4) Esta discussão da JUC enfoca principalmente a sua ideologia e relação com a hierarquia. Para informação sobre a história do movimento, os melhores trabalhos são Gómez de Souza, *JUC*, e Beozzo, *Cristãos*. Sobre as influências recíprocas entre ISEB, o catolicismo progressista europeu e os católicos radicais no Brasil, ver Paiva, *Paulo Freire*. De Kadt, pp. 58-101, é forte sobre as influências intelectuais por detrás da esquerda católica. Ver também o bom artigo de Sanders, "Catholicism and Development".

(5) Citado em Souza Lima, *Evolução Política*, pp. 87, 89.

(6) Existe ampla literatura sobre o partido comunista durante o período de 1958-1964, embora pouco se tenha escrito sobre a relação do partido com a esquerda católica. Um breve histórico do partido, enfocando sua atitude em relação aos direitos

(*) Naturalmente, sob certas condições, é extremamente difícil para os movimentos de esquerda trabalhar dentro de uma instituição. Isso pressupõe uma flexibilidade institucional que nem sempre existe. Seria injusto jogar toda a culpa pelos conflitos entre a esquerda católica e a hierarquia na primeira. A esquerda freqüentemente não se dispunha a fazer quaisquer concessões, mas a intransigência da hierarquia tornava difícil que a esquerda continuasse a conviver dentro da instituição.

democráticos liberais, é de Konder. As entrevistas com Prestes, em Moraes e Viana, são interessantes. Outro relato importante de um líder do partido é Vinhas. Uma boa coleção de documentos é PCB, *Vinte Anos de Política*; ou para o período de 1922-1982. Edgard Carone, ed., *O PCB* (São Paulo, 1982), 3 volumes. Sobre o desenvolvimento do PC do B, ver Pomar.

(7) "Manifesto do Diretório Central dos Estudantes da Pontifícia Universidade Católica do Rio de Janeiro", em Souza Lima, *Evolução Política*, pp. 98-107.

(8) Vaz, "Jovens Cristãos".

(9) Para o documento da hierarquia com as represálias contra a JUC, ver *REB*, 21 (1961): 947. Para críticas posteriores e as medidas tomadas contra a JUC e a esquerda católica, ver *REB*, 22 (1962): 234:236, 496-498, 764; *REB*, 23 (1963): 315-332, 498-500, 687-700, 786-787; e *REB*, 24 (1964): 207-211, 493-497. Para maiores detalhes, ver Gómez de Souza, *JUC*, de Kadt e Beozzo, *Cristãos*.

(10) Esse relato enfoca principalmente a ideologia da AP e seu papel enquanto precursora da Igreja popular. O relato mais amplo é fornecido por Lima e Arantes. De Kadt, pp. 81-101, 118-121, fornece uma boa análise da evolução da AP até o golpe. Ver também Souza Lima, *Evolução Política*, pp. 43-51, e Márcio Moreira Alves, *Grain of Mustard Seed*, pp. 117-140. Para uma visão crítica da esquerda católica como um todo, ver Oliveira Torres, pp. 226-278. Para uma discussão simpatizante, enfocando a AP, ver Mendes de Almeida.

(11) A estimativa vem de Sanders, "Catholicism and Development", p. 96.

(12) Ver "Ação Popular", *REB*, 22 (1962): 129-132.

(13) Nesse aspecto é relevante que Cândido Mendes de Almeida (*Memento dos Vivos*) considera a AP a expressão principal da esquerda católica.

(14) "Ação Popular: documento-base", p. 124.

(15) Sobre influências católicas, ver de Kadt, pp. 90-94.

(16) "Ação Popular: documento-base", p. 137.

(17) *Ibidem*, p. 126.

(18) Sobre a evolução da AP após o golpe, ver as comoventes reflexões pessoais "Betinho", de H. J. de Souza. Souza foi um líder da JUC, deixou a Igreja para criar a AP, e passou sete anos na clandestinidade antes de finalmente deixar o país em exílio. Ver também Lima e Arantes; e Floridi, pp. 234-261.

(19) O trabalho mais abrangente sobre o MEB é de Kadt. Para uma discussão mais breve, ver Pereira Peixoto.

(20) A pesquisa de Kadt (p. 141) revelou que 73% dos líderes da cúpula e 59% dos líderes médios da MEB haviam participado da ACB.

(21) Movimento de Educação de Base, *MEB em Cinco Anos*, p. 16.

(22) *Ibidem*, p. 34.

(23) *Ibidem*, p. 41.

(24) Um dos estudos mais versados de Freire, enfocando as raízes intelectuais de seu trabalho, é Paiva, *Paulo Freire*. Em anos recentes, surgiu uma vasta literatura em inglês, português e espanhol. Entre outros trabalhos, ver Barreiro; Januzzi e Collins.

(25) Freire, *Educação*, p. 105.

(26) *Ibidem*, p. 111.

(27) *Ibidem*, p. 59.

(28) *Ibidem*, p. 35.

(29) Berryman, "Liberation Theology", p. 77, n. 42.

(30) Gutiérrez, *Teologia*, p. 88. Ver também os comentários do teólogo Leonardo Boff em *Teologia do Cativeiro*, p. 18.

(31) A natureza interclasse da Ação Católica italiana impediu que ela desenvolvesse uma conexão mais forte com os movimentos sociais na sociedade em geral. Os grupos não se identificavam por classe; a hierarquia reprimia os esforços para se organizar em linhas ocupacionais precisamente porque eram vistos como ameaça à fidelidade do movimento com a Igreja. Sobre esse ponto, ver Poggi, pp. 109-124.

(32) Ver os comentários de D. Cândido Padim em Regis de Morais, p. 43.
(33) Sobre o papel que teve a esquerda católica do Brasil na formulação de uma teologia latino-americana, ver García Rubio.
(34) D. Waldir Calheiros estabeleceu esse ponto numa entrevista, em 24 de março de 1982. Ver também os comentários de D. Helder Câmara numa entrevista em Salem, p. 108.

SEGUNDA PARTE
A IGREJA E O REGIME MILITAR 1964-1973

O surgimento da Igreja popular, 1964-1973

O golpe militar de 31 de março de 1964 deu fim à "experiência democrática brasileira".[1] O novo regime militar logo reprimiu organizações de camponeses e de trabalhadores e a Esquerda. Em 1965, aboliu os partidos políticos e criou dois novos partidos: a Aliança Renovadora Nacional (ARENA), do governo, e o Movimento Democrático Brasileiro (MDB), de oposição moderada. Durante seus primeiros anos, o regime tentou construir sua legitimidade principalmente ao estabelecer a ordem social e ao derrotar a "ameaça subversiva". Também tomou medidas que alteraram o padrão de desenvolvimento econômico. Em resposta aos problemas econômicos dos anos Goulart, o governo tentou reduzir o déficit fiscal, inverter o déficit da balança de pagamentos, reduzir a inflação e restaurar a estabilidade econômica.

Durante seus primeiros quatro anos, os militares oscilaram entre relaxar a repressão, preparando, assim, o retorno a um governo civil, e uma tentativa de institucionalizar um governo militar mais duradouro. Em 1968, venceu a última opção. As ações da extrema esquerda ocasionaram a intensificação da repressão no segundo semestre de 1968; entre 1964 e 1968, boa parte da Esquerda se radicalizou, optando em muitos casos pela clandestinidade e até pela luta armada. A medida repressiva mais importante foi o AI n° 5, decretado em dezembro de 1968, que fortalecia o Executivo, eliminava o direito a *habeas corpus*, e veio a ser uma espécie de declaração de guerra contra toda a Esquerda. O período mais repressivo, 1968-1974, foi marcado por centenas de assassinatos políticos e por milhares de casos de tortura. Todavia, o regime desfrutava de considerável apoio na sociedade civil.

A partir de 1967, após três anos de recessão, a economia iniciou um período de crescimento rápido. O chamado milagre brasileiro. Até 1974, o produto interno bruto (PIB) expandiu-se numa taxa anual de aproximadamente 10%, um dos índices mais altos do mundo. Entre os aspectos de maior destaque desse novo crescimento encontravam-se: influxos crescentes de capital estrangeiro, rápida expansão das empresas estatais, concentração industrial, acelerado crescimento e diversificação das exportações e um desempenho particularmente vigoroso no setor de bens de consumo duráveis (os automóveis constituindo um exemplo notável). Mas houve uma acentuada redistribuição negativa de renda. Todavia, o sucesso econômico deu ao regime uma nova base para a legitimidade: a eficiência, o prestígio e o nacionalismo. O anticomunismo continuava forte, mas o regime criara alguns símbolos positivos de legitimidade.[2]

A 3 de junho de 1964, dois meses após o golpe, a CNBB emitiu um manifesto importante, ainda que contraditório. Os bispos apoiavam o golpe:

"Atendendo à geral e angustiosa expectativa do Povo Brasileiro, que via a marcha acelerada do comunismo para a conquista do Poder, as Forças Armadas acudiram em tempo, e evitaram se consumasse a implantação do regime bolchevista em nossa Terra. (...) Logo após o movimento vitorioso da Revolução, verificou-se uma sensação de alívio e de esperança, sobretudo porque, em face do clima de insegurança e quase desespero em que se encontravam as diferentes classes ou grupos sociais, a Proteção Divina se fez sentir de maneira sensível e insofismável. (...) Ao rendermos graças a Deus, que atendeu as orações de milhões de brasileiros e nos livrou do perigo comunista, agradecemos aos militares que se levantaram em nome dos supremos interesses da Nação".[3]

A 6 de março de 1973, apenas nove anos depois, dezessete bispos do Nordeste do Brasil e seis do Amazonas assinaram os dois documentos episcopais mais radicais já emitidos até aquela época. Ambos denunciavam o regime militar por violações sistemáticas dos direitos humanos, pela repressão e pela marginalização social generalizada. Afirmavam que a política econômica e a violação dos direitos humanos contrariavam todos os princípios mais importantes da doutrina social da Igreja e sua ênfase na dignidade humana.

O que estaria por trás dessa dramática transformação da Igreja? As mudanças foram encorajadas em parte pela Igreja internacional, especialmente por Roma e pelo CELAM. Além do mais, como tenho afirmado diversas vezes, as mudanças políticas e sociais mais amplas levaram a que a Igreja modificasse sua identidade. As instituições reagem à mudança política de formas particulares e complexas, a luta política é um dos fatores que mais condicionam a percepção que as instituições têm de sua própria função e da política. Seguindo essa linha de argumentação, este capítulo mostra como as mudanças políticas pós-1964 levaram um número cada vez maior de bispos no rumo de visões políticas mais progressistas. As violações generalizadas dos direitos humanos, a marginalização das classes populares, a repressão contra a Igreja e o fechamento de outros canais de dissidência fizeram com que muitos bispos se tornasse mais progressistas.

A CNBB, 1964-1968

A Igreja Católica, por muito tempo um opositor ferrenho do comunismo, foi afetada pelo crescimento da Esquerda após 1960. Grupos dentro da Igreja, preocupados com a ameaça do comunismo ou com a desintegração e desordem social, aliaram-se a forças antiesquerdistas. Dentro da Igreja, a reação antiesquerdista mais contundente foi a efetivação da direita católica que, entre 1963 e 1968, teve uma presença notável na política brasileira. Intimamente ligada ao movimento militar que depôs Goulart, portadora de uma moral e uma ideologia reacionárias, a direita católica prosperou durante os primeiros anos de governo militar, apoiando o regime autoritário. Mas não foi só a extrema direita que participou da luta antiesquerdista. Um grande número de pessoas e movimentos comprometidos em princípio com a doutrina social da Igreja deram apoio à mesma causa. O arcebispo do Rio de Janeiro, Dom Jaime de Barros Câmara, expressava o parecer de muitos quando afirmou que "o perigo está às portas, dir-se-ia inevitável, iminente talvez".[4]

Após ter dado seu apoio ao reformismo de João Goulart, a CNBB acabou juntando forças à oposição e apoiou o golpe.[5] Nesse sentido, a CNBB agiu de uma maneira similar aos setores moderados da sociedade que, temendo a desordem social ou uma insurreição comunista, inicialmente deram seu apoio ao regime, mas que, posteriormente, opuseram-se aos militares.[6] Embora a CNBB agradecesse aos militares por salvarem o país, seu documento de junho de 1964 incluía alguns parágrafos mais críticos que revelavam as posições profundamente contraditórias dentro do episcopado. O manifesto atencipava as críticas posteriores à repressão feitas pela hierarquia. Advertia que a tentativa de "eliminar as causas da desordem" não poderia justificar a violência e a tirania e insistia para que os acusados tivessem direito a defesa. Os bispos declararam discordar das medidas repressivas tomadas contra a Igreja. "Não podemos concordar com a atitude de certos elementos, que têm promovido mesquinhas hostilidades contra a Igreja, na pessoa de bispos, sacerdotes, militantes leigos e fiéis. (...) Não aceitamos a acusação injuriosa de que bispos, sacerdotes ou fiéis ou organizações como, por exemplo, a Ação Católica e o Movimento de Educação de Base (MEB) sejam comunistas ou comunizantes".[7]

O documento também se referia a um assunto que viria a se transformar em fonte de conflito entre os progressistas da Igreja e o regime: a ênfase da Igreja na justiça social. Assim, embora o manifesto da CNBB desse apoio ao novo regime, condicionava esse apoio ao respeito pela Igreja, à observância dos direitos humanos básicos e (especialmente para os progressistas) à justiça social. Implícita na declaração de apoio inicial da CNBB estava a semente de conflito futuro.

Desde a criação da CNBB, os bispos progressistas haviam ocupado as posições de liderança.[8] Em outubro de 1964, uma lista de candidatos conservadores derrotava os bispos progressistas que haviam dominado a CNBB desde o seu princípio. A posição mais importante, a de secretário geral, foi transferida de Dom Helder Câmara a Dom José Gonçalves, um conservador, e o novo presidente foi Dom Agnelo Rossi, arcebispo de São Paulo, também um conservador. O arcebispo de Porto Alegre, Dom Vicente Scherer, foi nomeado chefe dos assuntos leigos. Nesse cargo ele implementou as sanções eclesiásticas contra a JUC que culminariam com o desmantelamento desse movimento em 1966. A Comissão Central da CNBB expandiu-se de 7 para 37 membros, enfraquecendo temporariamente a posição dos bispos progressistas que haviam sido os seus líderes.

Durante os anos seguintes, a CNBB tornou-se mais conservadora e burocrática. Porém, embora as mudanças de 1964 representassem uma derrota contra os bispos progressistas, eles detiveram controle de diversas posições de importância. Dom Helder foi eleito secretário da ação social, Dom Fernando Gomes tornou-se secretário de assuntos pastorais especiais, e Dom Cândido Padim tornou-se o novo secretário de educação.

Entre 1964 e 1968, a CNBB preocupou-se mais com sua ordem interna do que com a política e com a ação social. Nem mesmo o Vaticano II, o surgimento de uma teologia mais especificamente latino-americana e uma grande variedade de inovações pastorais na bases foram suficientes para fazer com que a CNBB se esforçasse para promover a justiça social. Em contraste com os anos pré-golpe, a CNBB nada tinha a dizer sobre as condições sociais. Os documentos episcopais limitavam-se a formulações teóricas abstratas que não faziam nem mesmo referência aos eventos da época, quanto menos prescrever mudanças. Embora os documentos criticassem "o capitalismo injusto e opressor",[9] os bispos nada diziam sobre o governo militar, sobre a repressão ou sobre o modelo econômico.

Em sua Assembléia Geral de 1967, a CNBB apresentava uma concepção de fé que era conservadora em comparação com a teologia que havia surgido em alguns círculos latino-americanos, a teologia hegemônica européia e documentos anteriores ao golpe. Os bispos declararam um "Ano de Fé", mas nem a reforma social nem a necessidade de uma mudança política faziam parte de sua concepção de fé. Mesmo após Medellin, onde os leigos e bispos progressistas do Brasil desempenharam um papel essencial, a CNBB continuou emitindo documentos conservadores. No papel, apoiava a mudança social, mas evitava fazer críticas à repressão ou à política econômica. Em seu primeiro encontro depois de Medellín, a Comissão Central emitiu uma declaração cautelosa: "A Igreja reconhece também a autonomia do poder civil e proclama o respeito que a autoridade, como tal, merece de nossa parte. Mais ainda, com a força que ela representa, aspira a colaborar com aqueles que têm o cargo do bem comum".[10]

Um memorando interno de 1969, redigido pelo secretário geral e que não foi divulgado, era ainda mais c iteloso, criticando a "democracia convencional" de uma forma que embrava as justificativas militares pelo governo autoritário. Os bispc s contrapunham a democracia e a eficiência política quase como o faziam os militares. "O modelo de democracia convencional (...) aparece cada vez mais incompatível com a rapidez e a eficiência do processo decisório que deve se acomodar a um ritmo acelerado de mudança".[11] O documento criticava o governo Goulart de uma forma que legitimava a intervenção autoritária; acusava os líderes populares de assumirem posições radicais e de agravarem os conflitos ao invés da tentativa para resolver os problemas. Embora esse documento não possa ser considerado expressão da posição oficial do secretário geral, revela uma tendência de apoio ao regime apesar de tudo o que acontecera desde 1964 e apesar de algumas posições progressistas defendidas pelo Vaticano II e pelo CELAM.

O capitalismo e a Igreja no Amazonas

Já que a CNBB é a autoridade máxima da Igreja Católica no Brasil, suas posições merecem destaque especial em qualquer avaliação da visão política da Igreja. Entretanto, a CNBB não é a única expressão do catolicismo no Brasil, mesmo entre os bispos. A CNBB foi relativamente cautelosa entre 1964 e 1970, mas um grande número de dioceses e de conferências regionais passavam por mudanças que posteriormente fariam com que a Igreja brasileira se tornasse a mais importante instituição a defender os pobres e os direitos humanos. É impossível compreender a CNBB sem se ter consciência das mudanças prévias em outros níveis da Igreja. Em 1964, a CNBB criou treze regionais que adquiriram uma influência significativa. Enquanto a CNBB deixava de oferecer uma liderança dinâmica, diversas regionais eram foros mais importantes para estimular o debate sobre questões sociais e as respostas pastorais a essas questões.

A mais notável transformação de uma Igreja regional entre 1964 e 1973 ocorreu no Amazonas. Antes de 1964, os bispos amazonenses eram razoavelmente tradicionais, especialmente em comparação com seus colegas no Nordeste. Alguns missionários implementavam inovações pastorais com os camponeses e índios, mas o trabalho pastoral como um todo estava voltado para a celebração dos sacramentos, a expansão da instituição e o fornecimento de serviços (escolas, postos de saúde, hospitais) numa região carente. Por volta de 1973, os bispos do Amazonas e do Nordeste eram os mais progressistas do país. Embora outros fatores tenham contribuído para a evolução da Igreja amazonense, o mais significativo foi a rápida transformação do capitalismo após 1964, que desencadeou muita violência contra os camponeses e impulsionou a Igreja a intensificar o seu compromisso para com os pobres.

Em julho de 1965, o presidente Humberto Castello Branco expressou um forte compromisso com o desenvolvimento da Amazônia e no ano seguinte o governo inaugurava a Operação Amazonas, que iniciou um processo de rápidas mudanças numa região que era em grande parte despovoada. Algumas poucas vezes se aproveitou o Amazonas para a recolonização de camponeses expulsos do Nordeste, mas, de modo geral, os subsídios estatais à agroindústria e investimentos infra-estruturais maciços (especialmente a construção de estradas) têm sido os instrumentos principais para o desenvolvimento da região.[12] A política agrícola do governo induzira à modernização dos latifúndios e encorajara o rápido crescimento das exportações não tradicionais. Mas, paralelamente a esses sucessos, inúmeros problemas ocorreram.

Para a Igreja, o problema mais significativo causado por aquela política foi a rápida expansão da agroindústria e a expulsão dos camponeses da terra. Em resposta aos grandes incentivos fiscais, investidores de outros países e do sul do Brasil adquiriram enormes extensões de terra a partir de 1966. No estado do Pará, para onde afluíram investidores, o número de fazendas com 10 mil ou mais hectares aumentou de 33 em 1960 para 81 em 1970 e para 142 em 1975. A quantidade de terras que essas fazendas continham cresceu acima de seis vezes nesse período de quinze anos.[13]

A rápida expansão das grandes fazendas dificultou o acesso dos camponeses à posse de terra. Em 1950, 19,2% dos estabelecimentos rurais eram administrados por agricultores que não dispunham de terras próprias. Em 1975, esse número havia duplicado para 38%.

Em 1950, havia 4,2 proprietários para cada não-proprietário; em 1975, havia somente 1,6.¹⁴

Ao contrário do que afirmava o governo, os projetos agrícolas não eram pioneiros nessa região fronteiriça, pois já se encontravam ocupados por posseiros que ocupavam a terra sem que tivessem o título legal. Os grandes projetos agrícolas representavam a recolonização da fronteira, pois as grandes fazendas (muitas vezes de gado) substituíram a agricultura de subsistência. A partir do final dos anos 60, essa colonização promovida pelo governo em terras previamente ocupadas gerou conflitos acirrados por toda a Amazônia.¹⁵

Na medida em que se exacerbaram os conflitos na região, muitos agentes pastorais sentiram a necessidade de reavaliar o papel da Igreja. Inúmeros sacerdotes e bispos que estiveram no Amazonas modificaram a sua orientação pastoral devido à extrema penúria da população e ao índice de violência estatal e privada contra os camponeses. Na ausência de assistência jurídica, sindicatos, escolas e hospitais, a Igreja assumiu uma ampla faixa de funções supletivas.

Por volta de 1967, pouco depois do início da Operação Amazônia, sacerdotes e agentes de pastoral de diversas partes da região começaram a se organizar para discutir como enfrentar a crescente violência. Três reuniões importantes se realizaram em 1968. A primeira reunião regional de importância sobre o trabalho pastoral com os índios se deu em fevereiro. A preocupação com os índios não era inteiramente nova, mas só quando surgiram as novas perspectivas pastorais e se deram as violentas expulsões dos índios de suas terras foi que ela se tornou uma questão significativa.¹⁶ Na reunião, a política indígena do governo foi denunciada e chegaram-se a muitas conclusões que o Conselho Indigenista Missionário (CIMI) adotaria durante os anos 70. Insistiam no respeito à criatividade e à potencialidade dos índios, ao invés de lhes impor os valores da instituição. Enfatizavam a criatividade e a potencialidade dos índios e insistiam que, para serem eficazes, os missionários deveriam aprender a viver como os índios.¹⁷

Mais ou menos na mesma época, padres de diversas partes da Amazônia expressaram uma preocupação com o que estava acontecendo com os camponeses, especialmente os posseiros. Em março de 1968, após um encontro regional, 36 padres da Regional Norte da CNBB pediram que a Igreja defendesse com mais vigor os pobres. Instigaram os bispos a se tornarem "líderes criadores, imaginativos e corajosos na busca de novos rumos, novos métodos e novas perspectivas".¹⁸

Como sempre ocorria nos primeiros anos da Igreja popular, os bispos só reagiram depois de os agentes pastorais das bases terem tomado a iniciativa. Em seu encontro, os bispos da mesma regional reagiram ao desafio lançado pelos padres. Criticaram a política salarial, sanitária e educacional do governo e a repressão contra a violência causada pelo desenvolvimento agrícola. "O problema da posse e da propriedade da terra está a reclamar a necessidade da fixação de critérios seguros, que evitem o duplo inconveniente do minifúndio e do latifúndio, e, principalmente, impeçam a especulação e 'grilagem' que vêm ocorrendo".[19] Mas os bispos ainda acreditavam que o baixo povoamento e a falta de integração econômica fossem os problemas mais urgentes e levantaram a hipótese de que uma ampliação populacional e melhor integração com a economia nacional ajudariam a resolvê-los. Pensavam que o Estado e as classes dominantes estariam abertos à visão social da Igreja. Ao contrário dos documentos posteriores que criticavam os efeitos devastadores dos incentivos fiscais, essa primeira declaração os elogiava.

Em 1969, os bispos amazonenses progressistas começaram a organizar encontros para discutir as práticas pastorais. Nessa época, os efeitos da política amazonense do governo estavam se tornando claros. Igualmente clara era a decisão de alguns bispos amazonenses em apoiar os camponeses e os índios. Dom José Maritano (Macapá), Dom Estêvão Cardoso (Marabá) e (depois de 1971) Dom Pedro Casaldáliga (São Félix do Araguaia) eram exemplos proeminentes.

As críticas episcopais radicais à política de desenvolvimento do Amazonas iniciaram-se em 1970, coincidindo com um dos períodos de maior repressão do governo militar. No dia 20 de dezembro de 1970, três sacerdotes e Dom Estêvão Cardoso, bispo de uma região especialmente violenta no sul do Pará, emitiram documento denunciando a política do governo, a violência privada empregada pelos empresários, as terríveis condições de vida dos camponeses e práticas que endividavam os trabalhadores com os empreiteiros locais.[20]

Quatro dias depois, sob a liderança de Dom Estêvão, os bispos da Regional Norte II emitiram o documento episcopal mais radical que já fora publicado até aquela data no Brasil. Num total rompimento com as perspectivas desenvolvimentistas, proclamava que certos caminhos para o desenvolvimento podiam exacerbar a pobreza e resultar em violência. A redistribuição generalizada de terras seria o único meio de enfrentar o problema.

"Não poderíamos deixar de expressar a nossa preocupação pastoral face aos problemas tão sérios que angustiam o homem do campo, em nossa região. (...) A instalação das companhias agropecuárias no Sul do Pará como resultado da aplicação dos incentivos fiscais vem acarretando problemas colaterais que atingem toda uma faixa da população pobre dos nossos campos e matas. (...) O propalado desenvolvimento da Amazônia, tão almejado por todos nós, não poderá tornar-se uma realidade, se não se voltar diretamente para o homem do nosso sertão. Parece-nos que isso só será possível mediante uma autêntica reforma das estruturas e da política agrária."[21]

Em 1971, os bispos do Amazonas, unanimemente, começaram a falar, denunciando os militares e os grandes investidores. Em julho, a diocese de Goiás denunciava "as injustiças gritantes que vêm atingindo especialmente os mais pobres e marginalizados".[22] A situação explodiu em outubro, quando Dom Pedro Casaldáliga, recém-nomeado prelado de São Félix do Araguaia, Mato Grosso, outra região de muito conflito, emitiu uma das denúncias mais pesadas contra o regime autoritário durante os anos de maior repressão. Sua primeira carta pastoral, "Uma Igreja na Amazônia em Luta contra o Latifúndio e a Marginalização Social", publicada após sua sagração como bispo, era uma extensa (120 páginas) e detalhada denúncia do regime, da violência privada e das condições de vida locais. De acordo com a descrição de Dom Pedro, a violência e a repressão eram onipresentes em São Félix. Uma grande empresa incendiara casas e edifícios públicos de um vilarejo de 500 pessoas. Os fazendeiros haviam contratado dois pistoleiros para assassinar um padre da região, mas os pistoleiros, ao invés disso, denunciaram a empresa, fugindo da região. As condições de saúde eram péssimas, a maioria das pessoas que trabalhavam para as grandes empresas sofria de doenças sérias e muitos morriam depois de alguns poucos anos na região. Exércitos particulares impediam que os empregados abandonassem o trabalho daquelas empresas e a polícia local aterrorizava os camponeses. Em dada situação, os camponeses se queixaram das violações dos contratos e de constante abuso ao chefe de polícia local e ele os denunciou ao fazendeiro.[23]

Dois meses depois, Dom Estêvão, Dom Tomás e Dom Pedro sofriam ameaças de prisão e morte, e a Regional Centro-Oeste uniu-se à campanha. Já em 1970, esses bispos criticavam de maneira contundente a violação sistemática dos direitos humanos, especialmente o uso da tortura.[24] A 2 de dezembro de 1971, os bispos da comissão executiva regional emitiram uma carta condenando a repressão no campo, particularmente a violência contra os camponeses. "Temos ouvido o grito silencioso de algumas famílias, angustiadas com a maneira como foram presos os seus. (...) O terror cresce".[25] Meses depois, a Regional Extremo Oeste (Mato Grosso), fazendo eco a problemas já discutidos pelo CIMI, dirigia-se à questão dos índios: "Assistimos em todo o país à invasão e gradativo esbulho das terras dos índios. Praticamente não são reconhecidos os seus direitos humanos, o que os leva paulatinamente à morte".[26] Todas as regionais do Amazonas (Norte I, Norte II, Centro-Oeste, Extremo Oeste) emitiram então graves denúncias contra o regime.

Em julho de 1972, na assembléia geral da Regional do Centro-Oeste, os bispos lançavam um manifesto que reiterava muitos dos pontos levantados por Dom Pedro: "Na zona rural, preocupa-nos o abandono em que vivem nossos irmãos lavradores, sujeitos a uma injustiça crônica e à exploração permanente. O grande crescimento econômico de nossa região coincide com a progressiva marginalização dos trabalhadores rurais, dos posseiros e pequenos proprietários, vítimas da voracidade do latifúndio. (...) Os que se empenham em esclarecer o povo sobre seus direitos legais são incompreendidos, até denunciados e processados".[27]

As tentativas de coordenação de um trabalho pastoral mais eficaz naquela vasta região continuaram. Os bispos do Amazonas começaram a elaborar planos pastorais que enfatizassem os grupos indígenas, as comunidades de base e as explosivas áreas fronteiriças. Em maio de 1972, veio à luz o precursor da Comissão Pastoral da Terra (CPT), no 4º Encontro Pastoral dos Bispos e Agentes Pastorais da Região Amazônica. Os participantes concordavam com a necessidade de assistência técnica e jurídica para ajudar a Igreja a defender os camponeses e índios.[28]

Na medida em que a Igreja denunciava o governo e a violência, o conflito entre a Igreja e o Estado do Amazonas tornava-se crônico. Padres arriscavam-se a intimidações policiais, espancamentos, prisões e torturas. Era comum a violência privada contra agentes de pastoral.

Uma das dioceses mais atingidas pela repressão era a de São Félix, uma prelazia que cobre 150 mil km no nordeste de Mato Grosso,[29] uma região de grande investimento agroindustrial. Os conflitos entre a Igreja local e os latifundiários e o Estado iniciaram-se em 1966, coincidindo com o aumento de investimentos. Os conflitos agravaram-se muito depois da publicação da carta pastoral em outubro de 1971. Pouco após, Dom Pedro foi detido pela polícia. Um líder leigo camponês foi preso a 16 de dezembro de 1971 e no mesmo dia Dom Pedro foi novamente interrogado. Em janeiro de 1972, o bispo teve que viajar até Brasília com o secretário geral da CNBB, Dom Aloisio Lorscheider, para ser interrogado pelo ministro da Justiça.

Um incidente amplamente divulgado em fevereiro de 1972 culminou com a prisão e expulsão de um missionário francês. O conflito datava de 1966, quando a Companhia Codeara comprou 196 492 hectares. Parte da terra que fora vendida à Codeara como mata virgem era ocupada por um vilarejo, Santa Teresinha, que tinha uma população de mais ou menos 500 habitantes. Esse vilarejo fora fundado em 1910 e o prelado ali construíra uma igreja e uma escola em 1931. Por volta de 1966, quando chegou a companhia, já tinha décadas de existência. .

A empresa tentou intimidar os habitantes da vila para que partissem, instigando o padre local, o missionário francês Francisco Jentel, que morava ali desde 1954, a entrar em ação. O conflito continuou por muitos anos tendo o padre Jentel na defesa dos camponeses. Então, em fevereiro de 1972, a Codeara usou um trator, acompanhado de um exército particular de 25 homens, para destruir o posto de saúde da vila e o centro de serviços. Um chefe de polícia que protestou contra as ações da empresa foi imediatamente surrado e, como continuasse a protestar, foi assassinado. Jamais foi feita qualquer investigação sobre esta agressão ou sobre o assassinato.

A 3 de março, os camponeses tentaram reconstruir o posto de saúde, mas a empresa retornou para destruí-lo, auxiliado pela polícia militar estadual. Dessa vez os camponeses estavam armados de espingardas e travou-se fogo cruzado. Vários camponeses foram baleados durante o confronto. Cinco posseiros foram presos e torturados; quarenta outros fugiram e se esconderam na mata por dois meses, vivendo da terra. O padre Jentel foi acusado de ter dirigido um ataque contra a empresa, mas na verdade ele nem estava presente durante o confronto. O governador de Mato Grosso acusou Jentel e Casaldáliga "de tendências puramente esquerdistas", mantendo em ação "um bem caracterizado plano de agitação, orientados, provavelmente, por agentes de outros países".[30]

A 22 de maio de 1973, Jentel foi julgado por ter violado a Lei de Segurança Nacional e condenado por um tribunal militar a dez anos de prisão. O único juiz civil divergiu de opinião, declarando que Jentel merecia uma medalha e não uma condenação. Num ato de solidariedade eclesiástica, o secretário geral da CNBB, os bispos da região Centro-Oeste e católicos do país inteiro protestaram contra a condenação.*

A solidariedade católica de nada adiantou para diminuir os ataques contra a Igreja. Em junho e julho de 1972, pouco depois do confronto entre camponeses e militares, a prelazia foi ocupada por centenas de soldados treinados em métodos antiguerrilha. Na busca dos 40 camponeses fugitivos, o batalhão aterrorizou a população e intimidou agentes pastorais. Dois meses após a troca de tiros, a 5 de junho de 1972, a polícia invadiu a casa de Dom Pedro e confiscou seus documentos. Então, em julho, a polícia prendeu e torturou oito líderes leigos, invadiu a casa de quatro padres, aprisionando-os e torturando-os, e levantou barricadas em volta da casa de Dom Pedro, colocando-o sob prisão domiciliar e proibindo visitas.

A violência contra a Igreja vinha tanto de círculos privados como do Estado. Em 1971, a Associação dos Empresários do Amazonas (AEAA) tentou impedir que Dom Pedro fosse consagrado bispo, apelando ao núncio apostólico. Tendo falhado em sua tenta-

---

(*) Em 1974, após cumprir um ano de sua condenação, Jentel foi novamente julgado e dessa vez absolvido. Foi visitar a França e, em 1º de dezembro de 1971, regressou ao Brasil. Onze dias depois, foi detido quando fazia uma visita ao arcebispo de Fortaleza, sendo deportado três dias depois sob um decreto assinado pelo presidente Geisel, provocando outra manifestação de solidariedade de bispos do país inteiro.

tiva, tentaram colocar as agências de segurança do Estado contra ele. Em fevereiro de 1972, a AEAA declarava oficialmente que a Igreja era um foco de agitação e responsável por conduzir camponeses à rebelião.³¹ No início de 1973, um grande fazendeiro, conhecido pelo uso de violência contra os camponeses, iniciou uma campanha difamatória contra a Igreja. A 13 de março de 1973, visitou um padre, pediu uma explicação acerca do apoio dado pelo padre aos camponeses, agrediu-o fisicamente diante de várias pessoas; então puxou um revólver e ameaçou matá-lo e ao bispo. Incidentes semelhantes ocorreram nesses anos, inclusive o assassinato de dois padres em ocasiões diferentes além de pelo menos uma tentativa de assassinato contra o bispo.

A região do Araguaia, ao sul do Pará, era outra região de graves conflitos. A construção da Rodovia Transamazônica e os investimentos maciços dos grandes fazendeiros levaram a um constante atrito entre estes e os camponeses. A Superintendência do Desenvolvimento do Amazonas (SUDAM) aprovou mais projetos no Araguaia que em qualquer outra região do país e disso resultaram mudanças na estrutura social, nos padrões de posse de terras e produção. Entre 1960 e 1970, a população mais do que quadruplicou, de 9 085 para 38 038. De acordo com o censo de 1970, somente 34,5% da população do Pará nascera no estado. Em 1950, os camponeses sem títulos de terra ocupavam 91% das terras na região, número esse que diminuiu para 44% por volta de 1970.³²

Essa situação já grave exacerbou-se quando um pequeno grupo do Partido Comunista do Brasil instalou-se na região para planejar uma insurreição. O grupo era ineficaz; ainda não havia feito nada de concreto quando foi descoberta a sua existência através da confissão feita sob tortura por um membro do partido em São Paulo.³³ A presença dos guerrilheiros deu origem a um pesadelo — qualquer resistência ao Estado ou às classes dominantes era taxada de subversão. Os militares aterrorizavam a população local e qualquer pessoa que ousasse desafiar a autoridade pública ou dos fazendeiros.

A violência impeliu a Igreja a tomar posições mais progressistas e provocou conflitos constantes com o Estado. Um dos períodos mais conflituosos se deu em meados de 1972. A 4 de junho, dois padres e uma freira foram presos e um dos padres foi torturado e, somente depois da intervenção de Dom Estêvão, é que os três foram libertados. A 10 de junho, a polícia tentou deter outro padre, mas ele fugiu; Dom Estêvão interveio novamente, fazendo com que a polícia abandonasse a busca. A 30 de agosto, a residência de um dos padres que fora preso em junho foi invadida. Então, a 27 de setembro, durante a abertura oficial de um segmento da Rodovia Transamazônica, para a qual Dom Estêvão fora convidado, um oficial do governo molestou o bispo e pediu para ver os seus documentos.

A repressão contra a igreja causou tamanha preocupação que a prelazia convocou uma assembléia extraordinária. Agentes pastorais decidiram que dois padres e duas freiras deveriam abandonar a região por tempo indeterminado. Não só os quatro estariam se arriscando a uma futura prisão e tortura, caso ficassem, como também implicaria um risco para os líderes leigos associados a eles. Ao mesmo tempo, a Igreja afirmou que "o bispo e o presbitério de Marabá não mais acreditam na possibilidade de um diálogo sincero com as autoridades militares nem tampouco nas soluções que elas possam oferecer".[34]

No país todo, a repressão consolidou a resistência entre o clero progressista. Declarou um líder da CPT, numa entrevista: "Havia uma necessidade de responder a um tipo de problema que era a violência sobre os lavradores, uma violência que cada vez mais atingia a própria Igreja. Esta situação de agravamento, devida à penetração da empresa, criava um conflito para a Igreja. Na medida em que os agentes assumem, também começam a ser perseguidos. Os agentes então sentem a necessidade de um organismo. Como enfrentar a repressão? Como ajudar os lavradores? Talvez fosse mais a repressão em cima da própria Igreja que levou à criação da CPT. Pensava-se que unindo forças se podia resolver alguma coisa. A repressão obrigou o pessoal a se juntar mais".[35]

As ações contra a Igreja chamaram a atenção para a gravidade dos problemas no Amazonas e a preocupação com a crise entre o Estado e a Igreja na região espalhou-se. No final de janeiro de 1972, o secretário geral, o presidente e o vice-presidente da CNBB visitaram a região para ver com os próprios olhos o que estava acontecendo. Em meio às tentativas do governo para desacreditar a Igreja amazonense, o apoio dado pela CNBB aos bispos progressistas da região deu a estes uma legitimidade indispensável.

Em junho de 1973, uma semana após a condenação de Jentel, Dom Avelar Brandão, arcebispo de Salvador, primaz do Brasil e vice-presidente da CNBB, fez outra viagem ao Amazonas. Dom Avelar detinha uma posição importante dentro da Igreja brasileira e era um dos principais porta-vozes dos setores que tentaram manter uma relação de cordialidade com o Estado. Ao invés de denunciar o clero progressista como esperavam os militares, Dom Avelar reforçou as declarações anteriores de apoio à Igreja amazonense. Afirmou que era importante que a Igreja defendesse os direitos humanos, especialmente numa região em que esses direitos eram freqüentemente violados. Ele também insistiu que a Igreja precisava promover uma ética social que prevalecesse sobre os interesses particulares dos ricos. Concluiu que era essencial "que haja uma disciplina na ocupação das terras, de tal modo que, seja o homem nativo, seja o imigrante pobre, tenham a oportunidade de promoção".[36]

O Amazonas, onde antes do golpe a Igreja fora politicamente moderada, transformou-se na arena dos maiores conflitos entre a Igreja e o Estado. Embora ainda houvesse bispos conservadores na região, ela se tornara, ao lado da Igreja do Nordeste, a Igreja regional mais progressista. Em poucos anos, os bispos do Amazonas haviam desenvolvido inovações pastorais notáveis. Em 1973, isso culminou com dois documentos redigidos pelos bispos do Amazonas que tiveram repercussão em nível internacional. O primeiro, "A Marginalização de Um Povo", foi publicado a 6 de maio de 1973, junto com um documento semelhante escrito pelos bispos do Nordeste, no vigésimo-quinto aniversário da Declaração dos Direitos Humanos das Nações Unidas. Na época, esses dois manifestos eram provavelmente as declarações mais progressistas já emitidas por um grupo de bispos em qualquer parte do mundo.

"A Marginalização de Um Povo" denunciava o alto nível de desemprego e o subemprego na região amazônica, as péssimas condições de habitação, a falta de saneamento e de instalações escolares, a carência de meios para que as massas pudessem defender seus interesses devido à repressão pública e particular. Os bispos afirmaram que a raiz do problema era o sistema de posse de terra e pediram por mudanças radicais. As reformas necessárias não poderiam ser realizadas dentro do sistema capitalista, especialmente um sistema com distribuição de terras tão profundamente desigual. "O que é preciso mesmo é mudar a estrutura da produção rural. (...) Se queremos uma mudança, precisamos vencer a propriedade particular da terra, chegando a um modo socializado do seu uso."[37]

Os bispos criticavam o Estado: "Qualquer manifestação é reprimida, o pessoal é preso, fica lá sem oportunidade de julgamento livre, quando não é simplesmente morto".[38] Também criticaram o estímulo do governo às exportações em detrimento da alimentação pública básica. O documento pedia a construção de uma sociedade diferente, "onde todos sejamos irmãos, mundo sem classes dominadoras e sem marginalizados".[39] A conclusão dizia: "É preciso vencer o capitalismo. É ele o mal maior, o pecado que nós conhecemos: a pobreza, a fome, a doença, a morte da grande maioria. (...) Enquanto uns poucos são os donos desses lugares e meios de trabalho, a grande maioria do povo está sendo usada e não tem vez. A grande maioria trabalhará para enriquecer uns poucos e estes enriquecerão às custas da miséria da maioria".[40]

A 25 de dezembro de 1973, vários dos mesmos bispos assinaram outro documento polêmico, "Y-Juca Pirama. O Índio: Aquele que Deve Morrer". "O 'modelo brasileiro' visa um 'desenvolvimento' que é só um enriquecimento de pequena minoria. (...) Para o povo pobre do Brasil, o futuro que o sistema oferece é uma marginalização cada dia maior. Para os índios, o futuro oferecido é a morte."[41] "A Marginalização de um Povo" e "Y-Juca Pirama" faziam fortes críticas ao capitalismo. Manifestava também a fé e o respeito pelos índios que eram característicos dos agentes pastorais mais ativos no trabalho com a população indígena. Porque o governo Médici considerava o trabalho da Igreja com os índios subversivo, a 21 de dezembro de 1973 proibiu o clero de trabalhar com eles. Esse decreto nunca foi implementado, mas ressaltava até que ponto o governo considerava subversivo o trabalho de defesa dos direitos humanos durante aquele período.

A repressão e a Igreja nordestina

Desde a década de 50, a Igreja nordestina tem ocupado uma posição proeminente na transformação da Igreja brasileira. No decorrer dos anos 50, os bispos nordestinos defenderam a reforma agrária e foram responsáveis pelas inovações mais importantes da Igreja na Educação Popular: o Movimento de Natal e o MEB. Esses eram os grupos de bispos regionais melhor organizados e eles conduziram conferências episcopais regionais em Campina Grande, em 1956, e em Natal, em 1959. Após o golpe, mantiveram sua tradição reformista. Durante os primeiros quatro anos do governo militar, entre todas as Igrejas regionais, a nordestina sobressaiu-se amplamente mantendo a atitude mais crítica frente o governo.

O Nordeste é, de longe, a região mais empobrecida do país. Em 1975, abrigava 30% da população do país, com somente 10,2% de sua renda. Sua renda *per capita* era de somente 27,4% em relação ao restante do país. A renda *per capita* do Estado mais pobre, o Piauí, não atingia nem 15% da renda *per capita* do Estado de São Paulo e era semelhante à da Índia, Paquistão ou Haiti.[42]

A pobreza impulsionou a Igreja nordestina a mudar; na medida em que a doutrina social da Igreja se desenvolvia, era mais provável que viesse a ser implantada onde houvesse maior injustiça. Mas a pobreza por si só não explica a nova visão de fé da Igreja. O Nordeste é pobre desde a segunda metade do século XIX, mas foi somente durante a década de 50 que a Igreja demonstrou uma preocupação maior com esse problema. Mais relevantes para a mudança do que a pobreza foram as lutas sociais da região, que tornaram a Igreja mais consciente da realidade que as classes populares enfrentavam.

De 1955 a 1964, o Nordeste vivenciou conflitos intensos. Várias instituições e facções da esquerda competiam para organizar os camponeses e para direcionar as suas ações políticas. Movimentos camponeses chamavam a atenção para problemas que já existiam há gerações. Foi essa politização da pobreza, em vez de sua mera existência, que conduziu a novas formas de intervenção por parte do Estado e da Igreja.⁴³

A mobilização camponesa e o envolvimento de vários agentes políticos na região ajudaram a sensibilizar a Igreja em relação aos problemas do povo. Alguns membros da Igreja tentaram evitar a mobilização camponesa radical, enquanto outros davam apoio à organização camponesa independente, especialmente depois da criação do MEB. De qualquer forma, a criação dos sindicatos da Igreja e do MEB foram respostas claras a essa mobilização (favoráveis em alguns casos, defensiva em outros).⁴⁴

O golpe acabou com a mobilização popular. A primeira onda de repressão em 1964 afetou os movimentos camponeses no Nordeste mais do que qualquer outro setor da sociedade. O Estado tacitamente permitiu a violência privada, cujo caráter sádico era notório. O movimento camponês desmantelou-se rapidamente. Apesar de uma ou outra resistência ocasional, isolada, faltava-lhe o nível de organização e a capacidade para confrontar os fazendeiros a que chegara nos anos que precederam ao golpe.⁴⁵

A violência contra os camponeses e a deterioração de seu nível de vida ofendeu a sensibilidade religiosa de grande parte do clero nordestino. No período pós-1964, os movimentos populares que haviam encorajado a Igreja a mudar não mais existiam — mas a Igreja não necessitava desse estímulo direto. Na ausência de outras instituições que fossem capazes de defender os camponeses, o clero assumiu essa tarefa e, ao fazê-lo, desenvolveu paulatinamente um compromisso mais sólido com os pobres. Depois do golpe, a Igreja nordestina não só seguiu sua tradição reformista, mas também foi muito além de suas posições anteriores.

De 1964 até meados da década de 70, o líder da Igreja nordestina foi Dom Helder Câmara. Um homem pequeno, nascido no Ceará em 1909, Dom Helder apoiou o movimento integralista durante a década de 30. Na década de 40, sua compreensão da fé tornou-se mais progressista. Como assistente geral da Ação Católica, ficou convencido da importância do laicato e sua preocupação com vínculos entre a fé e a justiça social aprofundou-se. Em 1952, Dom Helder criou a CNBB, onde serviu como Secretário Geral até 1964. Foi nomeado bispo auxiliar do Rio em 1952. A 12 de março de 1964, Dom Helder foi transferido para o Recife. Embora sua remoção do Rio fosse uma tentativa de silenciá-lo, surtiu efeito contrário, pois libertou-o da dependência do cardeal conservador, Dom Jaime de Barros Câmara.

Dom Helder e o novo governo entraram em choque desde o início. Pouco depois de sua chegada ao Recife, seus documentos foram revistados — o início de reiteradas tentativas de molestá-lo e de intimidá-lo. Porém, Dom Helder recusou-se a silenciar. Através das décadas de 60 e 70, Dom Helder continuou a defender os pobres e os oprimidos e a clamar pela justiça social. Ele criticou a concepção de ordem do regime — ordem baseada na "preservação de estruturas que todos sabemos que não deveriam e não podem ser preservadas".[46] Enquanto um número cada vez menor de pessoas tinha coragem de criticar o regime militar, Dom Helder denunciava o colonialismo interno e a repressão e o empobrecimento generalizados. De igual importância, defendeu os movimentos leigos e os agentes pastorais atingidos pela repressão. Sua mensagem, sua liderança dinâmica e carisma fizeram de Dom Helder um dos mais famosos líderes da Igreja do Terceiro Mundo.[47]

Embora Dom Helder fosse o mais conhecido dos bispos nordestinos, muitos deles estavam comprometidos com uma nova compreensão da fé. O governo uma vez identificou dezesseis bispos do Nordeste como subversivos. Dom Antônio Fragoso, bispo da diocese extremamente pobre de Cratéus, no Ceará; Dom José Távora, arcebispo de Aracaju e assistente nacional do MEB; e Dom José Maria Pires, arcebispo de João Pessoa, Paraíba, o segundo bispo negro da história do Brasil, eram líderes particularmente destacados.[48]

Em março de 1965, numa época em que as outras regionais da CNBB calavam-se acerca de questões sociais, os bispos do Nordeste reiteraram as declarações reformistas dos anos que precederam ao golpe, afirmando que "as estruturas sociais não estão preparadas para aceitar a promoção das massas".[49] Embora os esforços para fazer um trabalho junto aos pobres acarretassem riscos pessoais, os bispos reafirmaram seus compromissos e insistiram em "oportunidades humanas e cristãs para os trabalhadores rurais e urbanos".

As iniciativas progressistas não se limitavam ao clero. Grupos leigos desempenharam um papel importante na renovação da Igreja nordestina, especialmente até 1968, quando a repressão impediu que eles continuassem a funcionar. A Ação Católica Operária (ACO), a Juventude Operária Católica (JOC), a Juventude Agrária Católica (JAC) e o Apoio Cristão Rural (ACR) eram mais fortes no Nordeste do que nas outras regiões e o MEB manteve-se ativo na região, embora depois de 1964 a repressão o tenha forçado a concentrar-se sobretudo no Amazonas.

Freqüentemente liderada por militantes leigos, especialmente a JOC e a ACO, a Igreja no Nordeste foi a primeira a lançar críticas radicais contra o regime. O conflito mais significativo entre o Estado e a Igreja desde o século XIX eclodiu em 1966 em resposta a um documento publicado pela ACO. A ACO e a JOC haviam se tornado importantes porta-vozes do movimento sindical. Também haviam suplantado a Juventude Universitária Católica (JUC) como movimento leigo mais importante na renovação da Igreja. A 13 de maio de 1966, a ACO publicou uma denúncia do regime e da situação da classe trabalhadora. Dizia: "A situação da classe operária no Nordeste é marcada, sobretudo, pelo desprezo ao homem. Esse desprezo de que são vítimas os trabalhadores se traduz num clima de perseguição de todo tipo. (...) Há como que todo um plano em execução para destruir pessoas pela destruição de sua dignidade, de seus direitos. O homem que sofre tantas injustiças é um homem sem liberdade, sem perspectiva, sem esperança, sem fé, sem amor".[50]

A pedido dos bispos, a ACO deu segmento a esse documento através de um outro mais breve que reiterava suas conclusões principais. Os bispos responderam com um manifesto nacional publicado a 14 de julho de 1966, um dos documentos episcopais mais progressistas emitidos até a época. "Não pode haver", afirmava, "desenvolvimento ou promoção onde não se coloca o homem em primeiro lugar. Onde se desrespeita a pessoa humana, onde não se tem as vistas voltadas para o bem comum, onde não se defende a igualdade essencial de todos os homens, não existe desenvolvimento nem cristianismo". Os bispos também decidiram por uma opção preferencial pelos pobres. "A Igreja deve favorecer aqueles que sofrem, aqueles que não conseguem ganhar o seu pão de cada dia, nem mesmo com o suor abundante de seu trabalho, aqueles que parecem estar condenados à estagnação, vivendo em condições subumanas."[51]

A polícia confiscou o documento e proibiu os bispos de publicá-lo. As autoridades militares do Recife acusaram Dom Helder Câmara de ser um comunista subversivo e o ameaçaram de prisão. O comandante do 4º Exército distribuiu uma circular por todo o Recife condenando Dom Helder e a direita católica aproveitou-se do incidente para proferir denúncias contra o arcebispo.

Os ataques por parte dos militares e da direita católica geraram simpatia pelas vítimas e pelos críticos do regime. Sem necessariamente modificar sua compreensão da missão da Igreja, alguns conservadores e moderados condenaram os ataques lançados contra os progressistas; alguns bispos conservadores conhecidos, inclusive Dom Agnelo Rossi (São Paulo), Dom Alberto Ramos (Belém) e Dom Vicente Scherer (Porto Alegre), criticaram as medidas contra Dom Helder. A repressão contra a Igreja, que visava silenciar os progressistas, acabou por fortalecê-los. A reação de Dom Scherer à repressão foi típica de muitos conservadores. Embora apoiasse fundamentalmente o regime, Dom Scherer criticou os militares pelo ataque à autoridade eclesial legítima e pela interferência na autonomia da Igreja. Ele observou que o documento dos bispos seguia de perto a doutrina social da Igreja internacional, afirmou seu total apoio a ele e anunciou que o teria assinado caso lhe tivessem pedido.

Uma longa série de atritos entre a Igreja e o Estado no Nordeste se sucedeu, levando a uma crescente repressão contra a Igreja e a uma crescente determinação por parte desta de lutar contra o governo e de defender os direitos humanos. O confronto seguinte ocorreu em setembro de 1967, pouco antes do dia da Independência do Brasil. A estação de rádio da Arquidiocese de São Luís veiculou um texto questionando se o Brasil era verdadeiramente independente e o que essa independência significava para as massas. "Será real a independência que festejamos? Será que o Brasil é realmente independente? (...) O Brasil continua sendo explorado por outros países e por alguns brasileiros traidores e inimigos de sua pátria."[52] A estação de rádio foi tirada do ar por subversão. Quando vieram as represálias, o bispo auxiliar e o arcebispo criticaram os militares. O arcebispo de Fortaleza, Dom José Delgado, acusou os militares de tentar silenciar uma das últimas forças vivas na sociedade. Declarou que a repressão, não a Igreja, era subversiva porque era responsável pela agitação social. A repressão contra a Igreja, longe de silenciar os bispos, levou-os a críticas mais contundentes.

A região mais explosiva era a do Nordeste II, onde Dom Helder exercia sua carismática liderança. Mas os bispos do Maranhão, Piauí e Ceará não ficavam atrás em suas denúncias contra a sociedade nordestina e contra o regime militar. "Essa reflexão confirmou a imagem de um Nordeste vítima de gritante injustiça, impelido por forte desejo de desenvolvimento, que está sendo implantado em algumas áreas em proveito de pequena minoria. Enquanto isso a maioria de nossos irmãos continua marginalizada, condenada a uma miséria cada vez mais desumana e desumanizante."[53]

Após a decretação do AI n° 5, os conflitos agravaram-se. No Nordeste, os militares pararam de fazer concessões para evitar o conflito com a Igreja. Na medida em que a Igreja se tornava virtualmente a única instituição capaz de contestar o governo, também transformava-se numa vítima de repressão. A 15 de dezembro, dois padres norte-americanos que trabalhavam no Recife foram presos. Em janeiro de 1969, um sacerdote em Fortaleza foi detido por causa de um sermão considerado subversivo e condenado a um ano de prisão. Como ocorria com freqüência, essa repressão contra os padres locais impulsionava a cúpula da Igreja a denunciar o regime. O arcebispo de Fortaleza fechou as igrejas da cidade no domingo de Pentecostes e pronunciou um forte protesto público: "Calar, para a Igreja, diante da violação de direitos pessoais, e ante um atentado ao cabal desempenho de sua missão, seria uma deplorável omissão ou uma flagrante denúncia de sua pouca confiança no Senhor Jesus".[54]

Tornou-se mais difícil para os líderes leigos atuarem por causa da repressão, assim padres e freiras assumiram mais responsabilidades na defesa dos direitos humanos. Como resultado, transformavam-se cada vez mais em alvos da repressão. Numa espiral crescente, os bispos novamente se declaravam contra as injustiças. No final de 1970, afirmaram: "Somos testemunhas da trágica situação em que vive boa parte da população, especialmente, no interior, no campo e na periferia das grandes cidades, por causa do irrisório nível de salários".⁵⁵

A 25 de março de 1969, tropas de segurança assassinaram o padre Antônio Henrique Pereira Neto, um assistente da JOC de 28 anos. Esse foi o primeiro assassinato de um clérigo no Brasil. Apesar dos protestos, seus assassinos não foram a julgamento, nem foi feita uma investigação séria. Dois meses e meio após o assassinato, os bispos da Regional II do Nordeste emitiram uma enérgica condenação à tortura.

As críticas da Igreja não surtiam efeito sobre a política do governo. Pelo contrário, o regime considerava qualquer instituição que criticasse os militares como uma ameaça à ordem social e encontrava mais razões para perseguir a Igreja. Em agosto de 1970, dois padres em Rio Preto do Maranhão foram aprisionados e um deles foi torturado até que assinasse uma confissão de que era subversivo. Ambos foram mantidos incomunicáveis durante uma semana e então foram julgados por subversão.

Mais uma vez, a repressão contra o clero local resultou em repercussões ao nível nacional. Em todas as igrejas de São Luís se leu uma declaração, a 9 de agosto, explicando o encarceramento dos padres e a condenação deste fato por parte da Igreja. A 22 e 23 de agosto, todas as igrejas no estado proferiram sermões criticando a tortura e o arcebispo Dom João José da Matta Albuquerque emitiu uma declaração em defesa do trabalho da Igreja junto aos pobres. O bispo auxiliar leu a declaração na estação de rádio da arquidiocese, subseqüentemente a polícia proibiu outros comunicados sobre o ocorrido. A 25 de agosto, os bispos da Regional Nordeste I emitiram uma condenação do terrorismo e tortura generalizados, dizendo: "Padres e leigos trabalham para que o povo se esclareça e se promova. Em várias partes, donos de terras e políticos chamam esse trabalho de subversão, de agitação, de comunismo. E procuram impedi-lo diretamente com ameaças e perseguições, ou indiretamente por meio de campanhas de denúncias e de desmoralizações".⁵⁶

Quando, em 1970, Dom Helder foi indicado para candidato ao Prêmio Nobel da Paz, foi alimentada uma ampla campanha difamatória.⁵⁷ Não só os colegas progressistas, mas também os moderados, tais como Dom Avelar Brandão e Dom Rossi (que, ao lado de Dom Scherer e de Dom Eugênio Sales, eram os clérigos de destaque que tentavam manter diálogo com os militares), emitiram declarações a favor do veemente bispo nordestino.⁵⁸

O incidente no Maranhão foi outra campanha para lesar a reputação de Dom Helder e uma repressão particularmente acirrada contra a JUC (ver capítulo 6) induziu a Regional Nordeste I a emitir uma declaração de solidariedade a 8 de outubro de 1970.⁵⁹ Mais tarde, naquele mesmo mês, a Comissão Central da CNBB também publicou um documento de solidariedade.

Em Julho de 1971, um assistente da JAC de Cratéus foi preso e condenado a um ano de prisão e outro membro da JAC foi preso na Paraíba. Alguns dias depois, a polícia militar invadiu as sedes da Regional Nordeste I. Em agosto, outro padre foi preso em Fortaleza, levando o arcebispo a declarar que ensinar à população seus direitos e responsabilidades não deveria ser confundido com subversão.[60] Em outubro de 1971, outro padre de Cratéus foi preso e, dez dias depois, expulso do país. Isso detonou uma campanha difamatória contra Dom Fragoso e novamente surgiram boatos sobre a prisão do bispo.[61]

Em março de 1972, um padre muito conhecido foi expulso. Joseph Comblin, íntimo associado de Dom Helder e diretor de um seminário regional do Nordeste, era um teólogo de destaque durante as fases iniciais da Igreja popular no Brasil. Ele fora atacado antes, especialmente em relação a um artigo que escrevera em 1968 em preparação para a conferência de Medellín.[62] Ao retornar da Bélgica, seu país natal, Comblin foi detido no aeroporto do Recife, transportado para o Rio, mantido incomunicável e intimado a deixar o país. Seu crime era ter se associado a Dom Fragoso e o uso que fizera do termo *conscientização* (considerado subversivo). Uma nota de Dom Helder à CNBB indagava: "Quem não percebe que o episódio Comblin é um capítulo do que vem acontecendo em todo o país com o Igreja, na medida em que ela recusa continuar servindo de suporte a estruturas de opressão e compromete-se, de modo pacífico, mas válido, com o Povo e sua libertação?".[63]

A maioria dos conflitos entre a Igreja e o Estado durante os anos 1964-1973 envolvia líderes leigos pouco conhecidos e padres e freiras locais. A hierarquia se envolveu principalmente por causa das ações dos católicos nas bases. Intensificaram-se mais os atritos com os bispos, já que eles são líderes da Igreja, mas o conflito geralmente surgia ao nível local. A discussão precedente desses conflitos entre a Igreja e o Estado no Nordeste basta para que se possa demonstrar alguns padrões gerais. Os regimes burocráticos autoritários não estão dispostos a permitir que hajam críticas políticas significativas. Tentam criar uma estabilidade política excluindo grandes setores da nação. Em suas fases mais repressoras, tentam suprimir toda e qualquer oposição. Como escreve Guillermo O'Donnell, o autoritarismo burocrático "impõe uma contração drástica à nação, a supressão da cidadania e a proibição de apelos ao povo e às classes sociais como uma base para se fazer exigências de uma jùstiça substantiva. (...) Tal exclusão aparece como uma conclusão necessária para se curar o corpo da nação".[64]

Nestas circunstâncias, a Igreja perdeu sua invulnerabilidade e ficou sujeita a ataques. Mas, enquanto a repressão efetivamente silenciou as outras instituições e movimentos, no caso da Igreja ela provocou uma mudança dentro da instituição. Incontáveis atos de repressão contra a Igreja levaram a fortes defesas de sua própria autonomia e integridade institucional; até mesmo os bispos conservadores perceberam as tentativas de neutralizar o clero progressista como uma intrusão ilegítima. Os bispos conservadores podem ter discordado do tipo de trabalho pastoral que conduziu aos problemas com o Estado, mas resistiam à interferência no trabalho da Igreja. Então, ironicamente, as tentativas para silenciar os progressistas na verdade fortaleceram a sua posição. Especialmente após 1968, a Igreja mostrou-se mais crítica em relação ao capitalismo e mais pessimista em relação à realização da mudança social através do capitalismo.

Os esforços para reprimir os progressistas dentro da Igreja, entretanto, nem sempre fortalecem as suas posições. No Paraguai, na Argentina e no Uruguai, os regimes autoritários enfraqueceram os progressistas através da repressão que foi mais intensa do que as que houve no Brasil. Na Argentina e no Chile, situações percebidas como sendo revolucionárias se deram junto com sérios problemas de ordem política e econômica; os moderados e conservadores da Igreja daqueles países não estavam dispostos ou não foram capazes de defender o clero de esquerda. Além disso, nesses casos, os progressistas não estavam tão bem estabelecidos dentro da Igreja como estavam no Brasil, e quando veio a repressão estatal a hierarquia estava menos disposta a lhes emprestar o seu apoio.

O compromisso dos bispos do Nordeste com uma nova visão da Igreja levou à publicação de "Eu Ouvi o Grito do Meu Povo" a 6 de maio de 1973. Esse documento era semelhante em estilo e conteúdo ao "A Marginalização de um Povo", emitido pelos bispos do Amazonas no mesmo dia. Os dois grupos haviam trabalhado em conjunto para redigir os documentos e para desenvolver uma visão de fé por trás de ambos. Como o documento do Amazonas, "Eu Ouvi o Grito do Meu Povo" foi um dos documentos mais radicais já emitidos. Numa época em que os líderes políticos temiam fazer críticas contra o regime, os bispos condenavam "o terrorismo oficial", a "espionagem", o "crescente domínio das vidas particulares dos cidadãos pelo Estado" e "a utilização de torturas e assassinatos generalizada". "A necessidade da repressão, para garantir o funcionamento e a segurança do sistema capitalista associado, manifesta-se cada vez mais imperiosa, revelando-se inexorável no cerceamento das instituições constitucionais dos legislativos, na despolitização dos sindicatos rurais e urbanos, no esvaziamento das lideranças; enfim, no dispositivo da censura, nas medidas de perseguição a operários, camponeses e intelectuais, nos vexames infligidos a padres e militantes das Igrejas cristãs, tudo isso assumindo as mais variadas formas de encarceramento, torturas, mutilações e assassinatos."[65]

As críticas ao modelo econômico eram igualmente contundentes. Os bispos condenaram o milagre brasileiro por exacerbar as desigualdades, por enriquecer aqueles que já tinham o suficiente e por causar o empobrecimento relativo ou absoluto da maioria das pessoas mais carentes da região. O documento declarava que o capitalismo de dependência era a raiz desse sistema injusto e pedia por "um projeto histórico global de transformação da sociedade", e por uma nova sociedade com "propriedade social dos meios de produção".[66] Distanciava-se muito do documento de 1965 que ainda expressava fé no capitalismo. Em pouco tempo, a visão política dos bispos nordestinos havia mudado de uma posição reformista, liberal, a outra, comprometida com a transformação social radical.

O vazio político e a transformação da Igreja: São Paulo

Enfatizava-se então que a transformação da Igreja brasileira resultou da interação dialética entre agentes pastorais, movimentos leigos e bispos. A base desenvolveu importantes inovações pastorais que ajudaram a transformar toda a Igreja. Mas isso não diminuiu a importância do episcopado. Nas dioceses em que os bispos se opuseram à renovação pastoral, foi quase impossível de implantá-la. De modo inverso, algumas dioceses que eram conservadoras se transformaram sob a liderança de um bispo progressista.

Através da década de 60, havia muito dinamismo nas bases na Igreja de São Paulo. O arcebispo que saiu em 1964, Dom Carmelo Vasconcellos, havia promovido algumas reformas pastorais importantes. Após sua partida, muitos padres e freiras deram continuidade ao trabalho pastoral junto à clase trabalhadora. Iniciaram as primeiras comunidades de base da cidade no final dos anos 60 e promoveram os debates que levaram à formação da Comissão Pastoral Operária. Até 1968, a Igreja de São Paulo deu cobertura ao movimento estudantil. Sacerdotes de São Paulo tinham a responsabilidade maior pelas cartas coletivas que clamavam por maior engajamento episcopal nos esforços de criar uma Igreja renovada. Além disso, os movimentos da **Ação Católica Brasileira de 1964 e a JOC e a ACO até 1970 eram** bastante dinâmicos. Esses movimentos se fizeram presentes na formação da Comissão Pastoral Operária[67] e, após 1973, entrosaram-se em muitos movimentos populares na Grande São Paulo, inclusive o movimento sindical das indústrias automobilísticas do ABC (Santo André, São Bernardo do Campo e São Caetano).

Apesar dessas atividades progressistas, a arquidiocese como um todo pouco fizera para defender os direitos humanos ou para expressar as necessidades dos pobres até 1970. O novo arcebispo, Agnelo Rossi, legitimou o regime autoritário, neutralizando o trabalho de base feito pelos progressistas. Em maio de 1965, Rossi declarou que o governo Castello Branco realizara as reformas sociais que a Igreja desejava há muitos anos. Embora ele reconhecesse as dificuldades que a alta taxa de desemprego causava à classe trabalhadora, afirmou que a burguesia também fora afetada adversamente pela crise econômica e elogiava os esforços e as intenções do governo.[68]

Rossi criticava as medidas punitivas e defendia as vítimas da repressão, especialmente no caso de serem da Igreja. Certa vez, ele chegou a recusar uma condecoração oferecida pelos militares alegando que "qualquer membro da hierarquia que receba homenagens do Governo poderá ter sua atitude interpretada como estreitamento de laços Igreja-Governo num regime considerado por muitos sacerdotes como antipopular".[69] Porém, se indivíduos ou movimentos não-católicos eram afetados, Dom Agnelo mostrava-se menos disposto a reagir. Toda sua gestão no arcebispado de São Paulo (1964-1970) foi marcada por uma relutância em criticar o regime, por esforços para negar a existência de um conflito entre a Igreja e o Estado e por contínuas tentativas de negociar com o regime. Ele se encontrava entre os poucos bispos proeminentes que continuaram a rezar a missa em comemoração ao golpe e, em diversas viagens, argumentou que as notícias de tortura no Brasil eram exageradas.

Já que a liderança mais alta da Igreja estava em mãos conservadoras, foi só a partir de 1970, quando Dom Paulo Evaristo Arns substituiu Rossi, que a arquidiocese como um todo iria galvanizar o desenvolvimento da Igreja brasileira. O próprio Dom Paulo disse que ele em particular criara muito pouco que fosse novidade na Igreja de São Paulo.[70] Todas as mudanças mais importantes que levaram a arquidiocese a uma posição proeminente já haviam sido iniciadas nas bases. Já existiam algumas comunidades de base, muitos sacerdotes e agentes de pastoral estavam comprometidos com uma nova visão da Igreja e já havia algumas inovações importantes em práticas pastorais. Mas essas tendências não formavam um todo coeso até que Dom Paulo se tornasse arcebispo. Sob sua liderança, as CEBs, a defesa dos direitos humanos e os direitos dos pobres tornaram-se prioridade da arquidiocese.[71]

Durante os anos do governo Médici, em nenhum outro lugar a repressão foi pior do que em São Paulo. Em parte, isso se deu porque lá as organizações da guerrilha e os grupos clandestinos eram mais fortes do que em outros lugares (a oposição geral, desde as universidades até o movimento sindical, era especialmente forte em São Paulo). Como resultado, o governo tinha mais motivos para usar a repressão. A linha-dura militar comandava o 2º Exército, sediado em São Paulo, e o Esquadrão da Morte era atuante em São Paulo.[72]

No meio da repressão e da difícil situação econômica, havia um vazio político na sociedade. A oposição recuou muito devido à repressão. Os movimentos populares estavam abafados e o MDB representava uma oposição ineficaz entre 1969 e 1974. A Igreja, desfrutando de uma estrutura internacional poderosa e de grande legitimidade moral, era a única instituição com autonomia suficiente para defender os direitos humanos. Ela assumiu essa tarefa parcialmente porque as outras instituições eram incapazes de funcionar. Como afirmou Dom Paulo, "a sociedade necessita de uma voz e, devido à repressão, nenhuma outra instituição poderia oferecer essa voz. A Igreja tornou-se a voz de todos aqueles setores que não têm voz".[73]

Devido à repressão contra outras instituições e a sua transformação, a Igreja tornou-se a mais importante força de oposição durante grande parte dos anos 70. Era a única instituição que podia criticar o modelo econômico e a repressão, defender os direitos humanos e organizar as classes populares. Nesse sentido, o vazio político estimulou a transformação da Igreja.

No final de janeiro de 1971, pouco após ter sido nomeado arcebispo, Dom Paulo enfrentou um caso delicado envolvendo a prisão e tortura de um padre e de uma leiga. Ele interveio pessoalmente e tentou ver os dois prisioneiros. Ficou chocado com o mau tratamento que ele mesmo recebeu da polícia e com o que haviam feito aos dois encarcerados. Publicou uma nota denunciando as torturas, insistiu para que ela fosse enviada a todas as igrejas da cidade e enviou uma cópia à CNBB que a divulgou em nível nacional.

Tachados de subversivos, bispos como Dom Helder, vítima de uma permanente campanha difamatória e de ameaças, há muito haviam sido retratados pelo regime e pela imprensa de classe média, rigidamente censurada. Porém, Dom Paulo era um homem cauteloso, não era conhecido por ter opiniões radicais, chefe da arquidiocese mais populosa do mundo e líder religioso da maior e mais desenvolvida cidade do país. Suas denúncias tornaram pública a prática generalizada de tortura e ele rapidamente conquistou o respeito dos outros bispos. Em fevereiro de 1971, a CNBB enviou uma carta a Dom Paulo dando-lhe apoio aberto em suas ações. Dois meses depois ele viajou a Roma, onde Paulo VI deu-lhe apoio e expressou preocupação com a tortura no Brasil. Em 1973, o papa nomeou Dom Paulo cardeal.

Dom Paulo continuou a publicar fortes denúncias. Demonstrava um interesse particular pelo problema da tortura e passava inúmeras horas em visita aos presos, mas não lhe cabia resolver o problema sozinho. Depois da tortura até a morte de um membro da Comissão Pastoral Operária no final de 1974, Dom Paulo convocou uma reunião e propôs a criação da Comissão Justiça e Paz, que se encarregaria dos esforços diocesanos para proteger os direitos humanos.[74] Em julho de 1972, enquanto os presos políticos realizavam uma greve de fome, a Comissão Justiça e Paz enviou uma nota à imprensa, dizendo: "A Igreja em São Paulo, repetidamente e com clareza, vem proclamando os postulados básicos da justiça e do respeito devidos à pessoa humana do prisioneiro, e condenando a tortura, a morosidade nos processos e qualquer arbitrariedade no tratamento devido aos presos. (...) Não medimos esforços nem economizamos meios, em vista de uma solução justa e humanitária do problema".[75]

Dom Paulo rapidamente tornou-se líder nacional — dentro e fora da Igreja — da campanha pelos direitos humanos. As classes populares e os setores liberais da sociedade aceitaram que a Igreja assumisse sua causa e esse tornou-se outro fator a encorajar a sua transformação. A Igreja ficou conhecida como "a voz dos que não têm voz", o que durante anos significou a voz de segmentos amplos da sociedade. Particularmente visível foi o papel da Igreja ao protestar contra as mortes e torturas do estudante Alexandre Vanucchi Leme (1973), do jornalista Vladimir Herzog (1975) e do metalúrgico Manuel Fiel Filho (1976). Ao mesmo tempo, a arquidiocese criava também uma vasta rede de organizações pastorais, abrangendo desde centenas de comunidades de base à Comissão Pastoral Operária.

A Igreja de São Paulo não só estimulou a priorização dos direitos humanos em nível nacional da Igreja, como também vinculou essa questão à pobreza. Morando na cidade mais industrializada do país, o clero de São Paulo ficava exposto às extremas contradições do desenvolvimento do período Médici. Ao mesmo tempo que os grupos de renda média e alta aumentavam rapidamente seus fundos reais, a situação de outros grupos havia piorado em termos relativos e talvez até absolutos. Entre 1970 e 1975, a taxa de mortalidade infantil em São Paulo aumentou em 45%, a incidência de desnutrição cresceu, os salários reais dos operários caíram e os serviços urbanos para a classe trabalhadora (transporte, esgotos, eletricidade) deterioraram.[76] Essas contradições ajudaram a sensibilizar muitos religiosos, inclusive Dom Paulo, em relação às necessidades das classes populares. Em 1976, Dom Paulo escreveu um prefácio a um estudo importante sobre o desenvolvimento de São Paulo, realizado a pedido da arquidiocese: "A pujança do crescimento de São Paulo vai de cara com o aumento da pobreza. O desenvolvimento paulistano traduz-se num elevado e crescente desnível entre a opulência de uns poucos e as dificuldades de muitos. (...) O bispo, e como ele toda a Igreja, não pode assistir, calado, a uma violência difusa que atinge o povo".[77]

Sob a liderança dinâmica de Dom Paulo, os bispos do Estado de São Paulo denunciaram a tortura. Em encontro de 1972, os bispos daquele estado emitiram uma importante denúncia que teve repercussão nacional. "Não é lícito efetuar prisões da forma como freqüentemente estão sendo feitas entre nós: sem identificação da autoridade coatora nem dos agentes que a executam, sem comunicação ao Juiz competente dentro do prazo legal. (...) Não é lícito utilizar no

O SURGIMENTO DA IGREJA POPULAR, 1964-1973   127

interrogatório de pessoas suspeitas, com o fim de obter confissões, revelações ou delação de outros, métodos de tortura física, psíquica ou moral, sobretudo quando levados até a mutilação, a quebra da saúde e até a morte, como tem acontecido. (...) Não é lícito privar os acusados de seu direito de ampla defesa ou prejudicá-lo mediante ameaças, nem prejulgar o acusado como réu, antes de julgado."[78]

Assim, em São Paulo, como em outras partes do país, as mudanças pós-1964 ocasionaram a abertura da Igreja. Embora não fosse tão atuante politicamente quanto a Igreja de algumas partes do Nordeste ou do Amazonas, à Igreja paulistana coube influenciar o resto do país como a nenhuma outra diocese. A Igreja paulistana vinculou o tema dos direitos humanos às condições degradantes do povo, assim levantando uma problemática que seria decisiva na reflexão dos bispos sobre a ação pastoral e o governo militar.

Comunidades Eclesiais de Base

Durante os anos 1964-1970, dinamizaram-se as bases, pois começavam a desenvolver-se todas as características fundamentais da Igreja popular.[79] Entre as inovações mais importantes estava o surgimento das comunidades eclesiais de base (CEBs). Uma CEB é um grupo pequeno (com uma média de 15 a 25 participantes) que geralmente se reúne uma vez por semana, usualmente para discutir a Bíblia e sua relevância face às questões contemporâneas. Seus membros são responsáveis pelas cerimônias religiosas do grupo, assim como por muitas decisões. No Brasil, ao contrário do que ocorreu na América Central, as CEBs foram, quase em sua maioria, criação de sacerdotes ou freiras. Desde o início, as CEBs brasileiras estavam intimamente ligadas à Igreja institucional. Através de publicações religiosas e de uma ocasional, mas importante, participação do clero nos encontros das CEBs, manteve-se uma ligação estreita entre o clero e as CEBs.[80] As Comunidades de Base tornaram-se uma das contribuições de maior destaque da Igreja brasileira ao catolicismo. Existem estimativas de 80 mil CEBs, com 2 milhões de participantes. A partir de suas leituras da Bíblia, muitos participantes das CEBs se envolveram nos movimentos populares, embora haja uma notável (e geralmente subestimada) heterogeneidade na atividade política das CEBs.[81]

Considerando-se sua importância, as origens das CEBS foram pouco auspiciosas. Os bispos, padres e freiras que iniciaram as CEBs estavam preocupados em construir uma nova Igreja que pudesse desenvolver relações humanas mais estreitas,[82] mas lhes faltava uma idéia clara de como deveriam ser as CEBs. Nas palavras de um importante teólogo que trabalha com as CEBs, "impressiona a fraqueza do começo da história das comunidades. Elas não nasceram de um planejamento premeditado. (...) O planejamento que existe hoje nasceu dos fatores que surgiram quase por acaso".[83] De acordo com o Plano Pastoral de Conjunto (PPC), as comunidades de base iriam enriquecer as relações humanas, facilitar uma evangelização mais efetiva, desenvolver uma melhor educação religiosa e promover uma participação leiga mais ativa. No PPC surgiu a primeira discussão sobre as CEBs, mas o PPC certamente não previu as comunidades de base da forma como elas vieram a evoluir. Percebia as CEBs como estruturas de base da Igreja. O PPC não conseguiu prever que as comunidades de base iriam adquirir maior relevância política, nem que privilegiariam o trabalho pastoral com as classes populares.

O PPC e os primeiros defensores das CEBs viam as comunidades de base como um meio de desenvolver estruturas eclesiásticas mais eficazes,[84] mas não como um grupo que alcançaria maior receptividade entre os pobres, ou que viria a ser politicamente significativo. Até mesmo dois padres progressistas, que estimularam a criação das CEBs, considerava-nas principalmente como um meio de promover uma experiência mais rica de fé e de comunidade.[85] As CEBs foram originalmente pensadas como um meio de fortalecer a presença da Igreja tradicional, não para ser uma nova forma de Igreja. Foram pensadas com a intenção de estimular a fé dentro de uma sociedade secular, não para modificar essa sociedade.[86]

Muitas CEBs surgiram porque não havia outra forma de fazer um trabalho pastoral mais intenso, senão delegando maior autonomia aos leigos, dada a falta de padres e religiosos. Ao explicar o impulso que motivou a criação das comunidades de base em sua paróquia no Recife, um padre observou: "Só posso celebrar as missas dominicais na paróquia de quinze em quinze dias. Isso criou nos monitores uma consciência mais aguda da precariedade e do caráter passageiro da ajuda clerical na comunidade e possibilitou o início de uma reflexão sobre a relatividade desta estrutura clerical na Igreja".[87]

Outro declarou: "Em 1966, eu trabalhava na Ilha de Marajó. Dom Ângelo havia iniciado um trabalho com as CEBs, não por razões políticas, mas simplesmente porque era de bom senso. Havia falta de padres, o transporte era precário, a situação da população era terrível. Dessa situação concreta às CEBs, o passo foi muito pequeno".[88]

Como muitas inovações na Igreja brasileira, as comunidades de base geralmente surgiram a partir dos agentes pastorais das bases. A hierarquia emitia documetnos estimulando a criação das CEBs, mas foram os padres e freiras comprometidos, tanto com ideais comunitários desde a base quanto com uma participação leiga mais ampla, quem de fato as iniciou. Em São Paulo, segundo o arcebispo Dom Paulo Evaristo Arns, "as comunidades de base surgiram nas bases. Eu apenas dei apoio aos agentes pastorais que já haviam iniciado algo de novo".[89]

Até Medellín, as mais importantes inovações nas CEBs relacionavam-se mais com a missão religiosa em seu sentido estrito — desenvolver maior participação dos leigos, desenvolver maior senso comunitário, modificar as relações entre os agentes pastorais e o povo — do que com política. Entretanto, poucos anos depois de Medellín, as CEBs se tornariam mais políticas.

O surgimento das CEBs refletiu mudanças na forma e na liderança do processo de inovação eclesiástica. A transformação recente da Igreja brasileira iniciou-se nos anos 50 e culminou com o surgimento da esquerda católica. Havia três agentes principais: os jovens radicais, os bispos progressistas e os progressistas nas bases.

Durante a fase do surgimento da Igreja popular, os jovens radicais deixavam de ter peso na Igreja.[90] As inovações, inclusive as CEBs, nasceram dentro da Igreja institucional, sob a inspiração de bispos, padres e freiras progressistas. A Igreja popular, que começou a emergir no final dos anos 60, foi uma descendente direta da Igreja reformista do início e da metade dos anos 60, apesar das significativas diferenças entre ambas.

A CNBB, 1968-1973

A CNBB manteve-se praticamente muda sobre a repressão entre o documento de junho de 1964, da Comissão Central, e 1968. Durante a Assembléia Geral da CNBB, em julho de 1968, às vésperas da Conferência de Medellín e pelo período de crescente repressão, os bispos começaram a abordá-la. O pronunciamento da assembléia foi cauteloso e moderado, mas continha as sementes das críticas mais enérgicas que a CNBB publicaria alguns anos depois. O documento retomava o espírito de nacionalismo desenvolvimentista que caracterizara o pensamento episcopal nos anos anteriores ao golpe, pedindo "reformas urgentes e corajosas na mentalidade e nas estruturas" e verdadeira participação popular. Os bispos criticaram a violência da extrema esquerda, mas também protestaram contra as violações dos direitos humanos. "Não concordamos com o desrespeito aos direitos fundamentais do homem, principalmente ao direito de livre expressão e reunião, ao direito da justa remuneração e de defesa." Os bispos queriam um sistema econômico onde houvesse maior participação com uma melhor distribuição de renda.[91]

No período 1968-1969, ocorreram vários eventos importantes para a CNBB: a conferência de Medellín, a intensificação da repressão, a exacerbação das desigualdades de renda, divulgação de inovações eclesiais nas bases. Também em 1968, Dom Aloísio Lorscheider foi eleito secretário-geral da CNBB. Ele restaurou o tipo de liderança dinâmica que faltava à CNBB desde a derrota de Dom Helder, em

1964. Sua competência administrativa, seu talento teológico e sua capacidade de liderança dinamizaram a CNBB. Embora sendo, pessoalmente, um reformista, Dom Aloísio deu seu apoio aos progressistas num vasto número de assuntos. Ao mesmo tempo, sua moderação fortaleceu sua posição entre os conservadores, que não teriam aceitado facilmente a liderança de um bispo mais progressista.

Em função dessas mudanças institucionais e o recrudescimento da repressão, a CNBB começou a adotar posições mais críticas em relação ao Estado. A 18 de fevereiro de 1969, em resposta ao AI n° 5 e à onda de repressão contra a Igreja, a CNBB deu um passo adiante na questão dos direitos humanos. Os bispos criticaram o AI n° 5 por permitir violações arbitrárias dos direitos humanos, inclusive sua restrição à autodefesa em tribunal, o direito de expressar opiniões e o direito à informação. Criticaram o governo militar por ameaçar a dignidade física e moral do indivíduo e por estimular uma radicalização maior da situação política. O documento expressava uma preocupação com os efeitos desigualitários da política econômica, criticando qualquer sistema onde "o lucro é o valor *supremo* do progresso econômico, a concorrência é a lei *única* da economia, a propriedade privada dos bens da produção é o direito *absoluto*".[92]

Os bispos afirmaram que o indivíduo e não critérios técnicos deveria constituir o foco do desenvolvimento. Também começaram a questionar se o desenvolvimento iria resolver os problemas da maioria da população. Alguns tipos de crescimento econômico pareciam prejudicar, ao invés de beneficiar, grandes setores da população.

Durante a XI Assembléia Geral, em maio de 1970, a CNBB divulgou um documento que ultrapassava o alcance dos anteriores. Denunciava de forma contundente os abusos do regime militar e abordava de forma explícita a questão da tortura.

"Não podemos admitir as lamentáveis manifestações da violência, traduzidas na forma de assaltos, seqüestros, mortes ou quaisquer outras modalidades de terror. (...) Pensamos primeiramente no exercício da JUSTIÇA, (...) que, sinceramente, cremos estar sendo violentado, com freqüência, por processos levados morosa e precariamente, por detenções efetuadas em base a suspeitas ou acusações precipitadas, por inquéritos instaurados é levados adiante por vários meses, em regime de incomunicabilidade das pessoas e em carência, não raro, do fundamental direito de defesa. (...) Seríamos omissos se não frisássemos, neste momento, nossa posição firme contra toda e qualquer espécie de tortura."[93]

Essa forte denúncia de tortura contrastava com a cautela do documento sobre a economia. A CNBB expressava uma preocupação com a "situação trágica em que vive boa parte da população", mas os bispos relutavam em fazer críticas à política econômica. Eles até elogiaram o governo por seus "resultados já palpáveis nos campos eco-

O SURGIMENTO DA IGREJA POPULAR, 1964-1973 131

nômico-financeiro, administrativo, no campo dos transportes, da energia, das comunicações e da habitação".[94] Em 1970, a maior parte dos bispos brasileiros favorecia posições políticas reformistas ou social-democratas. Somente os progressistas se manifestavam sobre as questões sócio-econômicas, mas os moderados e os conservadores começaram a combater a violação dos direitos humanos.

O próximo grande passo no desenvolvimento político da CNBB deu-se em 1973, ano do 25º aniversário da Declaração dos Direitos Humanos das Nações Unidas. Os setores populares da Igreja, que estavam se firmando como uma presença significativa na sociedade e na Igreja como um todo, tomaram o que poderia ter sido uma campanha reformista e a transformaram numa campanha mais abrangente e progressista. Postularam que situações de extrema pobreza e de opressão também constituíam violações dos direitos humanos.[95] Mesmo com algumas passagens conciliatórias e qualificações, a declaração da XIII Assembléia Geral de fevereiro de 1973 foi de longe a mais progressista na história da CNBB até então. Dizia: "O fato concreto que primeiramente nos aflige é a situação de marginalização em que ainda vivem milhões de nossos irmãos, que nem sequer têm condições de conhecer, e muito menos de gozar dos benefícios que os Direitos Humanos lhes garantem. (...) Lamentamos o alto preço humano que vem sendo exigido do povo brasileiro como condição de seu desenvolvimento econômico".[96]

A CNBB ainda não acompanhava os grupos episcopais das regiões mais progressistas, mas ela percorrera um longo trajeto. Após ter quase dado apoio ao regime militar (1964-1968), levantou uma voz tímida contra os excessos da repressão (1968-1972) e finalmente se firmou nas críticas às violações dos direitos humanos e abusos (1973-1982).

Em 1973, começou também a vincular o problema dos direitos humanos às necessidades materiais das classes populares. Em abril, somente alguns meses após a Assembléia Geral, a Comissão Central divulgou um documento mais incisivo que superava as passagens ambíguas do documento de fevereiro. Os bispos afirmavam seu desejo de "ajudar os mais humildes a conquistar os seus direitos humanos. (...) Os direitos humanos impõem à Igreja a grave exigência de abertura e efetiva doação às classes mais marginalizadas".[97]

Conclusão: explicando a mudança da Igreja, 1964-1973

As rápidas mudanças do período de 1964-1973 resultaram de uma conjunção de alterações na política e na sociedade brasileiras e de mudanças na Igreja internacional. Seja como resultado da tortura, das infames desigualdades em São Paulo, da violência contra os camponeses nas áreas fronteiriças do Amazonas ou da repressão contra a Igreja no Nordeste, a primeira década de governo militar afetou a Igreja de forma significativa. Entretanto, as instituições religiosas nem sempre se tornam mais progressistas caso uma sociedade se torne mais desigual ou repressora. Mudanças econômicas não fazem com que as instituições modifiquem automaticamente a sua identidade ou sua percepção da política. Algumas Igrejas regionais no Brasil (especialmente no Sul) e algumas outras localidades não passaram pela mesma transformação. Em outras sociedades latino-americanas, a Igreja Católica vivenciara regimes autoritários repressores e elitistas sem passar por uma mudança semelhante. Em outros períodos históricos, inclusive o período recente de 1937-1945, a Igreja brasileira apoiou um regime autoritário. A Igreja espanhola apoiou o regime de Franco até a década de 60, apesar de sua natureza altamente repressiva.[98]

De um modo geral, a Igreja internacional também continuou a encorajar a renovação eclesiástica. Os bispos brasileiros inicialmente retrocederam em relação às posições pré-1964, mas a incipiente Igreja popular recebeu estímulo por parte da Igreja internacional, especialmente de Roma e da reunião em Medellín, em 1968. O papado de Paulo VI caracterizou-se por algumas vacilações e pressões contra o catolicismo progressista na Europa. Paulo VI emitiu seus documentos mais progressistas em relação ao Terceiro Mundo. *Populorum Progressio*, publicada em 1967 e tachada de "marxismo requentado" pelo *Wall Street Journal*, causou contentamento aos católicos progressistas de toda a América Latina. A encíclica criticava as nações ricas por suas transações comerciais com o Sul e insistia num desenvolvimento mais igualitário entre os países. Argumentava que os direitos a uma forma de vida decente e digna e à participação no processo político são aspirações justas de todas as pessoas. A encíclica subordinava o direito à propriedade privada a direitos que ela valorizava como os mais essenciais e pedia transformações para criar sociedades mais justas.[99]

Outro acontecimento importante no papado de Paulo VI foi o Sínodo de bispos sobre a Justiça. Essa reunião de bispos representativos de todas as partes do mundo reafirmava a necessidade de a Igreja apoiar a justiça. Os bispos expressaram sua preocupação com "a dominação, opressão e abusos que sufocam a liberdade e impedem que a maior parte da humanidade compartilhe da construção e da alegria de um mundo mais justo e fraternal".[100] Também afirmaram uma preocupação especial com o Terceiro Mundo.

A reunião do CELAM em Medellín foi a mola propulsora da Igreja popular na América Latina. Medellín começou como uma tentativa inspirada pelo Vaticano II para compreender o papel da Igreja em meio às mudanças das sociedades latino-americanas. Porém, essa tentativa de adequar o Vaticano II à América Latina terminou chegando a conclusões que em muito suplantaram as do Concílio. Medellín representou um sucesso significativo da nascente Igreja popular. Apesar da inferioridade numérica dos bispos populares, o CELAM aprovou um documento que ostentava posições pastorais mais progressistas do que as encontradas em qualquer país latino-americano da época. O documento era particularmente enfático quanto à necessidade de ver a salvação como um processo que tem seu início na Terra, às conexões entre a fé e a justiça, à necessidade de mudanças estruturais na América Latina, à importância de se estimular as comunidades de base, à atenção privilegiada da Igreja aos pobres, ao caráter pecaminoso das estruturas sociais injustas, à necessidade de ver os aspectos positivos da secularização e à importância de se ter uma Igreja pobre.[101] Característica de Medellín foi a discussão do documento final sobre as comunidades eclesiais de base. Na época, havia poucas CEBs no continente, mas os bispos votaram por transformá-las numa das principais prioridades da Igreja latino-americana. Comparada com a discussão dos bispos brasileiros no PPC de 1965, Medellín certamente tinha uma concepção mais progressista das CEBs. Os bispos afirmavam que as CEBs eram especialmente apropriadas para os pobres e, mais do que o PPC, reconheciam o potencial das CEBs como um meio de testemunhar a fé através de posições sociais e políticas.[102]

Como o Vaticano II, Medellín afetou profundamente o enfoque que grande número de católicos tinha de sua fé. Numa época em que grande parte da Igreja brasileira ainda se encontrava intimamente vinculada ao Estado, Medellín ajudou a legitimar os progressistas. Ironicamente, a Igreja brasileira ajudou a imprimir um caráter progressista a Medellín. A participação de militantes da Ação Católica, de padres engajados nas inovações pastorais e de bispos progressistas brasileiros foi importante.

Medellín forneceu um grande estímulo ao que viria a ser chamado de "teologia da libertação". Os primeiros clássicos na teologia da libertação apareceram entre 1969 e 1973, incluindo *Opresión-Liberación: Desafio a los Cristianos*, do brasileiro Hugo Assmann (1971), *A Theology of Liberation*, do peruano Gustavo Gutiérrez (1971), e *Jesus Cristo, Libertador*, de autoria do brasileiro Leonardo Boff (1971). A nova teologia estimulou inovações por todo o continente.

Se a mudança política por si só nem sempre leva (ou explica) mudanças eclesiásticas, também não o faz a mudança doutrinal. A introdução de novas teologias que enfatizavam a justiça social não afetou necessariamente o trabalho pastoral das Igrejas nacionais. No mundo inteiro, a Igreja Católica pregava basicamente a mesma doutrina social, porém foi na situação repressiva de alguns países da

América Latina que a Igreja se tornou mais progressista. Existem algumas exceções (Argentina e Uruguai), mas, de modo geral, desde os anos 60 a Igreja latino-americana tem se tornado mais progressista em situações de repressão. Assim, não é a intenção de proteger interesses institucionais, nem o processo político, por si só, que explicam a mudança da Igreja. É a função de uma nova identidade institucional e de novas condições econômicas, políticas e sociais que a explica. Isolar as condições políticas e sociais ou a nova doutrina institucional como fator único de mudança, é deixar de perceber o caráter dialético desse processo.

NOTAS

(1) O termo vem do livro de Skidmore, *Politics in Brazil, 1930-1964: An Experiment in Democracy*. Skidmore foi justificadamente criticado por Schmitter por ter subestimado os elementos autoritários presentes no período de 1945-1964; ver "A 'Portugalização' do Brasil?". O artigo de Schmitter oferece muitas contribuições mas pode ofuscar mais do que elucidar ao chamar o período de 1945-1964 de um período de governo autoritário.

(2) Existe uma extensa literatura sobre esse período de governo militar. Uma boa visão geral introdutória é Flynn. Uma coletânea de diferentes interpretações é a de Stepan, *Authoritarian Brazil*, e Bruneau e Faucher. Sobre o papel dos militares, ver Stepan, *Military in Politics*. Para uma interpretação recente do golpe e das forças por detrás dele, ver Dreifuss. Wanderley Guilherme dos Santos enfoca mais as instituições políticas e os partidos em sua análise do golpe; ver "Calculus of Conflict". Uma visão geral abrangente da evolução do regime e da oposição é a de M. H. Moreira Alves.

(3) "Declaração da CNBB sobre a Situação Nacional", em Souza Lima, *Evolução Política*, p. 147.

(4) "Manifestos e Denúncias contra a Ação do Comunismo no Brasil", *REB*, 24 (1964): 207. Numa linha semelhante, ver Augusto Álvares da Silva, "Carta Pastoral", *Vozes*, 58 (1964): 63-68; e João Rezende costa, *REB*, 24 (1964): 209-210.

(5) Sobre a evolução conservadora da CNBB em 1963-1964, ver Krischke, "Populism and the Catolic Church". Material útil para documentar as reações de diferentes grupos leigos e bispos ao golpe, Centro de Pastoral Vergueiro, pt. 1, pp. 11-20.

(6) Sobre o clima e temores pré-golpe, ver Stepan, *Military in Politics*, pp. 134-171.

(7) *Ibidem*, p. 148.

(8) Muitos aspectos da história da CNBB, inclusive sua virada conservadora no período de 1963-1968, foram documentados. Ver Bruneau, *Political Transformation*, pp. 107-144; Antoine, *Church and Power*, pp. 205-275; Queiroga e M. Martins.

(9) "Nossas responsabilidades em Face da 'Populorum Progressio' e das Conclusões de Mar del Plata", *REB*, 27 (1967): 472. Essas eram as conclusões da Décima Terceira Assembléia Geral da CNBB, realizada em maio de 1967. Três anos após o golpe, a CNBB relutava mais ainda em fazer afirmações concretas do que durante os anos pré-golpe. A décima assembléia do CELAM, em Mar del Plata, Argentina, em outubro de 1966, foi um evento importante na evolução da Igreja Latino-Americana. Antecipou algumas das conclusões de Medellín.

(10) *SEDOC*, 1 (1968-1969): 986.

(11) Secretariado Geral da CNBB, "Brasil 1969", ago. 1969.

(12) Existe extensa literatura sobre o desenvolvimento do Amazonas. Uma boa visão geral é Pompermayer. Para a história das políticas governamentais na região, ver

CNBB, *Pastoral da terra; Posse e conflitos*, pp. 51-141, 159-206. Um importante estudo dos aspectos econômicos é de Mahar, *Frontier Development Policy*. Ianni, *Ditadura e Agricultura*, enfoca considerações de ordem política, social e econômica. Ver também a história de Ianni do desenvolvimento econômico e das lutas pela terra na região do Araguaia e no Sul do Pará, 1971-1977, *Luta pela Terra*. F. H. Cardoso e Muller, e José Marcelino Monteiro da Costa, ed., *Amazônia: Desenvolvimento e Ocupação* (Rio de Janeiro, 1979), fornecem informações úteis.

(13) Fundação IBGE, *Censo Agrícola*, 1960, 1970, 1975.
(14) *Ibidem*, 1950, 1975.
(15) Sobre as lutas dos posseiros e de outros camponeses, ver os excelentes trabalhos de J. de Souza Martins, *Expropriação e Violência* e *Camponeses*, pp. 103-150. Um trabalho significativo sobre as lutas dos camponeses na Alta Sorocabana, São Paulo, que tem alguns paralelos com as lutas do Amazonas, é d'Incao.

(16) Uma excelente introdução aos problemas dos índios no período pós-1964 é Davis. Para a avaliação de um bispo intimamente ligado ao Conselho Indigenista Missionário, ver Tomás Balduino, "O CIMI e a Terra dos Índios", depoimento feito à Comissão Parlamentar de Inquérito sobre Problemas Fundiários (Brasília, 23.3.1977).

(17) As conclusões desse encontro estão publicadas na *SEDOC*, 1 (1968-1969): 60.
(18) *Ibidem*, p. 49.
(19) *Ibidem*, p. 983.
(20) *Ibidem*, 3 (1970-1971): 1380-1381.
(21) *Ibidem*, p. 1374, da Assembléia da Regional Norte II, 24-27 nov. 1970.
(22) *Ibidem*, (1971-1972): 605.
(23) Casaldáliga, *Igreja da Amazônia*.
(24) Para o texto do documento, ver *SEDOC*, 2 (1969-1970): 1561-1565.
(25) *Ibidem*, 4 (fev. 1972): 987-988.
(26) *Ibidem*, p. 1195.
(27) *Ibidem*, 5 (jul. 1972): 112.
(28) Para um resumo das conclusões desse encontro, ver *REB*, 32 (1972): 703-704.
(29) A documentação do caso de São Félix vem de inúmeras fontes. A mais completa para o período que vai até 1971 é a primeira carta pastoral de Casaldáliga, *Igreja da Amazônia*. Outros escritos úteis de autoria de D. Pedro são *Creio na Justiça* e "Visão da Igreja a Partir da Periferia", *REB*, 38 (1978): 579-605. Ver Pompermayer, pp. 315-332, para o contexto sócio-econômico-político e algumas descrições das tentativas da Igreja de defender os camponeses. Salem, pp. 190-200, descreve brevemente a evolução da Igreja. Márcio Moreira Alves, *Igreja e a Política*, pp. 193-197; e Lernoux, pp. 268-277, descrevem o conflito com o padre Jentel. Três relatos jornalísticos, incluindo longas entrevistas, são de E. Martins; Cabestrero, *Iglesia que Lucha*; e Cabestrero, *Diálogo em Mato Grosso*. Centro de Pastoral Vergueiro, pt. 4, pp. 40, 68-71, tem informações sobre diversos conflitos. Entre os diversos relatos jornalísticos e em periódicos, ver *SEDOC*, 6 (1973-1974): 340-341; *REB*, 33 (1973): 734, 983-984; *Los Angeles Times*, 17.6.1975; *Brazilian Information Bulletin* (Berkeley, Califórnia), Fall 1973; *Latin America Press*, 25.6.1974.
(30) *O Estado de S. Paulo*, 5.5.1972, citado no Centro de Pastoral Vergueiro, pt. 4, p. 69.
(31) Parte do texto é citada por Pompermayer, p. 325.
(32) Ianni, *Luta pela Terra*, pp. 99, 122. Esse estudo constitui uma boa introdução à transformação da região do Araguaia e da violência entre os proprietários rurais e os camponeses.
(33) Sobre o movimento armado do Araguaia, ver Pomar.
(34) *SEDOC*, 5 (nov. 1972): 576.
(35) Entrevista com o autor, nov. 1981.
(36) Centro de Pastoral Vergueiro, pt. 5, pp. 34-35.

(37) Souza Lima, *Evolução Política*, p. 222.
(38) *Ibidem*, p. 227.
(39) *Ibidem*, p. 235.
(40) *Ibidem*, p. 237.
(41) *SEDOC*, 7 (1974-1975): 98-99.
(42) Os dados se encontram em Cavalcanti, "Tristes Processos Econômicos" e "Dimensões de Marginalização do Nordeste". Para uma visão geral do desenvolvimento do Nordeste, ver Cavalcanti de Albuquerque e Cavalcanti; Oliveira.
(43) Como escreve Amelia Cohn (p. 64), "o Nordeste adquire significado nacional pela magnitude das tensões sociais aí existentes e pelos problemas políticos da região. O Nordeste se impõe ao Governo Federal como um problema que exige sua intervenção do modo mais efetivo e sistemático, devido ao agravamento das tensões sociais e políticas da região no decorrer da década de 50". Ver também Oliveira, especialmente pp. 45-58, 99-113.
(44) Sobre a mobilização dos camponeses e o contexto político geral do Nordeste durante esse período, ver J. de Souza Martins, *Camponeses*, pp. 62-92; Hewitt, Alcântara de Camargo e C. Moraes.
(45) Sobre o golpe e seus efeitos na região, ver Paiva, "Pedagogia e Luta Social".
(46) Câmara, *Revolution Throught Peace*, p. 3.
(47) Para algumas reflexões jornalísticas e entrevistas com D. Helder, ver Broucker. Um relato mais breve é Gómez de Souza, "D. Helder, Irmãos dos Pobres", em sua coletânea *Clases Populares*, pp. 289-295. Gómez de Souza trabalhou em íntima associação com D. Helder durante vários anos. Uma declaração teológica mais recente de D. Helder é *The Desert is Fertile*.
(48) Diversos ensaios e discursos de D. Fragoso estão reunidos em *Evangile et Révolution Sociale*. Sobre D. Fragoso, ver também Salem, pp. 110-114, 180-190. Vários ensaios de D. José Maria Pires estão reunidos em seu *Do Centro para a Margem*.
(49) *REB*, 25 (mar. 1962): 131.
(50) *Notícias de Igreja Universal*, 46/47 (fev., 1-15, 1968).
(51) Centro de Pastoral Vergueiro, pt. 1, p. 33.
(52) *Ibidem*, pt. 2, p. 17. Outro conflito entre o bispo e o regime ocorreu em maio de 1968. Ver Bruneau, *Political Transformation*, pp. 197-198.
(53) *SEDOC*, 1 (1968-1969): 53.
(54) *Ibidem*, 2 (1969-1970): 59-61.
(55) Citado em Dussel, pt. 1, pp. 192-193.
(56) *SEDOC*, 3 (1970-1971): 489.
(57) Ver Bruneau, *Political Transformation*, pp. 212-213.
(58) Para essas declarações de solidariedade, ver *SEDOC*, 3 (1970-1971): 635-643, 987-999.
(59) Para o texto da declaração, ver *ibidem*, pp. 759-761.
(60) Para o texto da nota, ver *REB*, 31 (1971): 1012.
(61) Sobre esse incidente, ver *Informationes Catholiques Internationales*, 400, 402 e 406 (1972); *NADOC*, 260 (1972); e *Notíciais Aliadas*, 23 (mar. 1972).
(62) Sobre essa polêmica inicial, ver Bruneau, *Political Transformation*, pp. 198-199.
(63) Centro de Pastoral Vergueiro, vol. 4, p. 42.
(64) O'Donnell, "Tensions", p. 294. Para a perspectiva de um bispo progressista sobre os regimes burocráticos-autoritários e suas tentativas de controlar a sociedade civil, ver Padim, "Doutrina da Segurança Nacional".
(65) Souza Lima, *Evolução Política*, pp. 168-197.
(66) *Ibidem*, pp. 196-198.
(67) Sobre a história das comunidades de base em São Paulo, ver Ferreira de Camargo, "Comunidades Eclesiais de Base", especialmente pp. 62-68. Sobre o desenvolvimento da arquidiocese como um todo, ver Bruneau, *Church in Brazil*, cap. 5. Para

uma análise da evolução das comunidades de base em uma determinada região da arquidiocese, ver Souto.
(68) Para o discurso, ver Centro de Pastoral Vergueiro, pt. 1, pp. 23-24.
(69) *Ibidem*, pt. 2, p. 50.
(70) Entrevista com o autor, 1.10.1981.
(71) Uma interessante coletânea de entrevistas com D. Paulo, que abrangem suas visões sobre uma grande variedade de assuntos, é Arns, *Em Defesa dos Direitos Humanos*.
(72) Sobre o Esquadrão da Morte, ver Bicudo. Bicudo era membro da Comissão Justiça e Paz de São Paulo.
(73) Entrevista com o autor, 1.10.1981.
(74) Um valioso estudo da comissão foi feito por C. Pope.
(75) Centro de Pastoral Vergueiro, pt. 4, p. 64.
(76) Para informações detalhadas sobre esses problemas, ver Ferreira de Camargo *et alii*: Sobre os problemas de desenvolvimento em São Paulo, ver também Berlinck e Kowarick.
(77) Ferreira de Camargo *et alii*, pp. 8-9.
(78) *SEDOC*, 5 (1972-1973): 108-109.
(79) Essas observações baseiam-se em amplas entrevistas em dioceses por todo o país. Pouco se publicou acerca do desenvolvimento inicial da Igreja popular. Sobre o surgimento das comunidades de base, os relatórios das comunidades e dos agentes pastorais que trabalhavam com elas fornecem informações úteis. Ver Mesters *et alii*, *SEDOC* 9 (n?s de out. e nov. de 1976); e *SEDOC* 11 (1978-1979): 258-448, 705-862. Ver também Conferência Nacional dos Bispos do Brasil (CNBB), *Comunidades*.
(80) Esse ponto foi enfatizado por Vanilda Paiva. Sobre os vínculos entre as CEBs e a hierarquia na América Central, ver Cáceres *et alii*, pp. 47-160; Cáceres; Montgomery; e Berryman, *Religious Roots*.
(81) Apesar da importância das CEBs, a literatura de ciências sociais a esse respeito é fraca. Sobre suas origens, ver Couto Teixeira ou, do ponto de vista de um bispo que ajudou a encorajar as primeiras CEBs, L. G. Fernandes. Uma boa exposição introdutora é Bruneau, "Basic Christian Communities". Ver também a interessante contribuição de Ireland. Para uma reflexão feita por simpatizantes, ver Torres e Eagleson, *Challenge of Basic Christian Communities*. Sobre inovações nas bases por todo o continente, ver Levine, *Popular Religion*. *Os relatórios dos três primeiros encontros nacionais das CEBs estão publicados em SEDOC 7* (mai. 1975), 9 (jul. 1976), e 11 (out. 1978 e jan.-fev. 1979).
(82) Ver Marins, *Comunidade Eclesial de Base*, pp. 58-59; Affonso Felipe Gregory, "As Paróquias Urbanas Querem Ser Verdadeiras Comunidades", em Gregory, pp. 89-102; CNBB, *Plano de Pastoral de Conjunto*, pp. 39; Caramuru de Barros, *Comunidade Eclesial de Base*, caps. 2-3; e Comblin, "Comunidades Eclesiais".
(83) Mesters, "Futuro do Nosso Passado", p. 126.
(84) Ver José Marins, "Experiências Novas em Paróquias", em Gregory, pp. 119-133; Caramuru de Barros, *Comunidade Eclesial de Base*, cap. 4; Caramuru de Barros, *Perspectivas Pastorais*; e Barbé e Retumba.
(85) Ver Caramuru de Barros, *Comunidade Eclesial de Base* e Marins, *Comunidade Eclesial de Base*. O que Caramuru de Barros mais valorizava nas CEBs eram o desenvolvimento de relações humanas melhores, a participação leiga mais efetiva, educação religiosa mais eficaz e uma nova presença da Igreja na sociedade; ver especialmente pp. 50-53. Para Marins, a noção de *base*, que mais tarde passou a ser identificada com as classes mais baixas, significava simplesmente "o nível mais baixo da Igreja enquanto comunidade" (p. 94).
(86) Para uma observação semelhante, ver Souza Netto, pp. 17-31.
(87) "A Experiência da Paróquia do Alto do Pascoal (Recife)", em Mesters *et alii*, p. 63.
(88) Entrevista, 20.10.1981.

(89) Entrevista, 1.10.1981.

(90) Meu argumento difere das interpretações de Souza Lima e de Gómez de Souza, pois ambos atribuem um papel decisivo à esquerda católica. Ver capítulos 4 e 6 para maiores informações acerca das diferenças entre a esquerda católica e a Igreja popular.

(91) Documento da Nona Assembléia Geral da CNBB, *Comunicado Mensal da CNBB*, 191 (1968): 33-34.

(92) Declaração da Comissão Central da CNBB, *ibidem*, 196/198 (1969): 11-15.

(93) Documento da Décima Primeira Assembléia Geral da CNBB, *SEDOC*, 3 (1970-1971): 85-86.

(94) *Ibidem*, p. 86.

(95) Ver, por exemplo, o documento publicado pela diocese de Cratéus, na *Pastoral da Terra* da CNBB, pp. 135-152. Cratéus e João Pessoa são duas das dioceses que mais enfocaram a noção dos direitos humanos. Sobre João Pessoa, ver Paiva, "Pedagogia e Luta Social".

(96) Declaração da XIII Assembléia Geral da CNBB, *SEDOC*, 5 (1972-1973): 1383-1384.

(97) Declaração da Comissão Central da CNBB, *REB*, 33 (1973): 444.

(98) Sobre a Igreja espanhola, ver Gómez Pérez, Fernández Areal e Cooper. Para uma interpretação da relação entre as empresas estatais, as multinacionais e a burguesia industrial, ver Evans.

(99) Para a encíclica ver Gremillion, pp. 387-416.

(100) *Ibidem*, p. 514.

(101) Existe ampla literatura sobre o contexto, as conclusões e o significado de Medellín. Ver Oliveros, pp. 74-129; Dussel, pp. 52-78; Muñoz; e Libânio, *Grandes Rupturas*, pp. 121-190.

(102) Conselho Episcopal Latino-Americano (CELAM), *Igreja*, seções 1.20 e 6.13.

A Juventude Operária Católica, 1947-1970

Este capítulo esboça a história da Juventude Operária Católica (JOC) do Brasil de 1947 a 1970.[1] Parte integrante da Ação Católica Brasileira, a JOC era e é um movimento da classe operária urbana. Durante o período considerado, foi um dos movimentos leigos mais significativos do Brasil. Foi também um dos mais importantes precursores da Igreja popular dos anos 70. A JOC quase foi extinta em 1970, vítima de uma brutal repressão por parte do Estado e de apoio insuficiente por parte dos bispos. Mas o movimento deu o testemunho de um tipo de fé que iria ganhar uma importância crescente dentro da Igreja brasileira. Numa época em que a maior parte da Igreja ainda se encontrava intimamente ligada ao Estado e às classes dominantes, a JOC ajudou a instituição a compreender as necessidades e os valores da classe operária e a importância de desenvolver práticas pastorais mais adequadas aos trabalhadores. Sob esse aspecto, a JOC ajudou a transformar uma instituição sabidamente hierárquica, autoritária e indiferente aos movimentos de base ou de leigos.

A JOC foi particularmente interessante devido à rapidez das mudanças no interior do movimento. Antes de 1958, a JOC era politicamente moderada, raramente se envolvendo em movimentos populares e mais ligada a atividades sociais dos jovens e à vida sacramental da Igreja do que à política. Já em 1970, o movimento tornara-se um dos principais alvos de repressão por parte do governo militar devido à sua liderança nos movimentos populares, suas críticas radicais ao regime e seu compromisso com o socialismo. Também deixara de lado suas preocupações com as atividades sociais dos jovens e se distanciara da Igreja institucional.

No decorrer deste capítulo, examinarei as mudanças da JOC em função, primeiro, da visão política da Igreja Católica como um todo e, segundo, do processo político na sociedade em geral. Enquanto movimento da Igreja, o desenvolvimento da JOC foi condicionado por mudanças na hierarquia e em outros movimentos leigos, especialmente na Ação Católica, nos movimentos da JOC em outros países e na doutrina e teologia da Igreja. Mesmo durante o final da década de 60, quando sua concepção de fé era muito mais progressista do que o pensamento dominante dentro da Igreja brasileira, a JOC tinha um caráter religioso. Isso se tornou evidente sobretudo na pedagogia da JOC, que manteve ênfase humanista cristã no respeito pelo indivíduo e especialmente pelos valores e capacidades das massas. Seus laços religiosos também apareceram na crítica da JOC aos grupos clandestinos e na manutenção de vínculos com a Igreja institucional a despeito de profundas diferenças.

O segundo ponto fundamental de referência para a compreensão da evolução da JOC é a mudança econômica, política e social na sociedade brasileira, cujas ideologias políticas influenciaram fortemente a visão de fé da JOC. Após 1958, a JOC tornou-se cada vez mais aberta às questões políticas e foi mais diretamente afetada pelo processo político. Os jocistas não eram apenas participantes de um movimento da Igreja, seus membros eram também operários. Como tal, eram afetados pelas mudanças políticas que envolviam todos os outros trabalhadores. À medida que se aprofundava o compromisso político, os acontecimentos políticos os afetavam exatamente da forma como afetavam a outros que atuavam em movimentos populares ou na esquerda. Enquanto assalariados e participantes de movimentos populares e do debate sobre o futuro político do Brasil, eles eram atingidos pelas políticas econômicas do governo. As mudanças no ambiente político durante o período de 1958-1970 — o otimismo nacionalista do período 1958-1964, a repressão, salários reais em declínio e a crescente desilusão com o capitalismo após 1964 — influenciaram fortemente o desenvolvimento da JOC.

Entretanto, deveríamos evitar reduzir a análise de uma Igreja ou de um movimento religioso à origem de classe de seus participantes. Embora as mudanças sociais e políticas tenham influenciado a JOC, essas mudanças, por si só, não explicam de maneira adequada a transformação da JOC; outros movimentos religiosos da classe operária permaneceram relativamente conservadores. Decisiva foi a conjunção da visão religiosa da JOC (que enfatizava a justiça social, a participação política, salários decentes e uma preocupação especial com os pobres) e das mudanças políticas (o fechamento de canais de participação, a redução dos salários). A análise de uma igreja ou de um movimento da Igreja não deveria ver suas transformações como resultados diretos, inevitáveis de uma mudança histórica mais ampla, nem negligenciar o impacto dessas mudanças maiores.

O desenvolvimento da JOC, 1947-1957

A Juventude Operária Católica foi fundada em 1923 pelo padre Joseph Cardijn, sacerdote belga proveniente de família de classe operária.[2] Desde o seu início, o movimento se voltava para a classe operária urbana, tanto na Europa quanto no Brasil, onde os primeiros grupos da JOC foram criados na metade da década de 30. Mas foi só em meados da década de 40, quando se organizou a Ação Católica, que a JOC começaria a se tornar um movimento importante. Do ponto de vista da Igreja institucional, a JOC era parte de um esforço amplo de realizar uma cautelosa modernização através do desenvolvimento de um trabalho pastoral mais eficaz entre a classe trabalhadora. O papa Pio XI havia lamentado que o maior escândalo do século XIX tivesse sido o fato da Igreja ter perdido a classe operária, e Pio XI e Pio XII viam a reconquista dessa classe como um objetivo prioritário.

No Brasil, o processo de secularização, a erosão do monopólio religioso católico, o baixo comparecimento à missa em áreas rurais trouxeram a conscientização de uma necessidade de desenvolver práticas pastorais mais eficazes, especialmente entre a classe operária urbana. Uma das principais expressões disso consistia na crença de que a classe trabalhadora era religiosamente ignorante e de que a Igreja precisava implantar uma fé mais madura. Essa preocupação está nitidamente expressa nos documentos da JOC do final da década de 40 e do início da de 50. "A maioria ignora o que seja o batismo: é simplesmente um ato que todos fazem porque sempre se fez (...) Quanto à freqüência dos jovens trabalhadores à Missa, é pequena (...) Grande ignorância religiosa (...) Grande influência do espiritismo. É bem forte a penetração do espiritismo, em conseqüência mesmo da ignorância religiosa (...) O cinema, a imprensa e o rádio são também um grande perigo, afastando os jovens da Igreja, desenvolvendo o culto da sensualidade, da amoralidade."[3] Para a Igreja, a JOC era uma maneira de "cristianizar" a classe operária. Havia uma visão generalizada de que "a necessidade de um movimento operário cristão e consciente é urgente (...) A Igreja confiou à JOC a missão de recristianizar todas as jovens trabalhadoras".[4]

A JOC não foi a única tentativa de cristianizar a classe operária brasileira. Outro movimento, os Círculos Operários, precedeu a JOC e, até a década de 50, desfrutou da maior proeminência. Organizados no início da década de 30, os Círculos tiveram uma rápida expansão e se tornaram um movimento nacional em 1937. Como a JOC, incorporaram uma preocupação com a doutrina social da Igreja, mas desde o início eram mais conservadores e hierarquizados do que a JOC.[5]

Até meados da década de 50, a JOC ostentava um tom triunfalista. Sua missão era a de "conquistar e converter jovens trabalhadores".[6] Ao lado dessa concepção, havia uma forte preocupação com a expansão numérica do movimento. Por volta de 1956, a JOC contava com 8 500 militantes e com diversas publicações regulares (as mais significativas eram os jornais mensais *Construir* e *Juventude Trabalhadora*).

Embora a JOC estivesse estruturada numa base paroquial, havia algumas tensões entre a estrutura paroquial, geralmente voltada para si mesma, e a JOC, com suas preocupações de natureza global. O laicato já desempenhava um papel mais significativo do que o que tivera nos Círculos Operários, e em 1957, o movimento já contratara alguns trabalhadores como assistentes. Também foi gradualmente congregando mais assistentes clericais, que trabalhavam junto ao movimento em vez de junto à paróquia, gerando dessa forma uma maior autonomia em relação à estrutura paroquial.

Por volta de 1950, a JOC tinha uma concepção de fé individualista e relativamente tradicional. Um assistente clerical definiu os objetivos do movimento como sendo "a glória de Deus e a salvação das almas".[7] Havia pouca noção de que a salvação pudesse significar um trabalho em prol de uma sociedade mais justa. A JOC não era negligente em relação aos problemas sociais, mas geralmente propunha soluções religiosas para esses problemas. A ação política e social era secundária em relação às preocupações religiosas e era geralmente vista de forma moralista.

Durante esse período, a JOC era mais um movimento jovem da Igreja do que uma organização da classe trabalhadora. Estava intimamente vinculada à vida sacramental da Igreja e a suas celebrações. Os jocistas promoviam extensas discussões sobre a família (relacionamento com os pais, namoro, casamento, paternidade) e problemas pessoais (a busca de emprego, as esperanças profissionais). O movimento também organizava atividades de lazer que iam desde piqueniques e bailes até assembléias e pequenas excursões.

A JOC tinha algum interesse por questões políticas e sociais. Um documento da fase inicial (1948) afirmava: "Contrariamente a certas associações que se dedicam a atividades puramente religiosas, a JOC tem um papel a desempenhar no domínio social".[8]

A pedagogia da JOC — "Ver, Julgar, Agir" — sempre expressou uma preocupação com a realidade social. Partindo dos fatos concretos de suas vidas, os jocistas deveriam fazer uma análise e então agir em consonância com essa racionalização. A análise e a ação tinham alcance limitado até o final da década de 50, mas o método sempre se prestava ao envolvimento em questões sociais. A JOC organizou campanhas educacionais de saúde, de habitação, do trabalho do menor e de outras questões sociais.

Já em 1950, o movimento tinha um interesse periférico pela luta sindical. Um documento daquele ano afirma: "A JOC sempre se interessou pela luta sindical. Através dos círculos de estudos, do jornal, tem insistido para que os jovens trabalhadores, a começar pelos próprios jocistas, entrem para os sindicatos".[9] Um documento de 1956 observava a importância da participação nos movimentos populares como uma forma de reagir aos problemas materiais enfrentados pela maioria dos jovens trabalhadores. "A JOC forma os jovens trabalhadores para serem, além de bons pais e mães de família, também líderes autênticos das organizações operárias".[10]

Mas havia limites à participação e visão políticas da JOC. Durante sua primeira década, o movimento passou a se preocupar mais em discutir temas tais como as condições de trabalho nas fábricas, horas de trabalho, intervalos adequados para o almoço, mas poucos jocistas eram líderes de movimento sindical. Os líderes leigos da JOC eram razoavelmente politizados, porém o movimento, como um todo, o era bem menos. Suas publicações freqüentemente criticavam "os agitadores comunistas" e insistiam em que um bom católico não daria seu voto a um comunista.

1958-1961

No final da década de 50, a JOC passou a se envolver mais em questões políticas, iniciando-se rápida e profunda transformação de um dos mais importantes grupos leigos na Igreja brasileira. Devido à crença da JOC de que sua missão religiosa exigia uma atenção às questões políticas e sociais, ela estava aberta à influência dos conflitos na sociedade como um todo. A politização da sociedade durante o final do período populista levou a JOC a se identificar cada vez mais com a luta da classe operária e a ter uma participação mais ativa na política.

Essa tendência foi reforçada pelas mudanças na Igreja. Durante o final da década de 50, embora a instituição ainda fosse conservadora, surgiram novos impulsos inovadores, apoiados pela CNBB e pelo papa João XXIII. Essa situação ajudou a estimular as inovações pastorais entre as classes populares, incentivando assim as atividades progressistas.

Além disso, no final da década de 50, outros movimentos dentro da Ação Católica Brasileira, sobretudo a JUC, iniciaram o processo de radicalização de onde surgiria a esquerda católica. A esquerda católica exerceu uma profunda influência na JOC ao criar uma nova visão de fé vinculada ao compromisso com a mudança social radical. A JOC se relacionava com outros movimentos da ACB, especialmente a nível da liderança nacional. Os militantes da JUC encorajavam os jocistas a ter uma visão de fé mais progressista e, em algumas ocasiões, ministraram cursos para ajudar os jocistas a desenvolver um conhecimento mais profundo da realidade brasileira. O MEB estimulou a reflexão sobre as práticas pedagógicas, embora a troca direta entre os dois movimentos fosse limitada.

Durante o período de 1958-1961, a JOC manteve sua preocupação com a expansão e a estrutura do movimento. Através de suas publicações e contato mais freqüente entre militantes de diferentes regiões geográficas, a JOC organizou-se melhor e desenvolveu uma liderança nacional formal, dando maior atenção à preparação dos líderes leigos. Em 1961, o jornal mensal da JOC tinha uma tiragem de 40 mil exemplares e o movimento contava com 25 943 membros.[11] A JOC do Brasil se tornara um dos movimentos jocistas mais ativos do mundo e um dos grupos leigos mais importantes na Igreja brasileira.

Durante esse período, o movimento tornou-se menos triunfalista, mais voltado para as questões da classe trabalhadora e progressistas. Pelo final da década de 50, influenciado pelo dinamismo do movimento sindical, a JOC passou mais tempo discutindo o treinamento profissional, os salários, as condições de trabalho, os sindicatos e as associações de bairro. A preocupação com os problemas materiais da vida da classe trabalhadora substituiu a preocupação inicial com as tradicionais questões de moral. A JOC não mais via os problemas principais dos jovens trabalhadores como questões de moral num sentido estrito, mas, sim, como questões políticas e econômicas. Ela se abriu à classe trabalhadora como um todo em vez de focalizar os jovens trabalhadores católicos. Como declarava um documento, havia "um despertar dos jovens trabalhadores para a valorização de sua condição de operário, de pobre, da grandeza do seu trabalho, de seu grupo social e a responsabilidade que lhes cabe em face dos outros grupos sociais".[12]

O ano de 1961 foi um marco no movimento. Três importantes conferências aconteceram no Rio de Janeiro: o II Congresso Mundial da JOC, o I Congresso Nacional dos Jovens Trabalhadores e o Congresso Nacional de Jovens Trabalhadores, organizado pela JOC. Além disso, o movimento lançou uma campanha de conscientização da classe trabalhadora para "despertar o meio operário, e particularmente a juventude, para a gravidade dos problemas em que vivem: salários insuficientes, sonegação do salário mínimo, desemprego, exploração no trabalho (e para) despertar os trabalhadores para a vida das associações de sua classe: sindicatos, cooperativas, clubes de bairro, etc.".[13]

As conclusões do Congresso de Jovens Trabalhadores (novembro de 1961) revelam as posições políticas da JOC da época. O documento contém fortes traços do otimismo político que marcou a maior parte dos grupos progressistas que apoiavam o governo populista, especialmente a visão de que "as reformas de base" do governo Goulart iriam resolver os grandes problemas do país. Mas, pela primeira vez, a JOC criticou o capitalismo. "O capitalismo, nas suas conseqüências e pela falta de respeito ao homem, é um mal tão condenável quanto o comunismo". O movimento também expressou críticas contundentes ao modelo de desenvolvimento brasileiro. "A corrida desenvolvimentista não significa necessariamente a promoção do meio operário, muito pelo contrário, no Brasil tem feito mais pobres os pobres, e os ricos mais ricos." [14]

Essas mudanças eram significativas, mas não devemos exagerar a profundidade da alteração da JOC por volta de 1961. Em termos de visão política, o movimento ainda expressava otimismo em relação ao sistema populista. O documento do I Congresso Nacional de Jovens Trabalhadores, por exemplo, o mais progressista do período, se mantém dentro da perspectiva progressista nacionalista desenvolvimentista. Afirma que as reformas necessárias podem ser realizadas através do sistema capitalista e, mais especificamente, que o importante é ter políticos melhores que possam conduzir o processo de desenvolvimento.

A esperança de que o Estado e as classes dominantes pudessem resolver os probleamas da classe trabalhadora aparecia com maior clareza em outros documentos. Em 1959, os assistentes clericais da JOC chamavam pela "colaboração inteligente e desinteressada entre todas as classes".[15] O questionário anual para discussão de grupo de 1960-1961 expressou uma crença na harmonia de classes. "A classe trabalhadora, junto com as outras, quer participar do progresso humano." [16] Os depoimentos dos jocistas que entrevistei revelavam os limites da conscientização política da JOC durante o período. "Nessa época nossa consciência política era constatar a situação, denunciar e esperar que as autoridades competentes resolvessem. (...) Exigia-se que o Governo fizesse as mudanças. Acreditava-se que, mudando as pessoas, colocando cristãos conscientes nos postos chave, seria suficiente. Não se entendia que era um problema estrutural. Não se questionavam as estruturas. Era um movimento que ainda se relacionava muito com patrões, com Governo, com autoridades, mesmo mantendo uma linha de provocação, um certo profetismo."[17] Ou ainda, nas palavras de outro ex-militante, "era um movimento que ainda se esforçava para dialogar com os empresários, com o governo, com as autoridades, mesmo enquanto mantinha uma linha de crítica." [18]

A JOC continuava fortemente religiosa. Sua leitura da realidade social era marcada por sua visão de fé e continuava profundamente envolvida na vida sacramental da Igreja. Um moralismo religioso permeava alguns textos. "O ambiente depravado, cético e descrente dos locais de trabalho, fermentado pelas conversas, maus exemplos, escândalos, pornografia, obsessão do sexo, solicitações, revoltas, injustiças, ódio e intrigas, corrompe a juventude trabalhadora."[19]

Embora a JOC ainda estivesse intimamente vinculada à paróquia e fosse relativamente moderada no aspecto político, as primeiras tensões entre o movimento e a Igreja vieram à tona. As práticas da JOC e sua visão de fé já tinham avançado mais do que a posição dominante da Igreja. Um documento declarava que "uma grande parte do clero ignora completamente os problemas e as aspirações da classe operária, voltando-se mais para as outras classes sociais. A pastoral da Igreja é quase que totalmente fora da realidade da vida operária".[20] Alguns entrevistados também observaram um conflito incipiente. "Nessa época a JOC era o que de mais avançado existia dentro da Igreja. Muitas vezes a gente não era aceito porque os bispos não entendiam nossa maneira de agir." Ou, como afirmou outro, "o Congresso Nacional foi realizado no Sindicato dos Metalúrgicos, o que foi muito combatido por alguns bispos. Como é que a JOC vai realizar um Congresso dentro de um sindicato? Isso já era sentido como uma coisa avançada demais. A JOC sempre estava lançando coisas muito avançadas para o conjunto da Igreja."[21]

1962-1964

Entre 1962 e 1964, a efervescência política e o dinamismo dos movimentos populares influenciou fortemente o desenvolvimento da JOC. As novas experiências em educação popular estimularam um repensar do trabalho com as classes populares, o que afetou o trabalho pastoral progressista. Enquanto cidadãos e trabalhadores, os jocistas participavam das discussões políticas da sociedade, e um grande número deles participava dos movimentos populares. A abertura da JOC para uma visão de fé que enfatiza o envolvimento político implicava que o movimento fosse mais diretamente afetado pelo que acontecia ao seu redor.

As mudanças dentro da Igreja também incentivaram um envolvimento político mais profundo e progressista. Não que a Igreja como um todo houvesse optado a favor das classes populares; pelo contrário, parte da instituição continuava aliada ao Estado e às classes dominantes. Mas o Concílio Vaticano II promoveu uma visão de fé mais progressista, e um número mais expressivo de pessoas dentro da Igreja brasileira optou por posições pastorais progressistas. A hierarquia, embora dividida, emitiu seus documentos mais progressistas. Em 1962, a CNBB, sob a liderança de Dom Helder Câmara, criticou os "desequilíbrios sociais" provocados pelo "egoísmo e o lucro erigidos pelo liberalismo econômico".[22] Em 1963, os bispos divulgaram um texto a favor de uma reforma agrária e insistiram em que todos deveriam ter acesso à terra.[23] Multiplicaram-se as inovações pastorais progressistas entre as classes populares. O compromisso político da esquerda católica aprofundou-se mais. Embora a JOC geralmente mantivesse alguma distância da esquerda católica, alguns poucos jocistas também participavam desses movimentos.

No período de 1962-1964, ocorreu uma virada decisiva na história da JOC. Esta iniciou o período já em transição a um crescente envolvimento político, distanciando-se de uma concepção mais sacramental da fé. Inclinava-se na direção de um maior envolvimento em problemas da classe operária e se afastava das questões de cunho pessoal, tais como namoro e o casamento. Muitos jocistas tinham uma forte consciência política e participavam dos movimentos populares. A conferência nacional de 1963 representou uma ruptura com o passado.

Como ocorrera com a JUC no início e com a Igreja como um todo posteriormente, a JOC deparou-se com diferentes concepções de sua própria missão. Com um número de militantes maior do que nunca, o movimento começou a padecer de sérias fragmentações internas. Uma divisão nítida veio à tona no Concílio Nacional (o encontro anual) sobre os limites do compromisso político da JOC. Os grupos de São Paulo e Recife exigiam posições mais radicais, mais críticas em relação ao capitalismo e propunham soluções estruturais para os problemas sociais. O Comitê Nacional (os líderes leigos do movimento) e o assistente nacional achavam que a Igreja deveria trabalhar dentro do sistema capitalista, ainda que um capitalismo reformado. A primeira posição foi a vencedora, e o Comitê Nacional e o assistente demitiram-se. O incidente trouxe muitas conseqüências importantes para o movimento, inclusive o declínio na participação e uma participação política cada vez mais profunda e radical, diminuindo a preocupação com a espiritualidade tradicional. Um documento de 1964 mencionava: "Muitos dirigentes começam a se lançar mais no seu engajamento pessoal em detrimento da formação de novos elementos. Sente-se mais a falta de bagagem de ordem espiritual. Os militantes não recebem o apoio devido e há uma certa queda da JOC na base".[24]

Durante esses anos, o compromisso da JOC com a luta da classe operária aprofundou-se. Enquanto no início da década de 50 a JOC refletia principalmente seu caráter de filiada à Igreja, durante os anos que precederam ao golpe ela refletiu com maior força seu caráter de movimento da classe trabalhadora. Nesse sentido, dizia-se que "A característica operária do movimento é vivida mais acentuadamente. (...) A JOC se abre mais para os ambientes. Os planos de trabalho lançam os militantes mais para a realidade da vida de trabalho. Há uma preocupação maior em atingir e apoiar os elementos de fábricas, elementos de mais valor humano. (...) Sente-se uma maior consciência operária nos militantes, sentido de realidade e um compromisso maior com a promoção operária integral. Há um maior engajamento no sindicato, na política e em todo movimento operário".[25]

O otimismo que impregnava boa parte da esquerda brasileira pode ser sentido na JOC, como se pode perceber pelas pastorais.

"Há realmente uma tomada de consciência da situação de miséria do povo. Há um desejo de promoção, de transformação de mentalidade e de estrutura, de justiça; de uma mais justa distribuição de riqueza e de melhores condições de vida para todos. Estamos vivendo em pleno momento revolucionário, de exigência das reformas de base desejadas especialmente pelos oprimidos."[26]

Em 1962, ex-jocistas criaram a Ação Católica Operária (ACO) para dar continuidade ao trabalho da JOC entre os operários de mais idade. A ACO definia-se como "um movimento de cristãos engajados na vida e no movimento operário, atuando unidos a todos os outros militantes; um movimento apostólico que revela, aos companheiros e à classe operária, a presença de Cristo e a sua mensagem, não tanto pelas palavras, mas pelas atitudes de amizade, de coragem, de fidelidade; m movimento que representa a classe trabalhadora dentro da Igreja, com o direito de exigir dela o cumprimento de sua missão para com a classe operária".[27]

A partir de 1962, a ACO iria desempenhar um papel importante na Igreja e nos movimentos populares, complementando os esforços da JOC. Muitos militantes da ACO eram antigos membros da JOC.

Apesar de seu despertar político, a JOC continuava a ser reformista. Achava que as reformas de base iriam transformar o país. Algumas publicações observavam que ainda era insuficiente o número de jocistas que participava dos movimentos populares, e que ainda havia uma ideologia anticomunista. Um número da revista voltada para a liderança da JOC declarava: "Os católicos não deveriam votar em candidatos comunistas ou em homens que pregam a luta de classes, a revolução pelo ódio, pelas armas, etc.".[28] Muitos entrevistados expressaram a idéia de que a JOC ainda era reformista. "Não existia na cabeça dos militantes nenhuma consciência do sistema capitalista ou de tática política, aliás isso era inexistente. A única coisa que existia era a consciência de que a gente estava sendo explorada."[29]

1964-1970

Durante a segunda metade da década de 60, a visão política da JOC transformou-se num processo acelerado. Durante esse período, a JOC abandonou o reformismo e tornou-se um movimento abertamente anticapitalista. A visão jocista ainda se diferenciava da percepção da esquerda marxista e assumiu um compromisso com a mudança social radical como elemento da fé cristã. Essa visão de fé e as práticas pedagógicas desenvolvidas pela JOC fariam dela uma das mais importantes precursoras da Igreja popular.

No período pós-1964, duas mudanças políticas e econômicas tiveram um impacto particularmente significativo sobre a JOC. Primeiro: o regime militar adotou um modelo de desenvolvimento altamente desigual, levando a um declínio dos salários reais que exacerbou as já difíceis condições de vida. Entre 1958 e 1969, os salários reais para o operariado caíram em 36,5% em São Paulo[30]; e entre 1960 e 1976, a participação dos 50% mais pobres da população na renda nacional diminuiu de 17,4% para 13,5%, e a quota dos 5% mais abastados aumentou de 28,3% para 37,9%.[31] Segundo: o regime reprimiu fortemente os movimentos populares mais significativos, causando a prisão de muitos jocistas.

A nova realidade sócio-política e as formas pelas quais outros grupos e movimentos percebiam essa situação afetou a JOC. A esquerda como um todo se mostrava cada vez mais crítica em relação ao capitalismo, e novas concepções teológicas estavam legitimando as visões progressistas de fé. Muitos grupos de esquerda estavam gradativamente perdendo sua crença de que as reformas necessárias poderiam acontecer dentro do sistema capitalista. Embora a JOC nunca seguisse os movimentos mais radicais, boa parte da esquerda passou à clandestinidade, passando a ver a luta clandestina como a solução única.[32] Devido a suas preocupações e a seus vínculos com outros grupos interessados em transformar a sociedade, a JOC teve contato com novos métodos de análise da sociedade. Na época, o marxismo e a teoria da dependência tornavam-se importantes instrumentos na América Latina. Como outros movimentos da Igreja interessados na transformação da realidade social,[33] a JOC foi influenciada por essas análises, especialmente após 1968.

As mudanças na Igreja como um todo também ajudam a explicar a evolução da JOC durante o período de 1964-1970. Embora o episcopado brasileiro tenha ficado essencialmente retraído durante o período de 1964-1968, outras mudanças dentro da Igreja favoreciam as posições que a JOC passava a adotar. O Vaticano II, que terminou em 1965, incentivou o pensamento católico progressista e práticas pastorais progressistas. Nas bases, um número maior de agentes de pastoral passou a se preocupar com as classes populares e com a justiça social. Surgiram as pioneiras comunidades de base e ocorreram as primeiras reflexões sistemáticas a respeito do trabalho pastoral com a classe trabalhadora. Uma nova teologia latino-americana emergiu, desenvolvendo muitos dos temas discutidos pela JOC: a fé e a política, a fé e a libertação, a opção preferencial pelos pobres, práticas pastorais e a pedagogia com as classes populares. A conferência de Medellín, em 1968, captou muito da riqueza dessa nova teologia e das inovações pastorais das bases.

Logo após o golpe, vários jocistas foram detidos ou presos devido a sua liderança em movimentos populares e os Concílios Nacionais de 1964 e 1965 foram cancelados por razões políticas. Em setembro de 1964, o Comitê Nacional divulgou um importante manifesto definindo a posição da JOC em relação ao golpe. "Para os operários adultos ou jovens que estão mais por dentro do problema operário, do movimento operário e da vida política do País, a revolução se fez, não para os operários e para atender às suas aspirações, mas para justamente barrar o Movimento Operário, impossibilitar o avanço das idéias renovadoras apregoadas por alguns líderes, e retirar de circulação as principais lideranças operárias e populares."[34]

A posição da JOC mostrava a evolução política do movimento e também o quanto sua visão se diferenciava de outro importante movimento da classe operária dentro da Igreja — os Círculos Operários. Conservadores e clericais, os Círculos Operários apoiaram o golpe em nome do anticomunismo. Desde o seu início, a liderança dos Círculos era predominantemente de classe média, separavam a fé da realidade social e não dispunham de um método pedagógico que levantasse questões acerca da realidade social. Estavam, portanto, mais fechados às influências que ajudaram a transformar a JOC. Além disso, não mantinham vínculos com os setores progressistas da Igreja (especialmente com outros movimentos da Ação Católica) que desempenharam um papel importante na transformação da JOC.

A rápida destruição dos ideais do período pré-golpe e do otimismo colocou novas questões para a esquerda e para os movimentos populares. Junto com outras manifestações, a JOC passou a se preocupar em fazer a análise teórica dos erros passados e das ações futuras. A percepção de que as práticas políticas anteriores continham falhas, a desilusão com o capitalismo e a dificuldade de ação face à repressão levaram ao desejo de uma melhor compreensão da realidade brasileira. Como declarou um ex-jocista: "A repressão fez com que o movimento se fechasse. Com a repressão, não deu para ser mais aquele amplo movimento de massa. A JOC passou a ser um movimento de quadros, de militantes. Bloqueada a possibilidade de ação de massa, ela passou a ter mais preocupação com a análise, e daí surgiu um amadurecimento muito grande. Os militantes começaram a compreender o problema operário no geral — o sistema social, político e econômico".[35]

As primeiras críticas feitas ao regime pelo movimento eram um tanto tímidas, enfocando questões específicas, tais como empregos e salários, Tinham uma parca noção de quão fútil era pedir concessões ao governo militar. Um documento de 1965 exigia que os líderes governamentais fizessem as reformas necessárias: "O que pedimos aos governantes e aos empresários são novas oportunidades de trabalho e medidas urgentes e decididas para que a Nação não seja construída com a fome e os sofrimentos dos mais fracos".[36]

Porém, na medida em que um número maior de jocistas sofria perseguições ou via colegas sendo pressionados devido a seu envolvimento com associações populares e na medida em que a natureza autoritária do regime se tornava mais clara, as críticas da JOC se tornavam mais fortes. Um primeiro passo nessa direção foi dado pelo Concílio Nacional de 1963, quando o movimento começou a criticar o "neocapitalismo", anteriormente defendido pelos documentos da JOC. Mas, em 1963, somente os líderes adotavam essa posição. Um segundo passo se deu em 1965, em Nova Friburgo, Rio de Janeiro, na Primeira Semana de Estudos, quando a maior parte do movimento começou a questionar o capitalismo.

Esse processo culminou com o Concílio Nacional de abril de 1968, organizado em conjunto com a ACO, em Recife. Aqui, os líderes, contando com total apoio por parte dos movimentos regionais e locais, romperam com o capitalismo que eles agora consideravam como a raiz dos problemas da classe trabalhadora brasileira. O Concílio concluía que era necessário superar o capitalismo e lutar por um sistema socialista.[37]

As conclusões do Concílio de Recife eram as mais radicais já adotadas por qualquer movimento da Igreja e trouxeram a JOC para a mira dos bispos e dos militares. Os bispos pediram à JOC que redigisse um relatório definindo suas posições. O "Documento Amarelo", terminado em julho de 1969, reafirmava a condenação do capitalismo feita pela JOC. "A causa fundamental dos problemas da classe operária é um sistema econômico baseado no lucro que não leva em consideração as necessidades do povo. (...) Denunciamos o capitalismo como um sistema intrinsecamente ruim." A JOC comprometia-se com a transformação social radical.

"Concluímos também que a JOC deveria contribuir com as mudanças profundas e radicais da atual sociedade, através da formação de militantes cristãos, autenticamente engajados neste processo, respeitando sempre as opções pessoais. O movimento quer assim contribuir com todas aquelas organizações que lutam pela construção de um Homem Novo e de uma Sociedade Nova, onde os Direitos Fundamentais do homem sejam respeitados na prática."[38]

A atitude da JOC em relação ao marxismo havia mudado dramaticamente desde 1964. Outro importante documento declarava: "O marxismo para nós é uma doutrina como qualquer outra. O comunismo não nos assusta. Se o marxismo contribui para dar ao operário aquilo de que ele precisa e permite a sua realização como indivíduo, não nos colocaremos contra ele. (...) Nós não somos comunistas, mas não o tememos; tememos, sim, a miséria, a fome, a alienação."[39]

O Concílio Nacional de Recife marcou mais do que o ponto culminante da virada da JOC na direção das soluções e de uma análise política mais radical. Dava, também, início a um período de violenta repressão contra o movimento e, em menor escala, contra a ACO. Vários jocistas haviam sido presos em 1964 e durante os anos que se seguiram, mas essas prisões eram decorrentes de participação em outros movimentos. Na verdade, a participação na JOC às vezes ajudava um líder popular a evitar a repressão. Entretanto, à medida que a JOC se radicalizava, tornava-se, também, alvo da repressão estatal. Entre 1966 e 1970, muitos dos conflitos mais sérios entre a Igreja e o Estado envolviam ou a JOC ou a ACO. O primeiro deles surgiu em julho de 1966, quando os bispos nordestinos divulgaram uma nota de apoio a um documento da ACO altamente crítico em relação ao governo. Inicialmente, o regime proibiu a circulação da nota e lançou diversos ataques contra Dom Helder Câmara. Como aconteceria repetidas vezes, essas agressões contra a Igreja levaram a uma maior coesão interna.[40]

O Estado também reprimiu a JOC e a ACO porque faziam parte dos esforços embrionários para desafiar as estruturas de trabalho corporativistas. Os dois movimentos desempenharam um papel importante nos esforços para se criar um movimento trabalhista mais autônomo, mais forte, particularmente nas greves de Contagem e Osasco, em 1968. Embora o movimento sindical houvesse questionado alguns aspectos do sistema corporativista antes de 1964, essas greves foram marcadas por uma maior organização dentro das fábricas, semelhante ao "sindicalismo novo" do final da década de 70. Ambas as greves foram reprimidas e vários participantes da JOC e da ACO foram presos. Em Osasco o regime prendeu e depois expulsou Pierre Wauthier, padre francês que serviu como assistente da JOC, provocando um dos conflitos Igreja/Estado mais noticiados da época.[41]

Wauthier foi punido por seu alegado papel na greve, não devido a seu vínculo com a JOC. A repressão direta contra a JOC só ocorreu após o Concílio do Recife. O governo confiscou os documentos do Concílio e os distribuiu entre diversos bispos conservadores, na esperança de que a hierarquia procedesse a represálias contra a JOC, exatamente da forma como fizera antes com a JUC.

Mas, antes que a CNBB pudesse lidar com a questão, surgiu a repressão. A onda de repressão iniciou-se com a prisão e tortura de três padres e um diácono associados à JOC em Belo Horizonte, a 28 de novembro de 1968, duas semanas antes da decretação do AI n.º 5. Os militares alegavam que os quatro, entre outras atividades subversivas, haviam instigado as greves em Contagem. Esse incidente precipitou um dos mais polêmicos conflitos da época entre a Igreja e o Estado. A tortura dos quatro foi amplamente divulgada. Mesmo líderes relativamente conservadores da Igreja, muitos dos quais até então não haviam dado atenção às denúncias de tortura que consideravam apócrifas, denunciaram as ações do Estado. O caso gerou maior conscientização eclesiástica em relação à natureza arbitrária do regime, como também criou maior senso de coesão dentro da Igreja, numa época em que a instituição ainda se encontrava profundamente dividida quanto à sua reação ao regime. Após as prisões, vários prelados reconhecidamente conservadores, inclusive o presidente da CNBB, Dom Agnelo Rossi, o arcebispo do Rio de Janeiro, Dom Jaime de Barros Câmara e o arcebispo de Porto Alegre, Dom Vicente Scherer, escreveram cartas de protesto contra as ações do governo. A 4 de dezembro a Comissão Central da CNBB emitiu uma nota denunciando as prisões, um dos primeiros protestos da CNBB contra a violação dos direitos humanos.[42]

Imediatamente após a decretação do AI n.º 5, o regime deu início à perseguição de muitos líderes e assistentes da JOC. No início de 1969, assistentes clericais da JOC foram presos em Recife, Porto Alegre, Rio, São Paulo e Nova Hamburgo. A polícia invadiu a sede em São Paulo, em janeiro; outras invasões de sedes da JOC ocorreram no Rio, Teresina, Cratéus e em outros locais. Muitos militantes foram presos e torturados.

A 25 de maio de 1969, um assistente da JOC em Recife, padre Antônio Henrique Pereira Neto, foi o primeiro sacerdote a ser assassinado pelo regime.[43] Um general disse a um líder da JOC que, enquanto restasse um único jocista, seu trabalho não estaria terminado; ele queria elidir o movimento.[44] A JOC se tornara um dos principais alvos do regime sob o pretexto espúrio de que o movimento trabalhava junto a grupos clandestinos. Embora houvesse casos isolados de jocistas que integravam grupos clandestinos, as relações entre a JOC e os partidos clandestinos não eram boas. Esses partidos consideravam a JOC reformista; as perspectivas humanistas cristãs da JOC, sua decisão de permanecer dentro da Igreja, seu compromisso de não se tornar clandestina, e suas críticas contundentes ao autoritarismo dos partidos clandestinos eram pontos de atrito.

Além dos problemas causados pela repressão, a JOC teve dificuldades com a Igreja institucional. Um ex-assistente da JOC observou que "a JOC perdeu muito daquela simpatia que tinha. Ela era muito querida quando acentuava mais o caráter juvenil. Quando começou a tomar posição, quando entrou no mérito da classe, ela deixou de ser querida".[45] Bispos isolados arriscavam a própria segurança para defender a JOC, mas a hierarquia como um todo pouco fez para defender o movimento. A maioria dos bispos não concordava com as ações políticas da JOC e com seu afastamento da vida sacramental da Igreja. O movimento, por sua parte, não nutria simpatia pela hierarquia que, longe de defender a classe trabalhadora, permaneceu em silêncio até o final da década. Muitos jocistas abandonaram a Igreja, descontentes com seu silêncio em relação ao regime militar e sua proximidade com a elite. Os grupos que continuaram a funcionar se afastavam cada vez mais da vida paroquial, e o contato entre a JOC e a instituição reduziu-se ao mínimo.

Diante da forte repressão estatal e de uma relativa falta de apoio por parte dos bispos, a JOC voltou-se para a Juvente Operária Católica Internacional em busca de ajuda e a recebeu. No mundo inteiro, os grupos da Juventude Operária se manifestaram a seu favor. O assistente internacional, padre australiano Brian Burke, veio ao Brasil para ajudar a defender a JOC frente à hierarquia. Burke apoiou a JOC, mas a CNBB só lhe concedeu quinze minutos de sua sessão anual para expor o caso do movimento.[46]

Uma segunda onda de repressão que quase silenciou a JOC durante alguns anos ocorreu em outubro de 1970. A polícia vasculhou a sede nacional no Rio de Janeiro e torturou o Comitê Central e quatro sacerdotes assessores. Isso deu início a uma outra série de prisões de militantes e padres jocistas. A maioria dos grupos em São Paulo, Belo Horizonte e Volta Redonda foi silenciada. A essa altura, a CNBB estava começando a reagir contra as violações dos direitos humanos. A tortura dos jocistas em Volta Redonda levou a um sério conflito entre o bispo, Dom Waldir Calheiros, e o regime, e um grande número de bispos conservadores defendeu Dom Waldir e os torturados.[47]

No Rio, a perseguição aos jocistas causou um dos mais dramáticos conflitos entre a Igreja e o Estado durante as duas décadas de regime militar. Os militares invadiram um centro de estudos jesuítas e prenderam o secretário geral da CNBB, Dom Aloísio Lorscheider, o reitor da PUC do Rio e o diretor dos jesuítas da região Sudeste. As torturas de muitas pessoas da Igreja e a violação de propriedades eclesiásticas repercutiu tanto, que Dom Eugênio Salles (então arcebispo de Salvador) e Dom Vicente Scherer (de Porto Alegre) viajaram para o Rio para falar com representantes do governo. As perseguições contra a Igreja começaram na base, e por fim atingiram os mais altos escalões da instituição.

Em virtude do ataque frontal à Igreja, a Comissão Central da CNBB divulgou um de seus mais enérgicos protestos já ocorridos. "A promoção do homem em suas várias implicações — objetivo assumido pelo Governo em seus documentos oficiais — deve ser plenamente assegurada em todos os escalões de sua organização política e administrativa. Tal objetivo não será alcançado quando, para eliminar o terrorismo subversivo e aviltante cuja maior vítima é o próprio povo, a exacerbação de uma justa preocupação pela segurança nacional gera um clima de crescente insegurança. O terrorismo da subversão não pode ter como resposta o terrorismo da repressão."[48]

O evento recebeu até atenção internacional. A rádio do Vaticano denunciava as prisões e o *Osservatore Romano*, órgão oficial da Santa Sé, publicou a declaração da Comissão Central na primeira página e expressou apoio editorial. Por toda a Europa, jovens operários católicos bombardeavam os consulados e as embaixadas brasileiras com telefonemas de protesto contra as torturas. O papa Paulo VI também anunciou sua solidariedade para com a Igreja brasileira, legitimando, assim, aquele clero comprometido com a denúncia dos abusos autoritários.

A JOC estava despreparada para a repressão. Como afirmou um ex-jocista: "A gente não tinha na cabeça que ia ser preso. A gente acreditava que, pelo fato de ser cristão não ia ser preso. Isto não tinha sentido. Pensávamos que estávamos fazendo a coisa mais perfeita que podíamos fazer. (...) A gente agia como a Igreja e ninguém ia tocar na Igreja. A gente não tinha malícia, achava que estava tudo correto".[49]

A acirrada repressão do governo Médici (1969-1974), atrelada à crise dentro da JOC e à falta de apoio por parte dos bispos, quase desmantelou o movimento, tanto em termos numéricos quanto em eficácia para estimular movimentos populares. De 29 mil membros em 1961, a participação sofreu um declínio para 654 por volta de 1968.[50] Houve época em que mais de cem jocistas foram aprisionados e em muitos lugares o movimento fora liquidado. No máximo, alguns pequenos grupos continuaram a se encontrar de vez em quando, na semiclandestinidade. A repressão desestimulou a entrada ou a permanência na JOC. Uma pessoa declarou: "O pessoal queria que eu assumisse a equipe nacional. Mas eu tinha uma namorada. Estava pensando em casar. Como é que eu ia assumir?... A maioria do pessoal saiu da prisão muito apavorada, não estava preparada para esse nível de repressão. O pessoal apanhou muito".[51]

A repressão obrigou o movimento a abandonar as práticas de mobilização popular. É difícil exagerar a extrema dificuldade de organização de massa entre 1969 e 1974. O Estado considerava até as discussões populares rudimentares como subversivas, e os esforços para organizar as classes populares eram quase suicidas.[52] O máximo que os jocistas podiam fazer era manter contato com seus colegas e amigos.

Como conseqüência da repressão, a JOC quase perdeu seu caráter de movimento voltado para os problemas da juventude. O debate político substituiu as atividades de lazer e problemas de ordem pessoal. Embora não inteiramente por opção, essa profunda politização transformou a JOC de uma organização de massas num grupo de líderes do movimento popular. Os jocistas alcançaram uma compreensão mais radical e mais sofisticada do sistema capitalista, mas dispunham de poucas possibilidades de ação política. A ênfase no estudo gerava um certo elitismo que freqüentemente levava a um distanciamento do operário comum. Uma pessoa disse: "O que a gente não pode é perder o contato com os companheiros. Na medida em que isso acontece, a gente começa a se intelectualizar. Houve tempo em que passamos por isso. Começamos a estudar e a ver as coisas tão grandes, que muitas vezes a gente não sabia como falar com os companheiros da base. Falava-se do capitalismo, do socialismo e do marxismo e o trabalhador não tinha nada disso na cabeça".[53]

No final da década de 60, a JOC estava tão envolvida no trabalho político que não lhe sobrava tempo para os colegas cuja visão política fosse "atrasada". Hoje, muitos ex-participantes criticam esse caráter elitista: mesmo naquela época existia uma certa consciência do problema. Um documento de 1970 dizia: "A JOC, de modo geral, não está atingindo a massa de jovens trabalhadores. Formam-se pequenos grupos fechados, desligados da massa de jovens trabalhadores. Aos poucos estes grupos vão desaparecendo e assim o movimento vive em permanente instabilidade".[54] Mas, dada a repressão e a falta do apoio da hierarquia, o movimento teve dificuldade para superar esses problemas. Por causa da repressão, a JOC fechou suas publicações, que haviam sido uma das principais formas de recrutamento. De qualquer modo, os riscos em participar eram tão altos que poucos se dispunham a corrê-los.

Surpreendentemente, a JOC pouco criticava a Igreja institucional. Embora a Igreja institucional não se identificasse com a classe operária nem apoiasse a JOC, o movimento mantinha seu compromisso com a Igreja , e a religião permeava sua visão política. A JOC via suas atividades como parte de um testemunho de fé. A fé exigia o compromisso da construção de um mundo mais justo, pois assim realizar-se-iam os desígnios de Deus. Essa visão religiosa e o desejo de permanecer dentro da Igreja estavam claros no Documento Amarelo, um dos mais radicais já produzidos pela JOC. "A JOC permanece fiel à sua missão apostólica e educativa como movimento de Igreja presente entre a Juventude Trabalhadora. Quer ajudar cada jovem trabalhador a encontrar Cristo em sua vida e descobrir toda a força do Evangelho...

A JOC do Brasil está convencida de que tem procurado ser fiel aos apelos evangélicos.

A JOC do Brasil quer continuar pertencendo à Igreja. Quer, porém, ser fiel à juventude trabalhadora e, portanto, à classe operária. Para nós esta é a única maneira de guardar fidelidade à Igreja de Cristo." [55]

Essa visão religiosa, a insistência em permanecer na Igreja, a rejeição da luta política clandestina e a relativa passividade do trabalho da JOC criaram uma certa impunidade em relação a represálias da hierarquia, não obstante o fato das suas posições serem mais radicais do que aquelas anteriormente adotadas pela JUC. Nunca a Igreja tomou providências oficiais contra a JOC, embora em algumas cidades a JOC enfrentasse a resistência do bispo. A hierarquia recusou-se a apoiar o movimento, mas não o reprimiu. A JOC escapou de represálias nos dois momentos em que elas seriam mais prováveis, em 1966, quando a hierarquia fechou outros movimentos da Ação Católica, e em 1969, quando o regime tentou pressionar os bispos para que impusessem represálias ao movimento.

A JOC e a transformação da Igreja

Um dos argumentos centrais deste texto é que a transformação da Igreja brasileira se deu através de um processo dialético. Muitas inovações foram iniciadas nas bases, mas se tornaram significativas somente após terem sido adotadas pela hierarquia. As contribuições e os limites da JOC na transformação da Igreja ilustram essa observação.

A onda de repressão de 1970 silenciou a JOC justamente quando a Igreja popular começava a ganhar espaço começava a ganhar espaço e quando a instituição começava a defender os direitos humanos. Durante o governo Médici, outros grupos da Igreja adquiriram um dinamismo que ultrapassava o da JOC e da ACO. As comunidades de base desabrocharam e as recém-formadas Comissão Pastoral Operária e Comissão Pastoral da Terra tornaram-se os focos ativos da inovação na Igreja.

A JOC nunca se recuperou inteiramente, embora o movimento começasse a crescer novamente após 1972. Nasciam outros movimentos da Igreja, a JOC permanecia eclipsada, vítima de muitos anos de repressão e de problemas internos. Hoje, o movimento continua a enfrentar a crise de identidade que surgiu pela primeira vez em 1963, no Concílio Nacional, que foi exacerbada pela repressão e que se complicou com o surgimento das comunidades de base, da Comissão Pastoral Operária e dos grupos de jovens nas paróquias. O cerne desse problema é se a JOC deveria se voltar para o operário comum ou para uma minoria politicamente conscientizada.

Apesar de divisões e problemas internos, a JOC cumpriu um papel histórico importante na Igreja brasileira. Talvez a contribuição mais importante tenha sido a de desenvolver uma concepção de fé, um compromisso com a luta popular e práticas pedagógicas que serviam de modelo para outros movimentos. O nível de militância política e a rejeição da religiosidade popular diferenciaram a JOC dos movimentos da Igreja da década de 70, mas, mesmo assim, a JOC influenciou suas reflexões teológicas e práticas pastorais.

A JOC e a ACO seguiram uma tradição, iniciada pela JUC, MEB, Ação Popular e por outros movimentos, de uma fé vinculada a uma opção política de esquerda. Mas a JOC e a ACO também deram uma contribuição singular. Enquanto os movimentos anteriores haviam sido liderados por intelectuais de classe média, a JOC e a ACO tinham uma visão mais popular. O ponto de partida na JOC e na Igreja popular, de um modo geral, era a situação material, a fé e os valores do povo. Uma parte integral dessa nova fé era encarar Cristo como um pobre que escolheu outros pobres e trabalhadores como seus discípulos, que veio para salvar os pobres acima de todos e que atacava os ricos e os poderosos ao clamar pela justiça social. Essa preocupação com a temática do povo também estaria muito presente na Igreja popular.

Originalmente, a JOC fora um meio de trazer a Igreja até a classe operária, de cristianizar a classe operária. Mas seu significado histórico reside em ter feito o contrário, em ter ajudado a Igreja a compreender a classe operária. A JOC e a ACO eram parte de uma onda de experiências pastorais progressistas do início da década de 60 entre as classes populares. Mas, entre elas, a JOC e a ACO se destacavam tanto devido ao desenvolvimento de sua visão de fé quanto ao seu caráter de movimentos nacionais. Através de suas publicações e congressos, a JOC promoveu uma troca de idéias entre pessoas de todas as partes do Brasil e ganhou uma influência que poucas inovações locais tiveram.

A JOC ajudou a Igreja a reavaliar seus tradicionais paternalismo e elitismo no trabalho com as classes populares. No período anterior ao golpe, os assistentes da JOC já refletiam sobre o mundo e os valores da classe trabalhadora. Junto com os jocistas, os assistentes começaram a rejeitar a crença tradicional de que a classe trabalhadora abandonara a Igreja por causa de sua ignorância religiosa. Num documento de 1961, assistentes da JOC concluíram que os operários haviam abandonado a Igreja porque a instituição não compreendia o seu mundo, porque eles viviam em condições subumanas que não permitiam uma intensa vida religiosa, porque identificavam a Igreja como força opressora e porque não estava presente na luta sindical. "Da parte da Igreja houve pecados de omissão: a ausência da Igreja nos problemas e assuntos operários. O operariado desconhece totalmente que a Igreja tem uma doutrina social capaz de dar uma resposta aos seus problemas."[56]

Outra reflexão inicial (1964) acerca do trabalho pastoral com as classes populares era até mais crítica em relação à Igreja: "(...) O padre representa aquele que sabe bastante, que tem uma autoridade, mas que se encontra ao mesmo tempo distante e que pertence a um outro meio. Pode haver uma atitude dupla, uma diante do homem da Igreja (beija-se sua mão, mostra-se cheio de respeito, etc.), outra nos comentários que se fazem entre os companheiros de fábrica ou em casa. Nos contatos que tivemos nas fábricas ou no bairro, as pessoas com muita freqüência começaram por afirmar sua religiosidade. (...) Somente mais tarde, quando já se havia criado certo clima de confiança e de simplicidade entre nós, essas pessoas começaram a soltar todos os seus preconceitos sobre a Igreja. (...)
 A idéia talvez mais freqüente que têm dos religiosos, dos padres, é que são pessoas ligadas aos ricos. (...)
 A dificuldade não é talvez tanto que tal ou tal padre tenha fraquezas, eles compreenderão esse aspecto humano do padre. É o aburguesamento dos homens da Igreja que os escandaliza".[57]

Já em 1964, os assistentes da JOC criticavam a Igreja por "seus compromissos com o capitalismo, sua negligência da ordem temporal, suas atitudes moralizantes".[58] Foram pioneiros ao exigir uma liturgia popular, um catecismo popular e uma linguagem acessível ao povo e ao enfatizar os valores e as capacidades populares. Também estiveram entre os primeiros a pedir uma opção preferencial pelos pobres. Um documento de 1963 declarava: "Se a Igreja do Brasil não se voltar para os problemas dos trabalhadores e suas pessoas e não fizer um esforço gigantesco mesmo para sair do abismo que a separa da massa operária (...) ela estará falhando na sua missão: evangelizar os pobres".[59]

Influenciados por outras experiências em educação e cultura populares, os assistentes da JOC foram pioneiros na sua reflexão sobre os princípios pedagógicos do trabalho pastoral junto às classes populares. Afirmavam que os trabalhadores tinham algo a ensinar e que eram seres humanos completos, dignos de tanto respeito quanto os outros. A ênfase no valor humano fundamental de todos e na importância do respeito às massas, característica da Igreja popular contemporânea, emergiu da JOC por volta de 1963.

O respeito pelo valor humano do povo exigia sensibilidade. "Uma característica fundamental de nosso compromisso é a sensibilidade em relação aos valores do povo. Deveríamos valorizar seu trabalho e suas soluções e respeitar suas capacidades de receber e de dar. Deveríamos acreditar que eles podem nos ajudar e que de fato nos ajudam." Um objetivo primordial era o de "ganhar aceitação entre os trabalhadores, levar uma vida normal e espontânea entre eles, identificar-se com eles, tornar-se um residente entre outros".[60] Antecipando a pedagogia das comunidades de base, os assistentes da JOC, em seu encontro anual de 1964, ressaltaram a importância de viver "junto dela, participando intimamente de todas as suas manifestações de tristeza e alegria; integrando-nos profundamente nela; agindo contra todas aquelas atitudes nossas e aqueles hábitos burgueses que nos separam; não nos considerando um superior por causa da cultura recebida, mas um irmão que tem riquezas a distribuir. (...) Nossa missão sacerdotal não é solucionar concretamente os problemas de uma maneira paternalista, mas estimular, despertar, motivar os jovens".[61]

Alguns dos participantes da JOC vêem essa ênfase na pedagogia como uma das contribuições mais importantes do movimento. A JOC ajudou a inverter as práticas pedagógicas dentro da Igreja que, como o restante da sociedade, era tradicionalmente elitista. Trabalhadores assumiram a liderança da JOC e foram incentivados a fazer o mesmo nos movimentos populares. Foi um passo importante numa sociedade em que o povo historicamente tinha poucas oportunidades de participação.

A pedagogia da JOC não estava isenta de críticas. Às vezes os assistentes dominavam as discussões em excesso. Outras vezes, o problema oposto surgia — uma veneração ingênua dos valores, capacidades e consciência populares. Pelo final da década de 60, a glorificação da classe trabalhadora e a rejeição de elementos que não fizessem parte daquela classe haviam se manifestado. Presente na Igreja popular contemporânea (ver capítulo 9), essa tendência obreirista ou basista descartava a contribuição que poderiam oferecer os não-trabalhadores e exaltava as práticas e a consciência populares. Como comentou um ex-assistente: "Houve elementos da JOC muito convencidos da auto-suficiência do próprio movimento operário como responsável da transformação da realidade (...) Essa posição se prolongou durante muitos anos. Ainda hoje há muitos elementos que têm esse posicionamento. Isso cria um isolamento, um sentimento de que a verdade está com a classe operária. Fora daqui, é burguês, não entende a gente".[62]

Além de vivenciar um novo tipo de fé e de desenvolver o estilo de prática pastoral que mais tarde iria surgir na Igreja popular, a JOC ajudou a transformar a Igreja ao sensibilizar muitos padres quanto aos problemas fundamentais da classe trabalhadora. Muitos que dela participaram ainda continuam sendo figuras importantes na Igreja. Entre aqueles que reconhecem ter uma dívida pessoal com a JOC está Dom Antônio Fragoso, bispo de Cratéus, Ceará, uma das figuras de destaque da Igreja popular. Dom Fragoso, que trabalhou com a JOC durante dez anos, declarou que a experiência transformou sua visão de fé e o ajudou a ver "que os fracos é que são grandes".[63] A JOC e a ACO também criaram novos quadros leigos que até hoje são líderes na Igreja, nos movimentos populares e nos partidos políticos. A Comissão Pastoral Operária nas principais cidades do Brasil é, em grande parte, produto de ex-participantes da JOC e da ACO, e assistentes e participantes da JOC criaram algumas das primeiras CEBs.[64]

Tragicamente, a JOC também ajudou a transformar a Igreja ao obrigar a instituição a enfrentar a natureza repressora do regime autoritário. Inicialmente, a repressão afetou somente os jocistas líderes de movimentos populares, mas acabou abarcando o movimento como um todo. Em alguns casos — os mais notáveis sendo o do padre Wauthier, em Osasco, os três padres e o diácono em Belo Horizonte, o assassinato do padre Henrique Pereira em 1969 e as prisões e as torturas sistemáticas em 1969 e 1970 — os conflitos entre a JOC e o regime provocaram críticas contundentes da Igreja aos militares e até mesmo alguns bispos conservadores defenderam as vítimas.

Essa repressão contra a Igreja foi um dos fatores principais que a transformaram, e foi principalmente a ação de militantes leigos e agentes pastorais trabalhando junto às bases que trouxe a repressão. Até cerca de 1970, o conflito principal não era entre o grupo dominante na Igreja e o Estado, mas, sim, entre o Estado e as organizações populares ou grupos estudantis e agentes pastorais trabalhando com eles ou em sua defesa. Durante os quatro primeiros anos do governo militar, a maioria da cúpula eclesiástica e o governo se esforçaram para manter um bom relacionamento. O anticomunismo do regime e sua pretensão de defender a civilização ocidental cristã o impeliram a buscar um bom relacionamento com a Igreja.[65] Com base nesse apelo, muitos bispos apoiaram o golpe de 1964 e o regime durante os primeiros anos. Do lado da Igreja, os esforços para se manter um bom relacionamento com o Estado marcaram a continuidade da estratégia que dom Leme empregara há meio século. Os esforços mútuos para a construção de um relacionamento harmonioso estavam manifestados nas declarações de ambos os lados acerca de suas boas relações. Freqüentemente, diante das conseqüências de um conflito entre o regime e a Igreja, líderes das duas partes afirmavam que o conflito fora um incidente isolado que não alterava a compreensão fundamental existente entre as duas instituições.[66]

Essas declarações, no entanto, de nada serviam para alterar as tentativas por parte dos militares de silenciar a oposição, e os militantes católicos desempenharam um papel central nessa oposição. Os católicos progressistas eram uma parte fundamental da esquerda, de modo que um governo que visava eliminá-la não poderia evitar a repressão contra os líderes e as organizações católicas. A estratégia militar era isolar os católicos radicais do resto da Igreja, de forma a evitar um conflito com a instituição inteira. Até 1968, essa estratégia foi parcialmente bem-sucedida, a hierarquia geralmente não vinha em auxílio das vítimas da repressão. Entretanto, à medida que a repressão se tornava mais acirrada, que mais agentes pastorais nas bases se comprometiam com a causa popular e que mais bispos defendiam esses agentes, a Igreja se envolveu numa espiral de repressão. Até bispos relativamente conservadores consideravam a repressão contra a Igreja como uma intrusão injusta na autonomia eclesial. Assim, mesmo bispos que não concordavam com a JOC acabaram por protestar contra as prisões e a tortura de jocistas e assistentes clericais. Ironicamente, o processo que quase levou à extinção da JOC simultaneamente despertou a Igreja para a mensagem do movimento. Embora a repressão quase tenha destruído a JOC, também ocasionou mudanças dentro da Igreja que iriam levar a instituição a se aproximar das posições que a JOC, entre outros grupos, introduzira.

A JOC foi, de muitas maneiras, uma precursora da Igreja popular dos anos 70. Porém, seria um erro ver a transformação da Igreja simplesmente como um resultado dos movimentos de base ou ignorar algumas diferenças entre a JOC e a Igreja popular dos anos 70.

Embora a visão política da JOC fosse sempre alimentada por sua fé, no final da década de 60 ela havia desenvolvido uma fé baseada quase que exclusivamente no testemunho através da ação. A prática política era a principal expressão das convicções religiosas. O movimento havia se distanciado da vida sacramental da Igreja, e muitos membros tinham pouco contato com a hierarquia ou mesmo com os católicos praticantes fora da JOC. A JOC gastava pouco tempo com a espiritualidade; a prece, por exemplo, não era cultivada.

A maior parte dos jocistas via o catolicismo popular tradicional como uma alienação. A rejeição da religiosidade tradicional aumentava a distância entre o operário comum e os jocistas, reforçando tendências elitistas geradas pelas posições políticas da JOC. "A JOC realmente não entrou muito na religiosidade popular. Eu acho até o contrário, na JOC a gente achava a religiosidade popular uma espécie de alienação. Sempre achamos isso... Até hoje ela não assume, no bom sentido da palavra, a religiosidade popular. Então eu acho que este é um dos fatores que contribuíram para ela se tornar elitista."[67]

Talvez mais do que qualquer coisa, essa rejeição da religiosidade popular diferencia o tipo de fé praticado pela JOC daquele praticado nas CEBs. Embora influenciados pelo MEB, a JOC e a ACO, as CEBs unem práticas religiosas tradicionais a uma mensagem política progressista. Embora as comunidades tenham atribuído um novo conteúdo à prece e à discussão da Bíblia, elas estão no cerne dessas comunidades religiosas.

As CEBs também continuam a participar ativamente na vida sacramental e paroquial da Igreja. Suas relações com a Igreja institucional são de uma proximidade muito maior do que as da JOC do final da década de 60. Atritos sérios entre as CEBs e a hierarquia não têm sido comuns. Enquanto a JOC se tornou um movimento de elite para líderes populares, as CEBs se tornaram um movimento de massas contando com até dois milhões de pessoas. O nível de envolvimento político varia muito nas CEBs, mas uma conscientização política desenvolvida não é pré-requisito para a participação. A despeito de sua importância nos movimentos populares e de marcantes diferenças individuais e regionais, a maior parte das CEBs continua sendo politicamente cautelosa. A observação feita em 1976 por J. B. Libânio, um importante assistente das CEBs, de que "o nível político é o nível mais fraco nas CEBs", ainda é verdadeira.[68]

O caráter elitista da JOC, sua rejeição à religiosidade popular e seus tênues vínculos com os bispos transformaram-se, afinal, em pontos vulneráveis. Enquanto a JOC e outros movimentos de elite da década de 60 acabaram se transformando em grupos à margem da instituição, até 1982 as CEBs e outras expressões da Igreja popular ganharam crescente importância, ajudando a Igreja a se tornar uma força política importante na sociedade e uma das expressões mais significativas do catolicismo contemporâneo.

NOTAS

(1) Uma versão mais extensa desse capítulo foi publicada na *REB*, 43 (1983): 29-92. Apesar de sua importância, pouco se escreveu sobre a JOC. Márcio Moreira Alves tem uma discussão da JOC e da Ação Católica Operária (ACO) na *Igreja e Política*, pp. 152-157. Em 1981, o jornal da arquidiocese *O São Paulo* publicou uma série de breves artigos sobre a história da JOC. Sobre a história da JOC na década de 30, ver Todaro, "Pastors, Priests", pp. 441-445.
(2) Ver Bedoyere para uma biografia breve.
(3) "Situação da Juventude Trabalhadora", 1950. Muitos dos documentos citados aqui podem ser consultados na biblioteca da CNBB em Brasília.
(4) "Conferência Nacional", 5-13.5.1951.
(5) Sobre os Círculos Operários, ver Wiarda, "Catholic Labor Movement".
(6) "Situação da Juventude Trabalhadora", 1950.
(7) François Rioux, "A Técnica Jocista e o Assistente", Primeira Semana Nacional de Assistentes, Rio de Janeiro, 19-24.1.1948.
(8) *Ibidem*.
(9) "Situação da Juventude Trabalhadora", 1950.
(10) "Relatório da Situação Atual da Juventude Trabalhadora e da JOC no Brasil", 1956.
(11) *O São Paulo*, 13-19.3.1981.
(12) "II Congresso Mundial da JOC", Rio de Janeiro, nov. 1961.
(13) Documento sem título, 1961.
(14) "I Congresso Nacional de Jovens Trabalhadores", nov. 1961.
(15) "II Semana Nacional dos Assistentes", fev. 1959.
(16) "Inquérito Anual", 1960-1961.
(17) Entrevista, 4.9.1981.
(18) Entrevista, 22.6.1981.
(19) "II Semana Nacional dos Assistentes", fev. 1959.
(20) "I Congresso Nacional de Jovens Trabalhadores", nov. 1961.
(21) Entrevistas, 4.9.1981.
(22) "Declaração dos Cardeais, Arcebispos e Bispos do Brasil", *REB*, 22 (1962): 488.

(23) CNBB, *Pastoral da Terra*, pp. 128-129.
(24) "Evolução do Movimento", 1964. Embora não esteja datado, o documento foi claramente redigido antes do golpe.
(25) *Ibidem*.
(26) "Colaboração da JOC e da ACO para uma Pastoral Operária", 1963.
(27) "Dez Anos de Ação Católica Operária", *SEDOC*, 6 (1963-1974). 314. Esse texto faz parte da declaração original de objetivos de 1962.
(28) *Carta aos dirigentes*, 16 (1962).
(29) Entrevista, 4.9.1981.
(30) Ferreira de Camargo *et alii*, p. 67.
(31) Sylvia Ann Hewlett, "Poverty and Inequality in Brazil", em *Brazil and Mexico: Patterns in Late Development* (Filadélfia, 1982), p. 320, Sylvia Ann Hewlett e Richard Weinert, eds.
(32) Dada a fragmentação da esquerda após 1964, essas generalizações devem ser feitas com cautela. A Ação Popular entrou num processo de rápida radicalização descrita pela comovente declaração pessoal de H. J. de Souza em Uchoa Cavalcanti e Ramos, pp. 67-112. O Partido Comunista Brasileiro foi o único partido marxista a não seguir essa radicalização; ver Vinhas, pp. 235-253; e D. Moraes e Viana, pp. 175-196. Existe extensa literatura sobre a trajetória de outros grupos de esquerda.
(33) Particularmente digno de nota a esse respeito é o impacto da teoria de dependência nos estágios iniciais da teologia da libertação. Sobre esse ponto, ver Gutiérrez, *Teologia*, pp. 75-88; e Silva Gotay, pp. 203-232.
(34) "A JOC diante dos Acontecimentos de Primeiro de Abril", 1964.
(35) Entrevista, 13.7.1981.
(36) Citado em Márcio Moreira Alves, *Igreja e a Política*, p. 154.
(37) Infelizmente, os militares confiscaram o documento de Recife e queimaram quase todos os exemplares. Citações de alguns trechos se encontram em *ibidem*.
(38) "O Documento Amarelo", jul. 1969.
(39) "Manifesto da JOC", 29.9.1967.
(40) Sobre esse conflito, ver Márcio Moreira Alves, *O Cristo do Povo*, pp. 58-63; Bruneau, *Political Transformation*, pp. 182-187; e Antoine, *Church and Power*, pp. 84-89. Indicativo da importância da JOC e da ACO nos conflitos entre a Igreja e o Estado é o fato de que Bruneau devota 14 das 27 páginas sobre os conflitos entre a Igreja e o Estado entre 1966 e 1968 à ACO e à JOC. Centro de Pastoral Vergueiro, *Relações Igreja-Estado*, inclui nove casos de conflito entre a JOC ou ACO e o Estado, seis dos quais se transformaram en confrontos graves.
(41) Sobre as greves de Contagem e Osasco, ver o estudo de Weffort, "Participação e Conflito Industrial". Weffort fornece informações significativas sobre o envolvimento dos católicos em Osasco, mas não menciona o seu papel em Contagem. Sobre o conflito entre a Igreja e o Estado em Osasco, ver *SEDOC*, 1 (1968-1969): 815-837; Bruneau, *Political Transformation*, pp. 199-202; Márcio Moreira Alves, *Igreja e a Política*, pp. 203-204; e Antoine, *Church and Power*, pp. 187-194. Sobre a evolução do trabalho pastoral da Igreja em Osasco, 1964-1970, ver Barbé e Retumba. Minhas informações sobre o papel da JOC em Contagem vieram principalmente de uma entrevista com um ex-participante.
(42) Para o texto do documento, ver Marins, *Práxis*, pp. 69-71. Para detalhes, ver *SEDOC*, 1 (1968-1969): 1207-1256; Bruneau, *Political Transformation*, pp. 203-209; e Antoine, *Church and Power*, pp. 195-202.
(43) Sobre a morte do Padre Henrique, ver *SEDOC*, 2 (1969-1970): 143-148.
(44) Entrevista, 4.9.1981.
(45) Entrevista, 22.6.1981.
(46) Esse capítulo da história da JOC é descrito por Antoine, *Church and Power*, pp. 182-187.
(47) Sobre o incidente em Volta Redonda, ver Centro de Pastoral Vergueiro, pt. 3, pp. 13-21.

(48) Para texto do documento, ver *SEDOC*, 3 (1970-1971): 648-650. Sobre a invasão no Rio, ver Centro de Pastoral Vergueiro, pt. 4, pp. 18-20.
(49) Entrevista, 25.6.1981.
(50) Márcio Moreira Alves, *Igreja e Política*, p. 153.
(51) Entrevista, 25.6.1981.
(52) Sobre a repressão dentro das fábricas, ver Frederico, e as reflexões pessoais de líderes sindicais na Frente Nacional do Trabalho, "Vinte Anos de Luta", pt. 5 (São Paulo, 1980).
(53) Entrevista, 25.6.1981.
(54) "Resumo do Conselho Nacional", 1970.
(55) "O Documento Amarelo", jul. 1969.
(56) "Encontro da Pastoral Operária", 9-12.1.1961.
(57) "Pastoral da Igreja no Meio Operário", 1964.
(58) "Encontro Nacional de Assistentes", jun. 1964.
(59) "Colaboração da JOC e da ACO para uma Pastoral Operária", 1963.
(60) "Encontro Nacional de Padres no Meio Operário", JOC/ACO, maio 1966.
(61) "Encontro Nacional de Assistentes", jun. 1964.
(62) Entrevista, 9.7.1981.
(63) *O São Paulo*, 10-16.2.1979.
(64) As primeiras comunidades de base em Osasco e no Maranhão rural foram iniciadas por assistentes da JOC e por jocistas. Ver Barbé e Retumba sobre as primeiras comunidades de base em Osasco; e o "Relatório do Maranhão" em Mesters *et alii*, pp. 98-105.
(65) Sobre a ideologia do regime e as tentativas de legitimação ver Lamounier.
(66) Esse ponto foi documentado por Antoine, *Church and Power*; Márcio moreira Alves, *Igreja e a Política*; Bruneau, *Political Transformation*; e Centro de Pastoral Vergueiro, *Relações Igreja-Estado*.
(67) Entrevista, 10.6.1981.
(68) Libânio, "Uma Comunidade", p. 305.

TERCEIRA PARTE
A IGREJA E A ABERTURA
1974-1985

O desenvolvimento da Igreja popular, 1974-1982

Durante o período de 1974-1982 a Igreja brasileira adquiriu a maior importância no catolicismo internacional, tornando-se a Igreja mais progressista do mundo. As duas décadas anteriores se caracterizaram por muitas mudanças, mas os anos entre 1974 e 1982 foram os tempos de desenvolvimento da Igreja popular. Por volta de 1976, os·progressistas começavam a compartilhar a liderança com os reformistas, e a Igreja brasileira, mais do que qualquer outra no mundo, vinculou a fé a um compromisso com a justiça social e com os pobres. A teologia brasileira amadurecera e se consolidou na forma de novas estruturas eclesiais, práticas pastorais e envolvimento político. As CEBs se concentravam em 25 ou 35 dioceses em 1973, mas a partir daí difundiram-se rapidamente. A Igreja continuou a evoluir num sentido progressista até 1982, quando a conjunção da abertura política e pressões da parte de Roma reverteram essa tendência. Depois de 1982, os setores progressistas enfrentaram uma luta crescente para reter o espaço conquistado durante os quinze anos precedentes.

A Igreja popular difere da reformista em vários pontos. Como a Igreja reformista, a popular se preocupa com a justiça social e com a comunidade, mas postula que a verdadeira justiça exige uma mudança política radical. A Igreja popular também leva a co-responsabilidade mais longe do que a reformista. O laicato tem uma participação mais efetiva e significativa, tanto nas cerimônias religiosas quanto nas tomadas de decisão da diocese. Da mesma forma a Igreja popular e a reformista usam a imagem da Igreja como "o povo de Deus", mas a popular acentua o conceito da Igreja como um sacramento da salvação do mundo. Reformistas e progressistas dão apoio verbal à opção preferencial pelos pobres, mas os progressistas estão mais aptos a criar estruturas eclesiais que dêem apoio aos movimentos populares. Os setores populares são os mais responsáveis pela criação das CEBs e apoiam a chamada teologia da libertação.[1]

A teologia da libertação e as práticas pastorais a ela associadas são a contribuição original mais significativa na história da Igreja latino-americana. Pela primeira vez, latino-americanos produziram alguns dos trabalhos teológicos mais importantes da cristandade contemporânea.[2] Mais do que qualquer outra Igreja nacional, a brasileira tem sido responsável pela transmissão dessa teologia em novas abordagens pastorais.

Sob alguns aspectos, o fato da Igreja brasileira ter se tornado mais progressista durante esse período parece estranho. Roma e o CELAM estão sob uma liderança moderada, têm se preocupado com um supostamente excessivo envolvimento da Igreja latino-americana na política. Têm tentado limitar as mudanças progressistas na Igreja brasileira. O afrouxamento gradual da repressão após 1973 gerou outro motivo para diminuir o envolvimento da Igreja na política. À medida que se abriam outros canais políticos, surgiam pressões para que os setores progressistas da Igreja deixassem a política de lado.

No segundo semestre de 1973, vários fatores contraditórios favoreciam a abertura política. O mais importante era a percepção por parte dos militares de que tal nível de repressão já não era mais necessário. A guerrilha fora dizimada, os movimentos populares estavam abafados e a oposição em geral fora reduzida a tímidas críticas. Altos níveis de repressão não só iriam corroer o apoio da sociedade civil ao regime, como aumentariam o atrito entre a linha dura e os militares mais moderados. A situação econômica aumentou a confiança dos militares de que se podia reduzir a repressão. Desde 1968, o Produto Interno Bruto havia crescido numa média de 10% ao ano, e a inflação se mantinha na faixa de aproximadamente 20%. A estabilidade econômica e política dava maior flexibilidade e controle para o regime introduzir mudanças.

Dentro desse contexto, o regime começou a promover uma abertura "lenta e gradual" em 1974. Ao mesmo tempo, tentava-se manter alguns elementos fundamentais no sistema de dominação-participação popular limitada, estrito controle das principais decisões econômicas, um Executivo forte e um modelo econômico desigual. Inicialmente, a abertura era mais uma tentativa da elite de garantir a continuidade dos aspectos mais importantes do sistema do que uma alteração fundamental do regime. Permitia que os militares contornassem alguns problemas gerados pelo controle direto do Estado, enquanto ainda controlavam muitos elementos do sistema político.[3]

No início da abertura, os movimentos populares continuavam sob controle; portanto, seria falso argumentar, como fizeram alguns líderes da Igreja, que eles tenham tido influência na decisão inicial de liberar. Porém, embora a abertura não se tenha iniciado devido às pressões populares, os movimentos de base se tornaram um fator importante na luta política em 1978. Durante o período inicial (1974-1978) os setores liberais da sociedade foram os mais beneficiados pela abertura, mas, a partir de 1978, os movimentos populares também se encontravam num período de ascensão. Em 1978 ocorreu a primeira grande greve em dez anos entre os operários do setor automobilístico na região do ABC, e o Movimento Custo de Vida ganhou proporções nacionais.[4] Esses movimentos conseguiram do governo conquistas e concessões que dificilmente teriam sido feitas na ausência da pressão popular.

Embora a repressão tivesse diminuído, não terminara totalmente, particularmente em relação aos movimentos populares e à Igreja popular. Porém, à medida que o processo eleitoral se tornava mais importante, embora o regime continuasse a menosprezar os movimentos populares, algumas medidas foram tomadas em favor das classes populares. De modo geral, a estrondosa repressão do governo Médici cedera lugar a tentativas mais sutis de exercer o controle e de cooptar.

Outra fase importante na abertura iniciou-se com a reforma partidária em 1979. Em 1965, o governo aboliu os partidos existentes e criou a ARENA e o MDB. Em 1979, dissolveu esses partidos e estabeleceu regulamentos para a criação de outros novos. A reforma partidária fora uma exigência fundamental da oposição, mas o governo habilmente manejou a reforma de modo a maximizar as divisões dentro da oposição. Seis novos partidos emergiram. O novo partido do governo, o Partido Democrático Social (PDS), assemelhava-se muito ao seu predecessor. As forças de oposição dividiram-se em cinco partidos: Partido do Movimento Democrático Brasileiro (PMDB), o maior entre os cinco; Partido Popular (PP), um partido relativamente conservador que se fundiu com o PMDB em dezembro de 1981; Partido Trabalhista Brasileiro (PTB), também conservador mas menor do que o PP; Partido Democrático Trabalhista (PDT), um partido de orientação social democrata, que venceu as eleições de 1982 no Estado do Rio, mas que, apesar disso, é pequeno no geral, e o Partido dos Trabalhadores (PT), um pequeno partido que ganhou o apoio de uma facção significativa da esquerda.

Dentro da Igreja popular, a reforma partidária gerou novos dilemas. Alguns líderes achavam que a Igreja não deveria ter nada a ver com partidos políticos; outros achavam a questão tão importante que as CEBs precisavam discuti-las. Além disso, entre os militantes da Igreja popular havia divisões acerca de qual partido deveriam apoiar. A maioria dos líderes leigos, que tinha uma participação ativa nos partidos, escolheu o PMDB ou o PT. O PMDB, de longe o maior partido da oposição, privilegiou os esforços para realizar uma transição democrática. Ele abrangia um amplo espectro, desde liberais moderados até os mais importantes partidos leninistas que ingressaram no PMDB por estarem convencidos da importância da formação de uma aliança, a mais abrangente possível, para trabalhar contra o regime militar. O PT preocupava-se mais com a organização das bases e com a educação política popular. Estava menos envolvido com a política institucional, já que acreditava que, a menos que as massas estivessem bem organizadas, um sistema mais democrático não iria alterar fundamentalmente o seu destino. O PT via seu projeto como algo a longo prazo e estava menos preocupado com suas perspectivas eleitorais a curto prazo.

Em 1982, durante a crise econômica, realizaram-se as eleições mais competitivas desde o golpe. O fortalecimento dos partidos políticos fez com que alguns líderes da Igreja optassem por um menor envolvimento na política. Em 1983, quando se agravou a crise econômica, o governo militar, que havia conduzido com sucesso as fases iniciais da abertura, finalmente perdeu parte de sua legitimidade e credibilidade, possibilitando a eleição de Tancredo e Sarney em janeiro de 1985.

No primeiro capítulo, foi ressaltada a importância de se analisar tanto o efeito de mudanças sociais e políticas sobre a Igreja quanto a contribuição dela para essas mudanças. A terceira parte deste livro examina esses dois problemas. A abertura provocou mudanças dentro da Igreja e nas relações entre a Igreja e o Estado, assim como também o golpe de 1964 provocara mudanças eclesiásticas. A abertura levou a Igreja a ter uma concepção mais cautelosa, embora mais dinâmica em alguns aspectos de sua missão e de sua relação com a política. O afrouxamento da repressão aliviou os conflitos entre o Estado e a Igreja, permitiu que a Igreja se concentrasse na evangelização e facilitou, conseqüentemente, a consolidação de novas estruturas eclesiais, novas atitudes em relação à religiosidade popular e um sentido maior de harmonia e coesão internas. Especialmente após 1978, com o fortalecimento dos partidos de oposição e com os esforços da Ordem dos Advogados do Brasil (OAB) e da Associação Brasileira de Imprensa (ABI), a Igreja passou a ter um envolvimento menor na defesa das liberdades civis da classe média. Assim como ocorreu com outras forças de oposição, a reforma partidária gerou tensões e dilemas para a Igreja popular. A abertura também modificou a relação entre a Igreja e os movimentos populares.

Além de examinar o efeito que a abertura teve sobre a Igreja, nesta parte deste livro é analisada a forma pela qual a Igreja contribuiu para as pressões que conduziram à abertura. Analiso três contribuições principais. Primeiro, as organizações eclesiais de base ajudaram a revigorar os movimentos populares. O relaxamento inicial da repressão não resultou das pressões populares, mas, depois de 1978, os movimentos populares foram um fator de importância fundamental na política, em parte devido às organizações católicas. Segundo, a Igreja protegia e legitimava as forças de oposição durante os anos de maior repressão. Fianlmente, junto com os partidos políticos de oposição, a Igreja era uma importante defensora dos direitos humanos e fonte de concepções alternativas de desenvolvimento. A Igreja influiu nos debates sobre os rumos da sociedade brasileira e estimulou várias forças a se oporem ao autoritarismo. Ela não é responsável pela abertura, mas num contexto de divisões do exército com uma sociedade civil ansiando por essa liberalização, a capacidade da Igreja fortalecer a sociedade civil tornou-se mais relevante.

A consolidação das posições progressistas na CNBB

Durante a segunda metade da década de 70 e no início dos anos 80, os bispos, enquanto corpo coletivo, desenvolveram uma compreensão da missão da Igreja que contrastava nitidamente com os modelos anteriores. A Igreja da neocristandade contara com alianças com o Estado e com os setores dominantes; durante a década de 70, os documentos episcopais criticaram a dependência "da influência de certos grupos para promover alguns objetivos eclesiásticos. (...) Numa Igreja desse tipo, instrumentalizada, dificilmente se poderia reconhecer o perfil daquele que libertou, porque Ele era totalmente livre".[5]

A Igreja tradicional percebera a secularização como grande inimiga; em contraposição, a Igreja contemporânea aceita a secularização e tenta ser um símbolo da salvação na sociedade secular. Ela repudia os esforços eclesiais para controlar a sociedade. A Igreja não vê a si própria como um árbitro "transcendente, sobre o plano em que se desenrola a história humana, com seus problemas temporais. A Igreja não se conforma com a imagem de uma Igreja-helicóptero, pairando sobre a caravana humana, ditando do alto os rumos a seguir e exercitando-se em operações esporádicas de rescaldo e salvamento. (...) Queiramos ou não, passou a era de 'Republica Christiana', dentro da qual o Poder Espiritual era de fato o árbitro supremo e o agente da unidade cultural e religiosa".[6] Os bispos rejeitaram a tradicional estratégia de Dom Sebastião Leme de construir alianças para garantir o poderio da Igreja. "A Igreja não pode ser um poder como os outros poderes. Ela não deve confiar na força nem tentar usar as mesmas armas dos poderosos."[7]

A Igreja crê que deveria permanecer como uma instituição que inspira moralidade e avalia todos os aspectos da vida social, inclusive a política. A Igreja pode desistir de algumas de suas antigas funções (a educação da elite e obras de beneficência, por exemplo), porque, ao fazê-lo, torna-se livre para desempenhar um novo papel. Um documento da CNBB afirmava: "A Igreja, quando é mais pobre e menos comprometida com certas estruturas sociais, sente-se livre para assumir com mais vigor sua missão crítica e profética de denúncia da injustiça e de promoção da solidariedade e das legítimas aspirações dos homens".[8]

A percepção da relação entre a salvação e a sociedade secular também modificou-se profundamente. Para a Igreja popular, a salvação só é completa após a morte, mas deve se iniciar na Terra, através do esforço para se construir relações humanas e sociedades melhores. Em 1980, na XVIII Assembléia Geral da CNBB, os bispos declararam: "O ideal evangélico a ser atingido, a prefiguração na terra do reino definitivo, quando Deus será tudo em todos, é a construção de uma sociedade fraterna, fundada na justiça e no amor".[9] Embora insistissem na necessidade de a Igreja respeitar a autonomia da ordem política e temporal, todos os principais documentos episcopais de anos recentes enfatizaram que "a Igreja sabe que o reino de Deus começa aqui. Todos devemos trabalhar para que o povo possa passar de situações menos humanas para situações mais humanas".[10] Por essa percepção, a missão da Igreja estaria incompleta "se não tomasse em conta a situação real do homem em sua vida pessoal e social, que interpela o Evangelho e que é por ele interpelado, pois o homem é o primeiro e fundamental caminho da Igreja".[11]

Realizar este ideal terrestre, assim como seguir a mensagem de Cristo, envolve uma preocupação especial com os pobres. A opção preferencial pelos pobres, tema de destaque do encontro do CELAM, em Puebla, 1979, originou-se nas bases da Igreja brasileira (especialmente em organizações como a JOC), foi adotada por alguns grupos regionais de bispos no final da década de 60 e por volta da metade dos anos 70 tornara-se um tema recorrente nos documentos da CNBB. Por exemplo: "Deus mandou seu filho Jesus para ser a esperança e a defesa do fraco, do marginalizado, do oprimido (...) A Igreja deve seguir o exemplo de Cristo. Ela não pode excluir ninguém e deve oferecer a todos, grandes e pequenos, os meios de salvação que recebeu de Cristo. Mas sua opção e seus prediletos são os fracos e os oprimidos".[12]

Ao lado de outras mudanças na autopercepção que a Igreja tem, definiu-se que "A Igreja falharia no exercício histórico desta missão profética se não apontasse o pecado, a iniqüidade social de nosso tempo, configurado na exploração do homem, que divide a humanidade em oprimidos e opressores, desde o nível das empresas e dos grupos até o das nações e dos povos; se não denunciasse os abusos de um poder que se julga colocado além do bem e do mal, quando persegue seus objetivos; se não alertasse contra o egoísmo dos povos e grupos de pessoas que sacrificam seus semelhantes aos seus interesses próprios".[13]

Somente em 1976 os bispos emitiram declarações que iam além dos documentos de 1973 sobre os direitos humanos. Mas, nesse ínterim, líderes da CNBB envolveram-se na campanha pela defesa dos direitos humanos, e a Igreja no Amazonas, no Nordeste e em São Paulo, assim como em algumas dioceses isoladas, continuou seu trabalho em prol dos direitos humanos. Durante esse período foi muito divulgado o trabalho pastoral dos bispos do Estado de São Paulo, onde dom Paulo Arns se torna o líder mais aparente. O documento de 1975 dos bispos de São Paulo, "Não Oprimas teu Irmão", surgiu logo após uma onda de repressão e foi uma das mais fortes, mais importantes declarações episcopais contra a tortura.

"Em nome do Evangelho de Jesus Cristo, nós, bispos da Igreja deste Estado de São Paulo, erguemos nossa voz diante da onda de violência oriunda de todas as partes e que se patenteia por atentados à vida, seqüestros, assaltos, e diante, sobretudo, dos graves acontecimentos que vêm estarrecendo e inquietando a população de São Paulo. Assistimos, de fato, a flagrantes desrespeitos à pessoa humana, caracterizados por prisões arbitrárias que tomam, geralmente, a forma de verdadeiros seqüestros; pelo recrudescimento das torturas, acompanhadas até de mortes; por ameaças públicas e particulares, partindo inclusive de autoridades".[14]

Em resposta ao assassinato de dois padres no Amazonas e o seqüestro e a tortura do bispo de Nova Iguaçu, Dom Adriano Hipólito, a Comissão Central da CNBB emitiu um documento em novembro de 1976 condenando a repressão contra a Igreja, a violência generalizada, as injustiças sofridas pelas classes populares, a impunidade concedida à violência de direita, a distribuição injusta de terras, a situação dos índios e a doutrina de segurança nacional. Esse documento, "Comunicação Pastoral ao Povo de Deus", inaugurava uma nova fase no desenvolvimento da CNBB, caracterizado por críticas mais incisivas contra o autoritarismo. Meses depois, em março de 1977, na XV Assembléia Geral da CNBB, os bispos aprovaram, por uma votação de 210 a 3, outro documento de importância, "Exigências Cristãs de uma Ordem Política". Desenvolvendo temas já presentes na "Comunicação Pastoral", "Exigências Cristãs" insistia na responsabilidade do Estado na defesa dos direitos humanos e na promoção do bem comum; fazia uma crítica contundente ao processo elitista nas decisões que excluía a maioria da população, conduzindo à marginalização das massas; enfatizava a importância da participação e das liberdades democráticas e atacava a doutrina de segurança nacional, que era o fundamento do regime militar. Era a primeira vez que os bispos, enquanto corpo coletivo, haviam aprovado um documento tão progressista.

Os documentos redigidos nos anos subseqüentes seguiam a mesma linha de análise, em muitos casos indo até mais longe. Especialmente marcante era o grau de unanimidade das posições progressistas, iniciando-se com a assembléia geral de 1977 e perdurando até 1983. Os mais importantes documentos progressistas aprovados pelas assembléias gerais, "Subsídios para Puebla" (1978), "A Igreja e os Problemas da Terra" (1980) e "Ação Pastoral e o Solo Urbano" (1982), foram aprovados com somente um ou dois votos de oposição.

Focalizando diversos temas, esses e outros documentos episcopais contêm uma visão fundamentalmente coerente da Igreja e de sua relação com a política. Baseados na ênfase eclesial, no bem comum e no respeito pela dignidade de todas as pessoas, os bispos insistiram na importância de incluir a todos nos benefícios do desenvolvimento. São altamente críticos em relação aos processos de desenvolvimento que excluem as massas. Ao contrário dos documentos reformistas do período pré-1964, estes reconhecem que o desenvolvimento convencional não resolve necessariamente os problemas básicos da maioria da população. Os anos de governo autoritário e de desenvolvimento desigual geraram uma consciência aguçada de que alguns caminhos de crescimento econômico poderiam exacerbar a marginalização. Por exemplo, "A Igreja e os Problemas da Terra" argumentava que os dilemas dos camponeses e dos pequenos proprietários de terra resultavam parcialmente de uma dramática expansão de empresas agrícolas; embora essa expansão resultasse em altas taxas de crescimento, também causava sérios problemas para uma parcela da população. "Elementos para uma Política Social" (1979) criticava um desenvolvimento através do qual "os ricos ficam cada vez mais ricos, à custa dos pobres, que ficam cada vez mais pobres".[15]

Os bispos criticaram o autoritarismo, a repressão e a doutrina da segurança nacional. Por exemplo: "A segurança, como bem de uma nação, é incompatível com uma permanente insegurança do povo. Esta se configura em medidas arbitrárias de repressão, sem possibilidades de defesa, em internamentos compulsórios, em desaparecimentos inexplicáveis, em processos e inquéritos aviltantes, em atos de violência praticados pela valentia fácil do terrorismo, e numa impunidade freqüente e quase total."[16]

Os bispos enfatizaram reiteradamente que todo sistema político justo precisa efetivar a democracia, os direitos humanos e a participação. "A democracia é um dos requisitos indeclináveis da liberdade e da dignidade humana, defendidas pela ética cristã".[17] A ênfase na participação havia ido além de uma estreita visão jurídica dos direitos de todas as pessoas às oportunidades reais de participação. Os bispos achavam que as classes populares poderiam contribuir para resolver os problemas sociais se lhes for garantido o direito de participar. Todos os principais documentos episcopais deixam claro que a Igreja não aceita os modelos de desenvolvimento elitistas, não-participativos, desiguais, mesmo quando legitimados por processos eleitorais, e respeitam formalmente as liberdades civis convencionais. Para os bispos, as liberdades civis eram indispensáveis a um bom sistema político, mas não bastavam.[18] Por essa razão, mantiveram uma atitude crítica em relação à tentativa do regime militar de criar um sistema elitista, fechado à participação popular, mesmo quando esse sistema tentava legitimar-se através do processo eleitoral no início da década de 80.

Os bispos achavam que os setores marginalizados da população deveriam receber uma consideração especial. Num documento de 1981 sobre a situação política, o conselho permanente da CNBB declarou que "nenhuma reforma logrará consolidar formas estáveis de democracia, se não tomar em consideração a necessidade de abrir espaços para que os trabalhadores e os sem trabalho, os posseiros expulsos da terra e acusados de subversão, os índios, os subalimentados, as massas sem instrução, sem auxílios de saúde, sem habitação decente, sem emprego estável, sem salário suficiente, cheguem por fim a ser reconhecidos como cidadãos com plenos direitos".[19]

A visão que tinham os bispos de uma sociedade boa exigiria uma profunda reestruturação da ordem vigente. Valendo-se da idéia de que Deus deu a terra e seus recursos à humanidade como um recurso coletivo, "A Igreja e os Problemas da Terra" argumenta que todos têm o direito à terra e que a terra deveria ser usada para o bem comum em vez de ser usada como um investimento especulativo. Declara que os posseiros deveriam ter direito à terra que, caso contrário, estaria ociosa, e clama por uma reforma global das estruturas agrárias da sociedade. "A problemática dos trabalhadores rurais e urbanos e a problemática da terra só terão solução verdadeira se forem mudadas as mentalidade e a estrutura em que funciona a nossa sociedade."[20] De modo similar, o documento da Assembléia Geral de 1982 afirma a precedência do direito do pobre de possuir a terra em que vive sobre o direito à propriedade privada ilimitada. Os bispos se manifestaram contra a repressão policial aos pobres[21] e criticaram os incentivos à agricultura de exportação que freqüentemente exacerba o empobrecimento do campesinato. Tinham consciência de que sua visão de uma ordem política justa não seria implementada dentro de um futuro próximo, mas acreditavam que enquanto porta-vozes da Igreja brasileira, tinham a obrigação de denunciar a injustiça social e pedir por uma nova ordem.

Relações Igreja-Estado

A relação Igreja-Estado manteve-se conflituosa entre 1974 e 1978. Enquanto corpo coletivo, os bispos se tornaram mais críticos em relação ao governo, e organizações católicas de base continuaram a entrar em conflito com o Estado. Elementos militares gradualmente passaram a enxergar a Igreja como um dos principais inimigos da nação. Um relatório do 2º Exército, escrito em 1974, declarava: "O clero se constitui no mais atuante dos inimigos que atentam contra a segurança nacional, promovendo, através de processos nitidamente subversivos, a substituição da estrutura político-social-econômica brasileira por uma nova ordem, em tudo semelhante à filosofia marxista".[22]

No final de 1973 aconteceu um dos períodos mais tensos nas relações entre a Igreja e o Estado; três incidentes espetaculares de repressão contra a Igreja ocorreram em um curto espaço de tempo. O primeiro incidente aconteceu em julho de 1976, em Merure, Mato Grosso, uma região de muitos conflitos no Amazonas. A 13 de julho, o órgão do governo responsável pelos índios, a FUNAI, havia lhes reservado uma área. A 15 de julho, quando os índios começaram a demarcar a terra, um grupo de 60 homens armados, inclusive fazendeiros e atiradores contratados, cercou a casa paroquial. Um padre tentou aplacar o grupo, mas foi espancado. Pouco depois, o padre Rodolfo Luhkenbein chegou junto com outros índios. Ele encorajou os homens armados a levar o assunto para os tribunais, mas eles continuaram a aterrorizar tanto os padres quanto os índios. Quando os índios tentaram intervir para proteger o padre Rodolfo, os fazendeiros e atiradores abriram fogo. Dois índios e Lunkenbein foram mortos e cinco outros índios ficaram feridos. Os índios, então, retaliaram e feriram alguns dos agressores.[23]

A 22 de setembro de 1976, cinco membros armados das forças paramilitares seqüestraram Dom Adriano Hypólito, bispo de Nova Iguaçu. Amarraram e vendaram o bispo e o levaram até Jacarepaguá, onde tiraram todas as suas roupas e tentaram enfiar álcool por sua garganta. Pintaram-no com tinta vermelha (a cor vermelha foi escolhida por causa de sua suposta simpatia pelo comunismo), amarraram-no e o abandonaram numa calçada.[24]

O terceiro incidente ocorreu na cidade de Ribeirão Bonito, Mato Grosso, na prelazia de Dom Pedro Casaldáliga, onde a violência e a repressão eram constantes (ver capítulo 5). Os primeiros agentes pastorais chegaram em Ribeirão Bonito em 1973, e pouco depois surgiu um conflito entre a Igreja e os camponeses, de um lado, e a polícia e os latifundiários, de outro. No início de outubro de 1976, enquanto a polícia torturava publicamente dois irmãos devido aos seus esforços para organizar os camponeses, o chefe de polícia foi assassinado por retaliação pela constante brutalidade contra a população. Dias depois, em 5 de outubro, a mãe dos dois irmãos, que nada tinha a ver com o assassinato, foi presa, espancada e torturada. No mesmo dia, a esposa de um dos irmãos foi aprisionada e estuprada por um grupo de soldados que também queimou sua casa e destruiu sua colheita. A 11 de outubro de 1976, devido aos relatórios sobre a violência generalizada contra a população local e as torturas das duas mulheres, padre João Bosco Burnier e Dom Pedro pararam em Ribeirão Bonito na volta de uma reunião de agentes pastorais sobre os problemas dos índios. Os dois foram até a delegacia para dar queixa das prisões e das torturas. A polícia não estava disposta a ouvir e ameaçou matar o padre e o bispo caso fizessem uma denúncia. Um dos soldados bateu no padre Bosco com seu rifle e logo depois atirou em sua cabeça, assassinando-o.[25]

Esses três incidentes foram os piores de uma longa série de medidas repressoras no segundo semestre de 1976. Em agosto, o governador de Mato Grosso fez a acusação de que "existem dois planos comunistas no país: um é na Igreja, onde alguns seguidores de Cristo se radicalizaram, distanciando-se da palavra de Deus para pregar o comunismo; o outro é na política".[26] Em outubro, forças paramilitares fizeram diversas ameaças contra a vida de Dom Waldir Calheiros, bispo de Volta Redonda. Em novembro, um padre italiano, Florentino Maboni, que trabalhava no Amazonas, foi torturado para que assinasse uma confissão declarando que a Igreja estava engajada em subversão. Após ser solto, Maboni negou a declaração. Quando a Comissão Pastoral da Terra denunciou a tortura, o ministro da Justiça, em nota oficial, acusou a CPT de mentir, embora Maboni tivesse necessitado de tratamento médico devido ao espancamento.[27] Também em novembro, a polícia do Pará interrogou Dom Estevão Cardoso, bispo de Conceição do Araguaia, e Dom Alano Pena, bispo de Marabá.

A 13 de dezembro, outro missionário italiano, padre Giuseppe Fontanella, foi expulso por subversão depois de ter sido preso e pressionado para que assinasse um documento dizendo que Dom Estevão era comunista.[28] A 16 de dezembro, o secretário da Segurança do Estado de São Paulo, coronel Erasmo Dias, acusou Dom Tomás Balduíno, bispo de Goiás Velho, de comunista. Dias revelou ter violado sistematicamente a correspondência de Balduíno, e utilizou o conteúdo de uma carta que criticava o uso de tortura para "provar" a acusação.[29] Dentro de uma semana, outras violações de correspondência privada foram denunciadas por outros bispos, inclusive Dom Paulo Evaristo Arns. Em dezembro, dias após o secretário da Segurança ter denunciado a Igreja como uma instituição subversiva, o ministro do Interior ameaçou expulsar os missionários que trabalhavam com os índios. O ministro declarava: "A posição da Igreja católica é sonhadora, feudal e atrasada com relação aos índios. Além disso, não acredito na boa-fé de uma minoria religiosa que se diz defensora dos humildes. (...) Existem ainda elementos religiosos que em muitos casos agem de maneira estranha, ficando ao lado dos subversivos".[30]

Após 1978, quando a abertura política já alcançava certa altura, as relações entre a Igreja e o Estado melhoraram gradualmente. A CNBB emitiu seus documentos mais progressistas nesse período, mas a intensidade dos ataques contra a Igreja havia diminuído. A administração João Figueiredo (1979-1985) tentou criar um regime mais aberto e evitar o conflito com a Igreja. A reforma partidária e a atuação de outras instituições políticas permitiram que a Igreja passasse a se concentrar nas questões mais especificametne religiosas, reduzindo a área de conflito com o Estado. À medida que prosseguia a abertura, a Igreja dava apoio a algumas iniciativas do governo, especialmente a de maior respeito peals liberdades civis básicas, ao acentuado declínio das prisões políticas e da tortura, à anistia política, à reforma partidária e às eleições para governadores estaduais em 1982, as primeiras eleições do gênero desde 1965.

A despeito de um progresso geral nas relações entre a Igreja e o Estado, o conflito continuava. Dando a devida importância às melhorias em relação aos direitos humanos, a Igreja, no entanto, salientava a necessidade de um sistema mais aberto, participativo, igualitário. A "Reflexão Cristã sobre a Conjuntura Política", de agosto de 1981, por exemplo, elogiava o aumento de flexibilidade política, mas os bispos notaram que o regime continha elementos de autoritarismo e de elitismo. Afirmaram que a democracia não consiste simplesmente na preservação das liberdades políticas, mas deve incluir as massas nos processos políticos e nos benefícios do desenvolvimento. No início da década de 80, durante a crise econômica, os bispos se manifestaram a favor dos setores populares. Um documento de julho de 1983, do Executivo da CNBB, insistia para que o Estado lidasse com a crise de uma forma que não exigisse sacrifícios desproporcionais por parte do povo. Em agosto de 1984, depois da campanha pelas eleições diretas ter sido derrotada, o Conselho Permanente da CNBB divulgou um documento público expressando preocupação com a "situação geral do povo, sobretudo dos mais pobres. A grave crise econômica continua corroendo os salários, gerando o desemprego, destruindo a riqueza nacional e colocando sobre os ombros da população um fardo muito superior à sua capacidade. Frustrada por pequena minoria política, a nação é transformada em mera espectadora de seu próprio destino".[31]

Na mesma intensidade, o governo continuava a criticar as intervenções da Igreja nos assuntos políticos e econômicos. Por exemplo, em 1980, o MOBRAL, órgão de alfabetização promovido pelo governo, redigiu um documento em que acusava as comunidades de base por atuarem fora da esfera devida e os agentes pastorais que nela trabalhavam, por promover idéias marxistas.³² Não só a acusação era descabida à luz dos preconceitos antimarxistas de uma grande maioria do clero, mas a idéia de que uma parte significativa dos setores populares brasileiros estaria aberta ao marxismo estava fora de questão, considerando-se a total ausência de condições revolucionárias.

Os líderes mais conservadores do governo continuaram muito críticos em relação à Igreja. Em 1980, durante a greve dos operários da indústria automobilística na Grande São Paulo, Jarbas Passarinho, líder do governo no Senado, criticou o clero que havia trocado "a teologia pela sociologia e a pregação evangélica pela doutrinação socialista. (...) Considero a posição dos religiosos socialistas o problema mais grave que o governo brasileiro enfrenta. Os padres socialistas combatem o governo com vigor muitas vezes maior que o dos oposicionistas militando em partidos políticos".³³

Outros líderes do governo acusaram a Igreja de liderar a greve e de violar os limites indicados pelo papa João Paulo II. O ministro da Comunicação Social, Said Farhat, declarou que "alguns sacerdotes de São Paulo estão assumindo a liderança da greve dos metalúrgicos, ao arrepio das próprias leis canônicas e das recomendações do papa João Paulo II".³⁴ Até mesmo o presidente João Figueiredo, que geralmente buscava evitar conflitos em seu manejo das relações Igreja-Estado, engrossou o coro dos contrários, tornando-se, por sua vez, alvo de censuras e provocando declarações de solidariedade às Igrejas de São Paulo e Santo André até de bispos relativamente conservadores, como Dom Eugênio Sales e Dom Avelar Brandão.

O conflito era grave sobretudo nas áreas rurais, particularmente no Amazonas, onde havia muita repressão contra os camponeses e líderes da Igreja que trabalhavam junto deles. A causa básica desses conflitos era que, enquanto a Igreja pedia por uma reforma agrária e dava seu apoio aos camponeses, o governo continuava a adotar políticas que encorajavam a expansão de empresas agrícolas.* Líderes do governo continuaram a perceber o trabalho da Igreja no Amazonas como subversivo. Em 1978, o general Euclydes Figueiredo, irmão do

---

(*) O regime rejeitava claramente a reforma agrária. Em abril de 1979, Delfim Netto, então ministro da Agricultura, argumentava que a reforma agrária era "perfeitamente absurda" porque iria causar um declínio na produtividade agrícola e, ao permitir que o camponês permanecesse em suas terras, eliminaria a migração rural-urbana que ajuda a manter os salários baixos; portanto, afetaria de forma adversa a indústria (*O Estado de S. Paulo*, 5.4.1979). Suas palavras ecoaram um ano e meio depois pelo presidente do Instituto Nacional da Reforma Agrária (INCRA), Paulo Yokota, que declarou que a redistribuição de terras era utópica. "A política do governo não visa a uma reforma agrária distributivista, mas ao incremento da produção e da produtividade" (*Jornal do Brasil*, 31.8.1980).

presidente, acusou os padres do Amazonas de comunistas que "atuam de forma insidiosa, injetando seu veneno".[35] Em janeiro de 1979, o promotor público do Estado do Pará denunciou Dom Estêvão Cardoso como "cabeça do movimento que incita a desobediência coletiva às leis, a confrontação violenta da população contra as autoridades e a luta pela violência das classes sociais".[36]

Em vez de tentar descrever vários conflitos recentes entre a Igreja e o Estado, as páginas que se seguem focalizam a região Araguaia-Tocantins. Localizada ao norte de Goiás, no sul do Pará e a oeste do Maranhão, a região Araguaia-Tocantins era a sede de muitos conflitos a partir do final da década de 60, mas a situação deteriorou-se na segunda metade da década de 70. Essa exacerbação das graves tensões sociais resultou da continuidade de um padrão de colonização do Amazonas. Grandes empresas compraram vastas extensões de terras e expulsaram com violência os camponeses. Ao mesmo tempo, o influxo de camponeses continuava. Depois da CPT ter iniciado seu trabalho na região, alguns camponeses que tinham o direito jurídico à terra resistiram a essas expulsões.[37]

Apesar da abertura nos centros urbanos, a repressão mantinha-se na maior parte do Amazonas. Os líderes camponeses continuavam alvos especiais da repressão, e agentes pastorais, embora com alguma proteção decorrente de sua ligação com a Igreja, eram objeto de constantes ameaças. Em maio de 1980, o candidato de oposição na lista para presidente do Sindicato dos Trabalhadores Agrícolas de Conceição do Araguaia foi assassinado, e o vice-presidente do CPT do Pará recebeu ameaças de morte.[38] Entre 1979 e 1981, 30 assassinatos políticos foram documentados na região.

A situação dos camponeses na região Araguaia-Tocantins era complicada pelo fato de que o juiz local, João Batista do Castro Neto, era notório por sua corrupção e violência contra os camponeses. A CPT recolheu dezenas de testemunhos contra Castro; os bispos da região publicaram uma carta, denunciando-o; foi levada a público carta de uma empresa norte-americana oferecendo-lhe gado e dinheiro em troca de proteção, e até um político do PDS o denunciou por corrupção por fazer uso freqüente de violência, por fraudar sistematicamente os títulos de terra e pelo uso generalizado de métodos ilegais.[39] Ele foi finalmente demitido em outubro de 1981. Embora esse seja um caso extremo, os agentes de pastoral relatam que os tribunais no Amazonas inteiro quase sempre davam apoio aos fazendeiros, mesmo quando os camponeses tinham fundamentos jurídicos para as reivindicações.

Dada a repressão pública e particular e a cumplicidade do Judiciário, os camponeses enfrentavam dificuldades em organizar um sindicato para defender seus direitos. Conseqüentemente, a Igreja era a única instituição capaz de defendê-los. A CPT forneceu a proteção legal aos camponeses, incentivando-os a se organizar e a lutar por seus direitos. Um dos esforços mais significativos da CPT envolvia a obtenção dos títulos de terras para os camponeses. Uma lei aprovada em dezembro de 1976 dava aos posseiros o direito de receber o título da terra em que viviam, se não possuíssem outro lote, e caso tivessem cultivado e habitado por pelo menos um ano essas terras. Entretanto, os camponeses não tinham conhecimento dessa lei, os meios para se preencher os documentos para adquirir o direito à propriedade eram complicados e, na maior parte das regiões, o sistema judicial dava apoio aos fazendeiros. Em 1979, a CPT começou a preencher os papéis para os títulos legais em benefício de centenas de famílias camponesas, mas o Judiciário local permanecia impassível. Quando os camponeses começaram a se recusar a abandonar a terra à qual tinham direito, as elites locais empregaram táticas repressoras.

Numa região marcada por tantos conflitos, a CPT não conseguiria trabalhar com eficácia sem o apoio dos bispos, um deles, Dom Celso Pereira de Almeida (Porto Nacional), era presidente da CPT do Tocantins-Araguaia. Os outros bispos, Dom Alano Pena (Marabá), Dom Patrick Hanahan (Conceição do Araguaia) e Dom Cornélio Chizinni (Tocantinópolis) deram todo suporte à CPT. Em 20 de agosto de 1980, Dom Celso e Dom Cornélio assinaram uma carta denunciando os fazendeiros, Castro Neto e a polícia. "Como pastores não podemos ficar calados quando assistimos à realidade cada vez mais angustiante de nosso pobre povo, cujos direitos são desrespeitados, cujas terras são violentamente tomadas, cujas casas são queimadas, cujos filhos passam fome. (...) Sentimo-nos compelidos a anunciar o Evangelho e a denunciar a onda de injustiça que derrota e humilha nossos irmãos."[40]

Naquele mesmo mês, o secretário da Segurança do Estado de Goiás lançou uma extensa operação militar ao norte do Estado, destinada a extirpar a "subversão". Ocorriam prisões generalizadas e inúmeros casos de brutalidade da polícia e dos fazendeiros contra os camponeses. Por exemplo, a 9 de setembro de 1980, em Axixa, Goiás, um grupo de 20 a 30 soldados seqüestrou 25 camponeses e levou-os até a casa de um fazendeiro. As esposas dos camponeses pediram ajuda a dois padres do local, os quais, acompanhados por outro camponês, foram até a casa do fazendeiro. Este ameaçou matar três deles, a polícia espancou-os e os dois padres foram arrastados até o quartel-general do Exército, onde foram novamente torturados. De lá foram para a cadeia local, mas o capitão da polícia recusou-se a prendê-los porque a ordem de prisão do juiz era ilegal e eles não haviam feito nada que fosse contrário à lei.

Nas semanas que se seguiram, a CPT documentou centenas de violentas expulsões de camponeses para fora de suas terras, em muitos casos seguidas da destruição das colheitas e do incêndio de suas casas.[41] Vilarejos inteiros foram incendiados. A Igreja também foi afetada por essa repressão. A 6 de fevereiro de 1981, um pistoleiro contratado por um fazendeiro do local tentou assassinar um padre, mas foi desarmado à força. Em 24 de março, 12 policiais militares fortemente armados e fazendeiros locais invadiram o Centro dos Mulatos, aterrorizaram a população local, espancaram o padre, amordaçaram-no juntamente com quatro freiras. Em 25 de julho, um grupo de 50 fazendeiros, pistoleiros e policiais invadiram a igreja em Santa Rita, onde líderes camponeses faziam uma reunião. Dispararam quando o padre tentou ler a Bíblia e disseram aos agentes pastorais que esses deveriam escolher entre abandonar a região ou morrer.

A situação atingiu seu ponto culminante entre agosto e outubro de 1981, num dos maiores conflitos entre a Igreja e o Estado naqueles anos. A 13 de agosto, 13 líderes camponeses ligados à Igreja dirigiam-se a uma reunião quando um veículo da polícia com quatro oficiais fortemente armados, do Grupo Executivo de Terras do Araguaia-Tocantins (GETAT) e dois fazendeiros notórios por sua violência os abordou. Os dois lados abriram fogo. Um dos homens da GETAT foi morto e outras quatro pessoas dentro carro, assim como vários camponeses, foram feridas. Então, a polícia prendeu e torturou treze camponeses, ateou fogo em suas casas acusando-os de terem preparado uma emboscada. Os camponeses foram acusados de terem violado a Lei de Segurança Nacional.

Naquele mesmo mês, a Igreja esteve envolvida em sérios proflitos entre favelados e o Estado, em Belém (Pará) e São Paulo, e entre os camponeses e o Estado, em Ronda Alta, Rio Grande do Sul. Essa série de conflitos impeliu Jarbas Passarinho, senador do Pará e líder do Senado do PDS, a atacar a Igreja, a 30 de agosto. Passarinho, antigo crítico da Igreja progressista, fez a acusação de que muitos padres eram marxistas subversivos que queriam solapar a ordem capitalista. Declarou que a Igreja instigara a "emboscada" no sul do Pará a 13 de agosto e as invasões de terras na região Tocantins-Araguaia, São Paulo e Ronda Alta. Essas invasões, ele concluía, haviam sido previamente planejadas e coordenadas de maneira a ocorrer simultaneamente. No mesmo dia, o chefe das operações militares em Ronda Alta faria uma denúncia semelhante contra a Igreja.

Essas denúncias provocaram três reações. Primeiro, muitos bispos se manifestaram contra Passarinho e o comandante militar, devido a seus comentários disparatados, e deram apoio à Igreja no Amazonas, São Paulo e Ronda Alta. Segundo, a repressão intensificou-se. O *Jornal do Brasil* declarou que "helicópteros e aviões militares, com pinturas camufladoras, voam o dia inteiro sobre selvas extensas e pousam onde é possível, para apanharem de surpresa quem, até mesmo isolado no meio do mato, tenha uma simples espingarda de caça de pequenos animais".⁴² Na região do Tocantins-Araguaia, a 1? de setembro, a polícia deteve dois sacerdotes franceses, Aristide Camio e François Gouriou, que haviam rezado uma missa a 12 de agosto pelos 13 camponeses presos um dia depois por terem violado a Lei de Segurança Nacional. Os sacerdotes foram acusados de conduzir os camponeses a emboscar a polícia. Permaneceram na prisão até o final de 1982, quando foram expulsos do país.⁴³ Terceiro, muitos altos oficiais do governo responderam de maneira favorável ao discurso de Passarinho. Um porta-voz oficial do Palácio do Governo declarou que "Passarinho viu o que está óbvio à frente de todos: o desejo de uma minoria que quer incendiar o país. Esses padres não são progressistas, mas subversivos mesmo".⁴⁴ O governador da Bahia, Antônio Carlos Magalhães, acusou o clero de "provocar um clima de apreensão, sobretudo no interior do país. (...) Esses homens não estão interessados em servir a Deus e sim ao demônio".⁴⁵ O vice-governador do Estado do Pará, Gerson dos Santos Perez, acusou os padres "revolucionários" de serem responsáveis pelos problemas na região do Araguaia-Tocantins.⁴⁶ O ministro da Saúde, Jair Soares, afirmou que "não há dúvida de que setores da Igreja Católica participaram dessas invasões. Também não existem dúvidas de que essas invasões eram coordenadas".⁴⁷

Tropas de segurança locais coordenaram um esquema para desacreditar a Igreja. A polícia militar abriu uma capela na região e começou a celebrar missas propondo reações contra os católicos de esquerda.⁴⁸ Certa ocasião, os militares transportaram de avião um norte-americano que estivera envolvido em contrabando e que nem era um padre, de Belém a São Geraldo do Araguaia, para celebrar missa. A CNBB denunciou repetidas vezes essas missas, mas as críticas dos bispos de nada adiantaram para deter a polícia. A 18 de outubro, a polícia prendeu quatro freiras e deteve e torturou um padre irlandês, Peter McCarthy, porque eles se recusaram a comparecer a uma das missas organizadas pela polícia.⁴⁹ Os militares também deram início a uma campanha de difamação contra um padre francês e a viúva de um líder camponês assassinado pelos militares em maio de 1980, acusando-os de serem amantes.

Embora certas ações isoladas dos clérigos possam ter ido além do que os moderados da Igreja consideram aceitável, a Igreja do Araguaia ganhou forte apoio da Igreja nacional.⁵⁰ O caso Tocantins-Araguaia ressaltou alguns dos limites da abertura política. Nas regiões rurais, ainda havia muita repressão contra os esforços populares para organizar e exigir seus direitos. Os fazendeiros, a polícia e os militares e, na maioria dos casos, o Judiciário, continuaram pouco dispostos a modificar o padrão de dominação que prevalecia no Brasil rural. O governo federal, até mesmo enquanto promovia a abertura, estava pouco disposto a modificar as políticas agrícolas que exacerbavam as tensões ou a obrigar as elites a aderir ao espírito da abertura. As elites rurais eram uma das principais fontes de apoio ao regime militar e este não se dispunha a colocar em risco tal apoio. O caso Araguaia-Tocantins também ressaltou os limites da melhoria das relações entre a Igreja e o Estado durante a abertura. A nível nacional, acalmaram-se as tensões entre a Igreja e o Estado, mas, naquelas regiões rurais onde a Igreja se aliara ao campesinato e onde este ainda era objeto de contínua repressão, sérios conflitos continuaram a existir. O caso Araguaia-Tocantins era um caso extremo de conflito, mas não era o único. Depois de 1978, Propriá (Sergipe), Goiás Velho (Goiás), Ronda Alta (Rio Grande do Sul), Juazeiro (Bahia), o interior de Pernambuco e João Pessoa (Paraíba) sediaram conflitos graves entre o Estado e a Igreja. Todos esses conflitos surgiram porque a rápida modernização do campo ou a instalação de projetos hidrelétricos expulsavam os camponeses de suas terras e porque a Igreja intervinha em defesa destes.[51] Um oficial do governo local resumiu a maneira pela qual alguns extremistas de direita percebiam a solução dos problemas rurais: "É preciso matar o presidente do sindicato, o representante da CONTAG e os padres que instigam os camponeses".[52]

Limites às atividades políticas da Igreja

Em meados da década de 70, os setores progressistas no Brasil afastaram-se da idéia de transformar a Igreja numa instituição política. Paradoxalmente, esse isolamento foi uma das chaves para o sucesso da Igreja enquanto instituição comprometida com o trabalho em prol dos direitos humanos e da justiça social.

Nos estágios iniciais da Igreja popular, algumas dioceses estavam tão envolvidas na defesa dos pobres que negligenciaram algumas preocupações mais especificamente religiosas, tais como o catecismo e os sacramentos. Alguns dos leigos e agentes de pastoral mais envolvidos politicamente achavam que os grupos bíblicos eram uma perda de tempo. Para alguns padres e freiras, isso conduziu a uma crise de identidade: se a missão da Igreja se expressava principalmente através do envolvimento político, por que trabalhar dentro de estruturas eclesiais? O equilíbrio que emergiria mais tarde entre o trabalho religioso e a política ainda não havia sido atingido.

Na medida em que a liberalização permitia o renascer das instituições políticas, a Igreja popular se distanciava de alguns tipos de envolvimento direto na política. Esse envolvimento deixou de ser preciso, ϵ a maioria dos bispos progressistas passou a acreditar que ele poderia ameaçar a identidade da Igreja. A Igreja como um todo adotava posições políticas mais progressistas, mas se moderava nas condenações radicais do capitalismo. Agentes pastorais gastavam menos tempo com questões políticas e mais tempo com questões especificamente religiosas. Grupos bíblicos, grupos de família, círculos da juventude, grupos de catecismo multiplicavam-se, todos dentro do contexto de uma nova visão de fé.

A ênfase no caráter mais especificamente religioso da Igreja começou a permear os mais importantes trabalhos teológicos. Aqui, não se pretende detalhar o desenvolvimento da teologia brasileira, mas, a partir da segunda metade da década de 70, os teólogos progressistas estavam tão preocupados em delimitar o envolvimento político da Igreja quanto em enfatizar a justiça social. Os mais conhecidos teólogos progressistas deram amplo tratamento a temas bíblicos, ao papel do leigo — especialmente das classes populares — na Igreja, à relação entre agentes pastorais e o povo e à cultura e religião populares.[53]

Os mais importantes teólogos progressistas rejeitaram a redução da religião a uma opção política de esquerda e insistiram na primazia fundamental da Igreja enquanto instituição. Hugo Assmann foi o único teólogo brasileiro de renome a escrever sobre a dependência ou revolução e no Brasil ele nunca foi muito influente.[54] Os teólogos progressistas brasileiros de maior destaque foram ambíguos acerca do termo "teologia da libertação", porque ele geralmente indica uma politização incomum no Brasil.

Para a Igreja popular, a missão pastoral é trabalhar no sentido da criação do reino de Deus, embora essa tarefa não possa ser concluída na Terra. Isso exige um esforço para se construir uma ordem social justa, de relações mais igualitárias e um respeito fundamental por todos.[55] A Igreja popular acha que deve contribuir para esse processo. Para os irmãos Boff, que influenciaram grandemente no desenvolvimento da Igreja popular, a Igreja "não é certamente uma instituição política, no sentido estrito, mas tem um efeito político inegável, como toda e qualquer outra instituição social. A fé cristã, por ser uma fé, entende dar unidade a todas as práticas humanas. Ela tem, pois, a dizer sua palavra sobre a política".[56]

Mas os líderes eclesiásticos progressistas também acreditam que a Igreja deve limitar o envolvimento político. Para eles, a Igreja é fundamentalmente uma instituição religiosa, não um movimento ou partido político. Reconhecem que a Igreja não tem competência especial para conduzir o processo da transformação social e que, além disso, beneficia-se por não fazê-lo, pois só então pode permanecer acima de sistemas políticos e exercer sua função de intérprete da vontade divina. A função da Igreja é a de encorajar a mudança e a participação sem assumir o controle dos processos de mudança ou estabelecer os meios de participação. Ela deveria informar a práxis sem ditar o que essa deveria ser. Deveria revelar os aspectos políticos da mensagem de Cristo e encorajar as pessoas a assumirem a responsabilidade política, mas não engajar-se na organização política.

Na prática, encorajar a mudança política sem deixar de ser uma instituição fundamentalmente religiosa levanta algumas questões difíceis. Uma das mais difíceis têm sido as eleições. A maior parte das pessoas da Igreja concordou que os padres e freiras não deveriam se candidatar a cargos políticos, participar ativamente de um partido político, liderar um movimento popular ou dizer às pessoas como deveriam votar.[57] Em 1982, a maioria dos bispos e dos intelectuais da Igreja ressaltou a importância das eleições, mas enfatizou, também, o respeito pela escolha individual. Como declarou a Comissão Representativa da CNBB em 1975, "à Igreja cabe uma tarefa de ordem estritamente educativa, ao nível da consciência, de modo a capacitar o cidadão ao exercício livre, consciente e responsável do seu dever democrático. Não compete à Igreja optar por este ou aquele partido político, indicar este ou aquele canditato".[58] De maneira semelhante, em 1979, Dom Cândido Padim argumentou que, embora a Igreja devesse desempenhar um papel importante na política, "há que se rejeitar a tentação de se formar o partido cristão, o sindicato católico. É ao povo, de modo global, que cabe a construção e a transformação da sociedade".[59]

Embora tenha havido um forte consenso de que os sacerdotes não devessem se candidatar a cargos públicos e de que a Igreja não deveria endossar certos partidos ou candidatos, não havia nenhum consenso semelhante acerca do que a Igreja deveria fazer em relação às eleições. Esse foi um dos mais difíceis dilemas gerados pela abertura. Dada a longa tradição de ceticismo popular acerca de eleições e a importância delas no processo de mudança política, muitas dioceses achavam preciso promover algum tipo de educação política. Muitas publicaram cartilhas eleitorais numa linguagem popular, explicando o significado das eleições e as propostas dos vários partidos. Viam essas cartilhas como um meio de ajudar na educação política, sem impor escolhas específicas. As cartilhas eram um tanto heterogêneas, com marcantes variações na forma de descrever os partidos, mas todas preocupavam-se em fornecer critérios para a seleção de um partido. A Arquidiocese de São Paulo, por exemplo, enfatizava que os setores populares deveriam participar de um partido e que este deveria demonstrar um constante interesse por seus problemas. A cartilha de São Paulo descrevia os partidos de uma forma que demonstrava favoritismo pelo PMDB, PT e PDT e oposição ao PDS. Outras dioceses (Rio de Janeiro, por exemplo) optaram por cartilhas que evitassem emitir qualquer julgamento dos partidos, e a maioria das dioceses moderadas e conservadoras simplesmente evitou as cartilhas.[60]

A questão do limite das atividades políticas da Igreja também tem sido delicada no que diz respeito às CEBs. Muitos indivíduos nas comunidades são politicamente ativos, mas as CEBs propriamente ditas são comunidades de fé, onde as pessoas se reúnem para fazer a leitura da Bíblia, participar de uma cerimônia religiosa e discutir suas vidas. Intelectuais da Igreja e bispos têm resistido em fazer uma identificação das CEBs com o movimento popular ou com qualquer partido político específico. Frei Betto critica a tentação de fazer das CEBs instrumentos dos movimentos populares e argumenta que as comunidades têm uma função especificamente religiosa em vez de política: "A Igreja não pode pretender substituir os partidos políticos, os sindicatos, as associações de bairro, os mecanismos próprios da luta política. (...) Exigir das comunidades de base que elas sejam, simultaneamente, oposição sindical, embrião partidário, centro social é confundir as coisas. (...) O específico das comunidades eclesiais de base reside no seu caráter religioso. Este é o eixo em torno do qual elas se movimentam. As pessoas que participam dessas comunidades não o fazem por interesse de ordem profissional, educativa ou política. Aí se encontram motivadas pela fé. É a mesma fé em Jesus Cristo, vivida e explicitada em comunhão com a Igreja, que impele a gente simples do povo a participar de comunidades de base".[61]

Como é demonstrado no capítulo 8, ao analisar o caso de Nova Iguaçu, a questão da autonomia das CEBs frente ao movimento popular nem sempre é tão clara na prática quanto na teoria. Em Nova Iguaçu, como em todo lugar, as comunidades são principalmente comunidades de fé, e muitos participantes das CEBs não estão envolvidos em política. Entretanto, muitos membros das CEBs preocupam-se com as dimensões sociais e políticas da fé e freqüentemente lideram lutas locais por serviços urbanos ou pelos direitos dos trabalhadores ou camponeses. Além disso, muitos líderes das CEBs eram ativos no PMDB ou no PT. Porém, líderes da Igreja fizeram distinção entre as esferas política e religiosa, e as CEBS propriamente ditas são orientadas primordialmente para as questões religiosas.

Outra questão difícil envolve a relação dos movimentos populares com as comissões da Igreja, tais como a CPT e a CPO. Novamente, a Igreja insiste no caráter fundamentalmente religioso da instituição eclesial e, portanto, essas comissões não devem substituir os sindicatos ou associações de bairro. Embora as comissões estejam freqüentemente envolvidas na defesa dos direitos humanos, elas enfatizam sua preferência de que sindicatos e associações de bairro elaborem e tomem as decisões que dizem respeito à organização política. A CPT declara: "Nada de querer substituir os órgãos que devem defender os trabalhadores rurais. (...) A Comissão não pretende funcionar para amortecer as iniciativas do povo, nem ser um mecanismo para tratar com os órgãos ou pessoas responsáveis pelos conflitos. Não deve ser confundida com um movimento que entre em concorrência com outras iniciativas e trabalhos da Igreja. A Comissão é um serviço, indireto (o povo é o fim) e complementar".[62]

Entretanto, novamente, a distinção entre as comissões pastorais e os movimentos populares, na prática, nem sempre é clara. No início deste capítulo documentei esse ponto acerca do papel da CPT na defesa dos camponeses no Amazonas; exemplos semelhantes poderiam ser multiplicados. No entanto, as comissões estão tentando definir sua própria função de uma maneira tal que não sejam os principais meios de luta política.

Esse esforço para definir os limites da atividade política da Igreja tem sido um fator importante no desenvolvimento da Igreja popular. E nesse esforço de desenvolver uma concepção clara dos limites de seu envolvimento político, a Igreja popular fortaleceu sua posição dentro da Igreja brasileira e internacional até 1982.

Quando os moderados acham que há um envolvimento excessivo da Igreja na política, as conseqüências costumam ser funestas. Isso fica claro ao se comparar os destinos dos setores progressistas no Brasil, Chile e Argentina. Os dois movimentos de esquerda mais fortes de padres radicais na América Latina ocorreram nos dois últimos países. Na Argentina, o Movimento de Sacerdotes do Terceiro Mundo começou em 1968, durante um período de governo militar. Tornou-se gradualmente mais radical, mais identificado com a esquerda (e inclusive com a guerrilha) peronista e mais crítico em relação à hierarquia, mas foi eliminado pela repressão na metade da década de 70. O movimento Cristãos pelo Socialismo, no Chile, iniciou-se em 1971, quando Allende era presidente, e quase acabou em 1973, vítima do golpe e de sanções eclesiásticas.[63]

Quatro aspectos distinguem esses movimentos dos setores progressistas no Brasil. Primeiro, eram organizados como movimentos com uma nítida estrutura de liderança e com objetivos definidos. Segundo, parte de seu propósito era criticar a Igreja institucional. Eles acabaram formando um magistério paralelo, um movimento clerical que na prática desafiava a autoridade dos bispos. A esquerda católica brasileira do início da década de 60 fez algo parecido, mas, no Brasil, nenhum grupo clerical jamais se organizou com o propósito de criticar a hierarquia. Essa escolha deixou o Cristãos pelo Socialismo e o Movimento de Sacerdotes do Terceiro Mundo altamente vulneráveis à repressão do Estado e às sanções dos bispos. Em termos teológicos, os padres estavam fora de comunhão com os bispos. Não é de surpreender que a hierarquia, longe de protegê-los quando surgiu a repressão, como geralmente acontecia no Brasil, ajudou a submetê-los. Terceiro, adotaram posições políticas definidas e achavam que apoiar a revolução era parte indispensável de sua missão. Os dois movimentos, como a esquerda católica no Brasil após 1962, acreditavam que a essência da fé era o esforço de realizar uma transformação política. O movimento Cristãos pelo Socialismo advogava o socialismo-explicitamente e, na maioria dos casos, dava apoio ao Movimento da Esquerda Revolucionária, partido que era uma cisão da esquerda do governo Allende. De maneira semelhante, por volta do início da década de 70, o Movimento de Sacerdotes do Terceiro Mundo tornou-se intimamente ligado à ala esquerdista do Movimento Peronista e, durante o período de 1973-1976, passou a identificar-se como uma organização socialista.[64]

O Cristãos pelo Socialismo e o Movimento de Sacerdotes do Terceiro Mundo percebiam o socialismo como uma opção necessária para os cristãos, embora nenhum dos dois movimentos tivesse uma concepção de socialismo muito sofisticada.[65] Muitos teólogos e bispos brasileiros destacados eram socialistas, mas nenhum deles afirmava que um bom cristão precisa ser socialista. São mais críticos em relação ao socialismo e acham que, embora a fé determine uma preocupação especial com os pobres, não determina os meios de chegar a um dado sistema político.[66] Também reconhecem que a fé não impõe a escolha de um partido político.

Finalmente, os movimentos chileno e argentino tenderam para a análise radical social simplista, que posteriormente os distanciaram da hierarquia.[67] Por exemplo, o Movimento de Sacerdotes para o Terceiro Mundo afirmava em 1972 que o sistema capitalista argentino estava em crise, que o país estava em uma situação revolucionária e que o "povo" estava liderando a luta por mudanças.[68] Nenhuma dessas análises considerava com realismo a situação política.

Essa estreita identificação da fé com uma opção política específica expôs esses movimentos ao ataque por parte da hierarquia, especialmente no Chile, onde essa identificação era particularmente forte. Mesmo antes do apogeu das tensões entre o Cristãos pelo Socialismo e a hierarquia chilena, o cardeal moderado de Santiago, Raul Silva Hernández, escreveu que ao movimento "falta toda referência ao Evangelho e principalmente à Igreja. (...) Acho que sua ação é destrutiva da Igreja."[69] Em abril de 1973, meses antes do golpe, os bispos proscreveram a participação clerical no Cristãos pelo Socialismo devido à relutância do movimento em aceitar a autoridade da Igreja e à identificação da fé com o socialismo. O Movimento dos Cristãos pelo Socialismo "adota posições tão clara e decididamente políticas que é indistingüível de partidos políticos ou de correntes de opinião e de atividades similares. (...) Vemos uma ênfase excessiva e exagerada no aspecto sócio-político e uma forte tendência a reduzir toda a dinâmica da Igreja a essa única dimensão".[70] Até ex-participantes concordaram que os membros do Cristãos pelo Socialismo "eram impacientes, buscando ansiosamente soluções radicais. Às vezes faziam julgamentos apressados, emitiam denúncias injustas e caíam em erros de interpretação".[71]

As tensões entre o clero radical e a hierarquia no Chile se exacerbavam com o nível de polarização social do período Allende, mas a politização da fé no movimento Cristãos pelo Socialismo teria gerado tensões em qualquer contexto político. Desde o final da década de 50, a hierarquia chilena tem sido uma das mais progressistas na América Latina, mas a politização explícita da Igreja no Cristãos pelo Socialismo levou a hierarquia a achar que a identidade religiosa da Igreja e sua capacidade de atender a diferentes segmentos da sociedade estavam sendo ameaçadas.

Coesão e conflito na Igreja

Uma das mais notáveis características do período de 1974-1982 era o fato de ter a Igreja vivenciado muito menos conflito interno do que durante o período de 1964-1970. A maior coesão interna desse período mais recente era, em grande parte, uma função da decrescente influência da direita católica, maior moderação nos documentos progressistas e um grande esforço da parte dos progressistas para trabalhar dentro da instituição.

As tensões internas da Igreja nunca foram piores que durante o período de 1964-1970. Por um lado, a direita católica se engajava em polêmicas com os progressistas. Intelectuais católicos de direita, como Gustavo Corção, freqüentemente criticavam os católicos progressistas, tendo em Dom Hélder Câmara o alvo especial. Em casos isolados, os bispos conservadores emitiram declarações públicas polêmicas criticando os progressistas. Em 1968, durante a Assembléia Geral da CNBB, 17 bispos enviaram uma carta ao presidente Arthur da Costa e Silva, declarando publicamente estar em desacordo com os bipos progressistas, emprestando o apoio ao regime.

Por outro lado, apesar da orientação conservadora da CNBB, as atividades pastorais progressistas nas bases espalharam-se por todo o país. No Amazonas e no Nordeste, assim como em dioceses isoladas em outras regiões, os bispos deram seu suporte a esses movimentos progressistas. Entretanto, em diversos lugares, havia tensões entre os padres progressistas e a hierarquia. Eram sintomáticas desses atritos várias cartas redigidas entre 1967 e 1970 por grupos de padres progressistas criticando a hierarquia. A carta mais divulgada foi assinada por 264 padres do Rio, São Paulo e Belo Horizonte, a 24 de outubro de 1967, denunciando as condições de vida das massas e fazendo críticas contundentes à Igreja institucional. "A linha de ação da Igreja na prática é a convivência com a brutal exploração da população. (...) Surge a necessidade da contribuição dos mais ricos, dos favores de políticos e governos, e perde-se a liberdade da palavra e das atitudes. É impossível esconder a exploração de certas devoções populares. (...) Perguntamos se isto não justifica a acusação de que a religião é o ópio do povo."[72]

O dinamismo nas bases, entretanto, não era suficiente para impulsionar a Igreja a tomar posições mais críticas em relação ao governo. Igualmente importante, a capacidade da Igreja de atuar com coesão estava sendo minada. Em 1969, a Comissão Central da CNBB expressou sua preocupação: "Nota-se um alargamento da desunião. Há um mal-estar crescente, que ultrapassa a simples desconfiança. Esse mal-estar atinge todas as camadas do povo de Deus: bispos, clero, religiosos, leigos".[73]

Um dos fatores mais importantes para a redução das tensões depois de 1970 era o declínio dos integralistas católicos. No início da década de 70, a Sociedade pela Tradição, Família e Propriedade (TFP), a mais virulenta expressão da direita católica, vivenciara o mesmo destino que a esquerda católica tivera anteriormente: foi marginalizada porque os bispos sentiam que sua presença e suas ações minavam a coesão da Igreja. Dom Eugênio Sales, figura chave nas sanções contra a JUC e um bispo conhecido por suas relações de proximidade com o regime, criticou o movimento em 1970 e Dom Ivo Lorscheider, presidente da CNBB, castigou-o em 1971. Em fevereiro de 1972, na declaração "Unidade e Pluralidade na Igreja", a CNBB condenava as ações da TFP e de outros grupos de direita[74] e na Assembléia Geral da CNBB de 1973, os bispos declararam que a TFP destruía a unidade eclesiástica.[75] O declínio da direita católica também foi decorrência da aposentadoria dos bispos que apoiavam essa concepção ultraconservadora do catolicismo. Os dois últimos, Dom Geraldo Proença Sigaud (Diamantina, Minas Gerais) e Dom Antônio de Castro Mayer (Campos, Rio de Janeiro), aposentaram-se em 1980 e 1981.

As tensões entre a base progressista e a hierarquia atenuavam-se à medida que a Igreja popular amadurecia. Após a rajada de cartas contenciosas do período 1967-1970, os padres progressistas se voltavam para o trabalho popular e deixaram de fazer críticas à hierarquia e à Igreja institucional. Sob esse aspecto, os progressistas da Igreja podem ter sido beneficiados não pelo apoio de um grande número de bispos, mas, também, paradoxalmente, pela seqüência da repressão. Enquanto no Chile e na Argentina as condições políticas permitiam que os movimentos dos padres de esquerda ficassem públicos e ativos, no Brasil, após 1968, o clero enfrentou uma repressão que o obrigou a depender dos bispos em vez de criticá-los.

Os bispos progressistas também trabalhavam dentro da instituição para transformá-la em vez de formarem um movimento paralelo que criticava a hierarquia. Um grupo de bispos progressistas começou a se reunir regularmente em 1967 e desempenhou um papel central no desenvolvimento da Igreja. Foram responsáveis por diversos documentos importantes ("A Marginalização de um Povo", "Ouvi os Gritos do Meu Povo" e "Y-Juca Pirama. O Índio, Aquele que Deve Morrer") e desempenharam um papel importante na criação do Conselho Indigenista Missionário (CIMI), a CPT e a CPO. Esses bispos nunca emitiram um documento que fizesse críticas à CNBB ou mesmo aos bispos conservadores ou reacionários. Viam sua função como a de trocar idéias, fornecer apoio às bases e, uma vez ou outra, redigir documentos acerca da Igreja e da ação pastoral. Também fizeram uma escolha consciente de incluir o maior número possível de bispos, de modo a reduzir a possibilidade de serem vistos como um grupo dissidente. O grupo se ampliou indo de aproximadamente 15 bispos em 1967 a aproximadamente 60 na década de 80 e continuou a desempenhar um papel importante no desenvolvimento da Igreja.[76]

Essa estratégia de menos confrontação ajudou a Igreja brasileira a restaurar sua harmonia interna no final da década de 70. Embora ela permanecesse como uma instituição altamente heterogênea, o nível de conflito interno diminuiu consideravelmente depois do final da década de 60. A partir de "Exigências Cristãs de Uma Ordem Política", em 1977, os bispos desenvolveram um grau de extraordinária coesão interna nos documentos episcopais, e os líderes da CNBB ressaltaram esse fato.[77]

Até os conservadores apoiaram a maior parte da plataforma da CNBB. Logo após a conferência de Puebla, em 1979, Dom Vicente Scherer, arcebispo de Porto Alegre e destacado porta-voz dos conservadores, declarou que a teologia da libertação continha muitos elementos positivos e era justificada quando não reduzia a religião a questões políticas ou materiais. Dom Vicente argumentou que a imprensa havia distorcido a teologia da libertação e as posições do papa e que a Igreja deveria se preocupar com as condições materiais do povo. Ele deixava claro o seu apoio à opção preferencial pelos pobres. "Temos certamente compromissos e deveres para com todos, sem distinção de ricos e pobres. Mas os pobres têm direito a um tratamento preferencial". Ele também declarou que o governo deveria fazer mais para ajudar os pobres.[78] Essas opiniões poderiam facilmente ter vindo tanto de um teólogo progressista como de um destacado porta-voz da facção conservadora.

Igualmente significativo, o conflito entre as bases e a hierarquia tornou-se incomum. Um dos raros casos de atritos graves entre as CEBs e os bispos ocorreu no Rio de Janeiro, onde o arcebispo Eugênio Sales tomou uma série de medidas que debilitaram o amplo movimento de comunidades na empobrecida zona oeste da cidade. As divisões mais significativas na Igreja brasileira são horizontais — bispos, agentes pastorais e grupos leigos com concepções de fé competindo umas com as outras — ao invés de verticais (base *versus* hierarquia). Talvez mais do que as outras características, essa harmonia entre a base e a hierarquia é um aspecto singular da Igreja brasileira dentro da América Latina. Os progressistas não foram marginalizados dentro da instituição, em parte porque evitaram opções sectárias. Por vezes, eles foram obrigados a acatar os limites impostos pela instituição, porém a opção pela obediência eclesial e por uma mudança mais lenta permitiu que conquistassem um espaço maior dentro da Igreja. As escolhas mais radicais do Cristãos pelo Socialismo receberam maior publicidade a curto prazo, mas a paciência dos setores progressistas no Brasil, parcialmente imposta pela repressão, deu-lhes maior capacidade de transformar a Igreja.

A comparação com a Igreja de outros países expõe a importância das boas relações entre a base e a hierarquia no caso brasileiro. No capítulo 4 é demonstrado como a esquerda católica do início da década de 60 foi marginalizada e no início deste capítulo indicou-se como o conflito entre os padres radicais e a hierarquia no Chile e na Argentina levou à distribuição dos movimentos. Em situações revolucionárias na América Central, a base católica tem força política, mas falta coesão à Igreja devido às tensões entre a base e a hierarquia. Isso deixa a base vulnerável às mesmas sanções eclesiásticas que tem havido em outros lugares e, em última instância, faz com que o papel da Igreja na Nicarágua e em El Salvador seja instável e ambíguo.

A Igreja e o catolicismo popular

Um dos elementos mais importantes no desenvolvimento da Igreja popular era uma nova atitude em relação ao catolicismo popular. O esforço para respeitar a religiosidade popular gerou um diálogo mais fértil entre a Igreja e o povo. Quando a Igreja esposava uma fé politizada, secularizada, distante do catolicismo tradicional, o povo freqüentemente a rejeitava, mas sua abordagem posterior, menos politizada, oferecendo maior apoio ao profundo sentimento de devoção popular, permitiu que a Igreja brasileira fosse mais eficaz no seu trabalho com o povo.

O catolicismo popular é um conjunto de práticas e crenças religiosas tradicionais que enfatiza os elementos devocionais da fé, tais como a devoção aos santos, os favores e agradecimentos materiais, o uso de símbolos particulares, ritos de devoção e ritos extra-oficiais. Os elementos sacramentais da fé controlados pela Igreja institucional são desenfatizados. Essas práticas religiosas populares encontram-se fora e freqüentemente em oposição à Igreja institucional. As relações entre Deus e o indivíduo (ou um santo) são diretas em vez de mediadas pelo clero; nesse sentido, o catolicismo popular é uma fé um tanto privada. Essas práticas populares geralmente têm sido associadas a visões políticas passivas e fatalistas e, como resultado, têm sido freqüentemente vistas como alienadas.[79] Para apreciar a importância da reavaliação do catolicismo popular, é necessário compreender algumas das falhas da Igreja popular em suas fases iniciais. O Concílio Vaticano II enfatiza a reforma tão veementemente, que havia uma tendência inicial a rejeitar o catolicismo popular. Essa rejeição não constituía nenhuma novidade, mas o Vaticano II imprimiu um sentido de urgência que freqüentemente intensificava essas atitudes críticas. Em muitas dioceses progressistas, o clero removeu imagens tradicionais das igrejas e desestimulou práticas tradicionais, tais como as procissões. Encaravam essas demonstrações como expressões alienadas de uma fé tradicional que deveria ser erradicada para que pudesse ser cultivada uma fé politicamente libertadora.[80]

Como conseqüência, a Igreja encontrava dificuldades em expressar suas mensagens de maneiras simples e acessíveis aos setores populares. O povo achava difícil compreender a nova evangelização, porque os antigos símbolos e imagens não faziam parte dela, e sua linguagem às vezes era inacessível. A Igreja deixou de capitalizar a rica tradição popular de envolvimento nos costumes religiosos. Os padres progressistas falhavam freqüentemente no que diz respeito à religiosidade popular. Em 1969, um padre, que desempenhava um papel importante ao estimular atitudes mais positivas em relação à religiosidade popular, escreveu: "A Igreja renovadora parece incapaz de propagar um livro popular ou uma imagem que sejam expressão da atual renovação. Livros de devoção e imagens se tornam símbolos de atraso e obscurantismo. Não sabemos mais evangelizar pela imagem. Os atuais símbolos religiosos, imagens de santos, gestos e sacramentos não têm mais aquela transparência de revelar o verdadeiro Deus dos cristãos".[81]

A politização da mensagem religiosa reforçava os conflitos gerados pela atitude negativa em relação à religiosidade popular. A maior parte dos católicos não estava interessada numa fé politizada, secularizada, e rejeitava o que sentia como esforços políticos desvinculados da fé.* Como declarou um padre: "Tenho visto freqüentemente os

---

(*) A noção de uma fé "secularizada" refere-se a crenças e práticas religiosas que visam tornar-se parte da sociedade urbana contemporânea. A partir do luterano Dietrich Bonhoeffer e na teologia católica de figuras tais como a de Frederich Gogarten, a teologia ocidental fez da secularização uma questão de primeira importância. Uma observação fundamental aqui é que a Igreja popular na América Latina rejeitou qualquer manifestação de fé mais secularizada. Mas, ao contrário do que aconteceu na Europa, onde somente os conservadores rejeitaram uma fé mais secularizada, a

setores populares rejeitarem um discurso político proferido por um padre. Nesses casos, o discurso político está desvinculado do discurso religioso, às vezes até o substituindo violentamente. A população rejeita a mensagem porque não vê a ligação entre esse discurso e a sua fé".[82]

A maior parte dos agentes pastorais mantinha uma postura crítica em relação à religiosidade popular, mas já na metade da década de 60 alguns sacerdotes progressistas faziam uma reflexão acerca da necessidade de se valorizarem alguns aspectos das práticas religiosas populares. Como muitas outras inovações, esses esforços foram iniciados por agentes pastorais que faziam um trabalho nas bases,[83] foram incorporados em discussões teológicas e acabaram tornando-se um assunto de preocupação para os bispos. A figura de maior renome dos esforços iniciais para sistematizar as novas reflexões acerca da religiosidade popular foi Joseph Comblin, sacerdote e teólogo belga que trabalhava em Recife. Comblin estava convencido de que as práticas religiosas populares continham deficiências,[84] mas ele e outros agentes pastorais, reavaliando a religião popular, também achavam que a Igreja deveria respeitar as práticas populares. A Igreja não podia simplesmente atacar a religião popular, como acontecia em algumas dioceses. "Não se trata, é claro, de destruir brutalmente a religião tradicional. Trata-se de um diálogo fraterno entre catequista e catequizado."[85] Para Comblin, a religião popular era "um sinal de autonomia do povo que já não aceita uma religião pré-fabricada e importada. Por isso é sinal de uma emancipação popular. (...) Pela primeira vez a classe popular tem uma religião não controlada por uma classe alta. (...) As religiões populares são sinal de democratização religiosa".[86]

Num importante artigo publicado em 1968, Comblin argumentava que não existe um catolicismo puro, questionando assim as atitudes que viam qualquer coisa fora dos ensinamentos oficiais como superstição, ignorância ou até mesmo heresia. Para Comblin, não havia uma nítida hierarquia de valores entre o catolicismo popular e o oficial. A principal diferença é que o clero imagina seu catolicismo como sendo "puro" e as classes populares não têm preocupações em relação à ortodoxia.[87]

Nos anos que se seguiram, mais pessoas refletiram sobre a cultura e a religião populares. Em 1968, outro sacerdote e teólogo belga

---

Igreja popular juntou, embora não sem contradições, algumas práticas religiosas tradicionais e uma opção política progressista. De fato, uma das críticas básicas que os teólogos latino-americanos fazem aos teólogos europeus é que sua preocupação com a secularização não é muito relevante no Terceiro Mundo, onde as massas ainda têm uma profunda religiosidade tradicional. Esse argumento é amplamente desenvolvido por Gutiérrez em *Força Histórica*, pp. 61-74, 86-92, 129-134, 243-328.

que desempenhou um papel importante no desenvolvimento da Igreja popular, Eduardo Hoornaert, redigiu o primeiro de diversos estudos influentes que davam ênfase à apreciação de alguns aspectos da religião popular.[88] Logo, outros seguiram o seu exemplo.[89]

Essa discussão ainda embrionária tomou ímpeto a partir de Medellín. Embora críticos em relação a alguns aspectos da religião popular, os bispos latino-americanos, todavia, reconheciam no catolicismo popular "uma enorme reserva de virtudes autenticamente cristãs, especialmente na linha da caridade".[90] Também insistiram para que o fenômeno fosse estudado em todo o continente e destinaram alguns recursos do CELAM para que isso fosse realizado.

Apesar de uma crescente preocupação com a religiosidade popular, a situação política levou muitas dioceses progressistas a concepções de fé politizadas e secularizadas até por volta de 1974, quando os problemas criados por essa visão e a abertura política fizeram com que a Igreja repensasse o seu papel e suas práticas em relação à religiosidade popular. A maioria das dioceses começou a compreender que uma abordagem politizada da religião era alienante para os leigos e desnecessária. Havia maneiras mais eficazes de comunicar a mensagem libertadora da religião. Agentes pastorais começavam a achar que a religião não precisava ser árida, intelectualizada ou secularizada para ser uma força libertadora. Incorporar as festas populares ou as devoções tradicionais poderia gerar um impulso libertador até mais forte. Em vez de atacar a religião popular, a Igreja tinha que ser edificada a partir dela. A reavaliação do problema era geral, embora particularmente pronunciada nas dioceses progressistas. Muitos criticavam a "fase de pureza litúrgica da renovação européia", com seu ataque à religião popular, e insistiam que a religião popular era "uma expressão legítima e original do Mistério".[91]

Estimulada através de experiências pastorais renovadoras na base e pelas reflexões acerca dessas experiências, aos poucos a Igreja tem expressado o seu apoio às posições desenvolvidas pelos teólogos da libertação em relação à religiosidade popular. O documento final de Puebla dedicava considerável atenção ao problema. Observava que faltava ao catolicismo popular uma conscientização doutrinária adequada, mas elogiava "um profundo sentimento de transcendência e ao mesmo tempo da proximidade de Deus. Traduz-se em uma sabedoria popular com expressões contemplativas que orienta o modo peculiar como o homem latino-americano vive sua relação com a natureza e com os outros homens, num sentido de trabalho e festa, de solidariedade, de amizade e parentesco".[92]

A fé que emergiu na Igreja popular contém muitos elementos tradicionais junto com uma mensagem politicamente progressista. De algumas formas, essa fé está mais próxima da religiosidade popular tradicional do que da visão de mundo progressista, secularizada, que inspirou a maior parte dos precursores da Igreja popular, especialmente a esquerda católica do início da década de 60. Sem compreender essa rica união do antigo com o novo, dos símbolos tradicionais vinculados a novos significados, é impossível compreender a Igreja contemporânea.

Nada disso significa que a questão de como lidar com o catolicismo popular tenha sido definitivamente resolvida. Ainda existem visões diferentes acerca de quais sejam as práticas aceitáveis e existe uma distância entre o discurso da Igreja e suas práticas pastorais. Porém, um dos mais importantes fatores de êxito da Igreja popular tem sido o fato de ela ter se edificado sobre um forte sentimento de religiosidade. Ao fazê-lo, a Igreja popular apropriou-se de muitos símbolos e costumes tradicionalmente associados a práticas religiosas "alienadas" e tem atribuído novos significados a esses símbolos. As procissões, há muito associadas a práticas católicas tradicionais e politicamente conservadoras, se revalorizaram em várias das dioceses mais progressistas do país. Essas procissões mobilizam um grande número de pessoas e apresentam uma mistura curiosa dos símbolos antigos com os novos, com novos significados sendo atribuídos aos símbolos antigos. Por exemplo, em Volta Redonda, Rio de Janeiro, 25 mil pessoas (a população da cidade é de 193 mil) participaram da procissão da Páscoa em 1982. Muitos participantes carregavam símbolos tradicionais como a Cruz e imagens da Virgem ou dos Santos; outros carregavam cartazes clamando por melhores salários, melhores condições de vida e estabilidade no emprego; outros ainda cruzavam os dois mundos simbólicos com cartazes que saudavam Jesus como "O Rei dos Pobres". Às vezes, os participantes trocavam as bandeiras, ilustrando o extraordinário cruzamento dos mundos simbólicos, que se tornou comum na Igreja popular.

A consolidação de novas estruturas eclesiais

No final da década de 70 e início dos anos 80, consolidaram-se diversas inovações importantes nas estruturas da Igreja. Essas novas estruturas eclesiais proporcionaram aos setores populares um dinamismo que excede de longe sua representação numérica entre os bispos. Aproximadamente 20% dos bispos estão comprometidos com o modelo da Igreja popular, porém, em parte devido às dinâmicas atividades das bases, entre 1976 e 1982 os setores populares dividiram a hegemonia dentro da Igreja brasileira com os reformistas. Entre as novas estruturas de maior importância estavam as CEBs, a CPT e o CIMI.

Embora criadas por volta de 1963, formalmente nomeadas pelo Plano Pastoral Geral por volta de 1965 e legitimadas por Medellín, foi somente no início da década de 70 que as CEBs realmente começaram a se espalhar. Tornaram-se uma nova forma de Igreja, com liderança leiga maior do que nunca, dentro de uma estrutura criada e apoiada pela hierarquia. Também tornaram-se claramente uma estrutura eclesiástica encontrada entre os setores populares. Durante os anos iniciais, prevaleciam principalmente no campo. Em seu pouco tempo de existência, as CEBs, tornaram-se uma das mais importantes estruturas na história recente da Igreja Católica, tanto assim que o mais famoso teólogo brasileiro diz que elas "reinventaram a Igreja".[93] Através das CEBs, a Igreja brasileira desenvolveu uma estrutura que realmente alcançou o povo. Tomando-se em consideração os frágeis vínculos eclesiais com o povo durante os quatro séculos precedentes, o número de participantes e o nível de compromisso nas CEBs são notáveis. Nas comunidades emergiram novas formas de catecismo, de liturgias, de vivência comunitária e de teologia.[94] Essas inovações afetaram a Igreja em diversos países latino-americanos, especialmente no Chile, Peru, Nicarágua e em El Salvador. Nesse sentido, a Igreja brasileira começou a exportar sua transformação a outras nações latino-americanas. Em Puebla, os bispos latino-americanos declararam que as CEBs "criam melhores relações pessoais, aceitação da palavra de Deus, reflexão sobre a vida e a realidade à luz da Bíblia; nas comunidades, o compromisso com a família, com o trabalho, com a vizinhança e com as comunidades locais é fortalecido".[95]

As comunidades são basicamente grupos de devoção, mas também algum peso político. Quando o Estado reprimia os sindicatos e as associações de bairro, as CEBs tornavam-se quase as únicas organizações populares onde as pessoas se organizavam para discutir suas vidas cotidianas, seus valores e suas necessidades políticas. Apesar da limitada consciência política da maior parte de seus membros, as CEBs representam uma novidade na cultura política brasileira.[96] A maior parte das organizações populares no período pré-1964 estava intimamente ligada ao Estado e, em última instância, sujeita ao controle deste.[97] Em contraste, as CEBs são autônomas em relação ao Estado e aos partidos políticos. Estavam e ainda estão mais preocupadas com o próprio desenvolvimento do que em criar laços no tradicional estilo populista, com políticos que poderiam lhes obter favores. As CEBs deram ênfase aos benefícios populares e à participação acima de tudo — negligenciando, às vezes, os partidos políticos. Durante os anos mais repressivos essa autonomia fez com que se tornassem difíceis de serem controladas. Seus entusiastas freqüentemente exageram seu impacto político, porém dentro de uma sociedade tradicionalmente elitista, sua ênfase nos valores igualitários e participatórios é significativa.

Apesar da atenção que receberam, as CEBs não são as únicas estruturas importantes na Igreja popular. Outra estrutura significativa é a CPT que, assim como as CEBs, foi originalmente um produto dos agentes pastorais nas bases. Em resposta à repressão e a outros dilemas no Amazonas, os agentes pastorais começaram a se reunir pelo final da década de 60. Em 1972, quando dispunham de suficiente apoio episcopal, criaram a precursora da CPT num encontro regional do Amazonas. Estabelecida oficialmente no Amazonas em 1975 em sua forma atual, a CPT rapidamente passou a atuar em muitas dioceses do Nordeste e, durante o restante da década, começou a funcionar também em outras partes do país. A CPT oferece serviços legais, denuncia injustiças, encoraja a criação de sindicatos rurais, estimula a renovação pastoral e oferece cursos sobre a fé e a política. Embora tenha estabelecido limites para o seu envolvimento político, em muitas partes do Amazonas, onde os camponeses são incapazes de formar sindicatos por causa da repressão, a CPT continua sendo a mais importante instituição na defesa dos direitos humanos. Pelo final da década de 70 e no início dos anos 80, enquanto avançava a abertura política nos centros urbanos, a CPT tornava-se a instituição da Igreja mais envolvida em conflitos com o Estado.

Grande parte de sua fama e notoriedade veio da defesa dos camponeses, mas a CPT tem sido atuante de outras formas. A Comissão desempenhou um papel destacado na elaboração do documento de 1980 da CNBB, "A Igreja e os Problemas da Terra". Também tem estado ativamente envolvida na produção de publicações populares que vinculam as posições políticas e sociais da Igreja à Bíblia.[98]

O CIMI, criado em abril de 1972, também fora originalmente um produto dos agentes pastorais do Amazonas, preocupados com as péssimas condições de vida dos índios. Partindo de um grupo pequeno, esses agentes transformaram o problema dos índios em assunto nacional e encorajaram a Igreja a assumir a defesa dos povos indígenas. A apreciação positiva da cultura indígena por parte do CIMI e suas tentativas de evitar a doutrinação dos índios representam uma ruptura radical com o trabalho pastoral anterior. Um documento declarava: "Os índios já vivem intensamente a Boa Nova. Portanto, deveríamos ver neles, seguindo São Paulo, o ativo 'Deus Desconhecido'. O missionário deveria evitar atitudes dominadoras e colonialistas. Nossa missão não é a de manter ou a de modificar, mas, sim, a de respeitar os índios".[99]

O CIMI não tenta converter os índios ao catolicismo, mas, sim, prestar-lhes serviços, defendendo seus direitos jurídicos e tornando pública sua situação. Outra importante função do CIMI é a de facilitar o contato entre os diferentes grupos indígenas e entre os agentes pastorais que fazem um trabalho junto aos índios. Em casos isolados, o CIMI também tenta influenciar a legislação governamental relacionada com os índios. O CIMI acredita que a integração dos índios na sociedade brasileira deveria ser gradual e harmoniosa, respeitando o seu ritmo de aculturação. Argumenta que os índios têm direito a suas terras, mesmo quando isso implica uma rejeição dos projetos desenvolvimentistas modernos.

Conclusão

A Igreja brasileira continuou sua rápida transformação durante o período de 1974-1982. Apesar de todas as mudanças anteriores a 1974, foi somente neste período que passou a ser a Igreja católica mais progressista do mundo e a ter um impacto tão grande na política brasileira. O período de 1974-1982 pouco trouxe de absolutamente novo, comparado com o período de 1964-1973, ocasião em que surgiram as comunidades de base e quando bispos progressistas emitiram documentos apoiando a transformação social radical, ou mesmo quando comparado ao período de 1959-1964, quando a esquerda católica deixou sua marca na Igreja, vinculando, pela primeira vez, a fé cristã a opções políticas de esquerda. O que caracterizou o período de 1974-1982 foi uma estabilidade e uma maturidade que faltavam nos anos anteriores. Através de uma compreensão cautelosa da relação entre a política e a religião, uma apreciação mais madura de como fazer um trabalho com as classes populares e de como respeitar seus valores religiosos e culturais, uma relação mais harmoniosa entre as bases e a hierarquia e a consolidação de novas estruturas eclesiásticas, a Igreja pôde agir coesamente, apesar de suas diferenças internas. Lançou documentos incisivos acerca da sociedade brasileira e da política e adquiriu uma importância sem precedentes no catolicismo internacional.

NOTAS

(1) Embora eu não aborde de maneira explícita o desenvolvimento ou os principais temas da teologia da libertação, nos capítulos 7, 9 e 10 discute-se amplamente com algumas de suas idéias principais. Uma excelente introdução ao desenvolvimento e às idéias principais da teologia da libertação no Brasil é García Rubio. Outras histórias traçam o desenvolvimento da teologia da libertação por todo o continente. Ver Oliveros; Moldin; Kirk; e Míguez Bonino, pp. 21-84. Uma introdução sintética à teologia da libertação e seus temas principais, escrito por um de seus mais importantes expoentes, é *Teologia*, de Galilea. Uma introdução em língua inglesa é McGovern, pp. 172-209. A maior parte das introduções norte-americanas não enfatiza que muitos teólogos progressistas destacados insistem no caráter especificamente religioso da Igreja e devotam mais atenção a temas bíblicos, à religiosidade popular e a problemas pastorais, do que a questões de ordem mais especificamente política. Apesar dessa advertência, Berrymann, "Liberation Theology", Sanks and Smith, e Levine, *Religion and Politics*, pp. 43-49, são discussões oportunas. Dois livros de Gustavo Gutiérrez são importantes, enquanto análises de um dos expoentes destacados da teologia da libertação e também por suas observações incisivas acerca de como a teologia da libertação difere de suas predecessoras, inclusive da teologia européia progressista. Ver *Teologia e Força Histórica*. Entre os críticos da teologia da libertação, a história e exposição de Vekemans, *Teologia*, é particularmente importante. Para uma crítica aos esforços para sintetizar o

O DESENVOLVIMENTO DA IGREJA POPULAR, 1974-1982   203

cristianismo e o marxismo, ver Hebblethwaite, *Christian-Marxist Dialogue*. No Brasil, a crítica que recebeu maior publicidade foi a de Kloppenburg, *Igreja Popular*.

(2) Robert McAfee Brown, um teólogo protestante norte-americano, escreve: "Não creio que haja quaisquer outras questões no panorama teológico da libertação" (pp. 11). Representativo do vasto amálgama de pessoas e movimentos influenciados pela teologia da libertação é o volume editado por Torres e Eagleson, *Theology in the Americas*.

(3) Minha visão da abertura é desenvolvida mais detalhadamente em dois artigos feitos em colaboração. Ver (com Donald Share) "Transitions Through Transaction" e (com Eduardo Viola) "Transitions to Democracy". A versão brasileira do primeiro foi publicada na revista *Dados*, em 1986. Existe extensa bibliografia sobre o assunto; as fontes mais importantes estão indicadas nesses dois artigos.

(4) Sobre o "Movimento Custo de Vida", ver Tilman Evers, "Os Movimentos Sociais Urbanos: o Caso do 'Movimento Custo de Vida'", in Moisés *et alii*, pp. 73-98. Existe ampla literatura sobre o sindicalismo novo. Entre os melhores trabalhos estão Moisés, "Qual é a Estratégia", Moisés, "Current Issues"; Humphrey; Tavares de Almeida, "Tendências"; e Tavares de Almeida, "Novas Demandas". Para uma excelente visão geral de um grande número de movimentos em São Paulo, ver Singer e Brant.

(5) "A Pastoral Social", *Estudos da CNBB*, 10 (1976): 36.

(6) *Ibidem*, pp. 47-48. Numa linha semelhante, ver as críticas elaboradas pela CNBB ao Documento de Consulta de Puebla, "Subsídios para Puebla", *REB*, 38 (1978): 327-341; e as críticas incisivas dos bispos da Regional Nordeste II, "A Caminhada do Povo de Deus na América Latina", *REB*, 38 (1978): 300-326. Os dois documentos criticam a visão segundo a qual a secularização é um dos principais problemas enfrentados pela Igreja Latino-Americana.

(7) CNBB, Comissão Representativa, "Comunicação Pastoral ao Povo de Deus", em Souza Lima, *Evolução Política*, p. 252.

(8) CNBB, "Diretrizes Gerais da Ação Pastoral da Igreja no Brasil", *Documentos da CNBB*, 4 (1975): 78-79.

(9) CNBB, "Igreja e Problemas da Terra" (São Paulo, 1980), p. 24. Documento da XVIII Assembléia Geral, 14.2.1980.

(10) "Comunicação Pastoral ao Povo de Deus", em Souza Lima, *Evolução Política*, p. 252. Escrito em outubro de 1976 e publicado em novembro de 1976.

(11) CNBB, "Solo Urbano e Ação Pastoral", *Documentos da CNBB*, 23 (1982): 37. Documento da XIII Assembléia Geral, 18.2.1982.

(12) "Comunicação Pastoral ao Povo de Deus", em Souza Lima, *Evolução Política*, p. 250.

(13) CNBB, "A Pastoral Social", p. 49.

(14) *SEDOC*, 8 (1975-1976): 729. Ver também a denúncia feita pela Comissão Justiça e Paz de São Paulo, feita na mesma época, publicada em *SEDOC*, 9 (1976-1977): 118-119.

(15) "Subsídios para uma Política Social", *Estudos da CNBB*, 24 (1979): 10.

(16) "Exigências Cristãs de uma Ordem Política", p. 263. Ver também "Diretrizes Gerais para a Ação Pastoral da Igreja no Brasil", em *SEDOC*, 8 (1975-1976): 582-616.

(17) "Reflexão Cristã sobre a Conjuntura Política", *Documentos da CNBB*, 22 (1981): 4. Documento aprovado pelo Conselho Permanente da CNBB, 29.8.1981.

(18) Ver em particular *ibidem*.

(19) *Ibidem*, p. 11.

(20) "A Igreja e os Problemas da Terra", p. 37.

(21) Ver especialmente a declaração da Comissão Pastoral dos Direitos Humanos e dos Marginalizados da Arquidiocese de São Paulo, "Violência contra os Humildes", *SEDOC*, 10 (1977-1978): 961-964.

(22) O relatório não foi divulgado até 1979, quando causou grande alvoroço. Ver *Jornal do Brasil*, 9.4.1979.

(23) Ver "Comunicação Pastoral ao Povo de Deus", em Souza Lima, *Evolução Política*, p. 241.
(24) Para informações sobre o rapto, ver *SEDOC*, 97 (dez. 1976): 661-673.
(25) Sobre a morte de Bosco, ver *ibidem*, pp. 673-694. Ver também "Ribeirão Bonito: A Caminhada de um Povo", em *Cadernos do CEAS*, 57 (set.-out. 1978): 37-42.
(26) *Jornal do Brasil*, 17.8.1976.
(27) *O Estado de S. Paulo*, 9.11 e 9.12.1976.
(28) *Jornal do Brasil*, 13.12.1976.
(29) *Ibidem*, 18 e 21.12.1976.
(30) *O Estado de S. Paulo*, 28.12.1976.
(31) "Mensagem do Conselho Permanente da CNBB", *SEDOC*, 17 (1984-1985): 484.
(32) MOBRAL. Esse documento é um tanto difícil de ser obtido, mas uma sinopse foi publicada na *Isto É*, 3.12.1980.
(33) *SEDOC*, 13 (1980-1981): 253-255.
(34) *Jornal do Brasil*, 23.4.1980.
(35) *Jornal do Brasil*, 10.3.1978.
(36) *O Liberal* (Belém do Pará), 9.6.1979.
(37) Para ampla documentação dos conflitos, ver Comissão Pastoral da Terra (CPT), *Denúncia*.
(38) Ver *Jornal do Brasil*, 10.2 e 28.6.1980.
(39) CPT, *Denúncia*, 1: 31-35, 69-83.
(40) *Ibidem*, 1: 49.
(41) Ver *ibidem*, vol. 2.
(42) *Jornal do Brasil*, 6.9.1981.
(43) Para maiores informações, ver *REB*, 41 (1981): 826-831; *REB*, 42 (1982): 602-611; *SEDOC*, 14 (1981-1982): 667-700; *SEDOC*, 15 (1982-1983): 356-366.
(44) *Jornal do Brasil*, 3.9.1981.
(45) *Ibidem*.
(46) *Ibidem*, 7.9.1981.
(47) *Ibidem*, 11.9.1981.
(48) *Ibidem*, 11.9 e 19.10.1981.
(49) *Ibidem*, 19.10.1981.
(50) Ver o prefácio de D. Luciano Mendes de Almeida, secretário geral da CNBB, a Chinem. Ver também os comentários de apoio de D. Luciano Mendes, D. Avelar Brandão, D. Vicente Scherer, D. Helder Câmara, D. Quirino Adolfo Schmitz e D. Adriano Hypólito no *Jornal do Brasil*, 11.9.1981; de Mons. Afonso Hammes, D. David Picão, D. Carlos Carmelo de Vasconcelos Motta, D. Aldredo Novak e D. Aparecido José Dias no *Jornal do Brasil*, 1.9.1981; e de D. Paulo Evaristo Arns, *New York Times*, 14.9.1981.
(51) O caso melhor documentado é o da Paraíba. Sobre a transformação do campo paraibano, ver Paiva *et alii*; Paiva, "Pedagogia e Luta Social"; e Dulce Maria Barbosa Cartaliuce, "Penetração do Capitalismo no Campo: Um Estudo de Caso — Alagamar", in *Cadernos do CEAS*, 65 (1981): 33-45. Para informação sobre os conflitos anteriores, ver *SEDOC*, 8 (1975-1976): 829-830 e *SEDOC*, 9 (1976-1977): 947-949.
(52) Declaração feita pelo secretário do município de Xapuri, Acre, *Jornal do Brasil*, 28.6.1980.
(53) Referências a todos esses temas, exceto a interpretação da Bahia, são encontradas em outros trechos, especialmente neste capítulo e na primeira metade do capítulo 9. Existe vasta literatura acerca da interpretação da Bíblia. Uma boa visão geral da nova Cristologia, com extensa bibliografia, é L. Boff, "Jesus Cristo Libertador". Esse artigo baseia-se em seu inovador *Jesus Cristo, Libertador*. Destacam-se, também, os escritos de Carlos Mesters sobre o Antigo Testamento; ver por exemplo, *Palavra de Deus*.

(54) O livro mais importante de Assmann, *Opresión-liberación*, apareceu em espanhol devido à censura no Brasil.

(55) A lista de trabalhos sobre as responsabilidades e limites políticos da Igreja é extensa. Entre os mais importantes, encontram-se C. Boff, *Comunidade Eclesial*; C. Boff, *Teologia e Prática*; Libânio, "Teologia no Brasil"; L. Boff, *Igreja*; L. Boff, *Teologia do Cativeiro*, especialmente pp. 187-220; L. Boff, *A Fé na Periferia do Mundo*, pp. 57-75; C. Boff e L. Boff; L. Boff, *Caminhar da Igreja*, pp. 103-107, 113-116; Loureiro Botas; Betto, "Prática Pastoral"; Betto, "Da Prática"; Betto, "Oração"; Antônio Alves de Melo, "Fé em Jesus Cristo e Compromisso Político-Partidário", *REB*, 42 (1982): 551-556; e Rogério de Almeida Cunha, "Papel da Igreja na Luta Política", *REB*, 42 (1982): 562-587.

(56) C. Boff e L. Boff, pp. 16-17.

(57) Ver a Cartilha Eleitoral de 1976 de D. Quirino Adolfo Schmitz, *SEDOC*, 9 (1976-1977): 203-205. Ver também a cartilha de D. Romeu Alberti, bispo de Apucarana, Paraná, em *SEDOC*, 9 (1976-1977): 205-208.

(58) CNBB, "A Pastoral Social", p. 34.

(59) *Folha de S. Paulo*, 10.11.1979. Tem havido poucas excessões à tendência geral de não indicar partidos políticos ou candidatos específicos. Em 1978, D. Tomás Balduíno de Goiás Velho, Goiás, encorajou o voto pelo MDB. Ver o artigo no *Jornal do Brasil*, 21.10.1978. Em 1981, D. Pedro Casaldáliga afirmou que o PMDB, o PT e o PDT eram os únicos partidos de oposição confiáveis, e Leonardo Boff argumentou que o PT aproximava-se mais da realização do conceito de ordem política da Igreja.

(60) Ver Comissão Arquidiocesana de Pastoral dos Direitos Humanos e Marginalizados de São Paulo. Ao longo dos anos, a *SEDOC*, publicou um grande número de declarações episcopais e diocesanas sobre partidos e eleições.

(61) Betto, "Da Prática", pp. 95, 104. Sobre esse ponto, ver também Betto, "Prática Pastoral"; L. Boff, "Teologia à Escuta"; L. Boff, *Teologia do Cativeiro*, pp. 10, 198, 217; e Jether Pereira Ramalho, "Há Outros Companheiros Nesta Caminhada", *REB*, 41 (1981): 681-685.

(62) Conclusões do encontro nacional da CPT, *Boletim da CPT*, maio-jun. 1975.

(63) Sobre o Movimento de Padres do Terceiro Mundo, ver Dodson, "Religious Innovation". Para uma comparação entre os dois movimentos, ver Dodson, "Christian Left". Sobre o movimento Cristãos pelo Socialismo, ver as fontes mencionadas na nota 5 do capítulo 1.

(64) Sobre a íntima identificação entre a esquerda peronista e o movimento, ver Gillespie, pp. 47-88; "Ante el Regreso de Perón", Movimento de los Sacerdotes para el Tercer Mundo, pp. 117-119, e Mugica, especialmente pp. 29-44.

(65) Ver, por exemplo, o Movimento de los Sacerdotes para el Tercer Mundo, pp. 108-109.

(66) Nessa área, os trabalhos de C. Boff foram particularmente importantes; ver *Teologia e Prática* e "Igreja".

(67) Sobre esse ponto, ver Dodson, "Religious Innovation", pp. 119-164.

(68) Movimento de los Sacerdotes para el Tercer Mundo, pp. 72-102.

(69) Raul Silva Hernandez, em *Cristianos por el Socialismo*, pp. 189-194.

(70) Eagleson, pp. 182-189.

(71) Escrito por um ex-líder não identificado dos Cristãos pelo Socialismo, em *ibidem*, p. ix. Numa linha semelhante, ver os comentários de crítica de Arthur MacGovern e Brian Smith, dois norte-americanos basicamente simpatizantes do movimento. Para duas visões críticas, ver Vekemans, *Teologia*; e Teresa Donoso Loero, *História de los Cristianos por el Socialismo en Chile* (Santiago, 1975).

(72) *Paz e Terra*, 6 (1968): 229-243. Entre outras cartas de crítica de autoria de padres, religiosos e leigos, ver "Carta de 663 Sacerdotes aos Bispos em Medellín". 27.7.1968, assinada por 235 brasileiros, *in Missão Operária*, vol. 2, n? 5 (ago. 1968): 36-39; "Carta aos Padres", *REB*, 28 (1968): 366-371; "Padres Oblatos Denunciam

Injustiças Sociais", *REB*, 28 (1976): 475-476; "Conflito de Botucatu", *SEDOC*, 1 (1968-1969): 169-191; "Carta de Leigos, Religiosos e Padres de Nova Friburgo", *SEDOC*, 1 (1968-1969):389-394; "Carta de 350 Padres de Volta Redonda, São Paulo e Rio de Janeiro aos Bispos", *SEDOC*, 1 (1968-1969): 394-399; "Carta de 110 Padres da Guanabara", *SEDOC*, 1 (1968-1969): 399-401; "Cartas dos Seminaristas aos Bispos", *SEDOC*, 1 (1968-1969): 539-541; "Carta do Clero de Volta Redonda", *SEDOC*, 1 (1968-1969): 995-996; "Carta de Leigos, Religiosos e Padres", *SEDOC*, 3 (1970-1971): 327-332; e "Carta dos Padres de São Paulo ao Arcebispo", no Centro de Pastoral Vergueiro, pt. 2, p. 34.

(73) *Comunicado Mensal da CNBB*, 200 (1969): p. 7.

(74) Ver Antoine, *Integrismo Brasileiro*, pp. 39-41, 73.

(75) *SEDOC*, 5 (1972-1973): 1386.

(76) Minha informação sobre esse grupo surgiu de entrevistas com dois bispos que dele participaram desde o início, D. Tomás Balduíno e D. Waldir Calheiros.

(77) Ver, por exemplo, a entrevista com D. Aloíso Lorscheider, na época secretário geral da CNBB, 9 (1976-1977): 1056-1059.

(78) *Folha de S. Paulo*, 20.2.1979.

(79) Sobre as características e definição da religiosidade popular, ver Galilea, *Religiosidade Popular*, pp. 11-20; Cesar, "Catolicismo Popular"; Antoniazzi; e Ribeiro de Oliveira, *Catolicismo Popular*.

(80) Típico dos ataques por parte dos reformistas progressistas à religiosidade popular era Dorvalino Koch, *Fundamento Secular-Cristão do Desenvolvimento* (Petrópolis, 1971).

(81) Hoornaert, "Distinção", in *REB*, 29 (set. 1969): 603. D. Waldir Calheiros, de Volta Redonda, afirmou, numa entrevista com o autor: "No fervor renovador dos anos pós-Concílio, muitas vezes havia uma falta de respeito ao catolicismo popular. Imagens foram removidas das igrejas, a devoção aos santos era desestimulada... Ainda não tínhamos desenvolvido um discurso libertador dentro das práticas religiosas tradicionais do povo". Ver também os relatórios das comunidades de base de Linhares e Vitória em Mesters *et alii*, pp. 53, 14-15. Sobre a rejeição inicial da religiosidade popular por parte dos progressistas e para uma reavaliação posterior dessa questão, ver a entrevista com Carlos Rodrigues Brandão em *SEDOC*, 12 (1979-1980): 115-116; Galilea, *Religiosidade Popular*, pp. 41-52; e Souza Netto.

(82) Entrevista, 5.8.1981.

(83) Entre os primeiros trabalhos de padres progressistas a propor uma reavaliação da religiosidade popular encontram-se A. Rolim, "Em torno", e Leers, "Igreja".

(84) "A religiosidade popular não corresponde satisfatoriamente à integridade da mensagem cristã. As massas populares vivem numa religião que não somente é insuficiente, mas também causa de atraso no desenvolvimento temporal. O fatalismo, a resignação religiosa geram a inércia, o desânimo e a indiferença à condição terrestre material." Comblin, *Sinais dos Tempos*, p. 15.

(85) Comblin, "Prolegômenos", p. 851.

(86) Comblin, *Sinais dos Tempos*, pp. 105-106.

(87) *Ibidem*, pp. 258-279.

(88) Hoornaert, "Problemas", pp. 280-307.

(89) Ver, por exemplo, Schooyans, pp. 69-87; e Caramuru de Barros, *Perspectivas Pastorais*, pp. 25-26. Embora Schooyans e Caramuru tenham escrito dentro da tradição do Vaticano II, que geralmente desdenhava a religiosidade popular, demonstraram apreciação por essas práticas tradicionais.

(90) CELAM, *Igreja*, seção 6.2.

(91) Queiroz. Galilea faz essa mesma crítica em *Religiosidade Popular*, pp. 41-52. Muitas declarações teológicas e documentos da Igreja indicam as posições da Igreja. Ver Suess, "Pastoral Popular"; F. C. Rolim "Religiosidade Popular", Suess, *Catolicismo Popular*; Leers, *Cristãos*, pp. 13-42; Hoornaert, "Pressupostos Antropológicos"; Hoornaert, "Catolicismo Popular"; Brandão *et alii*; e L. Boff, "Catolicismo

Popular". Sobre a história da religiosidade popular no Brasil, ver Azzi, "Religiosidade Popular"; Azzi, "Elementos"; Hoonaert, *Formação*, pp. 98-136; Azzi, *Episcopado do Brasil*; e Azzi, *Catolicismo Popular*.

(92) CELAM, *Evangelização*, § 413. Ver também §§ 444-469.

(93) L. Boff, *Eclesiogênese*.

(94) Sobre a teologia e as práticas religiosas nas comunidades de base, ver L. Boff, "Eclesiologias"; Mesters, "Futuro do Nosso Passado"; Mesters, "Brisa Leve"; L. Boff, *Igreja*, pp. 196-212; Mesters, "Interpretação"; Marie-Dominique Chenu, "A Nova Consciência do Fundamento Trinitário da Igreja", *Concilium*, 166 (1981): 21-31; e Guimarães, pp. 34-39, 117-215.

(95) CELAM, *Evangelização*, § 629.

(96) Eduardo Viola e eu desenvolvemos esse argumento e analisamos alguns dos impactos e limites políticos das CEBs e de outros movimentos sociais, vários "New Social Movements". A versão brasileira saiu num livro organizado por Paulo Kriscke e Ilse Scherer-Warren, *Uma Revolução no cotidiano? Os Novos Movimentos Sociais na América Latina* (São Paulo, 1987).

(97) O exemplo clássico são as estruturas sindicais corporativas, criadas por Vargas, que desde então servem como forma de exercer controle sobre o movimento sindical. Existe ampla literatura a respeito dessas estruturas sindicais corporativistas. Sobre suas origens e história inicial, ver Werneck Vianni. H. H. de Souza Martins traça os elementos de mudança e de continuidade no controle do movimento sindical por parte do Estado em *Estado*, assim como Erickson em *Sindicalismo*. Philippe Schmitter (*Interest Conflict*) discute mais amplamente o controle do Estado da vida associativa, com alguma atenção ao trabalho. Um importante estudo de como essas estruturas corporativistas foram usadas para controlar os sindicatos sob o regime autoritário é Mericle. Um estudo anterior que também enfatiza o caráter dependente do movimento sindical é o de J. A. Rodrigues.

(98) Para estudos sobre a CPT, ver Poletto e Grzybowski.

(99) CIMI, "Missões Indígenas de Mato Grosso Debatem Linha de Ação", mimeo, nov. 1973. Para maiores informações sobre o CIMI e sua ideologia, ver Suess, "Caminhada", e Ricardo. Sobre a criação do *CIMI*, ver *REB*, 32 (1972): 453-457. Ver também Bruneau, *Church in Brazil*, cap. 5; *SEDOC*, 9 (1976-1977): 1181-1185; e *SEDOC*, 12 (1979-1980): 467-483.

A Igreja e o movimento popular:
Nova Iguaçu, 1974-1985

Nova Iguaçu é uma cidade operária de aproximadamente 1,5 milhão de habitantes, a 30 quilômetros ao norte do Rio de Janeiro. O movimento de bairros em Nova Iguaçu é interessante devido à sua importância, ao dinâmico crescimento e a seus fortes laços com a Igreja. Depois de 1974, os esforços limitados e dispersos da população local para obter mehores serviços urbanos foram gradualmente sendo transformados num dos mais conhecidos e mais bem organizados movimentos no Estado do Rio de Janeiro, e a Igreja Católica desempenhou um papel relevante nesse desenvolvimento. Através da legitimação do bispo, de militantes e liderança católicos e da presença de uma base católica que fortalece o povo, a Igreja nas dioceses progressistas tem fortalecido os movimentos populares. O caso de Nova Iguaçu também interessa, pois mostra as modificações no papel político da Igreja durante a abertura política e as contribuições da instituição religiosa para a democratização. Finalmente, o caso de Nova Iguaçu indica alguns dilemas da Igreja popular e dos movimentos populares, como também as alianças e os conflitos entre a Igreja e esses movimentos.[1]

Este capítulo mais uma vez enfatiza os grupos de base e as relações entre a Igreja e a sociedade civil. Não se pode compreender a importância política da Igreja em Nova Iguaçu focalizando-se exclusivamente a hierarquia. O apoio do bispo às atividades progressistas na base tem sido decisivo, mas são as organizações de base e não o bispo que têm tido mais importância no apoio aos movimentos populares. Além disso, foi através da capacidade de fortalecer a sociedade civil (especialmente os movimentos populares), e não de suas negociações com a elite política local, que a Igreja teve mais impacto político.

O contexto eclesial, político e sócio-econômico

Localizada na Baixada Fluminense, Nova Iguaçu tornou-se uma das mais importantes regiões produtoras de laranja do país por volta da virada do século. A produção de laranjas sofreu um declínio a partir de 1926, quando doenças começaram a dizimar as árvores em certas partes da Baixada. A população do município cresceu de 33 396 em 1920 para 105 809 em 1940,[2] mas essa população ainda era predominantemente rural. Por volta do final da Segunda Guerra Mundial, a produção de laranjas sofrera uma queda dramática.[3]

Após 1945, Nova Iguaçu começou uma nova fase. À medida que crescia o Grande Rio, os preços dos imóveis deslocavam as classes populares para favelas ou para regiões periféricas afastadas, como Nova Iguaçu.[4] De 145 649 habitantes em 1950, a população aumentou para 359 364 em 1960 e para 727 140 em 1970, fazendo de Nova Iguaçu a cidade de mais rápido crescimento entre as maiores do país. Em 1950, 46,60% da população da municipalidade ainda residia em áreas rurais, mas em 1980 essa cifra baixara para 0,29%. O crescimento tornou-se mais lento durante a década de 70, mas a população aumentara para 1 094 805 em 1980, transformando a cidade na sétima maior do país (ver gráfico abaixo).

População de Nova Iguaçu

Ano	População	Percentagem da população em áreas rurais
1920	33 396	
1940	105 809	
1950	145 649	46,60%
1960	359 364	28,34%
1970	727 140	0,39%
1980	1 094 805	0,29%

Fonte: IBGE, *Censo* de vários anos.

Nova Iguaçu é uma cidade operária (de mão-de-obra em geral não qualificada), com muitos migrantes. Em 1980, 55,5% do total da população era composto de migrantes. De 374 mil pessoas na força de trabalho, 76 mil estavam na indústria; 155 mil em serviços; 54 mil na construção civil; 48 mil no comércio e 19 mil no setor público.[5]

A expansão dos serviços urbanos ficava muito aquém do crescimento da cidade. Em 1980, apenas 37,7% da população do município dispunha de água encanada e apenas 30,3% de esgotos; a água de esgotos, despejada em canais abertos e em rios, comprometia seriamente a ecologia local, contribuindo para as péssimas condições sanitárias. A cidade só dispunha de 265 médicos, 27 dentistas e 961 leitos de hospital, em todos os casos aproximadamente um oitavo do nível *per capita* do Rio.[6] Entre 1968 e 1972, a taxa de mortalidade infantil nos primeiros quatro anos de vida era de 39%.[7] Em parte devido à falta de escolas, em 1958, de acordo com dados do prefeito, 150 mil crianças em idade escolar não estavam matriculadas,[8] e a maioria das escolas encontrava-se em condições precárias e com sérias deficiências de material. O analfabetismo entre a população com mais de dez anos de idade era de 17% em 1980, sendo que apenas 3% da população cursava o secundário completo. Em 1978, apenas cerca de 15% do lixo do município era coletado, deixando-se umas 500 toneladas de lixo, por dia, em valas e em terrenos baldios. O serviço policial inadequado levou a um dos mais altos índices de criminalidade do país. Menos de 10% das vias municipais estavam pavimentadas, gerando graves problemas de transporte em épocas de chuva. Uma estimativa de 1980 demonstrava que, se a prefeitura continuasse a pavimentar as estradas no ritmo da década anterior, levaria 250 anos para asfaltar todas as ruas existentes.[9]

A escassez crônica de serviços urbanos resulta dos limitados recursos locais e das políticas estaduais que têm favorecido os investimentos produtivos e serviços públicos em áreas residenciais mais abastadas. Somando-se isso à incapacidade da própria população de compensar a falta desses serviços, essas deficiências geraram extrema penúria para a maior parte da população.

A população de Nova Iguaçu tem uma certa tradição de luta pela obtenção de serviços urbanos.[10] Já em 1945, houve tentativas isoladas de organizar a população com esse propósito. Em 1950, formaram-se as primeiras associações de bairro. À medida que o clima local dos últimos anos de populismo (1958-1964) estimulava um fértil debate político por toda a sociedade, o movimento de bairros se expandia.* Em 1960, os líderes organizaram o I Congresso das Comis-

---

(*) Prefere-se a expressão "movimento de bairros" em vez de "movimentos sociais urbanos", por ser mais específica. Os movimentos sociais urbanos abrangem, além dos movimentos populares, uma grande variedade de movimentos de classe média, tais como movimentos ecológicos, movimentos reivindicatórios visando à obtenção de melhores serviços do Estado, tentativas de obter recursos comunitários etc. Alguns intelectuais que estudaram os movimentos sociais urbanos (Castells, Borja) enfati-

sões pelas Melhorias Urbanas dos Bairros de Nova Iguaçu. O congresso mobilizou muitas associações de bairro e obteve algumas concessões da prefeitura. Os anos que precederam ao golpe assistiram a outras mobilizações populares na Baixada Fluminense, inclusive um relevante movimento operário e outros ocasionais de camponeses e trabalhadores rurais. O movimento de bairros pós-1974 iria fundamentar-se na história dessa mobilização popular; muitos de seus líderes participaram ativamente dessas lutas pré-1964.

O golpe dizimou os mais importantes movimentos populares. Os principais líderes das agremiações de bairros foram presos e a repressão impediu a coordenação entre os bairros, reduzindo o movimento a iniciativas isoladas. As associações e comissões que sobreviveram articularam suas reivindicações individualmente, e havia pouca receptividade governamental para com elas. A repressão e o desmembramento das forças oposicionistas locais tornaram impossível qualquer tentativa de organização popular fora da Igreja.

Os anos que se seguiram ao golpe foram difíceis para a maior parte da população. A cidade continuava a crescer em ritmo acelerado, gerando novas tensões sociais. Os salários reais da maioria dos trabalhadores sofreram um declínio até aproximadamente 1976, e os serviços municipais não acompanhavam o crescimento populacional. Politicamente, a situação também estava difícil. Além do aparato repressivo oficial, o Esquadrão da Morte era muito ativo na Baixada. Até 1979, executara pelo menos duas mil pessoas em Nova Iguaçu; outra organização paramilitar executou 764 pessoas apenas no primeiro semestre de 1980.[11] Os líderes progressistas locais do MDB foram presos e, a partir de 1970, o partido mergulhava numa crise profunda. No Estado do Rio, o MDB caiu nas mãos de um grupo conservador que mantinha estreitas ligações com o regime militar e era notório por sua corrupção.[12] A ARENA de Nova Iguaçu era conservadora até mesmo em comparação com a de outras grandes cidades. Era também conhecidamente corrupta, demonstrando muito pouco interesse em resolver os dramas que afligiam a população. Apesar de seus problemas, o MDB derrotou a ARENA em 1974 e nas eleições seguintes.*

---

zaram o seu potencial de transformação. Embora exista certa possibilidade de que as reivindicações dos setores de classe média e popular os levem a se unirem num confronto com o Estado, no contexto do Terceiro Mundo é mais provável que os seus interesses sejam contraditórios. Já que as necessidades das massas diferem radicalmente das de camadas de classe média, discutir os movimentos sociais urbanos como um todo sugere uma unidade ilusória.

(*) Em 1974, o candidato mais votado do MDB para deputado federal obteve 47 929 votos, comparados com 22 862 obtidos pelo candidato mais votado da ARENA; o candidato mais votado do MDB para deputado estadual obteve 19 917 votos, comparados com 9 974 do candidato mais votado da ARENA; e o candidato pelo MDB para

Nesse período, a Igreja passava pelas mudanças que iriam transformá-la no baluarte dos movimentos populares. A diocese de Nova Iguaçu foi criada em 1960 e foi relativamente conservadora até 1966. Naquele ano, Dom Adriano Hypólito foi nomeado bispo e começou a incentivar as mudanças que levariam a Igreja a uma estreita identificação com as classes populares.[13] Em 1968, durante a primeira assembléia diocesana, votou-se que as CEBs seriam uma das prioridades diocesanas.[14] Coincidindo com o fechamento da sociedade civil, a Igreja começou a criar grupos comunitários — círculos operários, clubes de mães, grupos de jovens, clubes de catecismo — que discutiam a fé e a realidade social. Durante os anos de maior repressão, as CEBs eram praticamente as únicas organizações populares a promover perspectivas políticas críticas. Embora as CEBs estivessem envolvidas somente em ações políticas rudimentares, como assinar petições por serviços urbanos, sua importância se refletiria no desenvolvimento posterior dos movimentos populares, pois facilitaram uma organização e uma mobilização mais amplas quando houve um afrouxamento da repressão. Muitos líderes e participantes do movimento de bairros haviam sido motivados por suas experiências nas CEBs.

Entre 1964 e 1974, a única tentativa de organizar a população numa base permanente foi o Movimento de Integração Comunitária, criado pela diocese em 1968. Esse movimento visava organizar os católicos para a obtenção de melhores serviços urbanos, mas em 1970 o Estado o dissolveu. O movimento de bairros foi reduzido a esforços isolados para a obtenção de benefícios materiais limitados e imediatos, sem que houvesse uma articulação entre os bairros e sem tentativas de vincular esses esforços às questões políticas mais amplas.

Esse quadro modificou-se com o início da abertura em 1974. A abertura seguiu, em Nova Iguaçu, os mesmos contornos gerais que a nível nacional, com um abrandamento gradual da repressão, especialmente após 1978. Entretanto, alguns aspectos particulares do processo de abertura em Nova Iguaçu merecem ser ressaltados. A prefeitura e a ARENA local foram particularmente desacreditadas, especialmente a partir do final da década de 70, em parte devido ao movimento de bairros. A prefeitura se manteve indiferente às exigências da população, embora o afrouxamento da repressão permitisse maior largueza para que aquela se organizasse. O MDB atravessava uma crise profunda que começara por volta de 1970, prolongando-se até pelo menos 1985. Em algumas cidades, os políticos do MDB davam apoio aos movimentos populares, mas em Nova Iguaçu o movimento

---

senador venceu o candidato da ARENA com 99 628 contra 43 352. Ver *Correio da Lavoura*, n.º 2299 (16-17.11.1974) para a cobertura da eleição e para mais dados. Em 1978, o MDB venceu com 118 774 votos para o Senado, contra 72 942 da ARENA (*Jornal do Brasil*, 16.5.1982).

de bairros permaneceu relativamente isolado, tendo na Igreja sua maior aliada.
Além disso, a direita paramilitar continuava atuante. A repressão sistemática do governo Médici desaparecera, mas o terrorismo da extrema direita incluía muitos incidentes com a Igreja em Nova Iguaçu e membros do movimento de bairros. Os incidentes mais graves envolveram o seqüestro e tortura de Dom Adriano Hypólito, em 1976, e o bombardeamento da catedral em 1979.[15] O espectro da repressão condicionou o desenvolvimento do movimento de bairros após 1974.

O movimento de bairros, 1974-1985

Durante a segunda metade da década de 70, registrou-se um aumento sem precedentes de movimentos populares urbanos, especialmente de movimentos de bairros.[16] As origens do movimento de Nova Iguaçu datam de 1974, quando dois jovens médicos, comprometidos com os pobres, iniciaram um trabalho num bairro afastado da cidade. Inicialmente atendiam à população quase gratuitamente e ministravam cursos sobre saúde, mas, aos poucos, foram tomando consciência das limitações de um trabalho feito dessa maneira. O tratamento médico só servia de paliativo numa região sujeita à subnutrição generalizada, com esgotos abertos, sem coleta de lixo e com outros problemas de saneamento, e eles começaram a considerar a hipótese de organizar a população para modificar essas condições.[17]

Em 1975, a filial diocesana da Cáritas, um órgão internacional da Igreja Católica a serviço dos pobres, contratou esses médicos e mais outros dois para iniciar um programa de saúde. Os quatro eram responsáveis pela transformação dos esforços, anteriormente isolados nos bairros, num movimento popular coerente. Comprometidos com o trabalho junto aos pobres e com sua mobilização, os médicos explicitaram que não eram católicos e que suas contribuições seriam de ordem médica e política, mas não religiosa. Essa franqueza levou-os a manter boas relações com Dom Adriano e o clero progressista, inclusive com o diretor da Cáritas, mas, desde o início, o clero conservador manteve reservas quanto a seu trabalho.

Em novembro de 1975, a diocese organizou a primeira discussão sobre saúde, liderada pelos quatro médicos. A partir do segundo encontro, em março de 1976, a Cáritas emitiu relatórios como um meio de tornar públicos os encontros e de disseminar idéias. No segundo encontro, o grupo anunciou sua orientação básica: "A solução dos problemas de saúde depende mais de união e decisão do povo, do que da presença do médico. O ambulatório em si é importante, mas não basta para resolver os probleams de saúde. Por isso, todas as formas que o povo tem de se unir para refletir sobre os seus problemas e que servem para aumentar sua consciência e união são importantes. As atividades meramente assistenciais, que não se preocupam em conscientizar, são deseducativas para o povo e não resolvem os problemas de saúde".[18]

Durante essa fase inicial, a maioria das pessoas que comparecia aos cursos trabalhava em postos de saúde. Os médicos estavam satisfeitos com as classes, mas almejavam, também, atingir um público diferente, os próprios pobres. Em 1976, ministraram cursos sobre saúde em seis bairros do município, visitando geralmente grupos já estabelecidos, a maior parte dos quais ligados à diocese: círculos bíblicos, clubes de mães, grupos de jovens. Essas visitas geralmente fortaleciam as organizações existentes ou conduziam a novas organizações. Os médicos enfatizavam a conscientização das causas dos problemas de saúde em vez do tratamento médico.

A penetração nos bairros foi um passo importante para o jovem movimento. O tipo de participantes mudou. Menos pessoas dos postos de saúde e mais trabalhadores compareciam às reuniões. Os debates se ampliaram para incluir todos os problemas enfrentados pela população em vez de abordar somente as questões de saúde. Simultaneamente, a população começou a organizar associações de bairro para se dedicar a essas necessidades. Desde o início, esses esforços enfatizavam as necessidades concretas da população local em vez das discussões mais teóricas, características do trabalho de conscientização feito pela Igreja.

Em maio de 1977, o movimento começou a se autodenominar "Amigos de Bairro" e assumiu a responsabilidade pela publicação de um jornal, editado anteriormente pela Cáritas. No XI Encontro de Saúde, em novembro de 1977, o movimento explicitou seus objetivos. "Os grupos de amigos de bairros formam um movimento que tem o sentido de luta pelo bem social de todos, por uma vida melhor e mais digna." Nesse mesmo encontro, o movimento expressou seu objetivo de expandir-se para além da Igreja e tornar-se um movimento de massas: "O 'Amigo de Bairro' não pode ficar fechado, tem que se comunicar com todo mundo, chamar a todos à participação".[19]

O movimento continuou a crescer no decorrer dos anos de 1976 e 1977, envolvendo um número crescente de bairros. Essa expansão trouxe a necessidade de estruturas de liderança mais formais, e em seu décimo terceiro encontro, em março de 1978, o movimento votou pela criação de uma comissão coordenadora, cujas funções seriam: "orientar o movimento, procurando animar e encorajar os grupos, mas sem dominar; promover a troca de experiências; visitar os bairros; fazer um apanhado dos debates dos encontros; estimular a formação de novos grupos de amigos de bairros; representar o movimento, quando for o caso; fazer um jornal informativo dos problemas e lutas dos bairros; fazer um arquivo central com as experiências de todos os grupos, endereços importantes e outras informações para colocar à disposição de quem precisar; fazer cursinhos".[20]

Foi um passo importante o estabelecimento de uma hierarquia da associação, pois permitia a expansão do movimento para além das necessidades materiais isoladas, visando desenvolver um movimento de massas com horizontes políticos mais amplos. Outro passo importante neste sentido deu-se quando o jornal, que antes lidava com problemas de saúde, tornou-se o jornal do movimento. O movimento entrara num período de consolidação e de rápido crescimento.

A partir de maio de 1978, os encontros bimestrais envolviam pessoas de dezoito bairros. Ao mesmo tempo, o movimento adotava seu nome definitivo, "Movimento de Amigos de Bairro" (MAB). As associações continuaram sendo o principal instrumento para a organização bairrista. O MAB coordenou esses esforços, transformando-os num projeto mais coeso, capaz de pressionar o Estado a ser mais receptivo às necessidades da população.

Em maio de 1978, duas questões afetaram o desenvolvimento do movimento. Uma das associações mais ativas levou uma petição com 1 500 assinaturas até a prefeitura, mas o prefeito recusou-se a recebê-la, declarando que só receberia as reivindicações de quem tivesse pago seus impostos prediais. Os moradores escreveram para alguns vereadores protestando contra essa decisão, e o movimento despertou o interesse da imprensa local. Essas pressões de diferentes segmentos da sociedade obrigaram o prefeito a retirar em parte sua declaração inicial. A 25 de julho, ele declarou-se disposto a receber todas as petições, mas anunciou que, ao distribuir os recursos públicos, daria prioridade àqueles que pagavam os impostos. Essa foi a primeira conquista importante do MAB frente à prefeitura, que modificou ligeiramente sua atuação política em relação aos setores populares. Igualmente importante, essa foi a primeira vez que o MAB recebeu atenção por parte da imprensa e conquistou aliados entre os políticos locais. Outro conflito sério entre o MAB e a prefeitura ocorreu quando o prefeito concordou em comparecer a um encontro com os residentes de um bairro, mas sem que tivesse avisado antes, enviou um representante em seu lugar.[21]

Para protestar contra esse tratamento desdenhoso, o MAB organizou uma assembléia a 14 de outubro de 1978, para discutir o descaso da prefeitura. Cerca de 700 participantes compareceram, representando 38 bairros; destes, 34 associações haviam assinado um manifesto ao prefeito, protestando contra as deficiências da prefeitura no atendimento às necessidades da população. A assembléia inaugurou um novo período no desenvolvimento do MAB, marcado por uma participação mais ampla e por vínculos mais fortes com os políticos locais e com a imprensa; estas relações aumentaram o impacto do movimento.[22]

Mudanças organizacionais e políticas acompanharam a expansão do movimento e as mudanças paralelas na situação política nacional. Em janeiro de 1979, o MAB elegeu seu primeiro conselho coordenador formal, que se reunia semanalmente em vez de bimestralmente. O movimento dividia-se em cinco grupos regionais, na tentativa de garantir maior receptividade às necessidades do povo.

Embora o MAB estivesse evoluindo no sentido de transformar-se em movimento de massas, mantinha-se ainda quase que exclusivamente preocupado com as necessidades materiais imediatas. Essa tendência começou a mudar por volta do final de 1978 e no início de 1979, pois a liderança voltava-se para as questões locais e nacionais. O MAB participou do movimento de solidariedade à grève do ABC e à greve dos professores no Rio, enviou representantes às manifestações locais e apoiou a reforma partidária, a anistia política e a reforma governamental local.

O dinamismo do MAB criou um novo problema para uma administração municipal habituada a ignorar as reivindicações populares. Durante as fases iniciais do MAB, a prefeitura, encabeçada por uma ala do PDS, tratou os líderes do MAB com desprezo. Várias vezes os participantes do MAB foram convocados a reuniões com um representante municipal num determinado local e hora, contudo, quando lá compareciam, descobriam que esse oficial estava engajado num compromisso em outro lugar. Após ter concordado em conceder audiências bimestrais para ouvir as reivindicações da população, a prefeitura tentou romper esse compromisso.

O MAB utilizou o caso da prefeitura como um meio para deslegitimar o governo municipal. O movimento tornava públicas as reiteradas falhas do governo em cumprir com suas promessas, seu desrespeito pelos participantes do MAB, os escândalos financeiros que cercavam a administração e suas falhas no atendimento às necessidades da população local. Em resposta a essas falhas, o MAB organizou uma segunda assembléia importante no dia 15 de julho de 1979. A assembléia contou com três mil participantes, representando 60 bairros. A crescente importância do movimento tornava-se visível através da publicidade que a assembléia recebia e através da presença de importantes figuras políticas, inclusive o senador Roberto Saturnino Braga. A assembléia também obteve êxito em obrigar a administração a concordar com os encontros semanais com representantes de diferentes bairros. O MAB, agora o movimento popular mais importante de Nova Iguaçu, ingressara em uma nova fase, de maior maturidade.

A reforma partidária de 1979 foi um dos passos mais importantes da abertura. Afetou profundamente todo o processo político, inclusive os movimentos populares e a Igreja e, nesse caso específico, o MAB. Existiram sempre algumas divisões internas no MAB, mas a reforma partidária agravou essas divisões. A maioria dos líderes do MAB optou pelo PMDB ou pelo PT; alguns poucos ingressaram no PDT. Entre os membros de coordenação original, 11 optaram pelo PMDB e 8 pelo PT. A questão dos partidos teria sido menos importante se não tivesse havido diferenças paralelas na estratégia de como conduzir os movimentos populares. Algumas pessoas (em sua maioria membros do PT) estavam mais preocupados com as discussões da base e em assegurar-se de que o povo iria conduzir o movimento; outros (a maioria pertencente ao PMDB) davam ênfase à criação de um movimento de massas que iria participar do processo de democratização. Então, ironicamente, a abertura, que facilitara o crescimento do movimento, também gerava competição e divisões internas.

A primeira vez que o MAB fez uma manifestação foi às portas do Palácio do Governo no Rio, em 13 de junho de 1980, com 700 participantes. O MAB se dirigia ao governo do Estado para reivindicar melhorias urbanas. Essa manifestação marcou um passo importante na presença e na capacidade do MAB de negociar com o Estado. Significava lidar com um nível administrativo mais alto e inaugurava uma estratégia de obrigar o PDS e o PP a competirem para atender à população. O governador Chagas Freitas, o único de oposição no país, era uma figura conservadora dentro do partido mais conservador e mantinha fortes vínculos com o governo federal, mas sua estratégia para lidar com os movimentos populares era de menos confrontação e menos repressão do que a da prefeitura do PDS de Nova Iguaçu.

Até dezembro de 1981, a despeito das tensões entre os líderes do PT e do PMDB, a existência de concepções conflitantes sobre como conduzir o movimento popular ajudou o MAB a manter um equilíbrio entre o trabalho popular e a luta política mais ampla, o que fez com que ele se tornasse um dos mais bem-sucedidos movimentos de bairros do país. Ao final de 1981, quase uma centena de associações faziam parte dele.

Apesar das conquistas do MAB, suas tarefas tornavam-se mais complicadas à medida que o movimento amadurecia. Mobilizar a população local continuava sendo difícil, em função do problema de segurança da região, o caráter ruim e relativamente caro dos transportes, a escassez de tempo e sobretudo a despolitização da maioria do povo. Problemas financeiros continuaram a limitar o movimento. A repressão abrandou-se, mas a estabilidade da abertura ainda estava em dúvida. Até as eleições de novembro de 1982, a prefeitura mantivera-se totalmente indiferente ao MAB e às exigências populares; o habitualmente cauteloso *Jornal do Brasil* relatou que "em nenhum outro lugar no Estado do Rio o partido do governo está tão desacreditado quanto em Nova Iguaçu". [23]

A partir de dezembro de 1981, o movimento começou a sofrer maiores conflitos internos a nível de liderança e uma certa desmobilização nas bases. O problema mais importante era o aumento das tensões internas no movimento, originando-se principalmente a partir de disputas partidárias. Em dezembro de 1981, o MAB organizou o II Congresso de Associação de Bairro de Nova Iguaçu (o primeiro ocorrera em 1960), transformou-se numa federação e organizou eleições para a coordenação. Essas eleições levaram a disputas violentas e não previstas. Muitos dos líderes originais, inclusive os quatro médicos, foram derrotados nessa disputa. Doze dos 19 membros da coordenação perderam, a coordenação modificou-se. Houve atritos entre os novos líderes e alguns daqueles que ficaram fora. Acusações de manipulação foram feitas pelos dois lados. Nunca o MAB vivenciara disputas internas tão acirradas. Esses conflitos dentro do movimento acabaram fazendo o jogo do governo. Até 1982, o regime saíra-se relativamente bem na tentativa de institucionalizar um sistema elitista, mesmo dentro de um esquema de fortalecimento eleitoral, enquanto a oposição estava um tanto desarticulada. Faltava agora aos movimentos populares o crescimento dinâmico que fora característico do período de 1974-1980.

As eleições de 1982 para governador, o Congresso nacional, as assembléias estaduais e as prefeituras estimularam muitos debates e conflitos dentro do movimento. Oficialmente o MAB adotara uma posição de autonomia frente aos partidos políticos. Isso significava que, enquanto movimento, o MAB não optara por nenhum partido em particular e que estava aberto a todos os indivíduos, não importando qual fosse a filiação partidária. Ao mesmo tempo, entretanto, diversos líderes do MAB reconheceram a importância de eleger indivíduos que simpatizassem mais com o movimento. Aproximadamente uma dúzia de líderes do MAB concorreu às eleições; todos, com apenas uma exceção, estavam nas listas do PMDB ou do PT.

Os resultados da eleição vieram a ser uma grande decepção para os líderes do movimento, sendo que a maioria trabalhara pelo PMDB ou pelo PT. Nenhum dos candidatos populares de Nova Iguaçu foi eleito. Leonel Brizola venceu em Nova Iguaçu por uma grande diferença de votos, e o PDT ganhou com facilidade as eleições municipais. Na disputa dos votos para prefeito, a eleição produziu os seguintes resultados: PDT, 129 789; PDS, 67 484; PMDB, 66 252; PTB, 20 084; PT, 7 262. [24]

Em Nova Iguaçu, uma facção conservadora do PDT venceu. Embora fosse menos repressora e mais aberta do que os governos locais anteriores, também enfrentava problemas de corrupção e de indiferença aos dramas da população. No estado inteiro, Brizola implementou práticas populistas visando ganhar apoio popular. Diante da grave crise econômica, da estratégia do governo federal de reduzir os recursos dos governos de oposição e de uma minoria pedetista na Assembléia Estadual, Brizola teve dificuldades em efetuar grandes mudanças. Tanto a nível municipal como estadual, o fato da oposição ter vencido eleições competitivas, livres, mas de não ter conseguido introduzir melhorias substanciais nas condições de vida populares, criou novos problemas para o MAB. Como declarou um líder do movimento, "quando o PDS estava no poder, todo mundo sabia que o governo estava contra o povo. Com o Brizola, com o PDT, fica mais difícil. Brizola diz ser nosso amigo, mas na prática não é muito melhor do que o PDS. Mas a maioria das pessoas não enxerga isso".[25]

Apesar dos novos desafios e de uma temporária desmobilização das bases, o MAB continuava sendo um dos mais importantes movimentos populares no estado. Em dezembro de 1983, o movimento promoveu novas eleições para a coordenação, e as diferentes facções mais uma vez melhoraram suas relações, dando início a uma outra fase de crescimento. No início de 1984, o movimento participou da campanha pelas eleições diretas. Em novembro de 1984, organizou sua maior manifestação feita até aquele momento, envolvendo aproximadamente quatro mil pessoas, sobre questões de saúde pública. Em janeiro de 1985, quando Tancredo Neves foi eleito, o MAB representava 120 associações de bairros da Baixada Fluminense.

A Igreja e o MAB

Durante a fase inicial do MAB, o movimento dependia muito da Igreja. À medida que o regime se liberalizava, os movimentos populares adquiriam maior autonomia em relação à Igreja por duas razões principais. Primeiro, à medida que o governo se abria, a dinâmica do processo social permitia aos movimentos populares maior liberdade de mobilização e havia menos necessidade de se organizar dentro da Igreja. As agremiações da Igreja eram limitadas politicamente e não podiam satisfazer as necessidades mais complexas dos movimentos populares (necessidades de ordem estratégica, organizacional e financeira). À medida que as organizações políticas reativaram e desafiaram o domínio exercido pela Igreja sobre os movimentos populares, surgiram concepções conflitantes sobre a forma de conduzir os movimentos. A Igreja fora ultrapassada em suas concepções práticas e políticas, fortalecendo a tendência de outros grupos a assumir a liderança dos movimentos mais importantes. Essa liderança fora da Igreja materializou-se em Nova Iguaçu através do papel desempenhado pelos quatro médicos e por outras pessoas de esquerda. Segundo, Dom Adriano e a maior parte dos outros líderes da

Igreja tomaram uma decisão consciente de estimular a autonomia dos movimentos populares. Eles perceberam essa opção como um meio de fortalecer os movimentos, abrindo-os aos não-católicos. A diocese reconhecia sua falta de competência nas decisões políticas que os movimentos populares agora enfrentavam. Também percebia sua opção como uma maneira de reafirmar sua identidade enquanto instituição religiosa. Embora o MAB tivesse surgido do trabalho apoiado pela Cáritas, Dom Adriano apoiava inteiramente a autonomia do MAB frente à Igreja, dizendo em entrevista: "Havia uma necessidade do movimento ficar autônomo frente à Igreja, no sentido de ter que incluir outras religiões e pessoas que não têm fé. Um movimento político não se deve canalizar dentro da Igreja, porque tem que ser mais amplo que a Igreja. Também é vantajoso para a pastoral que o movimento fique autônomo. Assim, a pastoral pode ficar no plano propriamente religioso, pode se concentrar mais nos círculos bíblicos, nas cerimônias, nas comunidades de base. Dessa forma as comunidades podem seguir cultivando a leitura do Evangelho e discutir as preocupações sociais que surgem dessa leitura".[26]

Um maior número de militantes católicos assumiu posições de liderança, mas a dependência da Igreja diminuiu à medida que o MAB passou a focalizar mais a mobilização popular e menos o trabalho de assistência médica. O movimento se tornava mais conhecido e dependia menos do apoio das paróquias. Apesar de permanentes dificuldades financeiras, também se tornou mais autônomo nesse sentido, depois da Cáritas ter decidido que, dentro da nova situação política, seus limitados recursos financeiros deveriam apoiar o trabalho com os grupos católicos.

A base, aos poucos, foi deixando de ter um caráter marcadamente católico. À medida que o MAB se tornava um movimento de massas e deixava de fazer um trabalho de assistência médica, muitos participantes das CEBs que haviam comparecido aos seminários sobre saúde desistiram. Membros de outros grupos religiosos e aqueles que não tinham participação ativa em nenhuma Igreja entraram no movimento, bem como líderes nas lutas populares da região, diversificando assim o mesmo.

Contudo, não se deve exagerar a autonomia dos movimentos populares em relação à Igreja. Em Nova Iguaçu, como em muitas dioceses, uma forte ligação entre os movimentos populares e a Igreja continuava a existir. Seria mais acertado dizer que a Igreja e o movimento têm buscado uma relação de autonomia do que afirmar que essa autonomia exista de maneira absoluta.[27] Através de diversas formas, a Igreja institucional continuou a desempenhar um papel importante no desenvolvimento do MAB.

Primeiro, até novembro de 1982 ela protegia o movimento contra a repressão. Nos momentos mais difíceis, ainda era a diocese que podia se manifestar contra o autoritarismo. Quando, por exemplo, os invasores de terrenos urbanos se envolveram numa difícil luta pela terra em 1981 e 1982, a Igreja os defendeu. Ao MAB faltaram recursos para lidar com um caso tão difícil.

Segundo, muitas associações de bairro reuniam-se em igrejas locais, o que não só resolvia seu problema de espaço como também servia como sinal de apoio eclesiástico. Até outubro de 1985, quando o MAB adquiriu sua própria sede, a diocese cedeu espaço para o escritório do MAB, onde a coordenação reunia-se semanalmente. Já que um dos principais problemas do MAB tem sido a falta de fundos para fazer propaganda de suas reuniões, para distribuir o seu jornal e para assumir as despesas das viagens para reuniões ou para dar apoio às associações de bairros em suas lutas, o fato de o movimento não ser obrigado a alugar um escritório liberava seus recursos para outros fins. A utilização de um prédio da diocese também era uma fonte de legitimidade e uma forma de evitar a repressão.

Terceiro, a diocese, indiretamente, fornece um limitado apoio financeiro; tem ajudado a financiar programas de saúde, emprestou ao MAB um mimeógrafo, não cobra pelo uso de luz elétrica ou água, e ocasionalmente faz ao MAB pequenas doações financeiras em apoio a seu trabalho para promover a justiça social.

Finalmente, a diocese proporciona uma legitimidade moral que incentiva a participação dos católicos. A Igreja desfruta de maior legitimidade do que qualquer outra instituição em Nova Iguaçu. A maioria da população vê a Igreja como a única instituição confiável e disposta a deixar de lado os seus próprios interesses. O clero geralmente constitui-se das únicas pessoas cultas a manterem contato constante com a população e, por isso, desfruta de bastante credibilidade. Conseqüentemente, o apoio dado pela maioria do clero tem ajudado o movimento.

O elemento chave para as relações de proximidade entre o MAB e a diocese tem sido Dom Adriano. Desde o início, ele apoiou totalmente o MAB. Ele declarou numa entrevista: "Temos um compromisso evangélico de fazer uma opção preferencial pelos pobres. Então como é que realizamos essa opção? Não basta só falar e rezar. Como cristão e como pastor, acho que tenho o dever de ajudar os movimentos que estão trabalhando a favor do povo".[28]

As organizações mais importantes da diocese também têm dado apoio ao MAB. A Cáritas, por exemplo, tornou possível o trabalho de saúde que levou à criação do MAB. A Cáritas permite que o MAB utilize um mimeógrafo e contratou três líderes do MAB, dois dos quais ocupam seu tempo fazendo um trabalho popular, e o terceiro trabalho no escritório da Cáritas. A Comissão Justiça e Paz e a Comissão Pastoral Operária (CPO) tem geralmente amparado o MAB, embora tenha havido alguns atritos entre a CPO e o MAB.[29]

A maior parte do clero deu apoio ao MAB, principalmente promovendo uma visão de fé entre os leigos, enfatizando a justiça social e a participação política. Alguns padres estimularam o povo a participar do MAB ou a formar associações de bairros, e muitos deixaram que as agremiações utilizassem a igreja local para seus encontros. Características do apoio por parte do clero progressista ao movimento popular foram as atividades de um padre estrangeiro que chegou a Nova Iguaçu em 1978. Desde o iníco, sua atitude era de que a Igreja deveria apoiar os movimentos populares, mas respeitando sua autonomia. "A Igreja tem a base, mas não tem muitas pessoas que sabem dar um passo. Não tem ninguém capacitado para acompanhar as bases. Então precisamos apoiar as pessoas que podem fazer isso. Além disso, não é o papel da Igreja fazer o movimento. Que projetos fazer? Como concretizar a luta? São assuntos que vão além do papel da Igreja." [30]

Quando esse padre chegou em 1978, um de seus primeiros passos foi o de motivar a criação de mais CEBs e de desenvolver uma visão de fé vinculada à justiça social. Após diversos meses de trabalho nessa direção, ele e muitos leigos prepararam e distribuíram um questionário sobre os problemas mais importantes do bairro. Convidaram todos os moradores — não só os católicos — para participar da pesquisa. Nesse ponto, um participante que estivera ativo nas lutas populares da região até o início da década de 70, e que fora preso 32 vezes por razões políticas sob o regime militar, ficou implicado. Ele há muito deixara de ser um católico praticante, mas a atitude do padre e sua disposição para trabalhar com os não-católicos motivou-o a comparecer aos encontros. Dizia ele: "Por muitos anos, apesar de ser católico, não tinha muita afinidade com a Igreja. A Igreja pensava que não precisava dos lavradores. Os padres não batizavam filho de lavrador, não davam missa do sétimo dia, não davam nenhum apoio para os lavradores. Isso me revoltou um pouco. (...) A Igreja era contra os pequenos, era favorável aos grandes, aos agricultores. (...) Em 1978, vendo como ela estava tentando ajudar o povo, fui participar de novo. Não fui eu que estava afastado da Igreja durante todos esses anos, mas ela que estava afastada do povo." [31]

Depois da Igreja ter ajudado a criar associações de bairro, seu papel começou a se modificar. A população assumiu o controle da associação e o antigo líder popular tornou-se o comando. Essa associação rapidamente transformou-se na mais bem organizada de Nova Iguaçu. O movimento estabeleceu sua autonomia, mas o apoio da Igreja não parou aí. O padre encorajou os participantes das CEBs a entrar para a associação, ressaltando o valor da participação política, e a associação ainda se reúne na Igreja.

Além do apoio da parte do bispo e das organizações diocesanas, os movimentos de base da Igreja continuaram (e continuam) a contribuir para o crescimento do MAB, embora as CEBs de Nova Iguaçu tenham-se basicamente dedicado à evangelização e não sejam politicamente sofisticadas.[32] O MAB e outros movimentos são responsáveis pela organização política: a diocese enfoca a evangelização, que implicava o encorajamento do povo para vivenciar as dimensões sociais e políticas de sua fé. Ao estimular tantas pessoas a pensar sobre política de uma forma mais crítica, as CEBs incentivaram a participação política. As CEBs proporcionaram a muitos a experiência de se organizarem e de participarem e uma disposição para lutar por melhorias urbanas. As associações de bairro são geralmente mais fortes nas áreas em que a Igreja encorajou a criação das CEBs. Um líder do MAB, militante de longa data nas lutas populares da região, refletiu sobre a forma pela qual o trabalho popular fortaleceu as lutas da base: "As pessoas que estavam participando antes de 1964 eram muito dirigidas, através dos partidos políticos ou através dos políticos da época. Então o movimento crescia muito mas não dizia nada. Ele fazia muito movimento mas não tinha continuidade. Durante a fase pré-eleitoral, ele tinha um desenvolvimento enorme, mas passava a fase eleitoral, ele ia se desfazendo. É diferente do movimento hoje. Hoje, é um trabalho mais consciente. A pessoa hoje sabe por que está dentro, discute mais, participa mais, não é arrastada por ninguém. Então a diferença é essa, que hoje se caminha com os pés no chão. Isso se deve à Igreja, em boa medida".[33]

Além de criar uma base que serve de esteio aos movimentos populares, a diocese impulsionou o desenvolvimento de lideranças populares. Oito dos 19 membros da coordenação inicial desenvolveram a consciência política através de seu trabalho na Igreja. A nível de bairro, a predominância dos militantes católicos é maior. Uma mulher que primeiro participou da CEB local, entrando depois para a CPO e para sua associação de bairro local, tornando-se eventualmente um membro da primeira coordenação do MAB, explicou sua própria evolução política: "Minha conscientização política cresceu através da Igreja. Sempre fui uma pessoa muito religiosa e atuante na Igreja. Mas, antes de vir a Nova Iguaçu, eu só tinha a vivência da Igreja fechada do Rio. Não me envolvia em política ou, se o fazia, era do lado do governo. Para eles, a Bíblia não está vinculada à vida. Há sete anos, nos mudamos para Nova Iguaçu. Foi quando comecei a desenvolver uma consciência política. Participei da comunidade de base e aprendi uma leitura diferente da Bíblia, comprometida com o povo e com a justiça social".[34]

MAB, a esquerda e a Igreja

Entre o início da década de 70 e aproximadamente 1978, havia uma aliança sem precedentes entre a Igreja popular e a esquerda marxista, que tradicionalmente considerava-a como uma de suas inimigas. Após a terrível derrota sofrida entre 1968 e 1974, partes significativas da esquerda rejeitaram o vanguardismo e passaram a se preocupar mais com as liberdades civis básicas, a ter mais disposição para trabalhar com as forças democráticas de oposição e maior interesse pelo trabalho de base. E embora discordasse das concepções políticas da esquerda, algumas dioceses progressistas abriram espaço para que as pessoas comprometidas com a transformação social trabalhassem com as classes populares. Em Nova Iguaçu, sem o apoio financeiro da diocese, sem a legitimidade e ajuda para contatar grupos católicos organizados, os médicos que iniciaram o MAB teriam encontrado muitas dificuldades. Dada a repressão e o medo popular de participar na política, fazer qualquer coisa além de um trabalho paliativo de assistência médica teria sido quase impossível.

Essa aliança entre a esquerda e a Igreja foi importante no desenvolvimento do movimento de bairro em Nova Iguaçu. Embora a população de Nova Iguaçu tenha uma história de resistência e organização popular, só quando surgiu uma liderança estável, politicamente consciente, esses esforços transcenderiam as perspectivas materiais imediatas. Antes de 1975, os católicos estavam organizados em CEBs que se preocupavam com a realidade social, mas não existiam esforços para criar um amplo movimento social que pudesse influir na prefeitura. Foi necessário o envolvimento ativo dos quatro médicos comprometidos com o trabalho popular para transformar petições isoladas num movimento popular de algum peso. Sua presença foi significativa ao ajudar a população local a se organizar. Afirmou um líder do MAB: "O povo ainda estava totalmente desligado, não tinha possibilidade de se organizar. Havia muito pouca organização do povo. Aí chega o médico, todo mundo liga. Desperta o interesse do povo ter um médico que mostra interesse. (...) Ele estimulou as pessoas a pensar sobre as causas dos problemas do bairro. Ele perguntou: por que existem estes problemas? Aí o pessoal começou a falar que era por causa do salário miserável, porque a prefeitura nunca faz nada que promete, tudo isso. (...) Algumas pessoas começaram a ver que não estava tudo certo, que prestava mais a gente reivindicar nossos direitos que pagar remédio".[35]

Os quatro médicos e outras pessoas da esquerda levantaram questões políticas mais amplas e trabalharam ativamente para coordenar os esforços entre os bairros. A evolução de um movimento voltado exclusivamente para as necessidades imediatas da população para um movimento cujos líderes tentavam relacionar essas necessidades a questões políticas mais amplas foi importante. Os movimentos populares podem gerar pressões que façam com que os regimes autoritários se abram, mas, para fazê-lo, devem ir além dos benefícios materiais imediatos na direção de questões políticas mais amplas. A excessiva atenção a problemas mais abrangentes facilmente provoca um distanciamento entre os líderes, que num movimento como o MAB são politicamente sofisticados, e o povo, que raramente tem consciência dos vínculos entre questões políticas abrangentes e as necessidades materiais imediatas. Porém, uma preocupação exclusiva com as necessidades materiais imediatas impede um movimento de contribuir para a mudança social mais ampla, tornando-o suscetível a crises internas uma vez que ele consiga os benefícios que buscava ou, pelo contrário, uma vez que seja frustrado devido aos contínuos fracassos.

Os esforços para coordenar o trabalho entre os bairros também deu um novo caráter ao movimento. O movimento rapidamente passou a se preocupar com a cooperação entre os diversos bairros. Isso estabelecia um contraste marcante com os movimentos de bairros anteriores em Nova Iguaçu, já que foi somente no período anterior e no posterior ao congresso de 1960 que houve esforços sérios de coordenar o trabalho entre os bairros. Também foi uma das características que fizeram do MAB um movimento excepcionalmente bem articulado. Essa coordenação gerava a possibilidade de um movimento de massas, com maiores chances de exercer pressão sobre o Estado. Por isso, este movimento forneceu maior variedade de experiências políticas que outros mais localizados. Visitas entre os bairros e troca de idéias encorajaram os demais bairros, estimulando assim o crescimento do movimento.

O papel dos médicos na organização da população local é carácterístico da maior parte dos movimentos no Brasil. As classes populares sempre se organizaram para resistir à dominação, mas sem os líderes geralmente vindos de fora da comunidade, a resistência popular não conduz a manifestações políticas que possam modificar a sociedade. Até mesmo os movimentos pós-1974, que têm sido mais autônomos em relação aos partidos políticos e a intelectuais, geralmente contam também com o apoio externo, sobretudo durante suas fases iniciais.

Apesar da presença marcante da esquerda católica no movimento e da predominância de participantes católicos a nível de bairro, os quatro médicos que iniciaram o movimento foram líderes de destaque até dezembro de 1981. Esse fenômeno de uma base predominantemente católica e de liderança não católica é comum, mas tem gerado algumas tensões. Observei anteriormente que Dom Adriano deu total apoio ao MAB e à sua autonomia, mas essa perspectiva está longe de ser uniforme. Em algumas dioceses populares, quase todo o clero está comprometido com a causa popular, mas a diocese de Nova Iguaçu é dividida, com um grande número de moderados e com alguns padres conservadores que discordam aberta e veementemente do bispo. Dentro da diocese existem muitas concepções conflitantes sobre o papel da Igreja, sua relação com a política e, portanto, sua relação com os movimentos populares. A tendência predominante é de apoiar o MAB, mas uma parte do clero se opôs ao movimento. Até alguns católicos progressistas achavam que a esquerda pouco fizera na organização das bases e, portanto, não deveria conduzir o movimento. Dentro de sua visão, o povo, não os intelectuais, deveria liderar os movimentos populares. Argumentam que a liderança do MAB é composta por uma elite que não tem compreensão das reais necessidades e valores populares e que o movimento prometeu questões políticas mais abrangentes em detrimento do trabalho popular. O discurso da maioria dos padres e dos agentes de pastoral da diocese se opõe à organização da população local dentro da Igreja para fins políticos, uma parte do clero não legitima os esforços feitos nesse sentido pelos que são "de fora". Outros criticam o MAB por não desenvolver uma participação popular mais efetiva.

No caso do MAB, não está claro que essas críticas sejam justificadas. Mais da metade dos membros das duas coordenações são pessoas do povo, e os outros moram em Nova Iguaçu e têm demonstrado um compromisso a longo prazo com o trabalho popular. Além disso, o êxito do movimento na mobilização popular, na obtenção de melhorias materiais e na luta por um governo local mais receptivo indicam que ele tem conseguido articular e canalizar as necessidades populares. Esses fatos, no entanto, não eliminam os conflitos entre alguns elementos da Igreja e o MAB.

Mais importante do que os conflitos ocasionais entre os católicos progressistas e o MAB têm sido aqueles existentes entre o movimento e o clero conservador. Basta um exemplo de como o clero conservador enxergava o MAB e especialmente os quatro médicos e outras pessoas de esquerda envolvidas para indicar o tipo de críticas que faziam. Um padre que verbalmente sustenta uma linha moderada, mas que tem práticas autoritárias e atitudes paternalistas, desencorajava os membros de sua paróquia e dos clubes de mães a participar no MAB. "O MAB foi uma iniciativa de fora. Começou aqui, na minha paróquia, mas escapou das minhas mãos. Eram uns médicos do Rio que queriam fazer algo para a miséria da Baixada. Desligamos porque era gente que vinha de fora. A gente não entendia para onde caminhava. Era aproveitar de um trabalho de base que a gente tinha feito. Eu tenho um receio. Atrás do MAB eu vejo uma ideologia que não é cem por cento minha e os operários não têm uma maneira de defesa contra essa ideologia, não têm elementos para captar essa ideologia. O MAB cativa gente de Igreja e faz que eles pensem coisas que talvez não queiram pensar. (...) É impossível dar meios de defesa para o pessoal."[36]

Essas críticas refletem os conflitos e debates encontrados no Brasil inteiro e por toda a Igreja latino-americana. A opinião desse padre de que é preciso evitar a participação da Igreja na política e a prática de encorajar o controle clerical do povo é comum entre os conservadores. Seu discurso revela uma disputa pela simpatia (e controle) popular que também é generalizada. Sua oposição ao MAB demonstra que, mesmo nas dioceses progressistas, a Igreja freqüentemente tem um impacto contraditório. Embora a diocese tenha geralmente fortalecido o MAB, alguns clérigos tentaram controlar ou até mesmo deslegitimar o movimento.

Igualmente notável é a noção do padre de que o MAB pudesse fazer as pessoas acreditarem no que "podem não querer acreditar". Pode-se questionar sua atitude de que, devido a sua capacidade crítica limitada, é fácil induzir o povo a participar de movimentos cujos objetivos não compreendem. As classes populares podem não compreender os sofisticados debates políticos a nível de liderança dos movimentos populares, mas é difícil manipulá-las para que participem do movimento. Pelo contrário, o povo costuma ser desconfiado em relação à "gente de fora" que quer organizar a população. De um modo geral, é preciso oferecer benefícios concretos para se fazer um trabalho bem-sucedido com as classes populares, só participam se ganharem alguma coisa.[37]

De sua parte, a esquerda às vezes critica a Igreja. Os médicos que ajudaram a iniciar o MAB valorizaram o apoio de Dom Adriano, da Cáritas e do clero progressista, mas sua visão de como conduzir os movimentos populares difere daquela da maior parte dos católicos progressistas. Disse um deles: "A Igreja tem a idiossincrasia, uma contradição interna que é o fato de não assumir o que elabora, o que dificulta o diálogo com as outras correntes, porque de repente o que eu falo não é o que eu falo, é o que o povo fala. (...) A Igreja hoje (...) deslegitima o momento da direção, da vanguarda. Para o comunista, o momento da direção, da vanguarda, da vontade, é fundamental. A camada dirigente elabora ou não um projeto de acordo com sua capacidade de interpretar os anseios daquela população. O desafio está em conseguir captar os anseios da população para canalizar esses anseios. A Igreja deslegitima esse passo".[38]

Não obstante essas tensões, um dos fatores que fez com que o MAB se tornasse tão dinâmico foi a presença de uma liderança de esquerda junto com a força da Igreja popular. Aliás, a capacidade da esquerda não-católica e dos católicos em trabalhar juntos em Nova Iguaçu destaca-se em comparação com muitas regiões do país onde essas relações são muito conflituosas. A relação de harmonia com a diocese foi um fator-chave para o futuro do MAB.

Conclusões

No decorrer deste livro tem-se ressaltado a importância da valorização das organizações de base, especialmente às CEBs. Elas são uma força significativa, tanto na Igreja Católica como na política. As CEBs brasileiras distinguem-se pelo seu número, vitalidade e estreitos vínculos com a hierarquia, mas as comunidades de base tornaram-se uma importante fonte de mudanças em diversos países latino-americanos. Não é por acaso que todos os setores da Igreja demonstraram tanto interesse pelas CEBs.

Em termos de consciência, ação e impacto políticos, as CEBs brasileiras são muito heterogêneas. O Brasil é um vasto país com enormes diferenças regionais. A reação da Igreja local aos movimentos populares também varia enormemente, de acordo com o bispo, com o clero e com a visão que o laicato tem da função da Igreja e de suas relações com a política e da forma como encaram um determinado movimento popular.[39]

Os vínculos entre as CEBs, os movimentos populares e os partidos políticos são muito complexos, muito mais do que sugere a maioria das análises. As CEBs em regiões industrializadas, como São Paulo e Nova Iguaçu, têm uma consciência política mais sofisticada, porém, mesmo nesse caso, trata-se de uma consciência um tanto rudimentar da maioria dos participantes.

Apesar da presença de alguns líderes de esquerda e do êxito do MAB, seus objetivos e sua capacidade de efetuar uma transformação são relativmente limitadas, a curto prazo. De fato, a partir de 1982, o MAB enfrentou sérias dificuldades, ressaltando o fato de que mesmo os movimentos bem organizados podem ser um tanto frágeis e cíclicos.[40] Por outro lado, as CEBs ajudaram a introduzir novas práticas sociais que enfatizavam a participação e os métodos democráticos e assim fortaleceram os movimentos populares em muitas partes do país. A acusação dos conservadores de que as CEBs sejam profundamente políticas tem pouco a ver com a realidade da grande maioria das CEBs no Brasil, mas sua percepção de que as CEBs afetam a vida política é claramente correta. O impacto é até maior na América Central, onde muitos membros dessas comunidades se envolveram no processo revolucionário.

Neste capítulo chama-se atenção para a importância de não restringir a análise do impacto político às relações entre a Igreja e o Estado. A vida política inclui uma vasta rede de atividades que não estão relacionadas com o Estado e que podem fortalecer diferentes setores da sociedade civil. Apesar de raras interações com a elite política, a Igreja tem sido uma das mais importantes forças políticas na região e tem ajudado a legitimar os movimentos populares de Nova Iguaçu. Também chamei atenção para os limites do envolvimento da Igreja nos movimentos populares; a disputa entre a Igreja, os partidos políticos e os movimentos populares que com freqüência ocorre nas bases; os conflitos e debates que existem dentro da Igreja acerca de seu papel político e os dilemas com os quais os movimentos populares têm se deparado.

O capítulo também indica como mudou o papel da Igreja durante o processo da abertura. Até os líderes da Igreja progressista acharam que o trabalho pastoral deveria mudar na medida em que a sociedade civil desenvolvia a capacidade de articular os seus próprios mecanismos políticos. Durante esse período, a Igreja de Nova Iguaçu deixou de ser a única instituição capaz de defender os direitos humanos e tornou-se uma entre as muitas forças interessadas em promover a mudança social. Porém, como já disse, a Igreja continuou a ter uma importante função política ao desenvolver uma visão de fé que incentiva a participação política. O próprio Dom Adriano é característico dos líderes eclesiásticos que defendem a percepção de que a Igreja deveria continuar seu trabalho politicamente relevante sob o governo democrático. Opondo-se às tendências eclesiásticas que promoveram uma maior separação entre a religião e a política, em dezembro de 1984, ele escreveu que a Igreja deveria continuar a "defender os fracos e os frágeis, desmascarar as injustiças sociais e anunciar a esperança no reino de Deus". Insistia que a natureza da Igreja era essencialmente profética e que a "redemocratização de nosso país (...) de forma alguma restringe a missão profética da nossa Igreja".[41]

Finalmente, o declínio parcial do MAB após 1982 ajuda a ressaltar um grande dilema no processo político brasileiro: como se construir uma democracia que realmente envolva o povo. Durante grande parte da década de 70, a proliferação e criatividade dos movimentos populares gerou muitas expectativas. Líderes políticos e intelectuais viam esses movimentos como um desafio à cultura política autoritária e achavam que podiam criar uma democracia mais dinâmica. Desde 1982, entretanto, esses movimentos têm apresentado uma tendência ao declínio. A crescente importância da política eleitoral, o caráter fundamentalmente cauteloso dos grandes partidos, a crise econômica, a reversão para uma política tradicional de acomodação da elite, tudo isso contribuiu para essa tendência.[42] No entanto, se se pretende a construção de uma democracia menos elitista e com maior participação popular, os movimentos populares — muitos dos quais a Igreja ajudou a engendrar — certamente vão desempenhar um papel destacado.

NOTAS

(1) Quando fiz a pesquisa para minha tese, faltavam bons estudos sobre a relação da Igreja com os movimentos populares. Entretanto, mais recentemente, surgiram alguns trabalhos importantes. Ver Doimo; Paiva, *Igreja*; e Krischke e Mainwaring, *Igreja*. Discuto outros aspectos do movimento de bairros de Nova Iguaçu em "Grass Roots Popular Movements".

(2) Dados do censo oficial.

(3) Sobre o desenvolvimento de Nova Iguaçu, baseei-me em L. L. Queiroz, cap. 2; e Adão Bernardes.

(4) A população do Rio era de 1 157 873 em 1920; 1 764 141 em 1940; 3 281 908, em 1960; 4 251 918, em 1970; e 5 183 992, em 1980. O preço de imóveis no Rio sofreu um aumento real de 3,76 entre 1957 e 1976. "Solo Urbano e Ação Pastoral", *Documentos da CNBB*, 23 (1982): 8. A expansão da população das favelas superou o ritmo de crescimento global da população. De acordo com uma estimativa, a população da favela cresceu de 57 889 em 1933 a 965 000 em 1961. Fundação Leão XIII, *Favelas: Um Compromisso Que Vamos Resgatar* (Rio de Janeiro, 1962). Em 1980, mais ou menos 1,8 milhão de pessoas moravam nas favelas do Rio. Ver Valla *et alii*; e Parisse.

(5) Instituto Brasileiro de Geografia e Estatística, *Censo 1970*. Para um perfil sócio-econômico da população da Baixada Fluminense, ver Cristina Saliby *et alii*, "A Política de Habitação Popular: Suas Conseqüências sobre a População Proletária do Grande Rio", manuscrito não publicado, Rio de Janeiro, 1977; e Adão Bernardes, pp. 122-141.

(6) As informações sobre saúde vieram do Movimento de Amigos do Bairro (MAB), "Primeiro Ciclo de Debates Populares do MAB", mimeo, nov. 1980.

(7) L. L. Queiroz, p. 79.

(8) MAB, "Primeiro Ciclo".

(9) *Ibidem*.

(10) Ver L. L. Queiroz, cap. 2, sobre as mobilizações populares pré-1974.

(11) M. H. Moreira Alves, p. 500. Sobre as atividades do Esquadrão da Morte em Nova Iguaçu, ver *Jornal do Brasil*, de 13.4.1983.

(12) Sobre o MDB no Rio de Janeiro, ver Diniz.

(13) Para uma introdução à percepção da Igreja e da política de D. Adriano, ver "entrevista com D. Adriano", *Vozes*, 75 (jan.-fev. 1981); e a entrevista com D. Adriano em *SEDOC*, 11(1978-1979): 496-511.

(14) As informações sobre o desenvolvimento da diocese vieram de entrevistas e das publicações da diocese, tais como do *Plano Pastoral da Diocese de Nova Iguaçu*, que se publica todos os anos, e o *Povo de Deus Assume a Caminhada* (Petrópolis, 1983). Entrevistas com D. Adriano Hypólito, o diretor da Cáritas Diocesana, um membro da Comissão Justiça e Paz, um fundador e assistente da CPO foram de grande utilidade para o assunto. Ver também Ivo Lesbaupin, "Direitos Humanos e Classes Populares", tese de mestrado, Instituto Universitário de Pesquisas do Rio de Janeiro, 1982, pp. 16-19, sobre a Igreja de Nova Iguaçu.

(15) Sobre o seqüestro e tortura de D. Adriano, ver capítulo 7. Ver também a introdução da "Entrevista com D. Adriano", *Vozes*, 75 (jan.-fev. 1981); e *REB*, 40 (1980): 177-182.

(16) Desde o final da década de 70, esses movimentos têm recebido considerável atenção. Embora eu discorde de muitas de suas conclusões, os trabalhos de Manuel Castells, Jean Lojkine e Jordi Borja foram pioneiros na reavaliação desses movimentos. De Castells, ver *Movimentos Sociais Urbanos* e *Cidade, Democracia e Socialismo*. O trabalho mais influente de Borja é *Movimentos Sociales Urbanos*. De Lojkine, ver *Marxisme* e *Politique Urbaine*. Uma excelente crítica ao trabalho de Castells foi feita por Paul Singer, "Urbanização, Dependência e Marginalização na América Latina", em Singer, *Economia Política da Urbanização*. Nessa linha, ver também Luiz Antônio Machado da Silva e Alícia Ziccardi, "Notas para uma Discussão sobre Movimentos

Sociais Urbanos", *Cadernos do Centro de Estudos Rurais e Urbanos*, 1ª série, 13 (1980): 79-95. Importantes contribuições de brasileiros incluem Boschi, *Movimentos Coletivos*; Moisés, "Classes Populares"; Moisés, "Experiências de Mobilização"; Singer, "Movimentos de Bairro"; Couto; Boschi, "Movimentos Sociais", e R. Cardoso.

(17) Sobre a conexão entre o trabalho de saúde e o desenvolvimento inicial do movimento de bairros, ver Bohadana.
(18) *Encontro*, 2 (mar. 1976).
(19) *Ibidem*, 11 (nov. 1977).
(20) *Ibidem*, 12 (jan. 1978).
(21) *Ibidem*, 15 (jul. 1978).
(22) Sobre a assembléia, ver *Encontro*, 16 (out. 1978).
(23) *Jornal do Brasil*, 27.9.1981.
(24) *Correio da Lavoura*, 3432 (24.12.1982).
(25) Entrevista, 21.1.1985.
(26) Entrevista, 3.7.1981.
(27) Uma das afirmações mais incisivas de que os movimentos populares ainda dependem do apoio da Igreja é a de Souza Lima, "Notas".
(28) Entrevista, 3.7.1981.
(29) Sobre a Comissão Justiça e Paz de Nova Iguaçu, ver *SEDOC*, 15 (1982-1983): 1243-1251.
(30) Entrevista, 1.6.1981.
(31) Entrevista, 2.6.1981. Ele se refere aos camponeses porque viveu numa região rural do município até 1974.
(32) Sobre as limitações políticas e a primazia religiosa das CEBs brasileiras, ver Libânio, "Uma Comunidade"; L. Boff, "Teologia à Escuta"; Betto, *Comunidade Eclesial de base*; Libânio, "Igreja"; e Loureiro Botas.
(33) Entrevista, 26.6.1981.
(34) Entrevista, 27.3.1981.
(35) Entrevista, 18.5.1981.
(36) Entrevista, 12.9.1981.
(37) Sobre este ponto, ver Carvalho; Camerman e Bohadana; e Leeds e Leeds, especialmente pp. 26-52, 268-288. Essa observação não se restringe às classes populares no Brasil. Argumento clássico de algumas vertentes do liberalismo enfatiza a dificuldade de levar as pessoas a participarem de movimentos coletivos; ver Mancur Olson, *The Logic of Collective Action* (Cambridge, Mass., 1965).
(38) Entrevista, 19.9.1981. Para críticas semelhantes, ver L. L. Queiroz; Romano; Abramovay; Paiva, "Anotações", e Velho.
(39) Essa diversidade nas relações entre a Igreja e os movimentos populares se refere nos vários estudos em Boschi, org., *Movimentos Coletivos*.
(40) Boa parte da literatura sobre movimentos sociais urbanos demonstra um excessivo otimismo em relação às capacidades que têm esses movimentos de promover mudanças sociais. Recentemente, uma literatura mais crítica começou a ressaltar o caráter limitado e cíclico desses movimentos. Ver Boschi, "Movimentos Sociais"; R. Cardoso; Renato Raul Boschi e Lícia do Prado Valadares, "Movimentos Associativos de Camadas Populares Urbanas: Análise comparativa de Seis Casos", em Boschi, *Movimentos Coletivos*, pp. 103-143; Singer, "Movimentos de Bairros" e "Movimentos Sociais"; e F. H. Cardoso, "Regime Político".
(41) *Boletim Diocesano* (Diocese de Nova Iguaçu), n.º 191 (1.12.1984).
(42) Boa parte da literatura teórica ressalta o caráter cíclico da maioria dos movimentos sociais e a dificuldade de se manter uma mobilização permanente; ver, por exemplo, Hirschman; e Tilly.

Igreja, classes populares e democracia

No período aproximado entre 1968 e 1976, os setores progressistas da Igreja Católica detinham o monopólio virtual do trabalho político com as classes populares. Enquanto a abertura avançava, essa situação se modificava, pois os partidos políticos e os movimentos sociais buscavam o apoio popular. Depois de 1978, o renascer da sociedade política colocava novas questões aos católicos progressistas relacionados com formas de promover a democracia. A situação política gerava dilemas relacionados com a forma pela qual a Igreja deveria trabalhar com os setores populares, a relação entre os grupos católicos (especialmente as CEBs) e os movimentos populares e a relação entre esses grupos e os partidos políticos.

Neste capítulo, examina-se as contribuições políticas e as limitações do trabalho da Igreja progressista no período pós-1979. O argumento básico é que, apesar de importantes inovações no trabalho com a Igreja, as tendências *basistas* limitaram suas contribuições à criação de uma visão de fé "libertadora" e ao apoio às lutas populares. Por *basista* e *basismo* quero dizer crença ingênua quanto à capacidade da base de resolver seus problemas sem ajuda de intelectuais, partidos políticos ou outros agentes externos.

Três observações preliminares são relevantes. Primeiro, não se propõe avaliar o impacto da Igreja como um todo, mas limita-se aos setores progressistas, particularmente ao potencial político e ao trabalho com as CEBs. Segundo, dentro da Igreja popular existe muita heterogeneidade que não pretendo abranger. Alguns setores da Igreja popular lidaram bem com os problemas que aqui se colocavam. Entretanto, em todos os níveis da Igreja popular — bispos, teólogos e cientistas sociais e, particularmente, agentes pastorais na base — a tendência *basista* era forte. Finalmente, focalizo a força e os pontos vulneráveis do trabalho político da Igreja. Esses pontos fortes e fracos são um componente importante na capacidade da oposição de modificar a sociedade, mas dentro do contexto de uma sociedade onde as elites continuam sendo tão poderosas, a mudança política depende mais de outras forças, como as militares e os setores dominantes, do que da Igreja.

Concepções das práticas de base na Igreja popular

Talvez a característica mais marcante da Igreja popular entre 1964 e 1973 fosse o esforço para alcançar os setores populares de uma nova maneira. Mesmo antes de a Igreja popular estar tão profundamente envolvida em política, os agentes pastorais progressistas estavam comprometidos em se aproximar dos pobres, em compartilhar do seu sofrimento e de suas alegrias de maneira mais profunda.

Esses agentes começaram a questionar o seu próprio papel e o trabalho tradicional com o povo. Tornaram-se críticos em relação às antigas atitudes clericais considerando-as autoritárias, paternalistas e distantes da situação popular. Um grupo de trabalho sobre os presbitérios em 1969 afirmava: "Muitas vezes o padre é visto pelo povo como rico, alguém que entende de tudo, diferente, nem homem nem mulher. O padre, por vezes, deixou de se apresentar ao povo como o homem de Deus. (...) Há o comodismo, o paternalismo, a falta de confiança na atuação do leigo".[1]

O grupo concluiu que a Igreja não tinha uma compreensão real da situação material do povo, muito menos de suas virtudes.

Os agentes pastorais progressistas achavam que não podiam esperar que os setores populares compreendessem práticas religiosas eruditas. De seu ponto de vista, o trabalho pastoral era excessivamente voltado para os sacramentos e não para um contato humano profundo e com formas mais aprofundadas de evangelização. Achavam que a Igreja estava demasiadamente preocupada com as aparências externas — o comparecimento à missa, o número de pessoas que cumpria com os requisitos formais da Igreja — e havia negligenciado as outras formas de evangelização. Uma pessoa criticou a abordagem pastoral predominante de transformar o padre em "um distribuidor dos ritos benéficos. (...) A predominância de ritos sufocando a transmissão de uma mensagem de fé. A preocupação com as festas externamente religiosas, do culto dos santos, das devoções particulares ocupa uma primeira linha, deixando em plano secundário o cuidado da evangelização".[2]

Os padres progressistas achavam que deveriam assumir um novo papel e desenvolver uma nova atitude. Tinham que se tornar membros da comunidade e discutir os problemas com as classes populares acerca de seus valores e de sua cultura. Davam ênfase ao serviço para a comunidade e evitavam práticas autoritárias. Um jovem teólogo que subseqüentemente tornou-se um proeminente bispo escreveu em 1966 que o padre deveria ser o "servo da Palavra e o homem do Louvor de Deus, o irmão dos homens posto a seu serviço, o cristão descomprometido com as estruturas ou os pólos de dominação da sociedade, para se identificar com as grandes causas do povo. (...) O padre agora terá que ser o homem próximo, igual aos demais".[3]

Esse novo papel implicava desenvolver uma confiança no leigo e encorajá-lo a assumir maior iniciativa. Havia uma ênfase em que "o padre acredite no valor do leigo. Vote-lhe confiança, proporcionando-lhe liberdade de iniciativa e co-responsabilidade na execução. O padre não exerça mais a liderança direta, e sim a liderança indireta".[4] Dentro dessa visão, a Igreja deveria ser uma organização do povo e para o povo, não uma instituição que sirva a si própria.

A Igreja popular enfatiza o caráter dialético das relações de aprendizado e a capacidade de todos. Característico dessa percepção é um documento que afirma que "não existe ninguém que sabe tudo e ninguém que não sabe nada. Todos têm algo a aprender e algo a ensinar. Será o diálogo entre os formandos e formadores que será o método básico do trabalho de formação".[5] Dentro dessa concepção, um trabalho pastoral sensível e eficaz requer uma atitude paciente e uma tentativa de manter um diálogo com as classes populares.[6] Essa proposta argumenta que, sem ouvir, o agente pastoral não pode compreender os valores e as necessidades populares.

Essa pedagogia enfatiza que, para ser eficaz, o educador deve penetrar na visão de mundo das classes populares. Esse processo não é fácil e nem ocorre do dia para a noite. O intelectual de classe média geralmente aprende através de conceitos teóricos, mas as classes populares, dada a sua falta de educação formal e suas difíceis condições de vida que ditam um pragmatismo e uma perspectiva "imediatista", aprendem melhor através de experiências concretas. Isso fica claro na rejeição por parte do povo de discussões intelectuais que não se relacionam com a situação imediata.[7]

O clero progressista procura tornar-se tão parecido com os pobres quanto for possível. A Igreja popular desenvolveu a noção de uma troca de lugares sociais para expressar essa tentativa de identificação com as classes populares.[8] Esse esforço se expressa num documento do CIMI que pede aos agentes pastorais "optar seriamente, como pessoas e como Igreja, por uma encarnação realista e comprometida com a vida dos povos indígenas, convivendo com eles, investigando, descobrindo, valorizando adotando sua cultura e assumindo sua causa".⁹ A ênfase atribuída ao viver com e como o povo origina-se em parte da posição evangélica de que a pobreza é um valor. Também facilita o trabalho pastoral. Os agentes pastorais freqüentemente renunciaram a privilégios dos quais os pobres não usufruíam, tais como automóveis ou telefones. Procuram viver com o povo, em condições materiais que não estabeleça uma distinção nítida entre a sua vida e a do povo.

Influenciados pela concepção humanista cristã, segundo a qual todos são filhos de Deus e têm direito à dignidade material e pessoal, a Igreja popular tenta valorizar as experiências de vida das classes populares. Muitos agentes pastorais falam sobre o quanto aprenderam com o povo e sobre os valores humanos positivos encontrados entre o povo. Procuram respeitar as práticas e crenças populares, inclusive a religiosidade.[10]

A Igreja popular ressalta a sabedoria do povo manifestada nas técnicas de sobrevivência cotidiana diante da opressão.[11] Para os progressistas, as classes populares não são ineptas; são vítimas de estruturas sociais opressoras. Se os agentes pastorais trabalharem de forma eficaz com o povo, poderão ajudá-lo a desenvolver uma capacidade crítica. Em vez de aceitar passivamente o que acontece, o povo pode aprender a refletir sobre a sociedade e fazer escolhas que dizem respeito às mudanças da sociedade.[12]

O clero progressista acha que os setores populares devem ter mais influência dentro da Igreja. Num encontro regional de muita importância, os agentes pastorais do Amazonas concluíram que "a formação dos agentes de pastoral deve considerar, em primeiro plano, os elementos locais, os autóctones. Ninguém melhor do que o homem do próprio meio tem condições para exercer a liderança dentro da comunidade".[13] A ênfase atribuída à participação do leigo modificou as estruturas eclesiais tradicionalmente hierárquicas e os processos de tomada de decisão em muitas dioceses populares. Essas dioceses usam assembléias com maiorias leigas para determinar as prioridades diocesanas. Embora o bispo detenha a autoridade formal, na prática ele funciona como um animador, um agente pastoral cujo objetivo básico é o de visitar e encorajar as comunidades da diocese, de coordenar os esforços pastorais e de representar a diocese nas transações com a Igreja nacional. A maioria dos bispos populares desenfatiza a sua autoridade pessoal e promove alguma democratização. Essa democracia interna é limitada por diferenças de classe e de educação — conhecimento e *status* constituem fontes de poder — e pela falta de mudança nas relações formais de autoridade, mas o esforço para se alcançar estruturas mais democráticas é digno de nota.[14]

As contribuições da Igreja para o processo popular

Ao se avaliar as práticas da Igreja na base, é importante enfatizar que muitas tensões não são resolvidas.[15] É comum uma distância entre o discurso e a prática. O discurso que permite às classes populares tomar suas próprias decisões é muitas vezes acompanhado de controle e orientação. Por exemplo, o catolicismo popular raramente é tão aceitável na prática quanto no papel. Muitas vezes, a tradição de clericalismo é tão forte que os padres dominam discussões, ou líderes leigos da comunidade tornam-se minipadres dominadores.[16] Em alguns casos, agentes pastorais não conseguem incentivar a participação de pessoas que estão habituadas a ter um papel mais passivo dentro da Igreja. Estimular mudanças no comportamento popular ao mesmo tempo que se tenta respeitar os valores populares é complexo e costuma ser simplificado pelo discurso da Igreja. Finalmente, o sucesso das CEBs varia muito; nem todas funcionam tão bem. Com todas essas ressalvas, é preciso reconhecer que a Igreja deu algumas contribuições importantes para o processo de política popular.[17]

A ênfase na participação popular tem sido acentuada nas CEBs.[18] Um relatório de 1978 de uma comunidade na prelazia de Diamantino, Mato Grosso, indica o caráter participatório de muitas CEBs. "Nos Círculos Bíblicos, todos têm oportunidade de participar, dando a sua opinião. O pessoal das comunidades passa a ter voz e vez dentro desse espaço vital que se chama comunidade. (...) As reuniões são dirigidas por leigos: animadores de comunidades, os quais incentivam o pessoal a dar a sua opinião. Na comunidade todos têm vez de falar, e sua opinião é respeitada".[19]

Essa experiência de participação popular é uma novidade à luz do autoritarismo e elitismo tradicionais nas instituições políticas no Brasil e da relativa dificuldade que têm as classes populares em criar unidade política. As atividades mais democráticas, com uma maior participação popular — o futebol, o carnaval, as religiões afro-brasileiras, a praia — têm estado relativamente distantes da esfera política.[20] A participação popular na política tem sido limitada. Políticos e os principais partidos tradicionalmente vão até os bairros em épocas de eleições, fazem promessas para depois desaparecerem até a próxima eleição. Mesmo dentro dos sindicatos, a participação era limitada. Os sindicatos mobilizavam muitas pessoas durante eventos tais como as greves, mas até o surgimento de um "sindicalismo novo", na segunda metade da década de 70, reproduziam em grande parte o autoritarismo e o elitismo encontrado em outras instituições.[21]

As contribuições da Igreja para a criação de práticas mais democráticas, com maior participação das bases, poderiam ajudar a minar a raiz do autoritarismo na ordem política. O Estado não é a única instituição autoritária na sociedade brasileira. O autoritarismo caracteriza a maior parte das principais instituições e relações desde o sistema educacional até as relações entre homens e mulheres e as práticas dentro dos partidos leninistas.[22] O desenvolvimento das práticas sociais democráticas pode conduzir a desafios às estruturas políticas autoritárias. Uma prova disso são os muitos participantes das CEBs que estão ativamente envolvidos em movimentos populares e partidos políticos.

Outra contribuição da Igreja no processo popular é a criação de fortes laços entre as pessoas dentro das CEBs, até mesmo em casos onde a consciência política é limitada. Os relatórios das CEBs estão repletos de menções às amizades, à descoberta do valor pessoal, a um sentimento de comunidade e de fraternidade e de práticas democráticas. O relatório de uma comunidade na periferia de São Paulo, por exemplo, dizia que "na CEB acontece a comunhão efetiva das pessoas, e aí se realiza a fraternidade, provocando até mesmo uma verdadeira partilha dos bens materiais. (...) Nas CEBs as pessoas se conhecem, amam-se e trabalham em conjunto. A CEB apresenta-se como um instrumento de escuta dos anseios e das necessidades do povo. Ela leva a transformação de uma vida individualista para uma vida comunitária".[23]

Esse sentido de comunidade é importante em termos humanos e potencialmente também a nível político. Não há necessariamente uma dicotomia entre a comunidade e a organização política; pelo contrário, a solidariedade comunitária pode facilitar a organização política. Mesmo os grupos bíblicos, que atuam nos problemas sociais, dão uma experiência rudimentar de organização popular. Esse é um passo importante numa sociedade em que as camadas populares buscam, na maioria das vezes, soluções individuais para seus problemas. Os intelectuais da Igreja popular consideram esse sentimento de comunidade e de fraternidade como uma das maiores contribuições das CEBs à Igreja e à sociedade brasileiras.[24]

O trabalho da Igreja junto às massas tem ajudado muitas pessoas a descobrirem um sentido de seu próprio valor humano. A autoconfiança e a dignidade são intrinsecamente importantes, e o processo da descoberta pessoal pode levar a uma maior participação política. Através das CEBs e de outras organizações católicas, muitas pessoas vêm tendo sua primeira vivência de discussão e de organização populares. A participação nas CEBs pode desmistificar o processo político e a ajudar as pessoas a ver que é possível participar e contribuir para a mudança. Pode minar a passividade e o fatalismo que fazem parte da consciência política popular. A esquerda freqüentemente critica a Igreja por estar demasiadamente preocupada com questões pessoais e comunitárias em detrimento do trabalho político, mas não existe nenhuma contradição inerente entre a descoberta pessoal ou da comunidade, e esforços mais especificamente políticos.

No Brasil, nenhuma instituição ressaltou tanto a importância do respeito aos valores populares quanto a Igreja. Ao fazê-lo, chamou a atenção para um importante objetivo que é geralmente negligenciado pelas elites governamentais.[25] Os progressistas na Igreja acham que o desenvolvimento deve ser orientado para as necessidades fundamentais da população e insistem na importância de despertar os valores humanos.

Sem negar o potencial político do trabalho comunitário da Igreja, devemos evitar o otimismo excessivo em relação a esse ponto. O vínculo entre as práticas sociais mais democráticas e uma ordem política mais democrática não é automático. A democratização das relações sociais (apesar da sua importância para os indivíduos) não democratiza necessariamente a ordem política. Numa sociedade com uma estrutura de poder tão centralizada não está claro até que ponto as mudanças nas relações sociais vão provocar mudanças na política.*

Além disso, embora as CEBs tenham sido importantes para os participantes, o problema do *basismo* poderá limitar as contribuições das organizações católicas de base na mudança da sociedade.

O papel do agente pastoral

As declarações pedagógicas da Igreja abrangem um grande leque de posições políticas e pedagógicas. Sempre criticam o elitismo, o autoritarismo e o paternalismo que tradicionalmente caracterizaram o trabalho da Igreja. Também excluem claramente as atitudes vanguardistas que continuam caracterizando uma boa parte da esquerda. Mas dizem muito pouco acerca das contribuições positivas dos agentes pastorais ao processo pedagógico.

Situando-se num extremo oposto ao leninismo, muitos agentes pastorais negam que pessoas de fora possam contribuir de maneira significativa para o processo popular. Alguns agentes acham que o povo pode deve fazer tudo sozinho. Uma expressão dessa concepção é

(*) A complexa relação entre a democratização das relações sociais e a democratização da ordem política exige uma análise mais detida, tanto na teoria política como entre os intelectuais que escrevem sobre movimentos sociais. A teoria política feminista ressaltou o aspecto político das relações sociais. No entanto, a maior parte da teoria feminista supervaloriza o quanto a mudança política pode ser realizada através da mudança das relações sociais. Em *The Mermaid and the Minotaur*, por exemplo, Dorothy Dinnerstein analisa a dominação política em relação às formas de dominação e desigualdade nas relações pessoais. A forma de criar uma ordem política mais democrática seria através de mudanças nas práticas de educação infantil. Entre as análises de movimentos sociais, alguns artigos importantes abordam esse assunto tangencialmente. Ver F. H. Cardoso, "Regime Político"; Singer, "Movimentos de Bairros"; Singer, "Movimentos Sociais"; e Souza Lima, "Notas".

que o intelectual deveria tornar-se tão semelhante ao povo quanto possível. Um importante intelectual da Igreja escreveu: "O erro das pessoas cultas é acreditar que elas possam realmente saber de alguma coisa sem sentir e sem se tornarem profundamente envolvidas na vida, na luta por um mundo melhor. Se as pessoas cultas ficaram distantes do povo, se não sentirem as esperanças e os temores do povo, não serão capazes de explicar a vida. (...) O intelectual deve entrar no povo, unir-se a ele, deve tornar-se um do povo".[26] Em nome de uma expressão de solidariedade com as classes populares, alguns agentes pastorais negam suas diferenças com o povo.

Negações como essa estão longe de serem incomuns, às vezes até em casos de práticas relativamente autoritárias. Vinculado a isso há muitas vezes um antiintelectualismo que nega que agentes de fora da Igreja possam ajudar as massas. Essa atitude menospreza as contribuições que cientistas sociais, pedagogos e outros intelectuais têm feito à Igreja popular.[27]

Hoje, muitos agentes pastorais optam por viver junto aos pobres, em condições bastante semelhantes às deles. Essa opção pode facilitar a comunicação entre o agente e as massas. Faz com que o agente compreenda melhor a vida que elas levam. Porém, viver junto do povo não é o mesmo que tornar-se uma pessoa do povo.

Mesmo que um agente tente tornar-se parte do povo, este nunca o aceita como um igual. E tem razão, pois existem diferenças profundas na formação cultural entre o agente e o povo. Além disso, para o agente é uma opção morar num bairro pobre, enquanto para o povo é uma contingência. Existem enormes diferenças em termos de classe social, de educação, de tipos de conhecimento e de segurança material. Os setores populares não são ingênuos a ponto de ignorar essas diferenças ou de fingir que elas não existem.[28] A união entre o trabalhador e o intelectual é ilusória e nega o papel que o intelectual pode desempenhar na educação. Um agente que deseje ajudar o desenvolvimento de uma capacidade crítica deve assumir o papel de alguém que tenha algo a oferecer — informação, técnicas e conhecimento — de que o povo não dispõe.

Mesmo uma versão mais moderada dessa negação do papel do intelectual é duvidosa. Nessa versão, o educador não renuncia ao seu papel, mas procura estabelecer uma relação de troca com o povo. Para ensinar com eficácia, o educador deve estabelecer uma relação de igualdade com o povo, aprender com o povo, respeitar seus valores.

Essa perspectiva tem muita validade. A melhor educação é a que se dá através da troca; o educador pode aprender com os alunos; e um trabalho eficaz com as classes populares realmente exige que o educador supere certas práticas e valores. Porém, a troca não se dá entre iguais. O intelectual dispõe de técnicas e conhecimento de que o povo precisa para poder (se for o caso) modificar sua situação. O intelectual tem mais acesso ao poder, maior educação formal e uma maior capacidade para compreender os mecanismos de poder na sociedade. E, em última análise, o educador escolhe onde e como viver, enquanto os setores populares são obrigados a viver em condições adversas. Portanto, a relação entre o povo e o agente nunca é uma relação de iguais; é sempre uma relação de autoridade. A questão é saber como se exerce essa autoridade. O padre ou a freira fornecem uma educação política eficaz para as massas? São sensíveis aos valores populares e permitem práticas participativas e democráticas? Incentivam o desenvolvimento de lideranças populares?

A veneração da consciência e das práticas populares

Um problema correlato é a tendência a venerar a consciência e as práticas populares. Nessa perspectiva, as classes populares resistem astutamente à cultura dominante. Têm consciência de estarem sendo exploradas e estão continuamente reagindo a esta exploração. O problema não vem de sua alienação, mas sim do fato de não terem consciência de como utilizar o conhecimento de que dispõem.[29]

Essa concepção contém uma meia verdade: o povo tem consciência de sua opressão e tem alguns meios para resistir a ela.[30] Entretanto, as práticas populares nem sempre são tão sagazes. É difícil concordar, por exemplo, com um autor que considera que a medicina popular tenha o mesmo direito à legitimidade que a medicina erudita.[31] Em alguns casos, a medicina popular tem respostas melhores, mas em muitos outros, trata-se, simplesmente, de prática curativa de má qualidade. E conquanto o catolicismo popular certamente contenha valores positivos, não é a panacéia que foi sugerida por alguns intelectuais da Igreja.[32] De maneira semelhante, é difícil acreditar que "as classes populares elaborem a sua teoria", que direciona as suas lutas,[33] ou que essas idéias sempre sejam apropriadas à luta para modificar a sociedade.

Em certos casos, a veneração das práticas populares chega até a legitimar conversas de botequim sobre futebol e teatro popular como sendo formas suficientes de organização popular.[34] Isso omite o fato de que essas formas de organização pouco podem fazer para mudar a opressão das massas. Para modificar essa situação, as formas tradicionais de organização — sindicatos, associações de bairros, movimentos sociais e partidos políticos — continuam sendo tão indispensáveis como sempre o foram. Os setores populares têm sido freqüentemente manipulados politicamente,[35] mas a resposta a esse problema não está em fugir das organizações políticas, mas, sim, em mudar a sua natureza.

Sob todas as suas manifestações, a veneração da consciência popular pode desencorajar os agentes populares a auxiliar os setores populares no desenvolvimetno de uma fé e uma visão política mais críticas. A consciência popular contém muitos elementos da cultura dominante, inclusive algumas formas de fatalismo e submissão.[36] Essas atitudes passivas têm mais peso do que os elementos que possam conduzir à mudança social. Transformar a aceitação de uma situação de opressão para uma posição mais crítica não acontece espontaneamente. Envolve uma experiência que pode advir da discussão ou da prática política. Mas, em ambos os casos, haverá líderes, intelectuais e partidos políticos que promovam a conscientização.

Ainda menos provável do que a conscientização espontânea é a organização política espontânea. As classes populares podem se auto-organizar de certas maneiras, geralmente defensivas, assim como quando resistem à remoção de uma favela ou à expulsão da terra. Mas a organização popular espontânea raramente se sustenta na ausência de uma ameaça imediata. A criação de organizações populares que tenham continuidade tem envolvido, de maneira consistente, a participação de agentes externos, especialmente durante suas fases iniciais.[37] A questão não é se esses agentes estão ou não presentes, mas, sim, como é que eles funcionam.

Muitos agentes pastorais justificam sua decisão de não promover a conscientização ou organização alegando que isso interfere no processo popular. Não percebem que, apesar de todos os seus esforços de não interferir, sua presença constitui uma interferência. Novamente, a questão não é se existe ou não uma interferência, mas, sim, como o agente interfere. A menos que os agentes pastorais assumam alguma responsabilidade de estimular a mudança, não ajudam as classes populares a superar elementos de passividade e de dominação.

Educação de base e movimentos populares

Muitos agentes pastorais mantêm uma atitude de só considerarem válido o trabalho de base. Acham que para uma boa educação das classes populares e para o respeito por seus valores é preciso trabalhar em pequenos movimentos que permitam a discussão em grupo. Alegam que movimentos maiores manipulam o povo, não permitem a verdadeira participação popular, não respeitam o processo popular, não fornecem boas oportunidades de aprendizagem. Esses agentes estimularam os setores populares a participar de movimentos pequenos, relativamente fechados, com perspectivas mais limitadas.

Pequenas discussões em grupo têm um papel inestimável no processo popular, especialmente levando-se em consideração a longa tradição de autoritarismo na sociedade. Trata-se de um princípio antigo e bem estabelecido que indica que quanto maior for o movimento, mais difícil será estabelecer práticas democráticas de participação popular.[38] Entretanto, os movimentos de massa e os partidos políticos permitem uma outra experiência, igualmente importante. Os movimentos locais têm menor possibilidade de confrontar diferentes níveis de Estado, não propiciam a experiência de organização de massas e raramente vão além da discussão imediata sobre os benefícios materiais que os torna vulneráveis ao desaparecimento, uma vez que tenham alcançado seus objetivos imediatos ou que sejam frustrados através de repetidos fracassos. Os movimentos de massas não permitem que as classes populares discutam política com freqüência, mas a Igreja pode propiciar essa oportunidade. E os movimentos de massa permitem que as classes populares vivenciem uma união com um maior número de pessoas, para um choque mais direto com o Estado e para confrontar uma importante variedade de questões políticas de maior amplitude que os movimentos locais e mais isolados não levam em consideração. Os movimentos populares mais amplos quase que invariavelmente enfrentam questões tais como as relações com outros movimentos populares, com o Estado e com os partidos políticos, ou qual seria a resposta adequada aos principais acontecimentos políticos. Movimentos mais amplos também dispõem de melhores chances para exercer pressão sobre o Estado em troca de concessões materiais.

Os movimentos de massas ou partidos não podem funcionar da mesma forma que um grupo de uma pequena comunidade, mas isso não quer dizer que sejam "manipuladores". Alguns líderes podem adotar práticas manipuladoras ou pouco democráticas, mas atrás da acusação muitas vezes se encontra ceticismo da parte do agente pastoral em relação à capacidade de discernimento popular. A questão, no caso de um movimento de massas, não é se cada participante numa reunião pode ou não expresar sua opinião. As exigências de eficácia política não permitem isso. A questão é se o movimento tem sucesso em motivar a participação popular, se ajuda a gerar discussões nas bases, se articula as exigências populares mais importantes e se mobiliza a população. É importante manter-se em contato com as bases, encorajar a participação e desenvolver a liderança dentro das classes populares, mas também é importante que o movimento cresça tanto quanto possível.

O trabalho dentro dos movimentos menores também deixa de confrontar a realidade do sistema político. A preocupação com a conscientização e com práticas democráticas e participação popular é importante numa sociedade elitista, mas o trabalho de base fica limitado se nunca crescer para além de pequenos grupos. De fato, um dos objetivos mais importantes do trabalho de base deveria ser o de tornar as classes populares capazes de expandir seu universo político e superar uma perspectiva limitada às suas necessidades imediatas. A mudança social requer movimentos populares eficazes e partidos políticos que possam contestar o poder do Estado. Os movimentos locais podem obter alguns benefícios materiais, mas nunca vão gerar as pressões necessárias para causar qualquer mudança social significativa. Como escreveu Fernando Henrique Cardoso, "quaisquer esforços para a transformação social que não lidem com a questão do Estado são teoricamente insatisfatórios e politicamente ineficazes".[39] A ênfase sobre a participação das bases, sobre as práticas democráticas e a comunidade não podem servir de substituto para os movimentos de massa ou partidos políticos.

Outra questão polêmica em organização popular refere-se ao ritmo dos movimentos populares. Durante o período de 1968-1976, os esforços de organização popular eram tão reprimidos que os movimentos ficavam necessariamente limitados. À medida que avançava a abertura durante o final da década de 70, a Igreja popular enfrentava novas questões relacionadas com o princípio do respeito aos movimentos populares. Qual seria o ritmo certo para a conscientização? De um lado havia o princípio do respeito ao ritmo de aprendizado das classes populares. De outro, a situação política exigia um ritmo mais acelerado por parte dos movimentos populares. A discussão em grupo pode levar um ano, ou cinco, se necessário, para alcançar um avanço mínimo em termos de consciência política. Em contraste, o êxito de uma greve depende de discussões imediatas que façam uma avaliação correta da situação política.

Com a abertura, o lento ritmo pedagógico dos anos de maior repressão não era mais apropriado. Se os agentes pastorais não ajudassem os grupos católicos a compreender as mudanças no cenário político, esses grupos ficariam atrás em relação à situação nacional e aos movimentos populares. A reforma partidária, por exemplo, ditava a necessidade de discussões rápidas, caso contrário os católicos teriam enfrentado uma situação de ter de escolher entre algumas alternativas já estruturadas, sem muita esperança de contribuir para a criação dessas alternativas. Os agentes de pastoral tinham que decidir se esperavam que as comunidades de base tomassem iniciativa de discutir a reforma partidária ou se introduziam eles mesmos a questão. A eficácia política ditava uma estratégia, e a tentativa de seguir o ritmo de aprendizado das classes populares, outra.

Como em relação a outros problemas, a Igreja popular reagiu a esse dilema de diversas maneiras. Muitos agentes reconheceram a importância de incentivar as CEBs a discutir as mudanças políticas. Outros, no entanto, continuaram promovendo um ritmo de ensino relativamente lento e de discussões teóricas. Eles estão menos propensos a instar o povo a participar de movimentos populares mais amplos e acham preferível promover a conscientização num ritmo lento do que empurrar as pessoas para posições que elas não estão "prontas para aceitar".[40] Um estudo autorizado pela CNBB declarava: "É muito importante e necessário que se respeitem as etapas de crescimento natural do povo e das CEBs. É preciso singular respeito pelo processo lento de conscientização do povo. Queimar etapas é um perigo grande do vanguardismo pastoral impaciente. A pressa pode ser mais prejudicial do que a não intervenção".[41]

Mas as pessoas não têm um ritmo "natural" de conscientização ou de organização. Os intelectuais geralmente influem no ritmo de um movimento. A falta de crescimento reflete em parte a incapacidade da liderança de compreender qual seria o ritmo mais adequado. Mas isso pode ocorrer porque o ritmo é muito vagaroso; não é necessariamente o resultado do vanguardismo. Assim como as classes populares não seguem movimentos que sejam radicais desde o seu princípio e que tenham pouca afinidade com suas necessidades concretas, da mesma forma são propensas a abandonar um movimento que não conduza a nada.

O trabalho de base e os partidos políticos

Um dos passos mais importantes na abertura foi a reforma partidária iniciada em 1979.[42] Durante vários anos, essa reforma fora uma exigência fundamental da oposição, mas, quando finalmente veio, contribuiu tanto para dividir a oposição quanto para dar-lhe uma voz autêntica. A reforma partidária e a questão das eleições eram problemáticas para a Igreja popular que, como a oposição em geral, padecia de divisões internas. Os membros mais ativos das CEBs optaram pelo PT ou pelo PMDB. Entretanto, parte da Igreja popular adotou a atitude de que os partidos políticos estavam muito distantes do povo para merecer sua participação.

Provavelmente é verdade que os partidos não tenham desenvolvido a sensibilidade popular de alguns setores da Igreja. Continuaram a se preocupar em alcançar o poder, e sua linguagem tecnocrática era difícil de ser compreendida pelos setores populares. Contudo, afirmar que os partidos não estejam interessados na causa popular, que manipulam o povo para obter votos, ou que não dão apoio aos movimentos populares significa subestimar o seu dinamismo nos últimos anos.[43]
O PT e setores do PMDB representam novas experiências na história do Brasil no sentido de tentarem desenvolver práticas de sensibilidade pedagógica e dar apoio aos movimentos populares. O PT estava mais preocupado com a conscientização e em fornecer suporte aos movimentos populares do que em subir ao poder a curto prazo.[44]

Muitos ignoraram as tentativas por parte dos partidos políticos de dar seu apoio à base e não compreenderam a importância da questão partidária para os movimentos populares. Achavam que esses movimentos eram o que mais importava e que a questão partidária era secundária. Essa visão deixava de compreender que o desenvolvimento dos movimentos populares dependia de um processo político mais amplo. Sem o apoio de partidos de massa, as conquistas dos movimentos populares são limitadas. No final das contas, são os partidos que têm a capacidade de lidar diretamente com a questão do Estado, e é através do Estado que são efetuadas as principais mudanças sociais. O trabalho de base trará benefícios limitados para a maioria do povo, a menos que o Estado se modifique.

A questão partidária é crucial para os movimentos populares. A influência que as classes populares conquistam dentro da sociedade depende de uma luta política mais ampla, não só das organizações de base. Mesmo as organizações de base rudimentares são dependentes do Estado. Sob esse aspecto, o contraste entre o PMDB e o PDS era mais significativo do que compreendem muitos elementos da oposição. Mesmo a ala moderada do PMDB, um tanto distanciada das classes populares, era mais sensível às exigências populares do que o PDS.

Enquanto basistas dentro da Igreja e da sociedade como um todo insistiam em não estar interessados na luta pelo poder, a luta estava determinando o futuro do Brasil. Puristas políticos acharam que deveriam concentrar-se no trabalho de base e nos movimentos populares e que somente no futuro iriam lidar com a questão do Estado. Mas a questão do Estado afetava os movimentos populares e seria uma quimera acreditar que o tão aguardado futuro pudesse chegar sem que a oposição atuasse.

O vínculo entre os movimentos sociais e os partidos políticos mostra-se fundamental para o futuro da democracia brasileira. Na ausência de movimentos sociais dinâmicos, a democracia brasileira tende a ser caracterizada pelo elitismo, dada a relativa fragilidade política das classes populares, marcadas por nítidas desigualdades sócio-econômicas. São os movimentos sociais que, de uma maneira mais clara e consistente, têm levantado a bandeira de uma democracia com maior participação popular, de uma sociedade menos elitista e com um desenvolvimento mais equilibrado.

De 1980 até a campanha pelas diretas em 1984, os movimentos sociais apresentaram uma tendência declinante. Na medida em que as eleições se tornavam mais importantes, alguns líderes dos movimentos concentravam-se nos partidos. Nesses casos, a política eleitoral tende a absorver os movimentos.

Em outros casos, os movimentos se afastaram e se isolaram da política partidária, mas, ao fazê-lo, às vezes deixavam de abordar questões que afetavam profundamente o seu próprio futuro.[45] Nunca essa distância entre os movimentos sociais e os partidos políticos foi tão evidente como na resposta ao "pacote eleitoral" de novembro de 1981, uma série de reformas eleitorais impostas pelo governo militar numa tentativa de garantir sua vitória nas eleições de novembro de 1982. Embora o pacote eleitoral fosse uma medida de singular importância, a sociedade civil não reagiu até o final de dezembro. Os movimentos sociais não apresentaram nenhuma reação e não houve manifestações de massa durante muitas semanas depois da medida. Os movimentos sociais falharam em não compreender profundamente em que medida iria influenciar a luta política subseqüente.

O movimento pelas eleições diretas no início de 1984 acabava com a distância entre os movimentos sociais e os partidos. Os movimentos mais importantes e os partidos de oposição uniram-se para exigir as eleições diretas que teriam reduzido bruscamente o controle dos militares sobre a transição para a democracia. Entretanto, após o movimento pelas diretas ter sido derrotado, os movimentos sociais de novo entraram em declínio.

Nada disso deveria ser interpretado como apoio aos partidos formados de cima para baixo ou para a subordinação dos movimentos sociais aos partidos. Enfatizar os vínculos entre os partidos políticos e os movimentos populares não é o mesmo que argumentar que somente os partidos políticos podem resolver as questões relativas aos movimentos sociais. A sociedade tornou-se por demais heterogênea para que um partido possa expressar todas as necessidades dos principais movimentos sociais.[46] Além disso, a tradição de elitismo partidário mantém-se tão forte que os partidos seriam menos sensíveis às necessidades populares se não fosse pela presença dos movimentos políticos. Há necessidade de movimentos populares autônomos, mas eles não deveriam confundir autonomia com indiferença.

A questão de como desenvolver um partido mais receptivo às bases continua sendo uma questão importante e difícil. Entretanto, é claro que ignorar o problema partidário porque os partidos estão muito distantes do povo não funciona. Nunca existirá um partido político perfeito. Aliás, os partidos provavelmente serão sensíveis aos movimentos populares somente na medida em que esses os obriguem a isso. Se os movimentos populares deixarem os partidos políticos lidar com as questões de ordem "política" e assumirem para si a tarefa de lutar pelos benefícios populares, esses movimentos estarão não só deixando de compreender os profundos vínculos entre a luta partidária e a luta popular, como também estarão deixando de contribuir para a criação de partidos mais sensíveis aos anseios populares.

Observações finais

A Igreja progressista estimulou algumas das mais criativas inovações nas últimas duas décadas da política brasileira. Sua capacidade de continuar a fazê-lo vai depender em parte de como ela aborda a questão do basismo. Qualquer instituição pode se pronunciar a favor da justiça social. O que está em jogo não é tanto se a Igreja se pronuncia a favor da justiça, mas, sim, se ela é capaz de encorajar movimentos que trabalhem para mudar a sociedade.

O esforço para respeitar o ritmo de aprendizado, os valores e a cultura das classes populares é difícil, dado o imenso abismo que separa o seu mundo do mundo do intelectual de classe média. Mas se a Igreja popular quer fazer contribuições políticas significativas, ela precisa estimular uma preocupação com a eficácia política e com o realismo. Isto não significa que a Igreja propriamente dita deva tornar-se um veículo político, mas pelo menos os agentes pastorais não podem deslegitimar as instituições políticas e reter o controle das simpatias populares.

Muitos dos melhores intelectuais da Igreja têm consciência da importância dessas questões. Clodovis Boff teceu críticas contundentes à veneração da consciência popular por conduzir a atitudes basistas que só podem motivar práticas políticas ineficazes. "Não deveríamos servir o povo e então fechar os olhos à sua subjugação e aos efeitos negativos que tem essa subjugação para a conscientização popular. A situação na qual eles vivem ou, mais precisamente, a situação em que são mantidos pelas classes dominantes, é patológica ... O medo de interferir no desenvolvimento da consciência popular não pode ser justificado sob o pretexto do respeito ... A questão não é a de influenciar ou não o povo, mas, sim, a forma de influenciá-lo ... O fetichismo do povo é um sinal de ignorância e significa um desserviço ao povo".[47]

A melhor das cartilhas eleitorais de 1982 demonstrava ter alguma consciência da importância da questão partidária. A cartilha de maior divulgação e influência, da Arquidiocese de São Paulo, declarava: "A distância que separa o povo do Estado não pode ser superada com base somente na dinâmica dos movimentos populares. As condições de vida e de trabalho da grande maioria só poderão ser transformados em profundidade se o povo for capaz de influir sobre êstes centros de decisão e de poder".[48]

Mas, nas bases, embora houvesse sinais de progresso, os agentes pastorais freqüentemente ficavam para trás. Havia ainda uma confusão considerável a respeito de questões tais como a forma de estimular os movimentos populares e de como abordar a questão partidária. A veneração da consciência popular e a rejeição dos elementos externos ainda eram comuns. As dificuldades enfrentadas pelos setores populares foram exacerbadas pelas pressões externas contra a Igreja progressista. Roma, o CELAM e o Estado brasileiro desejam ver a Igreja mais afastada da política. Ao permitir o renascer de instituições mais especificamente políticas, a abertura gerava pressões contra a Igreja progressista, reforçando as tendências basistas.

NOTAS

Uma primeira versão do capítulo 9 foi publicada sob o título de "The Catholic Church, Popular Education and Political Change in Brazil", no *Journal of Inter-American Studies and World Affairs*, 26 (fev. 1984): 97-124, copyright © 1984 pela Sage Publications, Inc. Agradeço à Sage Publications, Inc. por permitir a reutilização desse material:

(1) CNBB, *Documentos dos Presbitérios*, pp. 9, 56.
(2) A. Rolim, "Em Torno", p. 18. Ver também Hoornaert, "Distinção", p. 602.
(3) Cavalheira, pp. 533, 536. Ver também Hoornaert, "Igreja"; e Comblin, *futuro*.
(4) CNBB, *Documentos dos Presbitérios*, p. 11.
(5) Comissão Pastoral Operária de São Paulo, mimeo, 12.11.1972.
(6) Os escritos de frei Betto sobre o trabalho pedagógico junto aos setores populares foram particularmente influentes. Ver, por exemplo, "Educação". Os trabalhos de Paulo Freire também continuam exercendo muita influência e também expressam claramente as visões que aqui foram esboçadas. Ver, especialmente, *Educação e Pedagogia*. Outras importantes análises pedagógicas de intelectuais da Igreja popular são Wanderley; C. Boff, "Agente Pastoral"; C. Boff, "Comunidades"; L. Boff, "Teologia à Escuta"; Fragoso, "Libertação"; e Lesbaupin, "Papel dos Intelectuais". Além disso, existe uma pletora de declarações emitidas por diferentes dioceses e comissões pastorais. Consultei especialmente os documentos da CPT, CPO, ACO e das dioceses do Espírito Santo, São Mateus e Goiás Velho.
(7) Esse ponto é destacado por Wanderley.
(8) Sobre esse ponto, ver C. Boff, *Teologia e Prática*, pp. 281-303; Libânio, *Discernimento e Política*, pp. 35-41; Betto, "Educação"; Libânio, *Problema da Salvação*, cap. 1; Hoornaert, "História da Igreja"; e Gómez de Souza, *Classes Populares*, pp. 63-71. Embora ele não utilize o termo "posição social", José de Souza Martins discute o mesmo assunto em *Camponeses*, pp. 9-19, e *Expropriação e Violência*, pp. 180-181.
(9) "II Assembléia Nacional do CIMI", mimeo, 1975. Ver também Mesters, "Futuro do Nosso Passado", p. 123.
(10) Ver C. Boff, "Agente de Pastoral", p. 229.
(11) Essa ênfase na sabedoria popular foi amplamente desenvolvida por diversos intelectuais. Entre outros, ver Costa, "Para Analisar"; Weffort, "Nordestinos"; Rocha; Garcia, "Educação Popular"; Costa, "Pastoral Popular"; Leeds e Leeds; e C. Boff, "Agente de Pastoral".
(12) Ver Fragoso, "Libertação". Sobre esse ponto, assim como em muitas outras questões pedagógicas, a semelhança entre o MEB e Paulo Freire é notável.
(13) "Linhas Prioritárias de Pastoral na Amazônia", *SEDOC*, 7 (1974-1975): 783.
(14) Sobre esse tema, ver C. Boff, "Uma Igreja Popular".
(15) Discussões mais detalhadas, embora muitas vezes excessivamente otimistas, acerca das contribuições da Igreja ao processo popular, podem ser encontradas nos escritos dos intelectuais da Igreja popular. Ver C. Boff, "Comunidades"; C. Boff "Agente de Pastorais"; Betto, *Comunidade Eclesial de Base*; L. Boff, "Teologia à Escuta"; Pereira Ramalho, "CEBs; e Libânio, "Igreja" e "Uma Comunidade".

(16) Sobre esse ponto, ver o instigante artigo de Costa, "Pastoral Popular". Ver também Hoornaert, "Comunidades"; Pereira Ramalho, "CEBs", especialmente pp. 272-274; Libânio, "Uma Comunidade", especialmente pp. 311-315; Affonso Gregory, "As Comunidades Eclesiais de Base: Chances e Desafios — Alguns Destaques Sociológicos", em Gregory e Ghisleni, especialmente pp. 38-39; Pereira Ramalho, "Algumas Notas"; e Lauro de Oliveira Lima, *Os Mecanismos da Liberdade* (São Paulo, 1980), pp. 362-364.

(17) Sobre esse ponto, ver Medida e Ribeiro de Oliveira, pp. 47-55, 61-71.

(18) Ver Ribeiro de Oliveira, "Posição do Leigo". Sobre a forma pela qual as comunidades de base ajudaram a democratizar as estruturas da Igreja, ver Guimarães, pp. 34-39, 117-215. Sobre o papel do leigo na Igreja popular em termos mais gerais, ver L. Boff, *Igreja*, pp. 58-81, 204-219.

(19) *SEDOC*, 11 (1978-1979): 313.

(20) Isso não quer dizer que essas atividades sejam socialmente irrelevantes, como ressaltou Roberto Da Matta em seus trabalhos sobre a cultura popular; ver *Carnavais e Antropologia Estrutural* (petrópolis, 1973), pp. 121-168.

(21) Sobre as tendências autoritárias do movimento sindical, ver H. H. de Souza Martins, especialmente pp. 13-72; L. Rodrigues, pp. 188-191; e J. A. Rodrigues, pp. 123-142, 167-181. Essas tendências autoritárias também co-existiram com outros momentos quando os sindicatos eram mais democráticos e participatórios e mobilizavam um grande número de pessoas. "Sindicatos e Política", de Weffort, enfatiza particularmente os períodos de mobilização e argumenta que o caráter submisso do movimento trabalhista possa ser exagerado. Numa linha semelhante, ver Maranhão, *Sindicatos e Democratização*; Moisés, *Greve de Massa*; e Gato.

(22) A cultura política elitista é discutida em O'Donnell, "A mi que me importa"; Schartzman; e Faoro. Eduardo Viola e eu discutimos esse tema em "New Social Movements". Para uma avaliação dos padrões de autoridade nas escolas, nos locais de trabalho e no lar, chamando também a atenção para o trabalho da Igreja como força democratizadora, ver Fischer.

(23) *SEDOC*, 11 (1978-1979): 335. Ver também a descrição feita pela comunidade de Santa Margarida, também na periferia de São Paulo, no mesmo número da *SEDOC*, p. 354.

(24) Ver, por exemplo, Libânio, "Uma Comunidade", pp. 300-301; L. Boff, "Teologia à Escuta", p. 62; Pereira Ramalho, "CEBs", p. 266; Libânio, "Igreja"; C. Boff, "Comunidades"; Mesters, "Futuro do Nosso Passado"; Gregory e Ghisleni; e C. Boff, "Pedrinha Soltou-se".

(25) Sobre a importância do respeito pelos valores tradicionais no processo de desenvolvimento, ver Goulet, "Development Experts", e "Defense of Cultural Rights". Sobre o mesmo assunto, desde uma perspectiva conservadora, ver Berger.

(26) Lesbaupin, "Papel dos Intelectuais", pp. 17-18.

(27) Num artigo recente, Vanilda Paiva discute amplamente esse antiintelectualismo; ver "Anotações".

(28) Sobre esse ponto, ver Carvalho.

(29) Essa é a perspectiva de Pedro Benjamin Garcia, entre outros; ver "Educação Popular" e "Saber Popular".

(30) Sob essa perspectiva, alguns trabalhos sobre a forma pela qual as favelas opuseram resistência à dominação são particularmente interessantes; ver Leeds e Leeds, Perlman e Valladares.

(31) Costa, "Para Analisar", p. 17.

(32) Por exemplo, Hoornaert, *Formação*, pp. 99-104.

(33) Costa, "Para analisar", p. 19.

(34) Bernard von der Weid, "Educação Popular: Um Depoimento", *Cadernos de Educação Popular*, 1 (1982): 56-57.

(35) Sobre esse tema e sobre as atitudes populares em relação aos políticos e às eleições, ver Rio Caldeira.

(36) Diversos intelectuais de destaque abordaram a questão dos elementos de resistência e submissão na cultura, religião e consciência popular. Ver Chauí, pp. 39-84; Ortiz; Brandão, *Deuses do Povo*; e Da Matta, *Carnavais*.

(37) Sobre esse ponto, ver J. de Souza Martins, *Camponeses*, pp. 9-19, 81-92; Leeds e Leeds; e Perlman. Na medida em que amadurecem, os movimentos populares adquirem muito mais autonomia em relação a agentes externos. Sobre esse ponto, ver Camerman e Bohadana.

(38) Ver Dahl, *After the Revolution*, pp. 59-103.

(39) Cardoso, "Regime Político". Sobre esse ponto, ver também o excelente artigo de Singer, "Movimentos Sociais".

(40) Sobre a noção de respeito ao desenvolvimento de cada indivíduo e de não encorajar as pessoas a participar antes que estejam prontas para isso, ver o execelente artigo de Paiva, "Pedagogia e Luta Social".

(41) CNBB, *Comunidades Eclesiais*, p. 71.

(42) Sobre a reforma partidária, ver Sanders, "Brazil in 1980".

(43) Um dos bispos populares mais *basistas*, D. José Maria Pires (João Pessoa), declara que "nessa época, os partidos pouco têm a oferecer ao povo (...) Chegaram cedo demais e a sua presença reduziu a força dos movimentos sociais", *Jornal do Brasil*, 1.3.1982. Ver também *Jornal do Brasil*, 24.4.1981.

(44) Sobre esse ponto, ver Moisés, "PT". Para um exame detalhado do PT, ver Keck.

(45) Ingrid Andersen Sarti e Rubem Barbosa Filho abordam dilemas semelhantes no movimento sindical em "Desafios e Desafinos nos Caminhos da Cidadania", *Dados*, 26 (1983): 315-334.

(46) Ver F. H. Cardoso, *Democracia para Mudar*, pp. 17-36, 47-60; e F. H. Cardoso, "Regime Político". Ver também Gómez de Souza, *Classes Populares*, pp. 237-268.

(47) C. Boff, "Agente de Pastoral", p. 225.

(48) Comissão Arquidiocesana de Pastoral dos Direitos Humanos e Marginalizados de São Paulo, p. 29.

A política da Igreja popular

Durante a abertura, a Igreja Católica motivou contribuições à democratização, desde a defesa dos direitos humanos, críticas aos abusos do autoritarismo, até o apoio aos movimentos populares. Depois da reorganização dos partidos em 1979, a importância política da Igreja sofreu um certo declínio. Porém, uma de suas contribuições — a visão política da esquerda católica — influenciou alguns agentes políticos importantes, inclusive uma parte significativa da esquerda, o PT, o sindicalismo novo e muitas ligas camponesas, sindicatos e associações de bairros. A Igreja popular não era diretamente responsável por esses movimentos, mas, através de sua visão da sociedade e de sua liderança em diferentes organizações, promoveu um impacto importante.

Relativamente poucos líderes e centros da Igreja foram de fato responsáveis pela formulação da visão política da Igreja popular. Embora os agentes pastorais nas bases tenham criado muitas inovações significativas, esses intelectuais e centros desempenharam papéis predominantes na sistematização e difusão de idéias. Através da literatura produzida para os agentes pastorais e de cursos ministrados em diferentes partes do país, esses líderes da Igreja popular desempenharam papel primordial na formação da visão política da Igreja como um todo.

Seja qual for a opinião que se tenha acerca das contribuições, das contradições e dos aspectos frágeis da visão política da Igreja popular, é difícil negar sua importância ou originalidade.[1] Entretanto, pouco se escreveu sobre o assunto. Nos capítulos anteriores abordou-se algumas das preocupações básicas da Igreja popular com relação ao desenvolvimento — a ênfase na democracia, as críticas ao elitismo e ao desenvolvimento autoritário, a insistência para que setores populares recebessem uma consideração especial, o respeito pelos valores do povo e o apoio a uma reforma agrária. Neste capítulo, descrevo sua análise do capitalismo, socialismo e relações sociais e sua ênfase na participação. Em ambas as áreas, os líderes da Igreja popular contribuíram para o debate público.

Capitalismo, socialismo e relações sociais

As críticas ao capitalismo liberal não são nenhuma novidade na Igreja brasileira. Já na década de 50, os bispos criticaram o egotismo do capitalismo. Porém, entre aquele período e a década de 70, ocorreu uma mudança importante nas atitudes da hierarquia em relação ao capitalismo. Antes do golpe, até os bispos reformistas acreditavam que o crescimento econômico resolveria os principais problemas sociais, tais como marginalização e pobreza. Eles não tinham a percepção de que alguns modelos de desenvolvimento poderiam exacerbar as condições de vida de grande parte da população. Os bispos reformistas fizeram declarações criticando o capitalismo liberal, mas argumentavam o que viam como excessos no sistema e não a sua essência. Não enxergavam os problemas sociais como sendo intrínsecos ao capitalismo, mas como tendo uma origem individual (egotismo, corrupção) ao invés de sistêmica. A solução era pedir ao Estado que regularizasse o capitalismo para torná-lo mais humano.

O funcionamento do capitalismo brasileiro após 1964 e as mudanças na identidade institucional da Igreja levaram muitos líderes eclesiásticos a questionar suas suposições. Entre os bispos progressistas, a desilusão levou ao desejo por uma transformação radical. As críticas ao capitalismo passaram a ser tão comuns que os encontros do CELAM, em Medellín e Puebla, as incorporaram a suas conclusões.[2]

Embora o anticapitalismo seja forte na Igreja popular, a alternativa ao capitalismo não é tão clara. A Igreja renuncia à responsabilidade de determinar quais seriam os meios de efetuar a mudança social e acha que promover o debate acerca de estratégias de mudança provocaria divisões internas. Ampla maioria dos líderes acredita que a Igreja deveria enfocar os problemas pastorais e as necessidades da população em vez de se engajar em debates acerca de como construir uma nova sociedade.

Líderes da Igreja popular que encaram de maneira variada e heterogênea temas como o socialismo, o comunismo e o marxismo. A maior parte dos católicos de esquerda compartilha dos mesmos ideais que outros grupos de esquerda e muitos consideram-se socialistas ou marxistas. A ênfase que o pensamento católico progressista atribui à igualdade é coincidente com os objetivos da esquerda não-católica. Como a maioria dos marxistas e socialistas, os intelectuais da Igreja popular acreditam que transformações estruturais seja necessárias para se criar uma sociedade justa e fazem críticas em relação ao capitalismo autoritário dependente. Os católicos progressistas na Europa e na América Latina também simpatizam com os ideais (que nem sempre correspondem à realidade) de regimes socialistas participativos.

O debate teórico sobre o cristianismo e o marxismo se originou na Europa,[3] mas as alianças mais significativas entre os católicos e socialistas ou comunistas ocorreram na América Latina, especialmente no Brasil, Chile (1970-1973), Nicarágua (desde a metade da década de 70 até o presente). No Chile, a esquerda católica era um importante elemento no governo Allende, e os esforços para se construir uma relação de harmonia entre um presidente marxista eleito democraticamente e a hierarquia chamaram a atenção do mundo católico. Tanto na Nicarágua como em El Salvador, os católicos formaram alianças com as forças revolucionárias para tentar subverter regimes autoritários altamente repressivos.[4]

Nesses outros três casos, os católicos comprometidos com a mudança radical conviveram relativamente bem com outras forças de esquerda. Entretanto, freqüentemente, a relação é tensa. No caso brasileiro, embora a esquerda marxista tivesse influenciado a esquerda católica, depois de 1964 o catolicismo progressista desenvolveu-se em parte como uma reação contrária à esquerda marxista. O grupo de intelectuais católicos surgiu após o golpe e fazia críticas à esquerda marxista tradicional. Em parte como resposta à tragédia das organizações clandestinas entre 1968 e 1976, os intelectuais da Igreja, alguns dos quais vivenciaram pessoalmente a prisão e a tortura,[5] sentiram necessidade de criar novas formas de trabalhar com os setores populares na promoção de novos caminhos para a mudança social. Mesmo com a aceitação de valores mais democráticos por parte da esquerda marxista, o conflito entre a esquerda católica e a marxista tem continuado. Desde a abertura, agentes pastorais progressistas e a maior parte da esquerda não-católica têm tido divergências acerca do trabalho com as classes populares, particularmente em relação à questão do respeito aos valores do grupo *versus* uma condução mais assumida dentro dos movimentos populares. Também têm diferentes visões acerca do processo de transformação social e da natureza de uma boa sociedade.

Os bispos populares mais cautelosos, como Dom Paulo Evaristo Arns, falam de um terceiro sistema, que não seria capitalista nem socialista, sem especificar as suas características. Dom Cláudio Hummes, bispo da região mais industrializada do Brasil, a área do ABC na Grande São Paulo, declara ter preferência por uma sociedade mais socializada, sem optar claramente pelo socialismo. Como já observamos, entretanto, afirmações dessa natureza não são novidade e pouco servem para esclarecer o pensamento católico progressista, ou para diferenciar a esquerda católica de posições bastante conservadoras dentro da Igreja. A maioria dos teólogos, cientistas sociais e bispos da Igreja popular são vagamente simpatizantes do socialismo embora de um modo geral tenham uma visão vaga do que ele seja. Entre os favoráveis ao socialismo se incluem Dom José Maria Pires, Dom Hélder Câmara, Dom Tomás Balduíno, Dom Pedro Casaldáliga, Dom Antônio Fragoso e o teólogo Clodovis Boff.[6]

Embora a Igreja popular seja crítica em relação ao capitalismo, até mesmo os bispos e intelectuais da Igreja que se consideram socialistas condenam o leninismo e alguns modelos socialistas. Sua oposição origina-se em parte da tradição humanista cristã, que rejeita a violência como forma de realizar a mudança e coloca ênfase maior nas liberdades democráticas e no respeito pelo indivíduo contrariamente do modelo leninista.

De acordo com líderes da Igreja progressista, o padrão leninista não serve porque pressupõe uma situação revolucionária que não existe no Brasil. O partido de vanguarda é uma quimera perigosa porque pode ser facilmente isolado e reprimido por um regime bem organizado que desfrute de um apoio considerável da sociedade civil. Ao contrário de alguns partidos leninistas, a Igreja enfatiza que a libertação popular é um projeto a longo prazo.[7] Isso não só constitui uma avaliação mais realista da situação atual, como também poderia ajudar a evitar a radicalização utópica, característica de parte da esquerda por toda a América Latina, que freqüentemente teve trágicas conseqüências.[8]

A visão da Igreja progressista de que os setores populares podem assumir a liderança do processo de liberação entra em choque com a concepção leninista da consciência popular e da necessidade de uma vanguarda. Lenin desprezava as práticas e a conscientização populares como limitadas a uma perspectiva reformista. Argumentou que um partido de vanguarda precisa criar as condições necessárias para a revolução e para conduzir as massas à rebelião.[9] A Igreja vê isso como sendo uma concepção autoritária que não respeita as capacidades da massa, o seu ritmo de aprendizado ou seus valores. Frei Betto, por exemplo, critica categoricamente a concepção de vanguarda: "A manipulação vanguardista se caracteriza pelo fato de um grupo arvorar-se em único intérprete daquilo que é bom e necessário para o povo. Toda iniciativa nasce no interior desse grupo e não através das formas próprias de organização da base. Imbuído de uma ideologia que o autolegitima, o grupo vai à base — não como quem serve e caminha com os trabalhadores, mas como quem coopta, nas bases, novos membros para o grupo partidário. O grupo é sempre ato primeiro; o povo, ato segundo. (...) A realidade é conhecida, não através da vivência, mas através de 'rigorosas' análises que mais revelam o dogmatismo dos conceitos utilizados que as contradições reais em curso".[10] Como já observamos, neste aspecto a Igreja popular tende a supervalorizar a espontaneidade do povo. Não obstante uma tendência a romantizar o socialismo real, alguns intelectuais da Igreja criticam as sociedades socialistas por suprimirem as liberdades individuais, por seu autoritarismo, pelo excessivo poder da burocracia estatal e pelo elitismo. Acham que o socialismo autoritário resolve as necessidades materiais da população, mas não chega a ser uma ordem social por tudo desejável.[11] De acordo com sua visão, a maior parte dos países socialistas exclui as massas dos processos de tomada de decisões. O sistema ainda é elitista, porém o Estado substitui a burguesia como principal repressor.[12] Os intelectuais da Igreja popular, pelo menos em algumas colocações, reconhecem que não existe um sistema social perfeito e criticam o caráter utópico do pensamento marxista.[13] Entretanto, não é difícil perceber uma tendência utópica dentro da visão política da esquerda católica. O cerne dessa tendência utópica é a negação do conflito como algo inerente a todas as sociedades.

Um dos aspectos mais importantes e inovadores da Igreja popular no Brasil é sua ênfase nas dimensões afetivas da vida. A esquerda marxista tradicional enfocava quase que exclusivamente as necessidades sócio-econômicas. Preocupações com amizades, comunidades e reações interpessoais nunca fizeram parte de seu discurso, e geralmente se pressupunha que a revolução satisfaria as necessidades humanas mais importantes. Seguindo uma linha de pensamento católico bem estabelecida, a Igreja popular contemporânea valoriza as relações interpessoais que é percebida como uma necessidade humana fundamental, parcialmente autônoma em relação à esfera sócio-econômica. A esquerda católica atribui muitos dos problemas do povo à pobreza, mas questiona se a revolução resolveria as questões afetivas. Essa ênfase na questão afetiva também difere das concepções liberais, que privilegiam a necessidade de liberdade. Os intelectuais progressistas católicos geralmente acreditam que, na ausência de mecanismos que satisfaçam as necessidades sócio-econômicas básicas e emocionais, as liberdades liberais perdem um pouco de sua importância. Também questionam a suposição liberal comum de que uma grande maioria da população será capaz de satisfazer essas necessidades se as liberdades civis básicas forem garantidas.

Com esse discurso vago sobre o socialismo e capitalismo, a Igreja brasileira não conceituou um modelo de como se de promover a justiça social. O caráter nebuloso do pronunciamento a favor de "um terceiro caminho" é notável. Não está claro quais seriam, se é que existem, as sociedades que poderiam ser consideradas como o "terceiro caminho". Ideólogos de tendências muito diferentes, que vão desde conservadores até a esquerda católica e desde populistas (Juan Perón) a corporativistas autoritários (presidente Juan Ongania, da Argentina, 1966-1970), muitos já esposaram o princípio de um terceiro caminho.[14] Desde a época da *Rerum Novarum* (1891), o pensamento católico, de tendências políticas diversas, condenou o "egoísmo capitalista" e o "ateísmo marxista". Embora existam muitas diferenças entre ideologias conservadoras e as da esquerda católica do Brasil, a imprecisão da noção de um terceiro caminho torna impossível afirmar o que ele significa. Somente uma minoria da esquerda católica subscreve explicitamente a ideologia do terceiro caminho, mas o problema da falta de clareza acerca de uma nova sociedade é comum à maioria.

Além dessa falta de clareza, todos os setores eclesiásticos afirmavam que uma instituição religiosa não deveria se engajar na formulação de soluções específicas, e sim que deveria ser uma crítica não partidária da sociedade. Como resultado, os católicos progressistas geralmente não têm lidado com importantes questões implícitas em sua visão, tais como a viabilidade e os meios de se construir um sistema socialista mais democrático — um problema remoto dentro do contexto brasileiro — ou até mesmo as estratégias concretas para a mudança. Além disso, o pensamento da Igreja popular tem, às vezes, um caráter utópico — por exemplo, a discussão da liberação popular deixa de reconhecer que as classes populares têm pouca possibilidade de obter a libertação política ou sócio-econômica, seja qual for o significado disso, num futuro previsível.

Entretanto, algumas colocações dos líderes da Igreja progressistas servem para indicar alguns problemas de ideologias simplistas capitalistas ou socialistas. Particularmente importante é a tentativa da Igreja de promover as relações humanas e a felicidade como objetivo final de qualquer mudança política. A contribuição que os católicos progressistas oferecem é que, embora um determinado sistema social ou regime político possa promover os valores da comunidade, o respeito pelo indivíduo, pelas liberdades civis e pela participação, esses não são inerentes a nenhum sistema político em particular. Os líderes da Igreja popular enfatizam o elemento político na criação de uma sociedade melhor, mas também percebem que essa tarefa não se resolve com uma mudança política.[15] A transformação política e o desenvolvimento econômico são necessários, mas não são suficientes para realizar o tipo de sociedade e relações humanas que procura a doutrina da Igreja.*

(*) A relação entre a mudança política e uma boa ordem social é uma das grandes questões na tradição sociológica clássica, amplamente discutida por Marx, Durkheim e Weber, entre outros. Polemizando com o que ele chamava os socialistas utó-

A participação política

A ênfase atribuída pela esquerda católica à participação é um dos traços proeminentes de suas percepções da política. Os intelectuais da Igreja popular valorizam a participação em si mesma. Todos têm o direito de participar na tomada de decisões que afetam o futuro da sociedade, e exercer esse direito é uma forma de realização pessoal. Também vêem o engajamento como um meio de promover a justiça social ao garantir que todas as classes e grupos sociais estejam representados no Estado. O sistema político deveria criar mecanismos que incentivem a cúpula governamental a satisfazer as necessidades de diferentes setores da sociedade. Os canais formais para a participação são insuficientes porque não lidam com as raízes estruturais do autoritarismo. Portanto, é necessário fornecer aos cidadãos os instrumentos (especialmente a educação) que os tornem capazes de ter uma integração mais efetiva.

Os católicos progressistas acham que a participação é um pré-requisito para as soluções adequadas aos problemas das classes populares. Acreditam que as classes populares possam desenvolver soluções criativas para seus próprios problemas.[16] A participação é um meio necessário de informar as pessoas que tomam as decisões sobre quais são as necessidades mais importantes da sociedade e de como essas podem ser satisfeitas. Ouvindo as necessidades populares, o Estado poderia produzir soluções mais eficazes aos problemas. Os líderes da Igreja popular enfatizam que, melhor do que qualquer tecnocrata, os setores populares têm consciência das próprias necessidades e têm idéias a respeito de como satisfazer essas necessidades. Essa idéia foi ressaltada por Dom Moacyr Grechi, bispo do Acre e, na época, presidente da CPT, em depoimento ao Congresso Nacional em maio de 1977: "Nossa Igreja tem insistido em que só uma efetiva Reforma Agrária poderá abrir caminhos para a solução dos conflitos que se fazem presentes em todas as regiões do País. Temos insistido também que o sucesso desse empreendimento depende de um amplo e sério debate nacional, com a prioritária participação dos principais interessados — os trabalhadores rurais. (...) Nossa experiência de

---

picos, Marx sustentou que a mudança política (através da revolução) era essencial para resolver os grandes problemas sociais. Ele foi menos claro acerca de como o socialismo iria solver os problemas sociais. Isso continua sendo uma grande lacuna na maior parte da teoria marxista. Weber enfatizou que muitos problemas na sociedade contemporânea são frutos do mundo moderno e não só do capitalismo. Mas ele era pessimista demais quanto à possibilidade de que a mudança política pudesse resolver quaisquer dos principais problemas sociais. Durkheim achava que o Estado poderia melhorar a qualidade das relações humanas através da criação de grupos comunitários, mas ele não discutiu adequadamente a questão de como democratizar o Estado de maneira que ele se dispusesse a criá-los; ver *Suicide*, pp. 361-392.

contato e convivência com o povo do campo demonstra ser falsa e tendenciosa a costumeira alegação de que os lavradores não estão preparados, são incapazes de sugerir e concretizar as mudanças necessárias".[17]

Da ênfase na participação popular surgiu a crença na importância das organizações de base. Os líderes da Igreja vêem essas organizações como o canal principal para a articulação das necessidades populares e acreditam que essas deveriam desempenhar um papel importante em qualquer sociedade. Afirmaram a importância da autonomia dos movimentos populares em relação aos partidos políticos.

A preocupação com a participação também afetou o debate da Igreja popular a respeito dos partidos políticos. Em 1982, as principais cartilhas eleitorais estimularam os partidos a promoverem o engajamento popular, e algumas pessoas e grupos da Igreja chegaram até a afirmar que os operários e camponeses deveriam criar os partidos. Por exemplo, um documento de 1980, da ACO, declarava: "A classe operária brasileira precisa de um partido político. Esse partido, para ser autêntico, precisa ser construído de baixo para cima, por pessoas que estejam participando das lutas da classe operária, e, sobretudo, deve ser constituído na sua maioria por trabalhadores".[18]

Esse documento em particular capta o sabor de muitas discussões basistas da Igreja a respeito dos partidos. A preocupação com a participação popular nos partidos é importante, mas um partido precisa representar pessoas de acordo com sua visão política e não somente de acordo com a classe social. Essa ênfase na participação popular e no controle dos partidos levou a uma afinidade entre as CEBs e o PT em algumas partes do país, especialmente na Grande São Paulo.[19] Embora o vínculo fosse menos forte fora dessa região, boa parte do limitado sucesso do partido resultou disso.

Como um corolário à ênfase na participação, os líderes da Igreja popular criticaram a crença de que técnicos e planejadores pudessem resolver os problemas sociais dentro de um sistema fechado. Acreditam que os planejadores não podem compreender as necessidades das massas, nem podem saber a melhor maneira de implementar um programa. Argumentam que as soluções técnicas, tanto em sociedades capitalistas como em sociedades socialistas, podem parecer racionais, bem planejadas e bem concebidas, mas ignoram a complexa realidade da sociedade e tendem a impor uma solução à população.[20]

Na ênfase atribuída à participação, existe uma tendência a simplificar questões complexas. Projetar o que funciona dentro de uma comunidade ou de uma diocese como um modelo para a sociedade, como fazem implicitamente alguns agentes pastorais, distorce a realidade social — e conseqüentemente os tipos de respostas que se propõem. É mais fácil encorajar a participação numa diocese do que no

Estado, e as decisões envolvidas na resolução das prioridades da diocese são bem mais simples do que aquelas relacionadas com a dívida externa e com outras questões técnicas e econômicas.[21] O processo de desenvolvimento é complexo e freqüentemente exige um conhecimento técnico que só a elite possui. A participação muitas vezes envolve uma troca; pode levar mais tempo para se encontrar uma solução quando ela se baseia em esforços para responder às necessidades populares. Nem sempre é claro que tipos de estrutura institucional poderiam permitir uma participação efetiva. Os líderes da Igreja não discutiram a questão de como garantir a participação do povo quando existirem as estruturas apropriadas. Finalmente, a ênfase na participação das bases às vezes resulta numa rejeição das instituições, com participação limitada a nível local. Já que essa atitude pode conduzir a uma indiferença em relação aos partidos políticos e ao Estado, pode se tornar politicamente ineficaz. Por todas essas razões, a ênfase atribuída pela esquerda católica à participação não é uma concepção adequada de como se modificar a sociedade.

Entretanto, a discussão acerca da participação ressalta elementos do processo de desenvolvimento que geralmente são negligenciados. A participação não é uma panacéia para todos os males do subdesenvolvimento e do autoritarismo, mas pode oferecer às pessoas um sentimento de valor e facilitar que os diferentes setores da sociedade sejam representados. Altos níveis de participação não são necessários numa democracia liberal, mas podem ajudar a promover uma expansão dos direitos democráticos.[22] A participação também constitui uma forma de gerar a responsabilidade coletiva pelas decisões. Além do que, a participação popular pode oferecer soluções criativas para os problemas sociais. O povo tem um conhecimento vivencial mais profundo dos problemas que enfrenta do que os tecnocratas. Pode não ter capacidade para resolver um problema sem uma assistência técnica, mas reciprocamente é pouco provável que qualquer técnico, não interessa quais sejam as suas intenções, possa proporcionar soluções satisfatórias para as classes populares na falta de canais de participação e de comunicação.

A confiança por parte da esquerda católica de que os setores populares possam contribuir para resolver os problemas do desenvolvimento não é totalmente infundada, embora geralmente seja exagerada. Em seu contato diário com os setores populares, os agentes pastorais testemunharam a capacidade do povo de produzir respostas criativas a problemas tais como a forma de se utilizar a terra e outros recursos e a forma de reagir às ameaças externas. As CEBs, em áreas urbanas, muitas vezes trabalham coletivamente para construir casas, edifícios de comunidade ou postos de saúde e até para instalar água encanada e esgotos; nas áreas rurais formam cooperativas de produtores e de consumidores. O alcance dessas medidas para modificar as estruturas sociais desiguais é limitada; porém ajudaram a população a resolver algumas necessidades materiais básicas, geraram um sentido de comunidade e demonstraram a capacidade popular de trabalhar junto.*

A crença de que as classes populares possam contribuir tem sido incorporada pela teoria do "desenvolvimento comunitário", que se fundamentou na idéia de que as comunidades locais contêm recursos latentes que, caso sejam mobilizados, podem ajudar a resolver alguns dos problemas da comunidade. Muitos defensores das abordagens locais do desenvolvimento superestimam o seu potencial, mas alguns governos locais que se respaldaram numa ampla participação popular registraram alguns sucessos. No Brasil, os sucessos mais significativos em anos recentes ocorreram em Boa Esperança, no Espírito Santo (1971 a 1982) e Lages, em Santa Catarina (1976 a 1982). Os dois municípios experimentaram dramáticos aumentos de participação no governo, rápido crescimento da produção econômica, especialmente entre os pequenos proprietários, melhoria no sistema escolar e implementação de tecnologias alternativas.[23] Por outro lado, a fragilidade e os limites dessas experiências ficaram manifestos nas suas derrotas em ambos os municípios.

Embora a esquerda católica subestime as complexidades da criação de um sistema de alta participação popular, suas críticas ao modelo tecnocrata, autoritário, têm alguma validade. Tecnocratas experientes com conhecimento especializado são essenciais em qualquer sociedade moderna, mas se eles podem promover os interesses dos setores dominantes em nome da competência técnica, seus modelos de racionalidade formal podem gerar conseqüências extremamente irracionais para grandes partes da população.[24]

Mesmo no Brasil, onde o regime militar pôde sustentar um sucesso maior do que seus equivalentes na Argentina, Chile ou Uruguai, os problemas do desenvolvimento autoritário são evidentes. Os militares foram capazes de promover um crescimento econômico rápido, durante muito tempo, mas pouco fizeram para satisfazer as necessidades de grandes setores da população.

A Igreja chamou a atenção para o questionamento daqueles, tanto da direita como da esquerda, que acreditam que técnicos ofereçam as melhores soluções para os problemas sociais e que a participação e a eficiência política sejam objetivos antagônicos.[25] Embora não resolva as questões que ela coloca, a Igreja tem ressaltado a im-

---

(*) Durante o final da década de 70, o significado dessas práticas comunitárias era um importante objeto de debate. Grande parte da esquerda achava que essas práticas poderiam desmobilizar a população ao desencorajá-la a entrar em confronto com o Estado; outros enfatizaram seus aspectos positivos. Um dos principais foros desse debate foi o jornal *Proposta*.

portância da reflexão sobre o desenvolvimento de novos métodos e tem enfatizado particularmente os esforços para se criar padrões de maior participação e que se dirijam às necessidades humanas básicas. Resolver os dilemas do desenvolvimento exige uma estabilidade política, econômica e social, e, às vezes, pode haver uma tensão entre essa necessidade e formas de governo com maior participação popular. Entretanto, a longo prazo, encontrar as soluções adequadas aos dilemas do desenvolvimento também exige o potencial criativo da maior parte possível da população.[26] Esse potencial pode existir em intelectuais e em elites de todas as tendências políticas, e, como foi evidenciado pela Igreja, também pode existir entre as massas.

Conclusões

A Igreja não tem e nem alega ter uma concepção coesa, nítida, do processo de desenvolvimento. Poucos agentes pastorais das bases têm uma sofisticação política, e mesmo os bispos não têm uma grande compreensão acerca dos difíceis dilemas do desenvolvimento. Existem pontos nebulosos, pontos fracos e ingenuidade nas visões da Igreja acerca do desenvolvimento. Muitos agentes pastorais fazem a suposição simplista de que, se as classes populares se organizarem bem, vão mudar a sociedade. Muitos superestimam a capacidade da democratização das bases para transformar a sociedade. Poucos pensaram sobre qual deveria ser o novo perfil da sociedade e como alcançá-la, e poucos trataram da questão de como promover a participação em sociedades complexas.

O lado oposto da supervalorização da força das organizações populares significa a diminuição generalizada da importância das instituições políticas, especialmente do Estado e dos partidos. A maioria dos católicos progressistas esperava que a abertura permitisse que as organizações populares se tornassem cada vez mais dinâmicas. Na verdade, após 1982, aconteceu o contrário, ou seja, as instituições políticas tradicionais competiram e, até certo ponto, substituíram as organizações populares. Embora houvesse importante exceções, a maioria dos militantes católicos radicais não levou em conta essa possibilidade. Essa falha não constituiu o fator principal por detrás do declínio da Igreja popular (ver capítulo 2), mas certamente contribuiu para que isso acontecesse.

Entretanto, nada disso subestima o impacto político da Igreja durante um importante período da história brasileira. A Igreja promoveu uma consciência mais crítica, estimulou a participação política e criticou as escolhas do desenvolvimento. E embora falte à Igreja um modelo de desenvolvimento, o seu pensamento estimulou a reflexão acerca desse processo. Sua ênfase nos valores populares, na participação, nas práticas democráticas, num sistema econômico justo, na fraternidade e na comunidade são princípios que deveriam ser valorizados por todas as sociedades.

A discussão da Igreja Católica acerca dessas questões afetou o debate político durante vários anos. Paradoxalmente, entretanto, à medida que prosseguia a democratização, a influência da Igreja popular entrava em declínio, especialmente após 1982. A Igreja popular lutou para promover a democracia, mas, quando ela veio, carreou mais dilemas do que respostas. Isso ficou particularmente visível em estados como o Rio e São Paulo, onde os governos de oposição cooptaram movimentos populares num esforço para controlar a mobilização. Mas o gradual declínio na importância da Igreja popular após 1982 não diminuiu o impacto que ela teve na luta contra o regime militar. E o conflito entre a Igreja e muitos dos movimentos e das pessoas influenciadas pela prática e pensamento católicos não deveriam obscurecer a marca significativa deixada pelo catolicismo progressista.

Não se pode esperar que a Igreja seja o grande agente das mudanças radicais, mas é razoável esperar que ela desenvolva práticas que sejam condizentes com o seu discurso. Apesar das ambigüidades, contradições e conflitos, a Igreja brasileira fez isso mais do que qualquer outra Igreja na América Latina. Não obstante a limitada visão política de muitos militantes católicos, a Igreja fortaleceu a sociedade civil através das organizações católicas de base, através das denúncias dos bispos e através de seus clamores por uma ordem mais democrática.[27] E, embora a própria Igreja popular tenha entrado em declínio, muitas das importantes alterações que ela estimulou devem continuar afetando a política brasileira no futuro previsível.

NOTAS

(1) Naturalmente existem alguns antecedentes e influência anteriores que abrangem desde o existencialismo humanista católico até o populismo russo.

(2) Ver, por exemplo, Conselho Episcopal Latino-Americano (CELAM), *Evangelização*, pp. 312, 495, 542, 550.

(3) Entre os trabalhos mais importantes, encontramos Garaudy; Gerardi e Aptheker. Boas discussões são Habblethwaite, *Christian-Marxist Dialogue*, e McGovern, pp. 90-134.

(4) Sobre o caso da Nicarágua, ver Dodson e Montgomery; Cáceres; e Cáceres *et alii*.

(5) O caso mais famoso foi o de frei Betto e os dominicanos. Ver *Bastismo*, de Betto.

(6) As posições de D. Paulo, D. Cláudio e D. José Maria Pires estão registradas em Salem, pp. 131, 132-134, 137. Embora não seja o tema central do artigo, Clodovis Boff faz uma declaração cautelosa basicamente favorável ao socialismo em "Justiça na História".

(7) Ver L. Boff, *Igreja*, p. 211; e L. Boff, *Teologia do Cativeiro*, p. 199.

(8) A maior parte da esquerda comunista ainda diverge da Igreja progressista acerca da maioria das questões, porém diversos intelectuais marxistas de destaque publicaram textos que coincidem de diversas maneiras com as críticas da Igreja dirigidas ao leninismo. Carlos Nelson Coutinho e Leandro Konder condenaram o vanguardismo que caracterizou historicamente boa parte da esquerda brasileira, reclamando práticas democráticas em todos os sistemas, tanto enquanto objetivo como enquanto um meio. De Coutinho, ver *Democracia*, especialmente pp. 17-42, 61-92, 112-118. De Konder, ver *Democracia e os Comunistas*.

(9) Essas opiniões estão expressas de uma maneira particularmente forte em *What Must Be Done?*, especialmente pp. 28-44, 78-93, 108-139. Algumas figuras de destaque da tradição marxista deram uma ênfase muito maior aos valores e capaciddes populares. Rosa Luxemburgo enfatizou a capacidade criativa dos setores populares e criticou o "centralismo despótico" da noção de vanguarda de Lenin. Ver *Rosa Luxemburg Speaks*, pp. 112-130, 153-218. Embora faça uma crítica ao sentido comum (popular). Antônio Gramsci ressaltou alguns elementos positivos na consciência popular. À diferença de Lenin, que encara a vanguarda como um pequeno grupo de elite, Gramsci argumenta que "todos os homens são intelectuais", *Prison Notebooks*, p. 9; ver também pp. 5-14, 196-200, 323-343, 419-425. Para uma crítica da visão leninista segundo a qual a consciência popular é necessariamente "reformista", ver Jelin.

(10) Betto, "Educação", pp. 166-167. Esse artigo fez uma crítica contundente ao vanguardismo. Betto reitera suas críticas em *Comunidade Eclesial de Base*, especialmente pp. 37, 43-44. Ver também Gómez de Souza, *Classes Populares*, pp. 55-92, 237-268; J. de Souza Martins, *Camponeses*, pp. 9-19, 87, 92-102; Wanderley; C. Boff, "Agente de Pastoral"; e L. Boff, "Teologia à Escuta" e *Caminhar da Igreja*, p. 141. Para o parecer sobre a esquerda de D. Marcelo Cavalheira, D. Waldir Calheiros e D. Cláudio Hummes, ver Salem, pp. 117-118, 122, 132.

(11) Ver L. Boff, *Caminhar da Igreja*, p. 201. Para a visão de Boff sobre a importância da liberdade em qualquer sistema, ver *Teologia do Cativeiro*, pp. 83-102.

(12) C. Boff, "Agente de Pastoral".

(13) Ver L. Boff, *Teologia do Cativeiro*, pp. 91-92, 103-106, 117-130; e Demo, especialmente pp. 85-104. Os críticos freqüentemente omitem esse aspecto crítico do pensamento católico progressista. Em "Theology of Liberation", Thomas Sanders responsabilizou a teologia da libertação por negligenciar o fato de que não existe uma libertação perfeita e por venerar as conquistas realizadas pelos regimes revolucionários. Essas críticas são válidas para alguns teólogos, mas a tendência predominante do catolicismo progressista no Brasil é no sentido de uma compreensão mais complexa da realidade social. Ver a contundente resposta a Sanders, feita por Alves.

(14) Sobre a tradição do terceiro caminho, ver Stepan, *State and Society*, pp. 26-45. A melhor declaração da ideologia de Perón está em seu livro, *La Comunidad Organizada* (Buenos Aires, 1973). Sobre o período Ongania, ver O'Donnell, *Estado Burocrático-Autoritário*.

(15) Ver L. Boff, *Teologia do Cativeiro*, pp. 19-26. Para uma observação semelhante, ver Galilea, *Teologia*, pp. 32-34.

(16) Ver os comentários de D. Tomás Balduíno em Salem, p. 149.

(17) *SEDOC*, 10 (1977-1978): 323. Ver também os seus comentários em Salem, pp. 126-127. Ver também Leers, *Cristãos*, pp. 280-295; J. de Souza Martins, *Expropriação e Violência*, pp. 35-44; e J. de Souza Martins, *Camponeses*, pp. 9-19, 92-102, 127-137.

(18) Equipe Nacional da ACO, jan. 1980, mimeo.

(19) Sobre a relação entre os partidos e as CEBs, ver Galleta; e Betto, "Comunidades".

(20) Gómez de Souza, "Crisis del Desarrollo". Ver também o seu *Classes Populares*, pp. 237-268.

(21) Sobre as dificuldades de desenvolver um sistema mais participatório em sociedades grandes, complexas e da necessidade das elites de controlarem algumas decisões, ver Dahl, *After the Revolution?*, pp. 28-103, 140-166.

(22) Sobre esse ponto, ver McPherson; Paterman e Offe. Para uma análise incisiva da improbabilidade de se manter altos níveis de mobilização contínua, ver Hirschman.

(23) Sobre Boa Esperança, ver H. J. de Souza, "Boas Esperança". Sobre Lages, ver Márcio Moreira Alves, *Força do Povo*. Para a história dos programas de desenvolvimento comunitários no Brasil, que os encara como sendo um meio de aliciar apoio por projetos de desenvolvimento desigual, ver Bezerra Ammann. Para um depoimento de um dos idealizadores desses programas, ver Baptista.

(24) Os primeiros trabalhos de Marx abordavam amplamente a tendência da burocracia estatal de promover alguns interesses enquanto exclui a outros, e Max Weber chamou atenção para a forma pela qual as burocracias poderiam desenvolver a racionalidade formal ao mesmo tempo em que impediam a racionalidade substantiva. Ver Marx, "Critique of Hegel's Philosophy of the State", *in Writings of the Young Marx*, pp. 151-202. De Weber, ver *From Max Weber*, pp. 220-235. Ver também F. H. Cardoso, *Estado y Sociedad*, pp. 91-112. Sobre a forma pela qual o discurso tecnocrata promove os interesses dos setores dominantes, ver Chauí, pp. 1-13, 39-60. Embora escritos tendo em mente as sociedades industriais avançadas, os trabalhos de Herbert Marcuse e Jürgen Habermas sobre a racionalidade e a dominação também são relevantes; ver Marcuse; e Habermas, pp. 62-112.

(25) O clássico de Huntington *Political Order* promoveu a visão de que a participação política e a eficácia são objetivos geralmente contraditórios. Crozier, Huntington e Watanuki dão continuidade a essa linha de pensamento em *Crisis of Democracy*. Ver também Huntington e Nelson. Huntington foi um dos mais importantes conselheiros políticos estrangeiros de Leitão de Abreu, chefe do gabinete nos governos Médici e Figueiredo.

(26) Para uma crítica da abordagem tecnocrata anti-participatória, "eficiente", ver Chauí, pp. 3-14, 39-60. Para uma discussão da forma pela qual o autoritarismo inibe soluções criativas para os problemas do desenvolvimento, ver F. H. Cardoso, *Autoritarismo e Democratização*, pp. 223-240. Para uma crítica da visão segundo a qual o autoritarismo é necessário para promover as condições para o desenvolvimento, ver F. H. Cardoso, *Estado y Sociedad*, pp. 11-36. De uma perspectiva diferente, Dahl em *Poluarchy* demonstra sensibilidade em relação às dificuldades da criação de regimes abertos, de participação popular no Terceiro Mundo, porém ele critica a visão segundo a qual as condições do Terceiro Mundo exigem soluções autoritárias.

(27) Aqui, meu argumento difere do que foi postulado por Brian Smith em 'Churches and Human Rights". Smith afirma que em toda a América Latina a Igreja não foi muito eficiente na defesa dos direitos humanos. Entretanto, ele só analisa o impacto direto dos esforços feitos pela Igreja para defender os direitos humanos e deixa de perceber que, através de vários meios indiretos, a Igreja desempenhou um papel importante no fortalecimento da sociedade civil.

O declínio da Igreja popular, 1982-1985

Nos capítulos anteriores argumentou-se que, a partir de 1976, a Igreja brasileira era provavelmente a mais progressista do mundo. Continuou a se desenvolver numa direção progressista durante os seis anos que se seguiram. Entretanto, por volta de 1982, as pressões conservadoras contra a Igreja brasileira aumentaram e ela começou a se movimentar num ritmo mais cauteloso e se tornou um agente político de menor importância.[1]

Este último capítulo examina a natureza e as causas dessa tendência mais conservadora. No início de 1985, era impossível prever o impacto dessa tendência, mas parecia, no mínimo, que evitaria que a Igreja brasileira continuasse evoluindo para posições mais progressistas. Dois fatores principais explicam essa tendência mais conservadora: o processo de democratização e um desafio significativo da parte dos setores eclesiásticos neoconservadores. Antes de entrar nesta discussão, pretende-se tratar brevemente da questão de por que a Igreja brasileira veio a tornar-se progressista enquanto tantas Igrejas latino-americanas não o fizeram.

O caráter singular da Igreja brasileira

Um dos temas subjacentes deste livro diz respeito ao caráter singular da Igreja no Brasil e às diferenças significativas entre as Igrejas Católicas nos diferentes países latino-americanos. Quatro fatores explicam essas diferenças na atuação da Igreja nos vários países. Primeiro, a natureza dos vínculos entre a Igreja nacional e o Vaticano varia, particularmente (embora não exclusivamente), devido às diferentes orientações do núncio apostólico. Segundo, a própria situação eclesiástica varia de um país para outro; por exemplo, a orientação da Igreja é afetada por haver ou não uma falta de padres, por manter ou não o monopólio religioso e por outros fatores religiosos. Terceiro, variáveis como a existência de uma liderança eficaz e a natureza da estratégia das diferentes facções dentro da Igreja são importantes. Finalmente, para retornar a um tema que se retoma ao longo deste livro, as diferentes situações políticas também afetam a orientação da Igreja. Todos estes quatro fatores ajudam a explicar o desenvolvimento singular da Igreja brasileira.

Pelo menos desde o início da década de 50, a Igreja brasileira estabeleceu uma tradição progressista que tem poucos equivalentes na América Latina. Três fatores contribuíram para o fortalecimento das tendências progressistas no Brasil antes de 1964. Primeiro, no início da década de 50 a Igreja brasileira mantinha vínculos excepcionalmente fortes com os setores progressistas do Vaticano. Durante toda a década de 50, o Vaticano deu um apoio consistente a Dom Hélder Câmara, cuja importância no desenvolvimento do catolicismo progressista é indiscutível. Dom Armando Lombardi, o núncio apostólico entre 1952 e 1964, nomeou como bispos um grande número de padres progressistas que haviam trabalhado com a Ação Católica. Esses bispos foram indispensáveis na mudança eclesiástica progressista durante a década de 60.

Segundo, à diferença da Igreja em alguns países hispano-americanos, a Igreja brasileira tem uma história de relativa fragilidade institucional que se manifestou, entre outras formas, numa constante falta de padres. Em função disso, há muito a Igreja brasileira incentiva uma maior liderança leiga do que suas equivalentes na maior parte da América Latina. O quadro de líderes leigos que se reuniam em torno do Centro Dom Vital nas décadas de 20 e 30, a esquerda católica do período de 1958-1964 e as comunidades de base constituem exemplos marcantes. A despeito de suas diferenças, todos esses movimentos atribuíram ao leigo um papel mais proeminente. Esse fato possibilitou a introdução de maiores inovações nas bases do que as que ocorreram na maioria dos outros países.

Terceiro, a Igreja brasileira tem uma limitada história de perseguição por parte das forças liberais. Entre 1889 e 1964 havia poucos conflitos de importância entre a Igreja e o Estado. Em sociedades em que o anticlericalismo adquiriu uma dimensão maior, a Igreja geralmente reagiu de forma defensiva, fechando-se ao mundo moderno. No México, na Espanha e em outros lugares, reações eclesiásticas conservadoras à perseguição liberal afetaram a Igreja durante muitas décadas.

Além disso, depois de 1964, líderes progressistas da Igreja no Brasil fizeram opções que aumentaram suas chances de transformar a instituição e de evitar o isolamento. O esforço para se trabalhar junto em vez de se trabalhar contra os bispos e a ênfase na definição dos limites do papel político da Igreja são particularmente importantes sob esse ponto de vista. A ênfase dada ao respeito pela religiosidade popular também contribuiu para a eficácia eclesiástica e fez com que se tornasse mais difícil desafiar os progressistas.

A natureza da mudança política no Brasil também contribuiu para o caráter distinto da Igreja. Uma análise comparativa dos regimes burocrático-autoritários na América Latina tem sublinhado o nível de "ameaça" relativamente baixo que existia antes do golpe de 1964.[2] Esse nível significava que a maioria dos líderes da Igreja, especialmente depois de 1968, não antecipava uma insurreição comunista ou um colapso sócio-econômico que viesse a afetar a instituição de uma maneira adversa. Nos países em que prevêem uma alta possibilidade de colapso da ordem social ou de uma mudança sócio-econômica radical, os líderes da Igreja (como os líderes de outras instituições) têm apresentado uma tendência a assumir posições definidas. Em situações de revolução (Cuba e Nicarágua), ou de muita ameaça de desordem social (Chile e Uruguai em 1973, Argentina em 1976), uma maioria dos bispos reagiu de forma defensiva, embora uma minoria de padres e líderes leigos escolhesse uma opção revolucionária. A Igreja tem uma longa história de dificuldades em coexistir com regimes comunistas; portanto, essa reação defensiva não é surpreendente. De fato, como conseqüência do golpe de 1964 no Brasil, a maioria dos bispos reagiu de maneira defensiva, mas com o passar do tempo a percepção de uma ameaça por parte da esquerda corroeu-se e aumentou a percepção de uma ameaça da direita.

Por outro lado, meios repressivos (México) tendem a estimular situações de democracias elitistas e estáveis (Colômbia, Venezuela) ou pelo menos governos que tendem a estimular reações conservadoras por parte dos líderes da Igreja. Nessas situações, a instituição procura integrar-se dentro da sociedade. As Igrejas nessas sociedades não enfrentaram os desafios que enfrentou a Igreja brasileira. Em termos de reação da hierarquia, a situação no Brasil — um nível de ameaça relativamente baixo, acompanhado do fechamento dos canais liberais de exercer política — era o mais favorável à mudança progressista. A seqüência do ritmo da mudança na Igreja e da repressão estatal também favoreceram inovações progressistas no Brasil. Como a repressão surgiu antes da proliferação dos movimentos de padres radicais, o clero progressista foi obrigado a trabalhar dentro da instituição. O resultado foi que havia menos conflito interno e maior apoio episcopal para as inovações nas bases.

Sozinhos, nem o desenvolvimento econômico da Igreja brasileira nem as mudanças sócio-econômicas e políticas do Brasil explicam o caráter singular da Igreja na maior nação católica do mundo. Mas, juntos, contribuíram para um conjunto ímpar de circunstâncias geralmente propícias à mudança progressista, que foi facilitada pela competência desses setores.

O papel da Igreja num período de transição política

A abertura brasileira foi singularmente protelada e pelo menos até as eleições de 1982 não estava claro se haveria ou não uma volta à democracia. No entanto, gradualmente, a democratização permitiu o renascer da sociedade civil e, como resultado, a Igreja não mais se sentiu compelida a se manifestar pela sociedade civil como antes. Uma vez que outras instituições podiam mais uma vez assumir as funções políticas, alguns moderados da Igreja, que anteriormente haviam dado seu apoio ao envolvimento político mais profundo, agora favoreciam maior cautela. A maioria dos prelados se opôs às violações dos direitos humanos pelo governo militar, mas somente uma minoria — os bispos populares — estava igualmente preocupada com os problemas sócio-econômicos dentro de uma democracia liberal. Portanto, a volta à democracia diminuía o incentivo que muitos bispos tinham para se envolver publicamente na política. Os conservadores aproveitaram essa nova situação, fazendo dela um meio de insistir para que a Igreja diminuísse o seu envolvimento político. O líder desse movimento era Dom Eugênio Sales, que afirmou: "Está começando uma nova fase para a Igreja brasileira. A Igreja teve um papel muito ativo no período em que o Brasil se tornava uma sociedade fechada. Ela era 'a voz daqueles que não tinham voz'. Hoje, o parlamento, a imprensa e os partidos estão em total funcionamento. Eles deveriam falar e a Igreja deveria se ocupar de seus próprios assuntos". [3]

Alguns líderes dos setores progressistas concordaram em parte com essa perspectiva. Dom Ivo Lorscheider afirmou, em dezembro de 1984, que "nos últimos vinte anos, a hierarquia da Igreja freqüentemente teve que falar sobre problemas políticos, sociais e econômicos porque os leigos não podiam fazê-lo. De agora em diante, numa situação de maior liberdade e de organização popular, embora a hierarquia não vá ficar em silêncio, ela quer que os leigos se manifestem mais". [4]

Depois de 1982, as tendências conservadoras dos partidos de oposição também diminuíram a proeminência dos setores progressistas da Igreja. Durante a maior parte da década de 70, havia uma aliança não declarada entre as forças moderadas de oposição e os progressistas da Igreja. Essa aliança sofreu uma erosão com o passar do tempo e no fim do governo militar, com a exceção de uma temporária união de forças durante a campanha pelas diretas em 1984, as divisões entre a oposição moderada e os líderes da Igreja popular eram grandes. Os últimos geralmente estavam descontentes com o caráter não participante, elitista e cauteloso dos partidos de oposição, especialmente o PMDB; este geralmente rejeitava a esquerda católica como sendo politicamente ingênua ou irrelevante.

A democratização levou a um certo estreitamento do papel político da Igreja, mas nem tudo caminhava nesse sentido. O crescente compromisso da Igreja com os princípios religiosos progressistas durante o período de 1974-1983 demonstrava que suas posições em relação ao regime não eram simplesmente uma reação imediata a uma sensação de ameaça, mas, sim, que sua concepção da própria missão se modificara durante os anos de governo autoritário. A maioria dos moderados acredita que a Igreja deveria se posicionar sobre assuntos sociais e assumir uma opção preferencial pelos pobres. Há um consenso entre os bispos de que a Igreja deveria clamar pela justiça social e por um sistema mais aberto de maior participação e igualdade. Essas preocupações são mais fortes em regiões do país onde a democratização teve um impacto limitado, especialmente nas áreas rurais do Amazonas e do Nordeste. Em muitas áreas rurais, as formas de dominação continuam sendo pouco sofisticadas e repressoras, e a Igreja desempenha com freqüência o papel dominante na defesa dos camponeses.

O fortalecimento dos partidos políticos levou a Igreja a ser menos atuante em relação a muitas questões, mas os setores eclesiásticos progressistas continuaram ativos na defesa das classes populares. A cautela com que os progressistas delimitaram o papel institucional da Igreja era, em parte, uma tentativa de garantir que eles teriam algo a dizer na nova situação política. O fortalecimento da sociedade política não modificou inteiramente o papel da Igreja porque ela buscava um papel específico. Num certo aspecto, a Igreja em Nova Iguaçu é típica das dioceses populares. Embora a relação entre a Igreja e os movimentos populares tenha se modificado, a Igreja ainda é uma força importante.

A relevância política da Igreja é fortalecida pelas atitudes populares em relação à religião e à política. A Igreja desfruta de maior legitimidade nos círculos populares do que a maioria dos políticos ou dos movimentos políticos. Há uma tendência geral a enxergar os políticos como quem só tem interesses pessoais[5] e a política como coisa de poderosos. A religião tem uma capacidade significativa de mobilizar as classes populares e continua sendo um fator preponderante no cotidiano das pessoas.

Além disso, já que a Igreja não pretende alcançar o poder, pode se preocupar mais com questões pedagógicas do que os movimentos populares e os partidos políticos. Os movimentos populares e os partidos enfrentam questões complexas e, mesmo quando se preocupam com a participação popular e práticas democráticas, nem sempre podem abrir tanto espaço para o debate como ocorre nas CEBs. Além disso, os partidos políticos freqüentemente utilizam uma linguagem tecnocrata, gerando a necessidade de uma instituição que esteja comprometida especialmente com o trabalho de base.[6]

O desafio neoconservador

A pressão mais significativa para que a Igreja desempenhasse um papel político menos importante não veio do processo da abertura, mas, sim, de setores neoconservadores da Igreja. A reação dos neoconservadores à inovação eclesiástica começou na Europa e em alguns países latino-americanos no início da década de 70, e por volta de 1982 se fez sentir também no Brasil.

Neste século, a Igreja passou por períodos de significativa inovação (especialmente de 1958 até a metade da década de 70) e de reação conservadora à inovação (por exemplo, 1903-1922). Apesar das profundas mudanças nas últimas três décadas, as forças conservadoras na Igreja nunca desapareceram. O resultado tem sido uma série de lutas complicadas dentro de uma das mais complexas instituições do mundo. A mesma instituição que abrigou Camilo Torres (o padre guerrilheiro colombiano) continua a rejeitar o controle da natalidade, e a mesma instituição que continua fechada à ordenação de mulheres como sacerdotes ou à alteração das estruturas hierárquicas formais deu origem aos teólogos mais progressistas entre as principais Igrejas cristãs.

Nas últimas duas décadas se travaram lutas contínuas entre os conservadores, moderados e radicais, tanto na Europa como na América Latina, sem uma direção unilinear em termos de mudança eclesiástica. O Vaticano II trouxe grandes inovações ao catolicismo europeu, mas no final da década de 60 e no início dos anos 70 esses impulsos para a mudança foram parcialmente debilitados. Algo semelhante se deu posteriormente na América Latina; desde o início da década de 60 até o início de 70, a Igreja se transformou rapidamente, mas desde 1972, as reformas na maioria dos países têm sido mais cautelosas e, em alguns países, elas foram revertidas. Desde a nomeação de João Paulo II, consolidou-se um padrão conservador. Líderes institucionais acham que a mudança — especialmente na América Latina — ou já fora longe demais ou ameaçava ir.[7]

O precedente do caso holandês é pouco animador para aqueles que gostariam de ver a Igreja brasileira evoluindo numa direção mais progressista. Durante o período compreendido entre o início da década de 60 até cerca de 1972, a Igreja holandesa foi a mais progressista do mundo. Adotou uma série de inovações, particularmente em termos de relações de autoridade dentro da Igreja. Após uma série de medidas "disciplinares" menores, depois de 1970, o Vaticano bloqueou o seu desenvolvimento numa linha progressista e mais democrática. Em novembro de 1970, a Congregação do Vaticano para o clero vetou um plano do Concílio Pastoral Holandês para dar aos leigos uma voz decisiva na maioria das questões de orientação pastoral. Em 1970 e novamente em 1972, Roma nomeou bispos conservadores para uma conferência episcopal que contava com sete prelados progressistas, com uma visão relativamente coesa. Os novos bispos foram escolhidos apesar de forte oposição por parte do laicato local, padres, frades, freiras e os bispos holandeses. Acompanhadas por outras medidas, tais como uma investigação sobre o destacado teólogo holandês Edward Schillebeecx, um veto do Vaticano a um novo catecismo para adultos em 1966, recusas para a aprovação de mudanças, rejeições de documentos holandeses por serem não-ortodoxos e esforços concentrados para isolar os bispos holandeses do episcopado mundial, as nomeações enfraqueceram seriamente a capacidade da Igreja holandesa de promover a mudança interna.[8]

A reação neoconservadora à mudança na Igreja latino-americana começou em 1972, com a eleição de Alfonso López Trujillo para secretário geral do CELAM. Após vários anos de avanços progressistas na Igreja latino-americana, os setores moderados e conservadores reconquistaram o controle do CELAM, iniciando-se um período de maior conservantismo em diversas Igrejas nacionais.[9] Sob os auspícios de López Trujillo e seu íntimo associado, o teólogo belga Roger Vekemans (que vive na Colômbia), os conservadores articularam uma contraproposta aos liberacionistas. Usaram a linguagem dos liberacionistas, mas a despolitizaram. Por exemplo, adotaram a noção de libertação, mas desmobilizaram seus aspectos políticos e lhe deram um sentido mais espiritual, enfocando a libertação do pecado. Argumentavam que os liberacionistas haviam reduzido a fé à política, transformaram a Igreja numa organização política e ameaçavam a unidade da Igreja.[10]

Os conservadores tentaram utilizar a III Assembléia Geral do CELAM, em Puebla, em 1979, como maneira de isolar os setores progressistas. Controlavam a preparação para a Assembléia Geral de Puebla, que foi denunciada como sendo uma tentativa de domesticar a teologia da libertação. O documento de trabalho do secretariado do CELAM para Puebla reverteu muitos temas de Medellín e quase reinstituiu o modelo de Igreja da neocristandade. De acordo com o documento, o principal problema da América Latina era a secularização. Os problemas estruturais e a injustiça social receberam um tratamento secundário. O secretariado escolheu a dedo os teólogos e cientistas sociais que iriam assistir à Assembléia, excluindo sistematicamente até os liberacionistas mais respeitados. Numa carta descoberta acidentalmente pela imprensa, endereçada ao arcebispo conservador de Aracaju, Lópes Trujillo insistia que os conservadores tinham que preparar uma plataforma ideológica antes de chegar a Puebla e exortava: "Preparem seus bombardeios, aprontem um pouco de seu veneno delicioso (...) Que seus golpes acertem os alvos".[11]

Essa tentativa de refrear a Igreja popular foi, em grande parte, um fracasso, especialmente no Brasil. López Trujillo foi desacreditado pessoalmente por suas práticas. E o mais importante, progressistas e moderados criticaram o documento de trabalho devido a sua visão segundo a qual a secularização era o problema pastoral fundamental da Igreja latino-americana; sua compreensão conservadora acerca do significado da vida e da mensagem de Cristo; seu argumento de que as questões culturais e não as políticas ou econômicas eram os problemas maiores da América Latina; sua frágil discussão da realidade política e sua tendência a legitimar os regimes militares. No fundo, a Igreja brasileira rejeitou o documento de trabalho. Teólogos, cientistas sociais, grupos episcopais regionais, comissões pastorais e mesmo a CNBB, implícita ou explicitamente, insistiam em análises e opções pastorais radicalmente diferentes.[12] Em grande parte devido às contribuições dos brasileiros, Puebla terminou em empate entre os conservadores, reformistas e liberacionistas.[13] Desde Puebla, no entanto, o CELAM continua a apoiar os conservadores. Embora essa tentativa para desacreditar a Igreja popular tenha falhado, é grande a capacidade do CELAM de impor os padrões conservadores da Igreja.

O movimento neoconservador continuou sendo relativamente fraco no Brasil durante toda a década de 70. Entretanto, à medida que a Igreja brasileira se tornava uma das mais importantes e progressistas no mundo, suas reações com Roma se tornaram mais difíceis. Algumas divergências emergiram e, ao contrário do período de 1958-1970, quando incentivava a reforma da Igreja no Brasil, o Vaticano começou a frear as inovações. O primeiro conflito surgiu em 1969, sobre um assunto estritamente eclesiástico, em vez de político. Durante o final da década de 60, a Igreja brasileira enfrentou uma séria crise vocacional, pois muitos homens e mulheres abandonaram o sacerdócio ou as ordens religiosas. Durante a assembléia anual da CNBB, em 1969, os bispos aprovaram a ordenação de homens casados e aumentaram a oportunidade para que ex-sacerdotes e antigos membros de ordens religiosas desempenhassem papéis ativos na Igreja. Roma opôs-se categoricamente a essa proposta.[14]

Por volta de 1975, começou a haver conflito entre a Igreja brasileira e Roma sobre duas questões: a autonomia da Igreja nacional e a relação entre a Igreja e a política. A essa altura, a CNBB havia se envolvido na questão de direitos humanos e começara a promover um

Tribunal Internacional de Direitos Humanos. Roma respondeu que tal iniciativa deveria vir do Vaticano, não do episcopado brasileiro. Em 1977, após dez anos de reflexão e debate sobre uma missa mais compatível com alguns elementos básicos da cultura, dos valores e da religião populares, a CNBB publicou um guia de missa para grupos populares. O guia era relativamente convencional, mas a iniciativa foi além do que Roma considerava aceitável e, no final de 1979, o Vaticano vetou-a. Em 1982, o Vaticano também rejeitou duas outras propostas brasileiras para missas populares: "A Missa da Terra sem Pecado" e "A Missa dos Quilombos".

Apesar desses conflitos menores, o Vaticano geralmente pouco fizera para refrear a Igreja brasileira até após 1980. Sob alguns aspectos, o papa João Paulo II até apoiava a Igreja progressista. Em 1980, no Brasil, ele apoiou a opção preferencial pelos pobres, enfatizou a justiça social e a participação, criticou as estruturas sociais injustas, apoiou as comunidades de base e elogiou os bispos brasileiros. Num de seus discursos de maior divulgação no Brasil, o papa declarou: "Através do mundo inteiro, a Igreja quer ser dos pobres. No Brasil, ela também quer ser uma Igreja dos pobres (...) A Igreja diz aos pobres — aqueles que vivem na miséria — que eles estão particularmente próximos de Deus e do Seu Reino. A única luta, a única batalha em que a Igreja deseja servir, é a nobre luta pela verdade e pela justiça e a batalha pelo bem verdadeiro (...) Somente numa sociedade justa, que tenta se tornar ainda mais justa, há uma razão para se existir".[15]

No entanto, depois de 1980, o papa e o Vaticano tomaram medidas para limitar as mudanças na Igreja brasileira. Um passo significativo foi uma carta apostólica endereçada aos bispos brasileiros em dezembro de 1980, afirmando que a Igreja não deveria se envolver em questões sociais em detrimento de sua missão especificamente religiosa. A carta não tinha um tom particularmente crítico, mas indicava uma certa tendência a limitar a Igreja popular.[16]

Em 1980, o papa exigiu que Dom Paulo Evaristo Arns redigisse um relatório explicando (e defendendo) o papel da Igreja na greve dos metalúrgicos do ABC.[17] Em 1981, ele pediu que os representantes do Vaticano mantivessem sob atenta vigilância o seminário de São Paulo. Essas medidas eram sinais de advertência à arquidiocese, provavelmente a mais importante do país devido a seu tamanho e liderança dinâmica. O papa vem apoiando a linha pastoral de Dom Eugênio Sales, arcebispo do Rio de Janeiro e líder dos setores neoconservadores, e convidou Dom Eugênio a ir a Roma para representar a hierarquia brasileira em diversas ocasiões.[18] As preocupações do papa com as atividades políticas dos jesuítas na América Latina levaram a um encontro especial da Ordem em fevereiro de 1982, em que o papa impôs controles sem precedentes. Embora a medida não afetasse diretamente a Igreja brasileira, era um sinal claro da disposição do papa de usar medidas incomuns para deter o controle do rebanho.[19] Em março de 1982, a Congregação Vaticana do clero divulgou documento proibindo o envolvimento do clero em associações políticas ou sindicatos.[20] Embora poucos clérigos progressistas no Brasil, se é que existem, sejam membros de sindicatos ou de associações políticas, o documento era claramente dirigido aos setores liberacionistas da Igreja latino-americana.

A partir de 1982, a nítida deterioração nas relações entre o Vaticano e o governo da Nicarágua causava profunda preocupação entre os católicos progressistas por toda América Latina. A Nicarágua parecia oferecer à Igreja algumas possibilidades de coexistência com um regime revolucionário. Contrastando com a maior parte das grandes revoluções de nosso século, que eram acentuadamente anticlericais,* a nicaragüense desfrutava de forte apoio por parte dos católicos praticantes, e o documento dos bispos justificando o tiranicídio, no início de 1979, condenava o regime de Somoza e implicitamente apoiava a revolução. Em termos de atitude do governo em relação à Igreja, do apoio inicial dado pela Igreja ao regime e de certas políticas deste, havia espaço para um diálogo. Entretanto, desde o início de 1980, a maioria dos bispos nicaragüenses tem cada vez mais se oposto ao regime e à Igreja popular da forma como ela existe na Nicarágua. Os bispos favorecem o liberalismo pluralista que eles acreditam estar ameaçado na Nicarágua. Além disso, temem que a revolução possa interferir na autonomia da Igreja, especialmente na área de educação, e que os radicais da Igreja nicaragüense tenham reduzido a Igreja à política. Numa carta pastoral de junho de 1982, o papa condenou a Igreja popular como sendo um absurdo e voltou a esse tema várias vezes durante sua visita à Nicarágua, em março de 1983. Muitos perceberam a carta pastoral e o discurso na Nicarágua como um sinal de advertência aos católicos progressistas de toda América Latina.[21] No final de 1984 e no início de 1985, o papa tomou medidas disciplinares contra quatro padres que ocupavam posições de gabinete no governo da Nicarágua.

(*) As revoluções na China, União Soviética, Cuba e México foram acentuadamente anticlericais, conduzindo a uma significativa repressão da Igreja Católica. No caso da China, ver Hanson. A documentação sobre o caso soviético é ampla e semelhante, embora fosse freqüentemente caracterizada pela ideologia de guerra fria; ver Galter. O conflito entre a Igreja e o Estado era contínuo na União Soviética e em muitos países da Europa Ocidental. Um apanhado sobre essa situação de fôrma mais ampla, ver Simon; Jancar; e Kolarz, pp. 176-217. Significante trabalho sobre o conflito Igreja/ Estado, durante a revolução mexicana, foi elaborado por Oliveira Sedano. Sobre Cuba, ver Dewart, pp. 92-185; e Crahan, "Salvation".

Os atritos entre o Vaticano e a Nicarágua afetaram os católicos progressistas de toda a América Latina, e as críticas do CELAM e do Vaticano aos progressistas motivaram o retorno dos conservadores no Brasil. Em 1982, os conservadores fizeram sua primeira tentativa importante para conduzir a Igreja numa direção diferente. Depois de terem sido complacentes com o movimento progressista na década anterior, começaram a tentar deslegitimar a Igreja popular e a construir uma agenda alternativa. Bispos com fortes vínculos com o Vaticano e com o CELAM lideravam leigos de classe média com uma concepção tradicional de fé.[22]

Especialmente desde a eleição de João Paulo II, a teologia da libertação vem sendo alvo de ataques do CELAM e de Roma.[23] Em 1977, a Comissão Teológica Internacional do Vaticano divulgou uma declaração contrária às versões reducionistas da teologia da libertação.[24] Além disso, Roma pressionou alguns bispos progressistas para não comparecerem ao II Congresso Ecumênico Internacional de Teologia, realizado em São Paulo, em fevereiro de 1980. O verdadeiro ataque contra a teologia da libertação no Brasil começou em 1982, com a publicação de diversos trabalhos criticando acerbamente Leonardo Boff.[25] Desde a metade da década de 70 o Vaticano tem investigado os trabalhos de Boff, o mais conhecido teólogo brasileiro, sob o pretexto de que se desviam muito da ortodoxia católica.[26]

Esses ataques impeliram a investigação dos trabalhos de Boff a ingressar em uma nova fase e, em setembro de 1984, o teólogo foi chamado a Roma para defender suas publicações. Após diversos meses de deliberações, o Vaticano condenou Boff formalmente em maio de 1985, impondo-lhe um silêncio por tempo não determinado. Já que Boff tem sido o teólogo mais proeminente do Brasil desde o início da década de 70, esse ato foi sentido como uma advertência a todo o setor progressista na América Latina. A investigação e a condenação ajudaram a estimular ataques contra ele e contra os progressistas no Brasil. Clodovis Boff, o irmão mais jovem de Leonardo e também um teólogo de destaque, igualmente foi punido. Em 24 de fevereiro de 1984, o Vaticano proibiu-o de lecionar em Roma.[27] Em setembro de 1984, a Congregação do Vaticano para a Doutrina da Fé, encabeçada pelo cardeal Joseph Ratzinger, emitiu um importante documento que, sem condenar formalmente a teologia da libertação, continha críticas duras. Em outubro de 1984, durante sua viagem ao Caribe, João Paulo II condenou os elementos marxistas na teologia da libertação. Em abril de 1985, Dom Agnelo Rossi, ex-arcebispo de São Paulo (1964-1970), publicou um documento tecendo profundas críticas à teologia da libertação.

Os ataques contra Leonardo Boff em 1982 marcaram o conflito mais significativo que a Igreja Brasileira vivenciara em vários anos. Foi acompanhado pelo ressurgimento de outros atritos em 1983 e

1984, quando os conservadores aqueceram suas críticas. Em abril de 1983, os conservadores nomearam uma lista de candidatos para a CNBB. Embora derrotados, tiveram mais sorte do que com qualquer outra lista de candidatos conservadores desde o início da década de 70, denotando um considerável sucesso dos conservadores em reafirmar sua agenda. Ao mesmo tempo, Dom Luciano Duarte, um líder do movimento conservador, acusou os progressistas de desobediência ao papa e pediu uma intervenção papal.[28]

Com a exceção da condenação de Leonardo Boff, o Vaticano optou por uma estratégia essencialmente não confrontista com a Igreja brasileira. Tentava evitar o conflito e a condenação abertos, mas procurava impedir as mudanças progressistas. O Vaticano enviou alguns sinais de advertência, sem criticar explicitamente a Igreja brasileira. O controle do Vaticano das nomeações episcopais tem desempenhado um papel fundamental nessa estratégia. A CNBB tem pressionado para conquistar mais controle a nível local e nacional na nomeação de novos bispos, mas o Vaticano insiste em deter o controle dessa prerrogativa, que é um dos meios mais importantes de que o Vaticano dispõe para exercer influência sobre a Igreja brasileira. O indivíduo mais importante nas nomeações episcopais é o núncio apostólico, e Roma geralmente aceita suas recomendações. Em alguns casos, o núncio consulta padres locais, membros das ordens religiosas e líderes leigos, mas essa consulta não tem autoridade.

Nos últimos anos, o núncio tem utilizado sua autoridade para amparar os setores conservadores da Igreja. Em diversos casos, o núncio apostólico requisitou uma diocese para submeter sugestões, mas então ignorou-as completamente e impôs uma figura conservadora. Dois exemplos de nomeações episcopais conservadoras ocorreram em 1981, nas arquidioceses de Porto Alegre e Brasília. Os arcebispos que estavam deixando o cargo eram conservadores e, no caso de Brasília, já se pressupunha que o novo arcebispo seria um conservador, para evitar sérios conflitos com o governo, na capital federal. Entretanto, no caso de Porto Alegre, acreditou-se que Dom Ivo Lorscheider fosse o favorecido porque ele é muito respeitado por seus colegas episcopais. De 1971 até então, Dom Ivo havia sido ou secretário geral ou presidente da CNBB. Apesar disso, ele foi preterido, e Dom Cláudio Collings, bispo conservador de uma pequena cidade gaúcha, foi nomeado. A nomeação era uma evidente derrota para os progressistas, já que o arcebispo de Porto Alegre é o porta-voz natural da Igreja no Sul. Em outubro de 1984, o Vaticano nomeou um conservador (Dom Clóvis Frainer) como novo arcebispo de Manaus e, em abril de 1985, nomeou um moderado desconhecido (Dom José Cardoso Sobrinho) como substituto de Dom Hélder em Recife.

Outras nomeações adotaram um padrão semelhante, em alguns casos sendo impostas de cima, a despeito de forte oposição local. Os casos mais dramáticos ocorreram em Viana, no Maranhão, em 1975, e em Vitória, Espírito Santo, em 1982. As duas dioceses desempenhavam papéis destacados no desenvolvimento inicial da Igreja popular e, em ambos os casos, quando o bispo aposentou-se, o núncio nomeou um substituto conservador, desencadeando uma longa e amarga disputa que levou ao desmantelamento das redes eclesiais existentes. Em Viana, após a morte de Dom Hélio Campos, em 1975, Dom Adalberto Paulo da Silva foi indicado bispo, a despeito de forte oposição local. O novo bispo desmantelou os programas pastorais estabelecidos por seu predecessor,[29] demitindo vários líderes leigos que trabalhavam para a diocese, sendo que um deles foi até excomungado, e proibindo o envolvimento na oposição ao governo militar.

O movimento neoconservador tem criticado muitos aspectos da Igreja progressista, inclusive a teologia da libertação, as práticas eclesiais e o papel das comunidades de base. Existe uma heterogeneidade considerável nos pontos de vista conservadores, mas as críticas coincidem em alguns pontos decisivos. Em termos gerais, a crítica neoconservadora da Igreja popular tem enfocado a relação entre a fé e a política e as relações de autoridade dentro da Igreja. A seguir, vamos especificar as críticas principais dos neoconservadores.[30]

Primeiro, os neoconservadores criticam os progressistas por desenfatizarem a espiritualidade. Na concepção de fé neoconservadora, a essência da espiritualidade é a relação pessoal que se tem com Deus. O problema principal no mundo é o pecado, concebido como o distanciamento de Deus. A injustiça sócio-econômica está subordinada à questão mais importante de uma relação pessoal com Deus. A libertação mais importante é a libertação do pecado, não da injustiça sócio-econômica ou política.

Segundo, os neoconservadores criticam os progressistas por sua compreensão da opção preferencial pelos pobres. Fazem a acusação de que os progressistas tornam essa opção exclusiva, negligenciando assim as outras classes sociais. Para os neoconservadores, a ênfase progressista nos pobres tem obscurecido a verdadeira fonte da fé, Jesus Cristo. Alguns neoconservadores argumentam que a opção preferencial se refere àqueles que são pobres, não num sentido material, mas num sentido espiritual. Como declarou o arcebispo Sales, "a opção pelos pobres deveria ser uma opção evangélica que inclui a todos os pobres em qualquer sentido de pobreza, inclusive a material e espiritual. Pobres são todos aqueles que necessitam da grandeza divina".[31]

Terceiro, os neoconservadores apresentam argumentos a favor de uma Igreja mais hierárquica. Acreditam que Cristo autorizou o papa e os bispos a serem os líderes da Igreja e que o laicato tem a obrigação de acatar os ensinamentos da hierarquia. Fazem a acusação de que a Igreja progressista tem ofuscado as linhas de autoridade através de sua ênfase na participação leiga e na democracia eterna. Assembléias diocesanas com uma maioria leiga têm autoridade final em muitas dioceses populares; tal prática não só constitui uma anomalia, mas também uma aberração aos olhos dos bispos neoconservadores. Por exemplo, Dom Manoel Pedro da Cunha Cintra, bispo de Petrópolis, declarou que "auscultar as bases não deve significar entregar a elas a decisão. A audiência das bases não deve ter um sentido meramente democrático em que o número prevaleça sobre a qualidade das opiniões e dos pareceres". [32]

Os neoconservadores também criticam a forma como têm evoluído as comunidades de base. Embora não se oponham à noção de pequenos grupos eclesiais, acham que as CEBs deviam ser antes de mais nada organizações eclesiais. A Igreja e não as classes populares deveriam determinar a orientação básica das CEBs. Como declarou o arcebispo Sales, "as CEBs são a Igreja e portanto nasceram do Cristo; sua missão não é determinada pelo povo". [33] As comunidades de base deveriam ser voltadas para a evangelização, compreendida da forma tradicional de "melhorar" a religiosidade popular.

Pelo menos em seu discurso, os neoconservadores não atacam a noção da missão social da Igreja. Entretanto, argumentam que o objetivo das CEBs não deveria ser vinculado à libertação política ou a opções partidárias. Além disso, acreditam que as CEBs deveriam estar abertas a todas as classes sociais, não só aos setores populares. Na prática, embora não no papel, os conservadores desenfatizam a noção da Igreja como o povo de Deus.

Além disso, os neoconservadores acham que os progressistas criticam demais a Igreja. Dentro de suas perspectivas, a Igreja é uma instituição perfeita nascida de Cristo. Retomam os temas convencionais da obediência inquestionável à autoridade papal e episcopal. Argumentam que os progressistas enfraquecem a unidade da Igreja porque criticam as suas ações passadas e estruturas atuais. Os neoconservadores negam que a Igreja tivesse tradicionalmente se alinhado junto às classes dominantes e que tivesse uma presença frágil entre os setores populares.

Talvez o mais importante é que os neoconservadores criticam os católicos progressistas por estarem próximos do marxismo e muito pouco críticos em relação ao socialismo. Os neoconservadores acham que a teologia da libertação se inspira numa análise marxista da realidade que, segundo argumentam eles, não combina com a natureza da Igreja. Reconhecem que o capitalismo não é perfeito, mas preferem os sistemas capitalistas e criticam as afinidades dos progressistas com o socialismo.

Em compensação, os progressistas acham que os conservadores deturpam suas posições. Por exemplo, por volta do início da década de 80, a grande maioria dos católicos progressistas enfatizava a espiritualidade.³⁴ Os progressistas indicam que se trata de uma questão de compreensões diferentes do que é a espiritualidade; acreditam que a espiritualidade deva estar vinculada ao cumprimento da vontade de Cristo que, por sua vez, eles vinculam à justiça. Os progressistas poderiam não discordar acerca da importância do pecado, mas acham que as estruturas sociais injustas são uma forma de pecado institucionalizado. Não obstante as sérias tensões entre as classes dominantes e a Igreja progressista em algumas áreas, os progressistas aceitam em princípio a importância de trabalhar com todas as classes sociais. Entretanto, argumentam que a mensagem da Igreja deve ser dirigida preferencialmente aos menos favorecidos economicamente. Os progressistas abordam a universalidade da Igreja de maneira diferente e argumentam que os conservadores sacrificam o verdadeiro propósito da instituição ao manter relações de proximidade com os setores dominantes. Também acreditam que os neoconservadores estão tão envolvidos politicamente quanto eles próprios, mas não são capazes de reconhecer esse fato. Finalmente, contestam as acusações feitas pelos neoconservadores acerca da proximidade da teologia da libertação com a análise marxista.³⁵

Em função das pressões conservadoras do Vaticano e do CELAM, os progressistas encontram-se numa situação difícil. Por um lado, compreendem que precisam ficar dentro da instituição se quiserem evitar o mesmo destino que sofreram os movimentos de padres de esquerda na Argentina e no Chile, na década de 70. Por outro lado, trabalhar dentro da instituição provavelmente vai exigir cada vez mais concessões aos conservadores, concessões que contrariam a compreensão que os progressistas têm da missão da Igreja.

Embora a tendência conservadora da Igreja, sob a liderança de João Paulo II, pareça nítida, alguns fatos mitigam a sua força no Brasil. A igreja brasileira só perde para a da Nicarágua em termos de polêmicas. A percepção que o papa tem da Igreja brasileira evidentemente difere de sua visão da Igreja nicaragüense. Essa diferença pode originar-se das experiências do papa na Polônia, onde a Igreja teve que combater um Estado socialista opressivo e autoritário.³⁶ Também pode advir da relativa separação da Igreja popular, na Nicarágua, da institucional. Os fortes vínculos entre as comunidades de base e a Igreja institucional no Brasil ajudaram a defender os setores populares da acusação de serem antiinstitucionais ou de constituírem um magistério paralelo. Além disso, tanto quanto o papa, a Igreja brasileira tem insistido no seu caráter especificamente religioso. Não existe um conflito radical acerca desse ponto, embora os progressistas levem os aspectos políticos da fé mais longe do que o papa. Finalmente, embora o CELAM mantenha-se nas mãos dos conservadores, sua orientação conservadora não evitou que a Igreja brasileira se tornasse progressista durante o período de 1972-1982. Na verdade, foi durante esse período que a Igreja brasileira se tornou a mais progressista na América Latina e foi capaz de derrotar o programa conservador de Puebla, em 1979.

O vaticano certamente tem consciência do alto custo de um confronto ativo com a Igreja que representa a maior população católica do mundo. Também reconhece a vitalidade dos setores progressistas da Igreja latino-americana nos últimos vinte anos. O Vaticano parece querer reafirmar uma concepção de fé que faça das classes médias da Europa e dos Estados Unidos o centro dominante do catolicismo mundial, mas também gostaria de preservar alguns dos efeitos positivos da inovação eclesiástica na América Latina.

A destacada liderança entre os teólogos, cientistas sociais e bispos progressistas também poderá ajudar a contrabalançar as tendências conservadoras. A maioria dos líderes fortes na Igreja brasileira está comprometida com a causa popular. Embora os bispos populares sejam uma minoria (aproximadamente 20% do episcopado), poder-se-ia argumentar que eles têm sido os mais dinâmicos em termos de criar novas estruturas, desenvolver novas teologias e alcançar um maior número de pessoas. São também os bispos de maior experiência pastoral em questões tais como a utilização do solo urbano, a religião popular e valores e necessidades populares. A liderança dos progressistas também se reflete na sua predominância nos institutos e comissões da Igreja.

Apesar desses fatores mitigantes, parece provável que o movimento conservador cresça. O caráter institucional e internacional da Igreja e a transição para a democracia irão exercer uma força um tanto constrangedora para setores populares da Igreja brasileira. Elas continuarão a ser mais fortes no Brasil do que em outros países, mas seria surpreendente se ganhassem mais espaço. Entretanto, muitas continuarão acompanhando de perto a Igreja brasileira. Independente de seu futuro, já estimularam inovações que modificaram a Igreja latino-americana e tiveram um impacto significativo na política brasileira.

NOTAS

(1) Enquanto este livro estava sendo impresso, Ralph Della Cava escreveu um importante artigo sobre o declínio da Igreja popular. Seus argumentos são parecidos com os meus. Ver "The Church". Fui beneficiado por uma apresentação verbal preliminar daquele trabalho.

(2) A noção de ameaça é desenvolvida nos trabalhos de Guillermo O'Donnell sobre o autoritarismo-burocrático; ver *Estado Burocrático-Autoritário*.

(3) *Jornal do Brasil*, 7.7.1983.

(4) *O Estado de S. Paulo*, 30.12.1984.

(5) Sobre o modo como os moradores de um bairro de periferia em São Paulo encaram os políticos, os partidos e a participação política, ver Rio Caldeira.

(6) Sobre esse ponto, ver Gómez de Souza, *Classes Populares*, pp. 236-246.

(7) Para uma análise informativa da missão de João Paulo II escrita de um ponto de vista conservador, ver Johnson.

(8) Sobre essas medidas tomadas contra a Igreja holandesa, ver Coleman e Goddijn. Para uma visão mais abrangente do caráter conservador de Roma após o Vaticano II, ver Habblethwaite, *Runaway Church*; e Vaillancourt.

(9) Sobre a Colômbia e a Venezuela, ver Levine, *Religion and Politics*, pp. 69-96. A Igreja peruana começou um período de leve retraimento no final da década de 70; ver Romero de Iguiñiz.

(10) De Vekemans, ver *Teologia*; e "Unidad Y Pluralismo", o qual argumenta que a unidade da Igreja está sendo ameaçada na América Latina contemporânea. De López Trujillo, ver "Compromisso Político", "Análisis Marxista", *Liberation* e "Liberación!" Um teólogo importante que escreveu sobre o Brasil, numa linha semelhante, é o belga Herbert Lepargneur; ver especialmente *Teologia*. Ver também Kloppenburg, *Igreja Popular*.

(11) Citados no relato "What Happened", p. 83, de Berryman. Alguns dos métodos desleais utilizados por Vekemans e López Trujillo são descritos numa carta de repúdio assinada por mais de uma centena de teólogos alemães, inclusive por Jürgen Moltman e Johannes Baptist Metz, publicada em *Religião e Sociedade*, 3 (1978): 209-214.

(12) Ver L. Boff, "Teologia da Libertação: O Mínimo do Mínimo", *REB*, 38 (1978): 696-705; C. Boff, "A Ilusão de uma Nova Cristandade", *REB*, 38 (1978): 5-17; Luiz Alberto Gómez de Souza, "Documento de Consulta: Críticas ao Diagnóstico da Realidade", *REB*, 38 (1978): 18-32; J. B. Libânio, "A Cristologia no Documento Preparatório para Puebla", *REB*, 38 (1978): 43-58; José Comblin, "Temas Doutrinais com Vistas à Conferência de Puebla", *REB*, 38 (1978): 195-207; José Oscar Beozzo, "A Evangelização na América Latina: Uma Visão História com Vistas a Puebla", *REB*, 38 (1978): 208-243; Comissão Pastoral da Terra, "A CPT e Puebla", *SEDOC*, 10 (1977-1978): 1089-1101; Regional Nordeste da CNBB, "A Caminhada do Povo de Deus na América Latina", *REB*, 38 (1978): 300-326; CNBB, "Subsídios para Puebla", *REB*, 38 (1978): 327-342.

(13) Boas introduções a Puebla são Berryman, "What Happened"; e Wilde. Para uma interpretação de Puebla de autoria de dois destacados intelectuais da igreja popular do Brasil, ver Gómez de Souza, *Classes Populares*, pp. 170-233; e L. Boff, "Puebla".

(14) Esse e outros conflitos são discutidos em Beozzo, "Igreja do Brasil".

(15) *Pronunciamentos do Papa no Brasil* (Petrópolis, 1980), pp. 55, 57, 58. Outros discursos nesse mesmo volume expressam o apoio do papa às CEBs e elogiam os bispos brasileiros. Sobre a visita do papa, ver também Adair Leonardo Rocha e Luiz Alberto Gómez de Souza, eds., *O Povo e o Papa* (Rio de Janeiro, 1980), uma coletânea de ensaios escritos por teólogos e cientistas sociais da Igreja popular. O papa também deu uma longa entrevista em que apoiava a Igreja popular após seu retorno a Roma; ver *Jornal do Brasil*, 23.8.1980.

(16) "A Carta de João Paulo II aos Bispos do Brasil", *REB*, 41 (1981): 152-157.

(17) Sobre o papel da Igreja nas greves de 1978-1980, ver *Religião e Sociedade*, 6 (1980): 7-68; Marcelino Fortes *et alii*, "Contribuição para a Análise das Greves de Maio 78" (manuscrito não publicado, jan. 1979); Centro Ecumênico de Documentação e Informação, "1980: ABC da Greve", *Aconteceu*, edição especial, maio 1980; Centro de Pastoral Vergueiro, "As Greves do ABC", *Cadernos de Documentação*, 3 (dez. 1980): e E. C. Rolim, "A Greve".

(18) O próprio D. Eugênio discute o apoio do Vaticano à sua linha pastoral em "O Apoio do Papa à Arquidiocese do Rio", *O Globo*, 27.10.1984. Sobre o papel de D. Eugênio no movimento contra a teologia da libertação, ver "D. Eugênio pode ter Deflagrado Movimento contra TL", *Folha de S. Paulo*, 14.9.1984.

(19) *Jornal do Brasil*, 28.2.1982.

(20) *Ibidem*, 9.3.1982.
(21) Sobre a situação da Nicarágua, ver Crahan, "Varieties of Faith"; Cáceres *et alii*, pp. 17-46, 161-204; e Ezcurra. Pedro Ribeiro de Oliveira, "O Papa na Nicarágua: Uma Análise dos Acontecimentos", *REB*, 43 (1983): 5-9, expressa a preocupação progressista dentro da Igreja brasileira.
(22) Sobre esses movimentos ver José Comblin, "Os Movimentos e a Pastoral Latino-Americana", *REB*, 43 (1983): 227-262.
(23) O movimento contra a teologia da libertação é discutido por d'Ans; e Comblin, "América Latina".
(24) Publicado em *SEDOC*, 10 (1977-1978): 733-747.
(25) Ver Kloppenburg, *Igreja Popular*, pp. 179-186; Karl Josef Romer, "Por que o Livro de L. Boff, *Igreja, Carisma e Poder* não é Aceitável", *Boletim da Revista do Clero*, 19 (1982): 30-36; e Urbano Zilles, "Tréplica", *Boletim da Revista do Clero*, 19 (1982): 27-29. Para as respostas de Boff, ver "Igreja, Carisma e Poder: Uma Justificação Contra Falsas Leituras", *REB*, 42 (1982): 227-260; e "Resposta", *Boletim da Revista do Clero*, 19 (1982): 23-26.
(26) Sobre a polêmica que cerca Boff, ver *REB*, 40 (1980): 169-177; *Veja*, 5.9.1985; e "A Punição de Boff", *Tempo e Presença*, 198 (1985): 3-17.
(27) Ver *REB*, 44 (1984): 592-616; e "Frei Clodovis Boff é Impedido de dar Aulas em Universidade Romana", *Folha de S. Paulo*, 13.12.1984.
(28) *Folha de S. Paulo*, 12.4.1983.
(29) Ver "O Evangelho segundo Viana", mimeo, s. d. Parte desse extenso documento está publicada em *Cadernos do CEAS*, 57 (1978); 24-28.
(30) O debate internacional acerca da teologia da libertação é um assunto amplo demais para ser aprofundado aqui. Devido ao fato de expressar a posição oficial do Vaticano, a crítica mais importante é Vatican Congregation for the Doctrine of the Faith. Ver também Ratzinger. Além das fontes brasileiras já citadas, para uma visão crítica ver Novak; Kloppenburg, *Temptations*; e Wagner. O periódico mais importante a advogar as posições conservadoras é *Communio*.
(31) *O Estado de S. Paulo*, 9.4.1983. Ver também "Mensagem do Papa às CEBs do Brasil", de João Paulo II, *SEDOC*, 13 (1980-1981): 270.
(32) *SEDOC*, 15 (1982-1983): 894.
(33) "Comunidades Eclesiais de Base", p. 21.
(34) Um trabalho representativo é Gutiérrez, *We Drink*.
(35) Para a resposta dos liberacionistas às críticas dos conservadores, ver os diversos artigos na publicação de dezembro de 1984 da *REB*, em resposta à "Instrução" do Vaticano. Ver também L. Boff e C. Boff, "Cinco Observações".
(36) Sobre a situação da Igreja na Polônia, ver Rubem César Fernandes, "A Igreja na Polônia: Um Santuário da Oposição", *Religião e Sociedade*, 5 (1980): 7-28; e Adam Michnick, "A Esquerda, a Igreja e o Estado na Polônia", *Religião e Sociedade*, 4 (1979): 61-94.

Referências bibliográficas

Abramovay, Ricardo, "Marxistas e Cristãos: Pontos para um Diálogo", *Proposta*, 16 (mar. 1981): 11-20.
Ação Popular, "Ação Popular: Documento-Base", em Luiz Gonzaga de Souza Lima, *Evolução Política dos Católicos e da Igreja no Brasil*, Petrópolis, 1979.
Adão Bernardes, Júlia, *Espaço e Movimentos Reivindicatórios: O Caso de Nova Iguaçu*, Rio de Janeiro, 1983.
Alcântara de Camargo, Aspásia, *Brésil nord-est: Mouvements Paysans et Crise Populiste*, Paris, 1973.
Althusser, Louis, *Lenin and Philosophy and Other Essays*, Nova York, 1971.
Alves, Rubem, "Christian Realism: Ideology of the Establishment", *Christianity and Crisis*, 33 (1973): 173-176.
Amoroso Lima, Alceu, *O Cardeal Leme: Um Depoimento*, Rio de Janeiro, 1943.
_____, *Indicações Políticas*, Rio de Janeiro, 1936.
_____, *Pelo Humanismo Ameaçado*, Rio de Janeiro, 1965.
_____, *Revolução, Reação ou Reforma*, Rio de Janeiro, 1964.
Andrade, Juracy, *A Igreja na Cidade*, Rio de Janeiro, 1965.
Antoine, Charles, *Church and Power in Brazil*, Maryknoll, N. Y., 1973.
_____, *O Integrismo Brasileiro*, Rio de Janeiro, 1980.
Antoniazzi, Alberto, "Várias Interpretações do Catolicismo Popular no Brasil", *REB*, 36 (1976): 82-94.
Aptheker, Herbert, *The Urgency of Marxist-Christian Dialogue*, Nova York, 1970.
Arns, Paulo Evaristo, *Em Defesa dos Direitos Humanos: Encontro com o Repórter*, Rio de Janeiro, 1978.
Arroyo, Gonzalo, "Nota sobre la Iglesia y los Cristianos de la Izquierda a la Hora del Putsch en Chile", *Latin American Perspectives*, 2 (primavera 1975): 88-89.
Assmann, Hugo, *Opresión-Liberación: Desafio a los Cristianos*, Montevidéu, 1971.
Azevedo, Thales de, *O Catolicismo no Brasil*, Rio de Janeiro, 1955.
Azzi, Riolando, *O Catolicismo Popular no Brasil*, Petrópolis, 1978.
_____, "D. Antônio de Macedo Costa e a Posição da Igreja do Brasil diante do Advento da República em 1889", *Síntese*, 8 (1976): 45-70.
_____, "D. Antônio Joaquim de Melo, Bispo de São Paulo (1851-1861), e o Movimento de Reforma Católica no Século XIX", *REB*, 35 (1975): 902-922.

_____, "Elementos para a História do Catolicismo Popular", *REB*, 36 (1976): 95-130.
_____, "O Episcopado Brasileiro frente à Revolução de 1930", *Síntese*, 12 (1977): 47-78.
_____, *O Episcopado do Brasil frente ao Catolicismo Popular*, Petrópolis, 1972.
_____, "O Fortalecimento da Restauração Católica em Minas Gerais, 1920-1930", *Síntese*, 17 (1979): 69-85.
_____, "A Igreja Católica no Brasil durante o Estado Novo (1937-1945)", *Síntese*, 19 (1980): 49-71.
_____, "O Início da Restauração Católica em Minas Gerais, 1920-1930", *Síntese*, 14 (1978): 65-92.
_____, "O Início da Restauração Católica no Brasil, 1920-1930", *Síntese*, 10 (1977): 61-90; 11 (1977): 73-102.
_____, "Religiosidade Popular", *REB*, 38 (1978): 642-650.
Batista, Myriam Veras, *Desenvolvimento de Comunidade: Estudo da Integração do Planejamento do Desenvolvimento de Comunidade no Planejamento do Desenvolvimento Global*, São Paulo, 1976.
Barbé, Domingos, e Retumba, Emmanuel, *Retrato de uma Comunidade de Base*, Petrópolis, 1970.
Barreiro, Júlio, *Educación Popular y Proceso de Concientización*, Buenos Aires, 1974.
Bastide, Roger, "Religion and the Church in Brazil", em T. Lynn Smith e Alexander Marchant (eds.), *Brazil: Portrait of Half a Continent*, Nova York, 1951, pp. 334-355.
Bastos de Ávila, Fernando, *Neo-capitalismo, Socialismo, Solidarismo*, Rio de Janeiro, 1963.
Becker, João, *O Comunismo Russo e a Civilização Cristã*, Porto Alegre, 1930.
_____, *A Decadência da Civilização*, Porto Alegre, 1940.
Bedoyere, Michael de la, *The Cardijn Story*, Londres, 1958.
Beozzo, José Oscar, *Cristãos na Universidade e na Política*, Petrópolis, 1984.
Berger, Peter, *Pyramids of Sacrifice: Political Ethics and Social Change*, Garden City, N. Y., 1974.
Berlinck, Manoel Tosta, *Marginalidade Social e Relações de Classes em São Paulo*, Petrópolis, 1975.
Beeryman, Phillip, "Latin American Liberation Theology", em Sergio Torres e John Eagleson (eds.), *Theology in the Americas*, Maryknoll, N. Y., 1976, pp. 20-83.
_____, *The Religious Roots of Rebellion: Christians in Central American Revolution*, Maryknoll, N. Y., 1984.
_____, "What Happened at Puebla", em Daniel Levine (ed.), *Churches and Politics in Latin America*, Beverly Hills, Calif., 1979, pp. 55-86.
Betto, Frei, *Batismo de Sangue*, Rio de Janeiro, 1982.
_____, "As Comunidades Eclesiais de Base como Potencial de Transformação da Sociedade Brasileira", *REB*, 43 (1983): 494-503.
_____, "Da Prática da Pastoral Popular", *Encontros com a Civilização Brasileira*, 2 (1978): 95-112.
_____, "A Educação nas Classes Populares", *Encontros com a Civilização Brasileira*, 13 (1979): 162-173.
_____, "Oração: Uma Exigência (Também) Política", *REB*, 42 (1982): 444-455.
_____, "Prática Pastoral e Prática Política", *Tempo e Presença*, 26 (1980): 11-29.
_____, *O que É Comunidade Eclesial de Base*, São Paulo, 1981.
Bezerra, Aída, "As Atividades em Educação Popular", em Carlos Rodrigues Brandão (ed.), *A Questão Política da Educação Popular*, São Paulo, 1980, pp. 16-39.
Bezerra, Almery, "Da necessidade de um Ideal Histórico", em Luiz Gonzaga de Souza Lima, *Evolução Política dos Católicos e da Igreja no Brasil*, Petrópolis, 1979.
Bezerra Ammann, Safira, *Ideologia do Desenvolvimento de Comunidade no Brasil*, São Paulo, 1980.

Bicudo, Hélio, *Meu Depoimento sobre o Esquadrão da Morte*, São Paulo, 1976.
Blau, Peter, *Bureaucracy in Modern Society*, Nova York, 1956.
Boehrer, George, "The Church in the Second Reign, 1840-1889", em Henry H. Keith e S. F. Edwards (eds.), *Conflict and Continuity in Brazilian Society*, Columbia, S. C., 1969.
Boff, Clodovis, "Agente de Pastoral e Povo", *REB*, 40 (1980): 216-242.
_____, *Comunidade Eclesial, Comunidade Política*, Petrópolis, 1979.
_____, "Comunidades Eclesiais de Base e Práticas de Libertação", *REB*, 40 (1980): 595-625.
_____, "A Igreja, o Povo e o Poder", *REB*, 40 (1980): 11-47.
_____, "Uma Igreja Popular: Impressões de uma Visita pela Igreja de Cratéus", *REB*, 41 (1981): 728-744.
_____, "A Influência Política das CEBs", *Religião e Sociedade*, 4 (1979): 95-119.
_____, "A Justiça na História", *Vozes*, 72 (1978): 85-96.
_____, "E uma Pedrinha Soltou-se: As Bases do Povo de Deus", *REB*, 42 (1982): 659-687.
_____, *Teologia e Prática*, Petrópolis, 1978.
Boff, Clodovis e Boff, Leonardo, "Comunidades Cristãs e Política Partidária", *Encontros com a Civilização Brasileira*, 3 (1978): 11-25.
Boff, Leonardo, *O Caminhar da Igreja com os Oprimidos*, Rio de Janeiro, 1980.
_____, "Catolicismo Popular: Que É Catolicismo?", *REB*, 36 (1976): 19-52.
_____, *Eclesiogênese: As Comunidades Eclesiais de Base Reinventam a Igreja*, Petrópolis, 1977.
_____, "As Eclesiologias Presentes nas Comunidades Eclesiais de Base", em Mester *et alii*, *Uma Igreja que Nasce do Povo*, Petrópolis, 1975, pp. 201-209.
_____, *A Fé na Periferia do Mundo*, Petrópolis, 1978.
_____, *Igreja: Carisma e Poder*, Petrópolis, 1981.
_____, *Jesus Cristo, Libertador*, Petrópolis, 1971.
_____, "Jesus Cristo Libertador: Uma Visão Cristológica a Partir da Periferia", *REB*, 37 (1977): 501-524.
_____, "Puebla: Ganhos, Avanços, Questões Emergentes", *REB*, 39 (1979): 43-63.
_____, "Teologia à Escuta do Povo", *REB*, 41 (1981): 55-119.
_____, *Teologia do Cativeiro e da Libertação*, Petrópolis, 1980.
Boff, Leonardo, e Boff, Clodovis, "Cinco Observações de Fundo à Intervenção do Cardeal Ratzinger acerca da Teologia da Libertação", *REB*, 44 (1984): 115-120.
Bohadana, Estrella, "Experiências de Participação Popular em Ações de Saúde", em IBASE (ed.), *Saúde e Trabalho no Brasil*, Petrópolis, 1982, pp. 107-128.
Borges, Dain, "Church, State, and Family", em "The Family in Bahia, Brazil, 1870-1945", dissertação de doutoramento na Universidade de Stanford, 1985.
Borja, Jordi, *Movimientos Sociales Urbanos*, Buenos Aires, 1975.
Boschi, Renato, "Movimentos Sociais e a Institucionalização de uma Ordem", Rio de Janeiro, 1983.
_____, (ed.), *Movimentos Coletivos no Brasil Urbano*, Rio de Janeiro, 1983.
Botte, Bernad, *O Movimento Litúrgico*, São Paulo, 1978.
Brandão, Carlos Rodrigues, "Da Educação Fundamental ao Fundamento da Educação", *Proposta*, suplemento, 1 (set. 1977).
_____, *Os Deuses do Povo*, São Paulo, 1980.
_____, *Sacerdotes de Viola*, Petrópolis, 1981.
_____, (ed.), *A Questão Política da Educação Popular*, São Paulo, 1980.
Brandão, Carlos Rodrigues, *et alii*, em *Religião e Catolicismo do Povo*, Curitiba, 1977.
Bresser Pereira, Luiz Carlos, *As Revoluções Utópicas*, Petrópolis, 1979.
Broucker, José de, *Dom Hélder Câmara*, Maryknoll, N. Y., 1970.
Brown, Robert McAffe, *Theology in a New Key*, Filadélfia, 1978.
Bruneau, Thomas, "Basic Christian Communities in Latin America: Their Nature and Significance (especially in Brazil)", em Daniel H. Levine (ed.), *Churches and*

Politics in Latin America, Beverly Hills, Calif., 1979, pp. 111, 134.

─────, *The Church in Brazil: The Politics of Religion*, Austin, Texas, 1982.

─────, "Issues in the Study of the Church and Politics in Brazil", artigo a ser publicado.

─────, *The Political Transformation of the Brazilian Catholic Church*, Nova York, 1974.

Bruneau, Thomas, and Faucher, Phillipe (eds.), *Authoritarian Capitalism: Brazil Contemporary Economic and Political Development*, Boulder, Colo., 1981.

Cabestrero, Teofilo, *Diálogos em Mato Grosso com Pedro Casaldáliga*, Salamanca, 1978.

─────, *Una Iglesia que Lucha contra la Injustiça*, Madri, 1973.

Cáceres, Jorge, "Radicalización Política y Pastoral Popular en El Salvador", *Revista ECSA*, 33 (1982): 93-153.

Cáceres, Jorge, *et alii*, *Iglesia, Política y Profecia*, San José, Costa Rica, 1983.

Câmara, Hélder, *The Desert is Fertile*, Maryknoll, N. Y., 1974.

─────, *Revolution Through Peace*, Nova York, 1971.

Camerman, Cristiano, e Bohadana, Estrella, "O Agente Externo na Favela", artigo não publicado, Rio de Janeiro, 1981.

Caramuru de Barros, Raimundo, *Brasil: Uma Igreja em Renovação*, Petrópolis, 1967.

─────, *Comunidade Eclesial de Base: Uma Opção Pastoral Decisiva*, Petrópolis, 1968.

─────, *Perspectivas Pastorais para o Brasil de Hoje*, Rio de Janeiro, 1964.

Cardoso, Fernando Henrique, *Autoritarismo e Democratização*, Rio de Janeiro, 1975.

─────, *Democracia para Mudar*, Rio de Janeiro, 1978.

─────, *Estado y Sociedad en América Latina*, Buenos Aires, 1972.

─────, *As Idéias e seu Lugar*, Petrópolis, 1980.

─────, "Perspectivas de Desenvolvimento e Meio Ambiente: O Caso do Brasil", *Encontros com a Civilização Brasileira*, 20 (1980): 31-70.

─────, "Regime Político e Mudança Social", *Revista de Cultura e Política*, 3 (nov. 1980-jan. 1981): 7-25.

Cardoso, Fernando Henrique, e Muller, Geraldo, *Amazônia: Expansão do Capitalismo*, São Paulo, 1977.

Cardoso, Ruth, "Movimentos Sociais Urbanos: Balanço Crítico", em Sebastião Velasco e Cruz *et alii*, *Sociedade e Política no Brasil Pós-64*, São Paulo, 1983, pp. 215-239.

Carone, Edgard (ed.), *O PCB*, 3 vols., São Paulo, 1982.

Cavalheiro, Marcelo, "O Tipo de Padre que a Igreja espera após o Concílio Vaticano II", *REB*, 26 (1966): 529-551.

Carvalho, Ivo Antônio, "Saúde e Educação de Base; Algumas Notas", *Proposta*, 3 (1976): 19-33.

Casaldáliga, Pedro, *Eu Creio na Justiça e na Esperança*, Rio de Janeiro, 1978.

─────, *Uma Igreja da Amazônia em Conflito com o Latifúndio e a Marginalização Social*, 1971.

Castells, Manuel, *Cidade, Democracia e Socialismo*, Rio de Janeiro, 1980.

─────, *Movimentos Sociales Urbanos*, Cidade do México, 1974.

Castro Mayer, Antônio, *et alii*, *Reforma Agrária: Questão de Consciência*, São Paulo, 1961.

Cavalcanti, Clóvis, "Dimensões de Marginalização do Nordeste: O Caso Extremo do Vale do Parnaíba", Recife, out. 1974, mimeo.

─────, "Tristes Processos Econômicos: O Padrão Recente de Desenvolvimento do Nordeste", Recife, jun. 1979, mimeo.

Cavalcanti de Albuquerque, Roberto, e Cavalcanti, Clóvis, *Desenvolvimento Regional no Brasil*, Brasília, 1976.

Centro de Pastoral Vergueiro, *As Relações Igreja-Estado no Brasil, 1964/1978*, são Paulo, 1978-1981, 5 vols.

César Waldo, "O Que É Popular no Catolicismo Popular", nov., 36 (1976): 5-18.
César, Waldo, et alii, Protestantismo e Imperialismo na América Latina, Petrópolis, 1968.
Chaui, Marilena, Cultura e.democracia, São Paulo, 1981.
Chinem, Rivaldo, Sentença: Padres e Posseiros do Araguaia, Rio de Janeiro, 1983.
Cohn, Amélia, Crise Regional e Planejamento, São Paulo, 1976.
Coleman, John, The Evolution of Dutch Catholicism, Berkeley, Calif., 1978.
Collins, Denis, Paulo Freire: His Life, Works and Thought, Nova York, 1979.
Comblin, José, "A América Latina e o Presente Debate Teológico entre Neo-Conservadores e Liberais", REB, 41 (1981):790-816.
_____, "Comunidades Eclesiais de Base e Pastoral Urbana", REB, 30 (1970): 783-828.
_____, O Futuro dos Ministérios na Igreja Latino-americana, Petrópolis, 1969.
_____, "Os Movimentos e a Pastoral Latino-americana", REB, 43 (1983): 227-262.
_____, "Prolegômenos da Catequese no Brasil", REB, 27 (1967): 845-874.
_____, Os Sinais dos Tempos e a Evangelização, São Paulo, 1968.
Comissão Arquidiocesana de Pastoral dos Direitos Humanos e Marginalizados de São Paulo, Fé e Política, Petrópolis, 1981.
Comissão Pastoral da Terra (CPT), Denúncia: Caso Araguaia-Tocantins, Goiânia, 1981.
_____, A Luta pela Terra na Bíblia, Goiânia, 1981.
Conferência Nacional dos Bispos do Brasil (CNBB), Comunidades Eclesiais de Base no Brasil, São Paulo, 1979.
_____, Comunidades: Igreja na Base, São Paulo, 1977.
_____, Documentos dos Presbitérios, Rio de Janeiro, 1969.
_____, Pastoral da Terra, São Paulo, 1977.
_____, Pastoral da Terra: Posse e Conflitos, São Paulo, 1976.
_____, Plano de Emergência para a Igreja do Brasil, Rio de Janeiro, 1963.
_____, Plano de Pastoral de Conjunto, Rio de Janeiro, 1967.
Congar, Yves, Laity, Church, and World, Baltimore, 1961.
_____, Lay People in the Church: A Study for a Theology of the Laity, Westminster, Md., 1957.
Conselho Episcopal Latino-americano (CELAM), A Evangelização no Presente e no Futuro da América Latina, Petrópolis, 1980.
_____, A Igreja na Atual Transformação da América Latina à Luz do Concílio, Petrópolis, 1969.
Cooper, Norma B., Catholicism and the Franco Regime, Beverly Hills, Calif., 1975.
Correia de Andrade, Manuel, "Ligas Camponesas e Sindicatos Rurais no Nordeste, 1957-1964", Temas de Ciências Humanas, 8 (1980): 115-132.
Costa, Beatriz da, "Para Analisar uma Prática de Educação Popular", Cadernos de Educação Popular, 1 (1981): 7-48.
_____, "Pastoral Popular: Notas para um Debate", Cadernos do CEDI, 1 (s.d.).
Coutinho, Carlos Nelson, A Democracia como Valor Universal, São Paulo, 1980.
Couto Teixeira, Faustino Luiz, "Comunidade Eclesial de Base: Elementos Explicativos de Sua Gênese", tese de mestrado, PUC-RJ, 1982.
Cox, Harvey, The Secular City: Secularization and Urbanization in Theological Perspective, Nova York, 1965.
Crahan, Margaret, "Salvation Through Christ or Marx: Religion in Revolutionary Cuba", em Daniel H. Levine (ed.), Churches and Politics in Latin America, Beverly Hills, Calif., 1979, pp. 238-266.
_____, "Varieties of Faith: Religion in Contemporary Nicaragua", Notre Dame, Ind., dez. 1983, Kellog Institute Working Paper n º 5.
Cristianos por el Socialismo, Cristianos por el Socialismo, Santiago, 1972.
Crozier, Michel; Huntington, Samuel e Watanuki, Joji, The Crisis of Democracy, Nova York, 1975.
Dahl, Robert, After the Revolution?, New Haven, 1970.

_____, *Polyarchy: Participation and Opposition*, New Haven, 1971.
Da Matta, Roberto, *Carnavais, Malandros e Heróis: Para Uma Sociologia do Dilema Brasileiro*, Rio de Janeiro, 1979.
_____, *Ensaios de Antropologia Estrutural*, Petrópolis, 1973.
D'Ans, Hughes, "Teologia da Libertação e Libertação da Teologia", *REB*, 38 (1978): 402-445.
Dassin, Joan, "The Brazilian Press and the Politics of *Abertura*", *Journal of Interamerican Studies and World Affairs*, 26 (1984): 385-414.
Davis, Shelton, *Victims of the Miracle*, Nova York, 1977.
De Kadt, Emmanuel, *Catholic Radicals in Brazil*, Nova York, 1970.
Della Cava, Ralph, "Catholicism and Society in Twentieth Century Brazil", *Latin American Research Review*, II (1976): 7-50.
_____, "The Church and the *Abertura*, 1974-1985", em Alfred Stepan (ed.), *Democratizing Brazil*, New Haven, a ser publicado.
_____, *Miracle at Joazeiro*, Nova York, 1970.
_____, "Política a Curto Prazo e Religião a Longo Prazo", *Encontros com a Civilização Brasileira*, 1 (1978): 242-258.
Delzell, Charles F. (ed.), *The Papacy and Totalitarianism Between the Two Wars*, Nova York, 1974.
Demo, Pedro, "Problemas Sociológicos da Comunidade", na Conferência Nacional dos Bispos do Brasil (ed.), *Comunidades: Igreja na Base*, São Paulo, 1977.
Dewart, Leslie, *Christianity and Revolution: The Lesson of Cuba*, Nova York, 1963.
D'Incao, Maria Conceição, *O Bóia-Fria: Acumulação e Miséria*, Petrópolis, 1975.
Diniz, Eli, *Voto e Máquina Política: Patronagem e Clientelismo no Rio de Janeiro*, Rio de Janeiro, 1982.
Dinnerstein, Dorothy, *The Mermaid and the Minotaur*, Nova York, 1977.
Dodson, Michael, "The Christian Left in Latin American Politics", em Daniel H. Levine (ed.), *Churches and Politics in Latin America*, Beverly Hills, Calif., 1980, pp. 111-134.
_____, "Religious Innovation and the Politics of Argentina: A Study of the Movement of Priests for the Third World", dissertação de doutoramento na Universidade de Indiana, 1974.
Dodson, Michael e Montgomery, Tommie Sue, "The Churches in the Nicaraguan Revolution", em Thomas W. Walker (ed.), *Nicaragua in Revolution*, Nova York, 1982, pp. 161-180.
Doimo, Ana Maria, *Movimento Social Urbano, Igreja e Participação Popular*, Petrópolis, 1984.
Dreifuss, René, *1964, A Conquista do Estado: Ação, Poder e Golpe de Classe*, Petrópolis, 1981.
Droulers, Paul, "Roman Catholicism", em Guy Métraux e François Crouzet (eds.), *The Nineteenth Century World*, Nova York, 1963, pp. 282-315.
Dulles, Avery, *Model of the Church*, Garden City, N. Y., 1974.
Durkheim, Émile, *Suicide*, Nova York, 1951.
Dussel, Enrique, *De Medellín a Puebla: Uma Década de Sangue e Esperança*, São Paulo, 1981.
Eagleson, John (ed.), *Christians and Socialism: Documentation of the Christians for Socialism Movement in Latin America*, Maryknoll, N. Y., 1975.
Engels, Friedrich, "On the Early History of Christianity", em Lewis Feuer (ed.), *Marx and Engels: Basic Writings on Politics and Philosophy*, Garden City, N. Y., 1959.
Erickson, Kenneth Paul, *Sindicalismo no Processo Político no Brasil*, São Paulo, 1979.
Evans, Peter, *Dependent Development: The Alliance of Multinational, State and Local Capital in Brazil*, Princeton, 1979.
Ezcurra, Ana María, *La Agresión Ideológica Contra la Revolución Sandinista*, Cidade do México, 1983.

REFERÊNCIAS BIBLIOGRÁFICAS

Faoro, Raimundo, *Os Donos do Poder*, Porto Alegre, 1958.
Fernandes, Luiz Gonzaga, "Gênese, Dinâmica e Perspectiva das CEBs no Brasil", *REB*, 42 (1982): 456-464.
Fernandes, Rubem César, *Os Cavalheiros do Bom Jesus*, São Paulo, 1983.
Fernández Areal, Manuel, *Política Católica en España*, Barcelona, 1970.
Ferrari, Alceu, *Igreja e Desenvolvimento: O Movimento de Natal*, Natal, 1968.
Ferreira de Camargo, Cândido Procópio, *Católicos, Protestantes, Espíritas*, Petrópolis, 1973.
_____, *Igreja e Desenvolvimento*, São Paulo, 1971.
Ferreira de Camargo, Cândido Procópio et alii, "Comunidades Eclesiais de Base", em Paul Singer e Vinicius Caldeira Brant (eds.), *São Paulo: O Povo em Movimento*, Petrópolis, 1980.
_____, *São Paulo 1975: Crescimento e Pobreza*, São Paulo, 1976.
Feuer, Lewis (ed.), *Marx and Engels: Basic Writings on Politics and Philosophy*, Garden City, N. Y., 1959.
Feuerbach, Ludwig, *The Essence of Christianity*, Nova York, 1957.
Figueiredo Lustosa, Oscar de, "A Igreja e o Integralismo no Brasil", *Revista de História*, 108 (1976): 503-532.
Fischer, Nilton Bueno, "Working Classes Culture: A Case Study of Authority in Brazil", dissertação de doutoramento na Universidade de Stanford, 1981.
Flannery, Austin P. (ed.), *Documents of Vatican II*, Grand Rapids, Michigan, 1975.
Floridi, Ulisse Aleio, *Radicalismo Cattolico Brasiliano*, Roma, 1968.
Flynn, Peter, *Brazil: A Political Analysis*, Boulder, Colo., 1978.
Fogarty, Michael, *Christian Democracy in Western Europe, 1820-1953*, Notre Dame, Ind., 1957.
Forman, Shepard, *The Brazilian Peasantry*, Nova York, 1975.
Fragoso, Antônio, *Évangile et Révolution Sociale*, Paris, 1969.
_____, "A Libertação do Homem", *SEDOC*, 5 (1973): 835-844.
Frederico, Celso, "Organização do Trabalho e Luta de Classes", *Temas de Ciências Humanas*, 6 (1979): 177-194.
Freire, Paulo, *A Educação como Prática da Liberdade*, Rio de Janeiro, 1980.
_____, *Pedagogy of the Oppressed*, Nova York, 1970.
Fremantle, Anne, *The Papal Encyclics in Their Historical Context*, Nova York, 1956.
Freud, Sigmund, *The Future of an Illusion*, Garden City, N. Y., 1964.
Galilea, Segundo, *Religiosidade Popular e Pastoral*, São Paulo, 1978.
_____, *Teología de la Liberación: Ensayo de Síntesis*, Bogotá, 1976.
Galleta, Ricardo, "Pastoral Popular e Política Partidária", *Comunicações do ISER*, 5 (1983): 14-24.
Galter, Albert, *Le Communisme et l'Église Catholique: Le "Livre Rouge" de la Persécution*, Paris, 1956.
Garaudy, Roger, *From Anathema to Dialogue: A Marxist Challenge to the Christian Churches*, Nova York, 1966.
Garcia, Pedro Benjamin, "Educação Popular: Algumas Reflexões em Torno da Questão do Saber", em Carlos Rodrigues Brandão (ed.), *A Questão Política da Educação Popular*, São Paulo, 1980, pp. 88-121.
_____, "Saber Popular/Educação Popular", *Caderno de Educação Popular*, 3 (1982): 33-62.
Garcia Rubio, Alfonso, *Teologia da Libertação: Política ou Profetismo?*, São Paulo, 1977.
Gato, Marcelo, "Considerações sobre a Questão Sindical e a Democracia", *Temas de Ciências Humanas*, 5 (1979): 125-148.
Geertz, Clifford, *The Interpretation of Cultures*, Nova York, 1973.
Gerardi, Richard, *Soldiers of Peron: Argentina's Montoneros*, Oxford, 1982.
Glock, Charles, and Stark, Rodney, *Religion and Society in Tension*, Chicago, 1965.
Goddijn, Walter, *The Deferred Revolution*, Nova York, 1975.

Goertzel, Ted George, "Brazilian Student Attitudes Towards Politics and Education", dissertação de doutoramento na Universidade de Washington, 1970.
Gogarten, Friedrich, *Despair and Hope for Our Time*, Filadélfia, 1970.
Gómez de Souza, Luiz Alberto, *Classes Populares e Igreja nos Caminhos da História*, Petrópolis, 1981.
_____ , "La Crisis del Desarrollo y la Participación Popular en América Latina", *Trabalho para a Ação para o Projeto de Desenvolvimento da Organização de Agricultura e Alimentos*, dez. 1980.
_____ , *O Cristão e o Mundo*, Petrópolis, 1965.
_____ , "Igreja e Sociedade: Elementos para um Marco Teórico", *Síntese*, 13 (1978): 15-30.
_____ , *A JUC: Os Estudantes Católicos e a Política*, Petrópolis, 1984.
_____ (ed.), *Cristianismo Hoje*, Rio de Janeiro, 1962.
Gómez Pérez, Rafael, *Política y Religión en el Régimen de Franco*, Barcelona, 1976.
Gouldner, Alvin, "Organizational Analysis", em Thomas Merton *et alii*, *Sociology Today: Problems and Prospects*, Nova York, 1959, pp. 400-420.
Goulet, Denis, "Development Experts: The One-Eyed Giants", *World Development*, 8 (1980): 481-490.
_____ , "In Defense of Cultural Rights: Technology, Tradition, and Conflicting Models of Rationality", *Human Rights Quarterly*, 3 (1981): 3-18.
Gramsci, Antonio, *Selections from the Prison Notebooks*, Nova York, 1971.
Gregory, Affonso Felippe (ed.), *A Paróquia Ontem, Hoje e Amanhã*, Petrópolis, 1967.
Gregory, Affonso Felippe, e Ghisleni, Maria, *Chances e Desafios das Comunidades Eclesiais de Base*, Petrópolis, 1979.
Gremilton, Joseph (ed.), *The Gospel of Peace and Justice*, Maryknoll, N. Y., 1976.
Grzybowski, Cândido, "A Comissão Pastoral da Terra e os Colonos do Sul Do Brasil", em Vanilda Paiva (ed.), *Igreja e Questão Agrária*, São Paulo, 1985, pp. 248-273.
Guimarães, Almir Ribeiro, *Comunidades Eclesiais de Base no Brasil*, Petrópolis, 1978.
Gutiérrez, Gustavo, *A Força Histórica dos Pobres*, Petrópolis, 1981, ed. orig. em espanhol, 1979.
_____ , *Teologia da Libertação*, Petrópolis, 1975, ed. original em espanhol, 1971.
_____ , *We Drink for Our Own Wells*, Maryknoll, N. Y., 1984.
Habermas, Jürgen, *Toward a Rational Society*, Boston, 1970.
Hanson, Eric O., "The Chinese State and the Catholic Church", dissertação de doutoramento da Universidade de Stanford, 1976.
Harring, Clarence, "The Church-State Conflict in Brazil", em Frederick Pike (ed.), *The Conflict Between Church and State in Latin America*, Nova York, 1967, pp. 154-163.
Hauck, João Fagundes, *et alii*, *História da Igreja no Brasil*, II/2, Petrópolis, 1980.
Hazelrigg, Lawrence, "Religious and Class Bases of Political Conflict in Italy", *American Journal of Sociology*, 75 (1970): 496-511.
Hebblethwaite, Peter, *The Christian-Marxist Dialogue and Beyond*, Londres, 1977.
_____ , *The Runaway Church: Postconciliar Growth or Decline?*, Londres, 1975.
Hebette, Jean, e Marin, Rosa E. Azevedo, "Colonização Espontânea, Política Agrária e Grupos Sociais", em José Marcelino Monteiro da Costa (ed.), *Amazônia: Desenvolvimento e Ocupação*, Rio de Janeiro, 1979, pp. 141-192.
Herz, John (ed.), *From Dictatorship to Democracy*, Westport, Conn., 1982.
Hewitt, Cynthia, "Brazil: The Peasant Movement of Pernambuco, 1961-1964", em Henry Landsberger (ed.), *Latin American Peasant Movements*, Ithaca, N. Y., 1969, pp. 374-398.
Hirschman, Albert, *Shifting Involvements: Private Interests and Public Action*, Princeton, 1982.
Hitchcock, James, *The Decine and Fall of Radical Catholicism*, Nova York, 1971.
Holmes, J. Derek, *The Papacy in the Modern World, 1914-1978*, Londres, 1981.

Hoornaert, Eduardo, "O Catolicismo Popular numa Perspectiva de Libertação: Pressupostos", *REB*, 36 (1976): 189-201.
_____, "Comunidades de Base: Dez Anos de Experiência", *REB*, 38 (1978): 474-502.
_____, "A Distinção entre 'Lei' e 'Religião' no Nordeste", *REB*, 29 (1969): 580-606.
_____, *A Formação do Catolicismo Brasileiro, 1550-1800*, Petrópolis, 1974.
_____, "A Igreja diante de uma Nova Situação", *REB*, 26 (1966): 872-884.
_____, "Para uma História da Igreja no Brasil", *REB*, 37 (1977): 185-187.
_____, "Pressupostos Antropológicos para a Compreensão do Sincretismo", *Vozes*, 71 (1977): 563-572.
_____, "Problemas de Pastoral Popular no Brasil", *REB*, 28 (1968): 280-307.
Humphrey, John, *Capitalist Control and Workers' Struggle in the Brazilian Auto Industry*, Princeton, 1982.
Huntington, Samuel, *Political Order in Changing Societies*, New Haven, 1968.
Huntington, Samuel, e Nelson, Joan, *No Easy Choice: Political Participation in Developing Countries*, Cambridge, Mass., 1976.
Ianni, Octavio, *Ditadura e Agricultura*, Rio de Janeiro, 1989.
_____, *A Luta pela Terra*, Petrópolis, 1978.
Instituto Brasileiro de Análise Social e Econômica (IBASE), *Saúde e Trabalho no Brasil*, Petrópolis, 1982.
Ireland, Rowan, "Catholic Base Communities, Spiritist Groups, and the Deepening of Democracy", Wilson Center, Latin American Program, Working Paper n.º 131, 1983.
Jancar, Barbara Wolfe, "Religious Dissent in the Soviet Union", em Rudolph Toekes (ed.), *Dissent in the USSR*, Baltimore, 1975, pp. 191-230.
Janussi, Gilberta Martino, *Confronto Pedagógico: Paulo Freire e Mobral*, São Paulo, 1979.
Jelin, Elizabeth, *La Protesta Obrera*, Buenos Aires, 1974.
Johnson, Paul, *Pope John Paul II and the Catholic Restoration*, Nova York, 1981.
Josaphat, Carlos, *Estruturas a Serviço do Espírito*, Petrópolis, 1968.
_____, *Evangelho e Revolução Social*, São Paulo, 1963.
Keck, Margaret, "The Workers' Party and Democratization in Brazil", dissertação de doutoramento na Universidade de Colúmbia, 1986.
Kirk, J. Andrew, *Liberation Theology: An Evangelical View from the Third World*, Atlanta, 1979.
Kloppenburg, Boaventura, *O Espiritismo no Brasil: Orientação para os Católicos*, Petrópolis, 1960.
_____, *Igreja Popular*, Rio de Janeiro, 1983.
_____, *Temptation for Liberation Theology*, Chicago, 1974.
Kolarz, Walter, *Religion in the Soviet Union*, Nova York, 1961.
Konder, Leandro, *A Democracia e os Comunistas no Brasil*, Rio de Janeiro, 1980.
Kowarick, Lúcio, *A Espoliação Urbana*, Rio de Janeiro, 1980.
Krischke, Paulo, "Populism and the Catholic Church: The Crisis of Democracy in Brazil", tese de doutoramento na Universidade de Nova York, 1983.
_____ (ed.), *Brasil: do Milagre à Abertura*, São Paulo, 1983.
Krischke, Paulo, e Mainwaring, Scott (eds.), *A Igreja na Base em Tempo de Transição*, Porto Alegre, a ser publicado.
Laacroix, Pascoal, *O Mais Urgente Problema do Brasil: O Problema Sacerdotal e sua Solução*, Petrópolis, 1936.
Lamounier, Bolívar, *O Discurso e o Processo: Da Distensão às Opções do Regime Brasileiro*, em Henrique Rattner (ed.), *Brasil 1990: Caminhos Alternativos do Desenvolvimento*, São Paulo, 1979, pp. 88-120.
Lamounier, Bolívar, e Cardoso, Fernando Henrique (eds.), *Os Partidos e as Eleições no Brasil*, Rio de Janeiro, 1978.
Lanternari, Vittorio, *The Religions of the Oppressed: A Study of Modern Messianic Cults*, Nova York, 1963.

Leeds, Anthony, e Leeds, Elizabeth, *A Sociologia do Brasil Urbano*, Rio de Janeiro, 1978.
Leers, Bernardo, *Cristãos no Meio Rural*, Petrópolis, 1973.
_____ , "A Estrutura do Culto Dominical na Zona Rural", *RCRB*, 99 (1963): 521-534.
_____ , "Igreja e Desenvolvimento Rural", *REB*, 26 (1966): 331-342.
Leme, Sebastião, *A Ação Católica*, Rio de Janeiro, 1923.
_____ , *Carta Pastoral a Olinda*, Petrópolis, 1916.
Lenin, V. I., *What Must be Done?*, Nova York, 1969.
Lenski, Gerhard, *The Religious Factor*, Garden City, N. Y., 1961.
Lepargneur, Herbert, *Teologia da Libertação: Uma Avaliação*, São Paulo, 1979.
Lernoux, Penny, *The Cry of the People*, Nova York, 1982.
Lesbaupin, Ivo, *A Bem-Aventurança da Perseguição*, Petrópolis, 1975.
_____ , "O Papel dos Intelectuais junto às Classes Populares", *CEI*, 148 (1979): 16-19.
Levine, Daniel, *Religion and Politics in Latin America: The Catholic Church in Venezuela and Colombia*, Princeton, 1981.
_____ (ed.), *Churches and Politics in Latin America*, Beverly Hills, São Paulo, 1979.
_____ , *Popular Religion, the Churches, and Political Conflict in Latin America*, Chapel Hill, N. C., 1986.
Levine, Daniel e Wilde, Alexander, "The Catholic Church, 'Politics', and Violence: the Colombian Case", *Review of Politics*, 39 (1977): 220-249.
Libânio, João Baptista, "Uma Comunidade que se Redefine", *SEDOC*, 9 (1976-1977): 295-326.
_____ , *Discernimento e Política*, Petrópolis, 1977.
_____ , *As Grandes Rupturas Sócio-Culturais e Eclesiais*, Petrópolis, 1980.
_____ , "Igreja — Povo Oprimido que se Organiza para a Libertação", *REB*, 41 (1981): 279-311.
_____ , *O Problema da Salvação no Catolicismo do Povo*, Petrópolis, 1977.
_____ , "Teologia no Brasil: Reflexões Crítico-Metodológicas", *Perspectiva Teológica*, vol. 9, n? 17 (1977): 27-79.
Lima, Haroldo, e Arantes, Aldo, *História da Ação Popular*, São Paulo, 1984.
Linz, Juan J., "Religion and Politics in Spain: From Conflict to Consensus Above Clevage", *Social Compass*, 27 (1980): 255-277.
Lojkine, Jean, *Le Marxisme, l'État et la Question Urbaine*, Paris, 1977.
_____ , *La Politique Urbaine dans la Région Parisienne, 1945-1971*, Paris, 1972.
López Trujillo, Alfonso, "Análisis Marxista y Liberación Cristiana", *Tierra Nueva*, 4 (1973): 5-43.
_____ , "El Compromiso Político del Sacerdote", *Tierra Nueva*, 14 (1973): 17-53.
_____ , "La Liberación y las Liberaciones", *Tierra Nueva*, I (1972): 5-26.
_____ , *Liberation or Revolution?*, Hundington, Ind., 1977.
Lorscheider, Aloísio, "O Mistério da Igreja", *REB*, 23 (1963): 871-882.
Loureiro Botas, Paulo Cézar, "Ai! Que Saudades do Tempo em que o Terço Resolvia Tudo!", *Tempo e Presença*, 26 (1980): 3-10.
Luxemburg, Rosa, *Rosa Luxemburg Speaks*, Mary-Alice Waters (ed.), Nova York, 1970.
MacPherson, C. B., *The Life and Times of Liberal Democracy*, Nova York, 1977.
Maduro, Otto, *Religião e Luta de Classes*, Petrópolis, 1981.
Mahar, Dennis, *Desenvolvimento Econômico da Amazônia: Uma Análise das Políticas Governamentais*, Rio de Janeiro, 1978.
_____ , *Frontier Development Policy in Brazil: A Study of Amazonia*, Nova York, 1979.
Mainwaring, Scott, "Grass Roots Popular Movements and the Struggle for Democracy: Nova Iguaçu, 1974-1985", em Alfred Stepan (ed.), *Democratizing Brazil*, New Haven, a ser publicado.
_____ , "A JOC e o surgimento da Igreja na Base", *REB*, 43 (1983): 29-92.

REFERÊNCIAS BIBLIOGRÁFICAS 293

Mainwaring, Scott, e Share, Donald, "Transition Through Transaction: Democratization in Brazil and Spain", em Wayne Selcher (ed.), *Political Liberalization in Brazil: Dinamics, Dilemas, and Future*, Boulder, Colo., a ser publicado.

Mainwaring, Scott, e Viola, Eduardo, "New Social Movement, Political Culture, and Democracy: Brazil and Argentina in the 1980s", *Telos*, 61 (inverno 1984): 17-52.

_____, "Transitions to Democracy: Brazil and Argentina in the 1980s", *Journal of International Affairs*, 38 (1985): 193-219.

Maranhão, Ricardo, *O Governo Kubitschek*, São Paulo, 1981.

_____, *Sindicatos e Democratização*, São Paulo, 1979.

Marcuse, Herbert, *One Dimensional Man*, Boston, 1964.

Maria, Júlio, *A Igreja e a República*, 1981.

Marins, José, *A Comunidade Eclesial de Base*, São Paulo, s.d. (ca. 1968).

_____, "Comunidades Eclesiais de Base na América Latina", *Concilium*, 104 (1975): 404-413.

_____, *Curso do Mundo Melhor*, São Paulo, 1962.

_____, *O Problema Religioso*, São Paulo, 1964.

_____, *Renovação da Paróquia*, São Paulo, 1964.

_____ (ed.), *Práxis de los Padres de América Latina*, Bogotá, 1978.

Marshall, T. H., *Class, Citizenship, and Social Development*, Garden City, N. Y., 1965.

Martins, Edilson, *Nós do Araguaia*, Rio de Janeiro, 1979.

Martins, Margarita, Tese de doutoramento sobre a CNBB para a Universidade da Carolina do Sul, a ser publicada.

Marx, Karl, *The German Ideology*, Nova York, 1947.

_____, *Writings of the Young Marx on Philosophy and Society*, ed. Loyd D. Easton e Kurt H. Guddat, Garden City, N. Y., 1967.

Marx, Karl, e Engels, Friedrich, *On Religion*, Chico, Calif., 1982.

MacGovern, Arthur, *Marxism: An American Christian Perspective*, Maryknoll, N. Y., 1980.

McHale, Vincent, "Religion and Electoral Politics in France: Some Recent Observations", *Canadian Journal of Political Science*, 2 (1969): 292-311.

Mecham, J. Lloyd, *Church and State in Latin America*, Chapel Hill, N. C., 1934.

Medina, Carlos Alberto, e Oliveira, Pedro Ribeiro de, *Autoridade e Participação: Estudo sociológico da Igreja Católica*, Petrópolis, 1973.

Mendes de Almeida, Cândido, *Memento dos Vivos: A Esquerda Católica no Brasil*, Rio de Janeiro, 1966.

Mericle, Kenneth, "Conflict Regulation in the Brazilian Industrial Relations System", dissertação de doutoramento da Universidade de Wisconsin, 1974.

Mesters, Carlos, "A Brisa Leve, uma Nova Leitura da Bíblia", *SEDOC*, II (1978-1979): 733-765.

_____, "O Futuro do Nosso Passado", em Carlos Mesters *et alii*, *Uma Igreja que Nasce do Povo*, Petrópolis, 1975, pp. 120-200.

_____, "Interpretação da Bíblia em Algumas Comunidades de Base no Brasil", *Concilium*, 158 (1980): 51-58.

_____, *Palavra de Deus na História do Homem*, Petrópolis, 1971.

Mesters, Carlos, *et alii*, *Uma Igreja que Nasce do Povo*, Petrópolis, 1975.

Michele, Roberto, *Political Parties*, Nova York, 1959.

Míguez Bonino, José, *Doing Theology in a Revolutionary Situation*, Filadélfia, 1975.

Moberg, David, *The Church as a Social Institution*, Englewood-Cliffs, N. J., 1962.

MOBRAL, *O Problema das Comunidades Eclesiais de Base*, Rio de Janeiro, 1980.

Moisés, José Álvaro, "Classes Populares e Protesto Urbano", dissertação de doutoramento da Universidade de São Paulo, 1978.

_____, "Crise Política e Democracia: A Transição Difícil", *Revista de Cultura e Política*, 2 (1980): 9-37.

_____, "Current Issues in the Labor Movement in Brazil", *Latin-American Perspectives*, 6 (1979): 71-89.
_____, "Experiência de Mobilização Popular em São Paulo", *Contraponto*, vol. 3, n? 3, (1978): 6986.
_____, *Greve de Massa e Crise Política*, São Paulo, 1978.
_____, "PT: Uma Novidade Histórica", em José Álvaro Moisés, *Lições de Liberdade e de Opressão*, Rio de Janeiro, 1982, pp. 205-220.
_____, "Qual é a Estratégia do Novo Sindicalismo?", em José Álvaro Moisés *et alii*, *Alternativas Populares da Democracia*, Petrópolis, 1982, pp. 11-40.
Moisés, José Álvaro, *et alii*, *Alternativas Populares da Democracia*, Petrópolis, 1982.
Mondin, Battista, *Os Teólogos da Libertação*, São Paulo, 1980.
Montero Moreno, Antonio, *História de la Persecución Religiosa en España, 1936-1939*, Madri, 1961.
Montgomery, Tommie Sue, "Liberation and Revolution Christianity as a Subversive Activity in Central America", em Martin Diskin (ed.), *Trouble in Our Backyard: Central America and the United States in the Eigthies*, Nova York, 1983, pp. 75-100.
Moraes, Clodomir, "Peasant Leagues in Brazil", em Rodolfo Stavenhagen (ed.), *Agrarian Problems and Peasant Movements in Latin America*, Garden City, N. Y., 1970, pp. 453-502.
Moraes, Dênis de e Viana, Francisco (eds.), *Prestes: Lutas e Autocríticas*, Petrópolis, 1982.
Moreira Alves, Márcio, *O Cristo do Povo*, Rio de Janeiro, 1968.
_____, *A Força do Povo: A Democracia Participativa em Lages*, São Paulo, 1980.
_____, *A Grain of Mustard Seed*, Garden City, N. Y., 1973.
_____, *A Igreja e a Política no Brasil*, São Paulo, 1979.
Moreira Alves, Maria Helena, "The Formation of the National Security State: The State and the Opposition in Military Brazil", dissertação de doutoramento no Instituto de Tecnologia de Massachusetts, 1982.
_____, *The State and Opposition in Military Brazil*, Austin, Tex., a ser publicado.
Movimento de Educação de Base, *MEB em Cinco Anos, 1961-1966*, Rio de Janeiro, 1966.
Movimento de Los Sacerdotes para el Tercer Mundo, *Los Sacerdotes para el Tercer Mundo y la Actualidad Nacional*, Buenos Aires, 1973.
Mugica, Carlos, *Peronismo y Cristianismo*, Buenos Aires, 1973.
Muller, Christiano, *Memória Histórica sobre a Religião na Bahia, 1823-1923*, Bahia, 1923.
Muñoz, Ronaldo, *Nueva Consciencia de la Iglesia en América Latina*, Santiago, 1973.
Murphy, Francisco X., *The Papacy Today*, Nova York, 1981.
Myhr, Robert, "Brazil", em Donald K. Emmerson (ed.), *Students and Politics in Developing Nations*, Nova York, 1968.
_____, "Student Activism and Development", em H. John Rosenbaum e William Tyler (eds.), *Contemporary Brazil: Issues in Economic and Political Development*, Nova York, 1972, pp. 349-369.
Niebuhr, H. Richard, *Christ and Culture*, Nova York, 1951.
_____, *The Social Sources of Denominationalism*, Nova York, 1929.
Nietzsche, Friedrich, *Thus Spoke Zarathustra*, Middlesex, Ingl., 1961.
Novak, Michale, "Liberation Theology in Practice", *Thought*, 59 (1984): 136-148.
O'Dea, Thomas, *The Catholic Crisis*, Boston, 1968.
O'Donnel, Guillermo, *El Estado Burocrático-Autoritario, 1966-1973: Triunfos, Derrotas, Crisis*, Buenos Aires, 1982.
_____, "A mi que me Importa: Notas sobre Sociabilidad y Política en Argentina y Brasil", Notre Dame, Ind., jan. 1984, Kellog Institute Working Paper n? 9.
_____, "Notas para el Estudio de Procesos de Democratización Política a Partir del Estado Burocrático-Autoritário", *Estudios CEDES*, vol. 2, n? 5 (1979).

REFERÊNCIAS BIBLIOGRÁFICAS

_____, "Tensions in the Bureacratic-Authoritarian State and The Question of Democracy", em David Collier (ed.), *The New Authoritarianism in Latin America*, Princeton, 1979.

O'Donnel, Guillermo; Schmitter, Philippe, e Whitehead, Laurence (eds.), *Transitions from Authoritarian Rule: Southern Europe and Latin America*, a ser publicado.

Offe, Claus, "New Social Movements as a Meta Political Challenge", a ser publicado.

Oliveira, Francisco de, *Elegia para uma Re(li)gião*, Rio de Janeiro, 1977.

Oliveira Torres, João Camilo de, *História das Idéias Religiosas no Brasil*, São Paulo, 1968.

Oliveira Sedano, Alicia, *Aspectos del Conflicto Religioso de 1926 a 1929: Sus Antecedentes y Consecuencias*, Cidade do México, 1966.

Oliveros, Roberto, *Liberación y Teología: Génesis y Crescimiento de una Reflexión*, Lima, 1977.

O'Neill, M. Ancilla, *Tristão de Athayde and the Catholic Social Movement in Brazil*, Washington, D. C., 1939.

Ortiz, Renato, *A Consciência Fragmentada*, Rio de Janeiro, 1980.

Padim, Cândido, "A Doutrina da Segurança Nacional à Luz da Doutrina Social da Igreja", em Luiz Gonzaga de Souza Lima (ed.), *Evolução Política dos Católicos e da Igreja no Brasil*, Petrópolis, 1979, pp. 150-167.

_____, *Educar para um Mundo Novo*, Petrópolis, 1965.

Paiva, Vanilda, "Anotações para um Estudo sobre o Populismo Católico e Educação Popular", em Vanilda Paiva (ed.), *Perspectivas e Dilemas da Educação Popular*, Rio de Janeiro, 1984, pp. 227-266.

_____, *Educação Popular e Educação de Adultos*, Rio de Janeiro, 1972.

_____, "A Igreja Moderna no Brasil", Em Vanilda Paiva (ed.), *Igreja e Questão Agrária*, São Paulo, pp. 52-67.

_____, *Paulo Freire e o Nacionalismo-Desenvolvimentista*, Rio de Janeiro, 1980.

_____, "Pedagogia e Luta Social no Campo Paraibano", *Síntese*, 29 (1983): 73-99; 30 (1984): 63-91.

_____ (ed.), *Igreja e Questão Agrária*, São Paulo, 1985.

Paiva, Vanilda, *et alii*, "Transformação Agrícola, Conflito Social e a Igreja na Mata Paraibana", manuscrito inédito, Rio de Janeiro, 1979.

Palácios, Carlos, "Uma Consciência Histórica Irreversível, 1960-1979: Duas Décadas da História da Igreja no Brasil", *Síntese*, 17 (1979): 19-40.

Parisse, Luciano, *Favelas do Rio de Janeiro*, Rio de Janeiro, 1969.

Pateman, Carole, *Participation and Democratic Theory*, Cambridge, Ingl., 1970.

PCB: Vinte Anos de Política, 1958-1979, São Paulo, 1980.

Pereira, Nilo, *Conflitos entre a Igreja e o Estado no Brasil*, Recife, 1970.

Pereira de Queiroz, Maria Isaura, *O Campesinato Brasileiro*, Petrópolis, 1973.

Pereira Peixoto, José, "Movimento de Educação de Base: Alguns Dados Históricos", *Proposta*, 3 (dez. 1976): 40-51.

Pereira Ramalho, Jether, "Algumas Notas sobre Duas Perspectivas de Pastoral Popular", *Cadernos do ISEB*, 6 (1977): 31-39.

_____, "CEBs: Nova Forma Participatória do Povo", *SEDOC*, 9 (1976): 264-275.

Perlman, Janice, *The Mith of Marginality: Urban Poverty and Politics in Rio de Janeiro*, Berkeley, Calif:, 1976.

Pires, José Maria, *Do Centro para a Margem*, Petrópolis, 1980.

Poerner, Artur José, *O Poder Jovem: História da Participação Política dos Estudantes Brasileiros*, Rio de Janeiro, 1979.

Poggi, Gianfranco, *Catholic Action in Italy: The Sociology of a Sponsored Organization*, Stanford, 1967.

Poletto, Ivo, "As Contradições Sociais e a Pastoral da Terra", em Vanilda Paiva (ed.), *Igreja e Questão Agrária*, São Paulo, 1985, pp. 129-148.

Pomar, Wladimir, *Araguaia: O Partido e a Guerrilha*, São Paulo, 1980.

Pompermayer, Malori José, "The State and the Frontier in Brazil: A Case Study of the Amazon", dissertação de doutoramento da Universidade de Stanford, 1979.
Pope, Clara, "Human Rights and the Catholic Church in Brazil, 1970-1983: The Pontifical Justice and Peace Commission of the São Paulo Archdiocese", artigo a ser publicado.
Pope, Liston, *Milhands and Preachers*, New Haven, 1942.
Portelli, Hughes, *Gramsci et la Question Religieuse*, Paris, 1974.
Queiroga, Gervásio Fernandes de, *CNBB: Comunhão e Corresponsabilidade*, São Paulo, 1977.
Queiroz, Antônio Celso, "A Religiosidade Popular", *RCRB*, 1977, pp. 14-15.
Queiroz, Leda Lúcia, "Movimentos Sociais Urbanos: O Movimento Amigos de Bairro de Nova Iguaçu", tese de mestrado, COPPE; Rio de Janeiro, 1981.
Quirk, Robert, *The Mexican Revolution and the Catholic Church, 1910-1929*, Bloomington, Ind., 1973.
Raja Gabaglia, Laurita Pessoa, *O Cardeal Leme*, Rio de Janeiro, 1962.
Ratzinger, Josef, "Explico-vos a Teologia da Libertação", *REB*, 44 (1944): 108-115.
Read, William, *New Patterns of Church Growth in Brazil*, Grand Rapids, Mich., 1965.
Regis de Morais, J. F., *Os Bispos e a Política no Brasil*, São Paulo, 1982.
Reis, Fábio Wanderley, "Mudança Política no Brasil: Aberturas, Perspectivas e Miragens", artigo a ser publicado.
_____ , "Strategy, Institutions, and the Autonomy of the Political", Notre Dame, Ind., dez. 1983, Kellog Institute Working Paper n.º 3.
"Realtório da Diocese de Goiás", em Carlos Mesters *et alii*, *Uma Igreja que Nasce do Povo*, Petrópolis, 1975.
Rhodes, Anthony, *The Vatican in the Age of the Dictators*, Londres, 1973.
Ribeiro de Oliveira, Pedro, *O Catolicismo Popular no Brasil*, Rio de Janeiro, 1970.
_____ , "Coexistência das Religiões no Brasil", *Vozes*, 71 (1977): 555-562.
_____ , "A Posição do Leigo nas CEBs", *SEDOC*, 9 (1976): 286-295.
_____ , "Religião e Dominação de Classe: O Caso da Romanização", *Religião e Sociedade*, 6 (1980): 167-188.
_____ , "Religiosidade Popular na América Latina", *REB*, 32 (1972): 354-364.
Ricardo Fany, *O Conselho Indigenista Missionário, 1965-1979*, Rio de Janeiro, 1980, Cadernos do ISER, n.º 10.
Richards, Pablo, *Morte das Cristandades e Nascimento da Igreja*, São Paulo, 1982.
Rio Caldeira, Teresa Pires do, "Para que Serve o Voto? As Eleições e o Cotidiano na Periferia de São Paulo", em Bolívar Lamounier (ed.), *Voto de Desconfiança: Eleições e Mudança Política no Brasil, 1970-1979*, Petrópolis, 1980, pp. 81-116.
Rocha, Regina, "Educação Popular e Poder", *Cadernos do CEDI*, 6 (1980): 29-37.
Rodrigues, José Albertino, *Sindicato e Desenvolvimento no Brasil*, São Paulo, 1968.
Rodrigues, Leôncio, *Conflito Industrial e Sindicalismo no Brasil*, São Paulo, 1966.
Rojas, Jaime, e Vanderschueren, Franz, "The Catholic Church of Chile: From 'Social Christianity' to 'Christians for Socialism'", *The Church and Politics in Latin America*, Latin American Research Unit, Toronto, vol. I, n.º 2 (fev. 1977).
Rolim, Antônio, "O Culto Dominical e os Religiosos", *RCRB*, 100 (1963): 631-636.
_____ , "Em Torno da Religiosidade no Brasil", *REB*, 25 (1965): 11-27.
Rolim, Francisco Cartaxo, "A Greve do ABC e a Igreja", *REB*, 44 (1984): 131-151.
_____ , *Religião e Classes Populares*, Petrópolis, 1980.
_____ , "Religiosidade Popular", Cândido Padim *et alii*, *Missão da Igreja no Brasil*, São Paulo, 1979, pp. 79-94.
Romano, Roberto, *Brasil: Igreja contra Estado*, São Paulo, 1979.
Romero de Iguiñiz, Catalina, "Cambios en la Relación Iglesia-Sociedad en el Perú", *Revista Debates en Sociologia*, 7 (n.d.): 115-141.
Rossi, Agnelo, "Uma Experiência de Catequese Popular", *REB*, 17 (1957): 731-737.
_____ , "Os Primeiros Manuais da Catequese Popular", *REB*, 18 (1958): 463-464.

Salem, Helena (ed.), *A Igreja dos Oprimidos*, São Paulo, 1981.
Sanches, José M., *Reform and Reaction: The Politico-Religious Background of the Spanish Civil War*, Chapel Hill, N. C., 1963.
Sanders, Thomas, "Brazil in 1980: The Emerging Political Model", em Thomas Bruneau e Philippe Faucher (eds.), *Authoritarian Capitalism: Brazil's Contemporary Economic and Political Development*, Boulder, Colo., 1981, pp. 193-218.
____ , "Catholicism and Development: The Catholic Left in Brazil", em Kalman Silvert (ed.), *Churches and States: The Religious Institution and Modernization*, Nova York, 1967, pp. 81-99.
____ , "The Evolution of a Catholic Intellectual", carta para Richard H. Nolte, Institute of Current World Affairs, out. 1967.
____ , "The Theology of Liberation: Christian Utopism", *Christianity and Crisis*, 33 (1973): 167-173.
Sanks, T. Howland, *Authority in the Church: a Study in Changing Paradigmas*, Missoula, Mont., 1974.
Sanks, T. Howland, e Smith, Brian, "Liberation Ecclesiology: Praxis, Theory, Praxis", *Theological Studies*, 38 (1977): 3-38.
Santos, Roberto, "Para Deter a Calamidade ou uma Alternativa ao Projeto Oficial sobre a Floresta Amazônica", *Encontros com a Civilização Brasileira*, 23 (1980): 65-86.
Santos, Wanderley Guilherme dos, "The Calculus of Conflict: Impasse in Brazilian Politics and the Crisis of 1969", tese de doutoramento, Universidade de Stanford, 1979.
____ , *Cidadania e Justiça: A Política Social na Ordem Brasileira*, Rio de Janeiro, 1979.
____ , *Poder e Política: Crônica do Autoritarismo Brasileiro*, Rio de Janeiro, 1978.
Schmitter, Philippe, *Interest Conflict and Political Change in Brazil*, Stanford, 1971.
____ , "The 'Portugalization' of Brazil", em Alfred Stepan (ed.), *Authoritarian Brazil: Origin, Policies, and Future*, New Haven, 1973, pp. 179-232.
Schooyans, Michel, *O Desafio da Secularização*, São Paulo, 1968.
Schwartzman, Simon, *Bases do Autoritarismo no Brasil*, Rio de Janeiro, 1963.
Selznick, Philip, "Foundations of the Theory of Organization", em Amitai Etzioni (ed.), *A Sociological Reader of Complex Organizations*, Nova York, 1969, pp. 19-32.
____ , *Leadership in Administration*, Evanston, Ill., 1957.
Silva Gotay, Samuel, *El Pensamiento Cristiano Revolucionario en América Latina y el Cáribe*, Salamanca, 1981.
Silveira Camargo, Paulo Florêncio da, *A Igreja na História de São Paulo*, São Paulo, 1953.
Simon, Gerhard, "The Catholic Church and the Communist State in the Soviet Union and Eastern Europe", em Bodhan Bociurkiw e John Strong (eds.), *Religion and Atheism in the USSR and Eastern Europe*, Toronto, 1975, pp. 190-221.
Singer, Paul, *Economia Política da Urbanização*, São Paulo, 1977.
____ , "Movimentos de Bairro", em Paul Singer e Vinícius Caldeira Brant (eds.), *São Paulo: O Povo em Movimento*, Petrópolis, 1980, pp. 83-108.
____ , "Movimentos sociais em São Paulo: Traços Comuns e Perspectivas", em Paul Singer e Vinícius Caldeira Brant (eds.), *São Paulo: O Povo em Movimento*, Petrópolis, 1980, pp. 207-230.
Singer, Paul, e Caldeira Brant, Vinícius (eds.), *São Paulo: O Povo em Movimento*, Petrópolis, 1980.
Skidmore, Thomas, *Politics in Brazil, 1939-1964: An Experiment in Democracy*, Nova York, 1967.
Smith, Brian, *The Church and Politics in Chile: Challenges to Modern Catholicism*, Princeton, 1982.

_____, "Churches and Human Rights in Latin America: Recent Trends on the Subcontinent", em Daniel Levine (ed.), *Churches and Politics in Latin America*, Beverly Hills, Calif., 1979, pp. 155-193.

_____, "Religion and Social Change: Classic Theories and New Formulations in the Context of Recent Developments in Latin America", *Latin America Research Review*, 10 (1975): 3-34.

Sorj, Bernardo, "Agrarian Structure and Politics in Present Day Brazil", *Latin American Perspectives*, 24 (1980): 23-34.

Souto, Anna Luiza, "Movimentos Populares Urbanos e suas Formas de Organização Ligadas à Igreja", ANPOCS, *Ciências Sociais Hoje*, 2 (Brasília, 1983): 69-95.

Souza, Amaury de, e Lamounier, Bolívar, "Governo e Sindicatos no Brasil: A Perspectiva dos Anos 80", *Dados*, 24 (1981): 139-159.

Souza, Herbert José de, "Betinho", em Pedro Celso Uchoa Cavalcanti e Jovelino Ramos (eds.), *Memórias do Exílio: Brasil 1964/19??*, São Paulo, 1978, pp. 67-112.

_____, "Juventude Cristã Hoje", em Luiz Gonzaga de Souza Lima, *Evolução Política dos Católicos e da Igreja no Brasil*, Petrópolis, 1979.

_____, "Município de Boa Esperança: Participação Popular e Poder Local", em José Álvaro Moisés *et alii*, *Alternativas Populares da Democracia*, Petrópolis, 1982, pp. 99-120.

Souza Lima, Luiz Gonzaga de, *Evolução Política dos Católicos e da Igreja no Brasil*, Petrópolis, 1979.

_____, "Notas sobre as Comunidades Eclesiais de Base e a Organização Política", em José Álvaro Moisés *et alii*, *Alternativas Populares da Democracia*, Petrópolis, 1982, pp. 41-72.

Souza Martins, Heloisa Helena Teixeira de, *O Estado e a Burocratização do Sindicato no Brasil*, São Paulo, 1979.

Souza Martins, José de, *Os Camponeses e a Política no Brasil*, Petrópolis, 1981.

_____, *Expropriação e Violência: A Questão Política no Campo*, São Paulo, 1980.

Souza Montenegro, João Alfredo, *Evolução do Catolicismo no Brasil*, Petrópolis, 1972.

Souza Netto, Benjamin, *Tendências Atuais do Catolicismo no Brasil*, Rio de Janeiro, 1979, Cadernos do ISER n.º 12.

Stepan, Alfred, *The Military in Politics: Changing Patterns in Brazil*, Princeton, 1971.

_____, *The State and Society: Peru in Comparative Perspective*, Princeton, 1978.

_____, "State Power and the Strength of Civil Society in the Southern Cone of Latin America", em Peter Evans *et alii* (eds.), *Bringing the State Back In*, Nova York, 1985, pp. 317-343.

_____ (ed.), *Authoritarian Brazil: Origins, Policies, and Future*, New Haven, 1973.

Suess, Paulo, "A Caminhada do Conselho Indigenista Missionário, 1972-1984", *REB*, 44 (1984): 501-522.

_____, *O Catolicismo Popular no Brasil*, São Paulo, 1979.

_____, "Pastoral Popular: Discurso Teológico e Práxis Eclesial", *REB*, 38 (1978): 269-290.

Tarso, Paulo de, *Os Cristãos e a Revolução Social*, Rio de Janeiro, 1963.

Tavares de Almeida, Maria Hermínia, "Novas Demandas, Novos Direitos: Experiências do Sindicalismo Paulista na Última Década", *Dados*, 26 (1983): 243-264.

_____, "Tendências Recentes de Negociação Coletiva no Brasil", *Dados*, 24 (1981): 161-189.

Therry, Leonard, "Dominant Power Components in the Brazilian Students' Movement", *Journal of Interamerican Studies and World Affairs*, 7 (1965): 27-48.

Thornton, Mary Crescentia, *The Church and Freemasonry in Brazil, 1872-1875: A Study of Regalism*, Washington, D.C., 1948.

Tilly, Charles, *From Mobilization to Revolution*, Reading, Mass., 1978.

Todaro, Margaret, "Pastors, Priests, and Politicians: a Study of the Brazilian Catholic Church, 1916-1945", dissertação de doutorado da Universidade de Columbia, 1971.

Todaro Williams, Margaret, "The Politicization of the Brazilian Catholic Church: The Catholic Electoral League", *Journal of Interamerican Studies and World Affairs*, 16 (1974): 301-325.
Torres, Sergio e Eagleson, John (eds.), *The Challenge of Basic Christian Communities*, Maryknoll, N. Y., 1981.
_____, *Theology in the Americas*, Maryknoll, N. Y., 1976.
Trindade, Hélgio, *Integralismo: O Fascismo Brasileiro na Década de 30*, São Paulo, 1974.
Troeltsch, Ernst, *The Social Teaching of the Christian Churches*, Nova York, 1931.
Vaillancourt, Jean-Guy, *Papal Power: A Study of Vatican Control over Catholic Lay Groups*, Berkeley, Calif., 1980.
Valla, Víctor *et alii*, *Para uma Formulação de uma Teoria de Educação Extra-Escolar no Brasil: Ideologia, Educação e as Favelas do Rio de Janeiro, 1880-1980*, Rio de Janeiro, 1981.
Valladares, Lícia, *Passa-se uma Casa*, Rio de Janeiro, 1978.
Vallier, Ivan, *Catholicism, Social Control, and Modernization in Latin America*, Englewood Cliffs, N. J., 1970.
Vatican Congregation for the Doctrine of the Faith, "Instruction on Certain Aspects of the 'Theology of Liberation'", *Origins*, 13.9.1984.
Vaz, Henrique, "Consciência Histórica e Responsabilidade Histórica", em Luiz Alberto Gomez de Souza (ed.), *Cristianismo Hoje*, Rio de Janeiro, 1962, pp. 69-82.
_____, "Jovens Cristãos em Luta Por uma História sem Servidões", em Luiz Alberto Gomes de Souza (ed.), *Cristianismo Hoje*, Rio de Janeiro, 1962, pp. 53-68.
Vekemans, Roger, *Teologia de la Liberación y Cristianos por el Socialismo*, Bogotá, 1976.
_____, "Unidad y Pluralismo en la Iglesia", *Tierra Nueva*, 5 (1973):45-50.
Velasco e Cruz, Sebastião, *et alii*, *Sociedade e Política no Brasil Pós-64*, São Paulo, 1983.
Velho, Otávio Guilherme, "A Propósito de Terra e Igreja", *Encontros com a Civilização Brasileira*, 22 (1980): 157-168.
Vilela, Orlando, *Atitude Cristã em Face da Política*, Belo Horizonte, 1963.
Villaça, Antônio Carlos, *História da Questão Religiosa*, Rio de Janeiro, 1974.
_____, *O Pensamento Católico no Brasil*, Rio de Janeiro, 1975.
Vinhas, Moisés, *O Partido*, São Paulo, 1982.
Wagner, Peter, *Latin American Theology*, Grand Rapids, Mich., 1970.
Wanderley, Luiz Eduardo, "Comunidades Eclesiais de Base e Educação Popular", *REB*, 41 (1981): 686-707.
Warwick, Donald, "Personal and Organizational Effectiveness in the Roman Catholic Church", *Cross Currents*, 17 (1967): 401-417.
Weber, Max, *From Max Weber*, Hans Gerth e C. Wright Mills (eds.), Nova York, 1946.
_____, *Max Weber on Charisma and Institution Building*, S. N. Eisenstadt (ed.), Chicago, 1968.
_____, *The Religion of China*, Nova York, 1951.
_____, *The Sociology of Religion*, Boston, 1963.
_____, *The Theory of Social and Economic Organization*, Nova York, 1964.
Weffort, Francisco, "Nordestinos em São Paulo: Notas para um Estudo sobre Cultura Nacional e Cultura Popular", em *A Cultura do Povo*, São Paulo, 1979, pp. 13-23.
_____, *Participação e Conflito Industrial: Contagem e Osasco, 1968*, São Paulo, 1972, Cadernos CEBRAP, n.° 5.
_____, "Sindicatos e Política", dissertação de doutoramento da Universidade de São Paulo, 1972.
Werneck Vianna, Luiz, *Liberalismo e Sindicato no Brasil*, Rio de Janeiro, 1976.

Wiarda, Howard, *The Brazilian Catholic Labor Movement*, Amherst, Mass., 1969.

_____ , "The Catholic Labor Movement", em H. Jon Rosenbaum e William Tyler (eds.), *Contemporary Brazil: Issues in Economic and Political Development*, Nova York, 1972, pp. 323-347.

Wilde, Alexander, "Ten Years of Change in the Church: Puebla and the Future", em Daniel Levine (ed.), *Churches and Politics in Latin America*, Beverly Hills, Calif., 1979, 267-280.

Willems, Emilio, *Followers of the New Faith*, Nashville, 1967.

Wirth, John, *Minas Gerais in the Brazilian Federation, 1889-1937*, Stanford, 1977.

Yinger, J. Milton, *Religion, Society, and the Individual*, Nova York, 1957.

Coleção Primeiros Passos
Uma Enciclopédia Crítica

EXISTENCIALISMO	MENTALIDADES	LOUCURA
FAMÍLIA	HOMEOPATIA	MAGIA
FANZINE	HOMOSSEXUALIDADE	MAIS-VALIA
FEMINISMO	IDEOLOGIA	MARKETING
FICÇÃO	IGREJA	MARKETING POLÍTICO
FICÇÃO CIENTÍFICA	IMAGINÁRIO	MARXISMO
FILATELIA	IMORALIDADE	MATERIALISMO
FILOSOFIA	IMPERIALISMO	DIALÉTICO
FILOSOFIA DA MENTE	INDÚSTRIA CULTURAL	MEDICINA ALTERNATIVA
FILOSOFIA MEDIEVAL	INFLAÇÃO	MEDICINA POPULAR
FÍSICA	INFORMÁTICA	MEDICINA PREVENTIVA
FMI	INFORMÁTICA 2ª VISÃO	MEIO AMBIENTE
FOLCLORE	INTELECTUAIS	MENOR
FOME	INTELIGÊNCIA ARTIFICIAL	MÉTODO PAULO FREIRE
FOTOGRAFIA	IOGA	MITO
FUNCIONÁRIO PÚBLICO	ISLAMISMO	MORAL
FUTEBOL	JAZZ	MORTE
GEOGRAFIA	JORNALISMO	MULTINACIONAIS
GEOPOLÍTICA	JORNALISMO SINDICAL	MUSEU
GESTO MUSICAL	JUDAÍSMO	MÚSICA
GOLPE DE ESTADO	JUSTIÇA	MÚSICA BRASILEIRA
GRAFFITI	LAZER	MÚSICA SERTANEJA
GRAFOLOGIA	LEGALIZAÇÃO DAS	NATUREZA
GREVE	DROGAS	NAZISMO
GUERRA	LEITURA	NEGRITUDE
HABEAS CORPUS	LESBIANISMO	NEUROSE
HERÓI	LIBERDADE	NORDESTE BRASILEIRO
HIEROGLIFOS	LÍNGUA	OCEANOGRAFIA
HIPNOTISMO	LINGÜÍSTICA	ONG
HIST. EM QUADRINHOS	LITERATURA INFANTIL	OPINIÃO PÚBLICA
HISTÓRIA	LITERATURA POPULAR	ORIENTAÇÃO SEXUAL
HISTÓRIA DA CIÊNCIA	LIVRO-REPORTAGEM	PANTANAL
HISTÓRIA DAS	LIXO	PARLAMENTARISMO

Coleção Primeiros Passos
Uma Enciclopédia Crítica

PARLAMENTARISMO MONÁRQUICO
PARTICIPAÇÃO
PARTICIPAÇÃO POLÍTICA
PEDAGOGIA
PENA DE MORTE
PÊNIS
PERIFERIA URBANA
PESSOAS DEFICIENTES
PODER
PODER LEGISLATIVO
PODER LOCAL
POLÍTICA
POLÍTICA CULTURAL
POLÍTICA EDUCACIONAL
POLÍTICA NUCLEAR
POLÍTICA SOCIAL
POLUIÇÃO QUÍMICA
PORNOGRAFIA
PÓS-MODERNO
POSITIVISMO
PREVENÇÃO DE DROGAS
PROGRAMAÇÃO
PROPAGANDA IDEOLÓGICA
PSICANÁLISE 2ª VISÃO
PSICODRAMA
PSICOLOGIA
PSICOLOGIA COMUNITÁRIA
PSICOLOGIA SOCIAL
PSICOTERAPIA
PSICOTERAPIA DE

FAMÍLIA
PSIQUIATRIA ALTERNATIVA
PUNK
QUESTÃO AGRÁRIA
QUESTÃO DA DÍVIDA EXTERNA
QUÍMICA
RACISMO
RÁDIO EM ONDAS CURTAS
RADIOATIVIDADE
REALIDADE
RECESSÃO
RECURSOS HUMANOS
REFORMA AGRÁRIA
RELAÇÕES INTERNACIONAIS
REMÉDIO
RETÓRICA
REVOLUÇÃO
ROBÓTICA
ROCK
ROMANCE POLICIAL
SEGURANÇA DO TRABALHO
SEMIÓTICA
SERVIÇO SOCIAL
SINDICALISMO
SOCIOBIOLOGIA
SOCIOLOGIA
SOCIOLOGIA DO ESPORTE

STRESS
SUBDESENVOLVIMENTO
SUICÍDIO
SUPERSTIÇÃO
TABU
TARÔ
TAYLORISMO
TEATRO NO
TEATRO
TEATRO INFANTIL
TECNOLOGIA
TELENOVELA
TEORIA
TOXICOMANIA
TRABALHO
TRADUÇÃO
TRÂNSITO
TRANSPORTE URBANO
TROTSKISMO
UMBANDA
UNIVERSIDADE
URBANISMO
UTOPIA
VELHICE
VEREADOR
VÍDEO
VIOLÊNCIA
VIOLÊNCIA CONTRA A MULHER
VIOLÊNCIA URBANA
XADREZ
ZEN
ZOOLOGIA